병인양요와 강화의 산문문학

인천학자료총서 38

병인양요와 강화의 산문문학

조지형 옮김

책머리에

인간은 모두 일정한 지역을 기반으로 각자의 삶을 살아간다. 오랜 기간 특정 지역에 거주하다 보면 자기도 모르게 그 지역의 환경에 익숙해지고 친근함을 느낀다. 이런 단계를 넘어서면 지역의 산천 풍경을 보며 심리적 안정감을 느끼기도 하고, 지역의 독특한 분위기 속에서 즐거움을 찾기도 하며, 나아가 해당 지역에 살아가는 것 자체에 자긍심을 지니기도 한다. 반면에 이런저런 이유로 해당 지역을 떠나게 되면 지역에서의 옛 추억들이 아련한 그리움으로 남아 가슴속 깊이 사무치기도 한다. 이렇듯 사람들이 특정한 지역과 장소에 대해 느끼는 정서적 유대감이나 애정 또는 애착을 '토포필리아(Topophilia)'라고 한다.

지역에 대한 애정과 애착이 자리잡게 되면, 다양한 방법으로 지역 사랑을 실천하게 된다. 예컨대, 내 집 앞 내 동네를 솔선수범하여 깨끗이 청소하기도 하고 지역 사회 안에서 다양한 봉사활동을 하기도 하며 기부금을 출연하여 나눔과 상생의 도를 실천하기도 하는 등 각자의 처지에서 저마다의 방식으로 말이다.

나 또한 오랫동안 인천 미추홀에 기반을 두고 살다 보니, 인천에 대한 각별한 애정을 지니고 있다. 더욱이 인천 출신의 아내를 만나 인천에 거처를 마련하고 인천에서 아이를 낳아 키우고 있으며 양가 어른들과 가족들이 모두 인천에 살고 있기에 인천을 떠나 객지에서 살아가는 것은 몹시 견디기 어려운 일이 되어 버렸다. 그러니 이곳을 버리고 어디로 가리오? 사정이 이러하다 보니, 나 역시 나만의 방식으로 지역 사랑을 실천할 방도를 고심하지 않을 수 없다.

나는 한국고전문학, 한문학, 인천교회사 분야를 전공하고 공부하는 연구자로서, 그동안 지역 사회에서 강연, 특강, 저술 활동을 꾸준히 이어 왔으며 그에 따라 일정한 학문적 성과를 내놓기도 하였다. 그런데 2024년 인천대학교 인천학연구원의 저술과제를 수행하게 되었으며, 이제 다시금 『병인양요와 강화의 산문문학』이라는 제목의 연구 결과물을 책으로 선보이게 되어 무척 감개무량하다. 이 책은 단언컨대 나만의 지역 사랑 실천 방식에서 비롯된 결과물이라 할 수 있다.

『병인양요와 강화의 산문문학』은 병인양요(丙寅洋擾)라는 역사적 사건을 계기로 산출된 4종의 산문문학 작품들을 전문 연구자뿐만 아니라 일반 독자들도 접근하기 용이하도록 정리한 책이다. 주지하듯이 병인양요의 현장은 다름 아닌 강화 일대였고 병인양요가 발발한 계기는 조선 정부의 천주교 박해에 있었다. 따라서 병인양요 관련 문학 작품들을 온전하게 정리하고 분석하기 위해서는 고전문학, 한문학에 대한 전문적인 식견도 필요하지만, 강화 일대의 지역적 특성 및 천주교사에 대한 이해 역시 전제되어야 한다.

특별한 인연으로 나는 박사학위 취득 이후 현재 소속 대학으로 부임하기 전까지 인하대학교와 인천가톨릭대학교 신학대학, 인천교회사연구소에서 오랜 기간 강의와 연구를 할 수 있었다. 이로 인해 수년간 매주 인천과 강화를 오가면서 지역에 대한 이해가 한층 깊어졌고 천주교사 연구에도 심취할 수 있었다. 돌이켜 생각해 보니, 오늘의 성과는 십여 년 전 여러 교수님들과 신부님들의 인도에 힘입어 가능했던 것이리라.

이 책은 혼자만의 노력으로 이루어진 것이 아니다. 무엇보다도 연구와 출간을 할 수 있도록 계기를 마련해준 인천대학교 인천학연구원에 거듭 감사를 표한다. 초벌 작업을 마치고 교정을 이어가며 완성도를 높이는 과정에서는 학부생 양은지, 김률희, 안다영 세 사람의 도움이 절대적이었다. 아울러 학문 수양에 만고상청해야 하는 '녀던 길' 위에서는 항상 고재봉 박사가 든든한 도반(道伴)이 되어주고 있다. 끝으로 책이 더욱 빛날 수 있도록 꼼꼼히 매만져 준 보고사 측에도 고마움을 전한다.

2025년 새해를 맞이하여
문학산이 바라보이는 동락재(同樂齋)에서
완소당 박씨, 조쿠나와 함께

차 례

제3부 _ 원전 영인

병인양요 관련 산문문학과 강화의 문학적 표상

1. 들어가며

흥선대원군의 천주교 탄압에 대한 보복으로 발생한 병인양요(丙寅洋擾)는 우리나라 역사상 최초로 서양 제국주의 세력과 직접적으로 무력 충돌한 사건으로서 일찍이 겪어보지 못한 큰 전란이었다. 병인양요가 진행되는 과정에서 1차 원정 때는 프랑스 함대가 서울 양화진(楊花津)·서강(西江)까지 올라왔으며, 2차 원정 때는 프랑스 병력이 강화부(江華府)를 점령함으로써 조선에서는 그 어느 때보다도 서세동점(西勢東漸)에 대한 위기감과 두려움이 클 수밖에 없었다. 하지만 다른 한편으로는 정족산성(鼎足山城)에서의 승첩을 통해 프랑스 군대를 격퇴하고 결국 프랑스 함대로 하여금 강화도에서 철수하게 만들었다는 측면에서 병인양요는 당대부터 조선 사회 전체에 강렬한 경험과 기억으로 자리를 잡았다.

이에 병인양요라는 역사적 사건에 대해 시간적 편차를 두고 서로 다른 서술 주체들에 의해 다양한 문학적 형식의 작품들이 산출되기에 이르렀다. 이와 관련한 대표적인 산문문학 작품이 ① 양헌수(梁憲洙)의 『병인일기(丙寅日記)』, ② 나주임씨(羅州林氏)의 『병인양란록(丙寅洋亂錄)』, ③ 송헌석(宋憲奭)의 소설 『병인양요(丙寅洋擾)』, ④ 채만식(蔡萬植)의 역사 평설 『병인양요(丙寅洋擾)』이다.

이상의 작품들은 표기문자 측면에서 보자면 한문과 국문을 모두 아우르고 있고, 작가의 측면에서 보자면 남성과 여성 아울러 일반 작가와 전문 작가를 겸하고 있으며, 작품의 산출 시기로 보자면 병인양요 당시부터 그 이후 시기까지를 넘나들고 있다. 더욱이 개별 갈래로 보자면 일기(日記), 수기(手記), 소설(小說), 평설(評說) 등 다양한 형식을 망라하고 있다. 그러므로 이 4종의 작품들은 병인양요라는 역사적 사건을 교집합으로 하면서도 각각의 작품이 저마다의 벤 다이어그램 안에 고유한 문학적 특질을 담아내고 있다고 할 수 있다.

한편 병인양요는 천주교 탄압이라는 조선 정부의 정책에서 비롯된 것이지만, 병인양요가 발생한 핵심적인 현장은 지역적으로 인천 강화 지역과 인접한 그 주변 일대였기 때문에, 그 자체로 지역적 특수성과 긴밀하게 연관될 수밖에 없다. 즉 병인양요는 강화 해협 및 한강 하구 일대의 지리적 특성, 12진보(鎭堡)와 정족산성 등 강화 내부의 주요 군사 거점, 이를 기반으로 한 조선 후기 서해안의 군사 방어 전략, 인근 도서 일대 및 고을에서의 군사적 지원과 교류 양상 등의 문제와 직접적으로 관련되어 있는데, 이러한 측면이 4종 산문문학 작품의 핵심적인 서술 배경으로 설정되어 있다. 더욱이 이들 문학 작품에는 직접 전투에 참여한 지휘관과 군사들뿐만 아니라 특별히 전란을 몸소 겪어야만 했던 강화 지역 백성들의 인정물태를 다기한 표상으로 담아내고 있다는 측면에서 문학 연구뿐만 아니라 역사 연구 및 지역 연구에 있어서도 그 자료적 가치가 매우 높다.

여기에서는 본서의 연구 대상인 4종 산문문학 작품의 서지 사항, 작가, 서술 시각 및 주안점, 문학적 특질 등을 서술하여, 이후 수록된 현대어역 및 원전 자료에 대한 이해를 돕고자 한다.

2. 양헌수, 『병인일기』

양헌수(梁憲洙, 1816~1888)의 『병인일기(丙寅日記)』는 프랑스 함대의 제2차 조선 원정이 개시된 날인 음력 9월 3일부터 로즈(Roze) 제독이 보낸 올리비에(Ollibier) 부대가 정족산성에서 패전하고 강화도에서 함대를 철수하자, 양헌수가 군대를 돌려 도성으로 돌아온 음력 10월 26일까지 53일간의 진중일기(陣中日記)이다. 실제 일기가 기록된 날짜로 따져 보면 모두 48일치이다.

『병인일기』는 두 종의 자료가 존재한다. 하나는 '양헌수문서(梁憲洙文書)'라 불리던 자료 가운데 하나로 표제가 '병인일기(丙寅日記)'로 된 책자[1]이며, 다른 하나는 양헌수의 개인 문집인 『하거집(荷居集)』 권1에 수록되어 있는 '출전일기(出戰日記)'[2]이다. 두 자료 사이에는 단순한 글자의 차이나 일부 내용상의 출입을 넘어 특정 일자 전체의 기록이 있고 없고 하는 등의 제법 큰 편차가 존재한다. 따라서 본서에서는 '병인일기'를 중심으로 '출전일기'를 교합(校合)하여 정본화 작업을 하고 이를 바탕으로 역주 작업을 진행하였다. 아울러 두 자료에는 양헌수가 음력

---

1) 국방군사연구소 編, 『荷居集 丙寅日記』, 국방부, 1997.(영인본)

2) 梁憲洙, 『荷居集』, 한국문집총간 속131, 한국고전번역원, 2012, 574~585면.

9월 11일에 작성한 격서(檄書)[3)]가 함께 수록되어 있으며, 『하거집』에는 프랑스 군대를 제압하고 강화도를 수복할 작전 계획인 '어융방략(禦戎方略)'도 수록되어 있어서, 본서에서는 이 세 유형의 자료를 모두 정리하여 수록하였다.

저자 양헌수는 이항로(李恒老)의 문인으로 무예를 익혀 1848년 무과에 급제하여 선전관(宣傳官)·참상관(參上官)이 되고 1865년 제주목사로 부임하였다. 이어 병인양요 당시에는 어영청 천총(千摠)으로서 통진(通津)을 거점으로 강화도 수복 작전 계획을 수립하고서 직접 대군을 이끌고 강화해협을 건너 정족산성에 들어가 프랑스 군대를 격파하여 프랑스 함대가 강화도에서 패퇴하는 데 결정적인 역할을 하였다. 따라서 『병인일기』는 실제 전투에 참여한 지휘관의 입장에서 병인양요의 과정을 일기 형식으로 기록한 한문 실기(實記)이자 병인양요 관련 1차 사료라는 점에서 그 학술적 가치가 매우 높다고 할 수 있다. 특별히 조선시대 무관의 문집이나 역사 기록이 남아 있는 경우가 많지 않다는 점에서 양헌수의 『병인일기』는 또 다른 의의를 지닌다고도 할 수 있다.

양헌수의 『병인일기』는 전란의 상황 속에서 작성된 기록인 만큼, 기본적으로는 일자별 시간별로 조정 및 본진과의 각종 정보 교류 및 보고, 전투 준비를 위한 명령, 프랑스 군대의 동향, 병력 이동 및 전투 상황에 대한 내용을 구체적으로 담고 있다. 하지만 개인 일기라는 측면에서 보자면 기록의 주체인 양헌수 개인의 다양한 모습도 발견할 수 있다. 예컨대, 양헌수가 민간에 전해오는 '손돌의 무덤'에 가서 전투의 승리를

3) 『丙寅日記』에는 '傳檄洋舶都主 九月十一日', 『荷居集』에는 '討洋舶都主檄'이라는 제목으로 되어 있으며, 양측 자료에서 글자의 출입이나 내용의 차이는 없다. 한편 일기의 내용을 보면, 실제로 격서가 작성된 것은 9월 10일 밤임을 알 수 있다.

위해 간절한 마음으로 기도를 하고, 결전 전날 밤에 소를 잡아 정족산 산신에게 제사를 지내기도 하는 등 전란의 와중에도 지휘관으로서의 책무를 완수하고자 하는 내면을 엿볼 수 있다. 아울러 가족에게 오랫동안 편지를 보내지 못한 것에 대해 미안한 마음을 표시하면서 동시에 죽기를 맹세하며 전투에 임하는 비장한 각오를 밝힌다거나, 수시로 휘하 군영을 순시하고 군사들을 위문하기도 하며, 한편으로는 전사한 병사를 직접 묻어주고 부상자의 피를 몸소 빨아주며 치료해 주는 등의 인간적인 면모도 느낄 수도 있다.

지역 문학의 관점에서 보자면, 『병인일기』에서는 병인양요에 대응하는 강화 지역 백성들의 다양한 광경을 엿볼 수 있다. 대표적으로 병인양요 전황에 따라 지역 백성들이 동요하는 면모, 지역 사인(士人)들이 백의종사(白衣從事)하는 사례, 관군을 위해 지역민이 분주히 다니면서 군량과 군수품을 마련하여 제공하는 현장, 프랑스 병사가 목에 칼을 들이대고 아군의 동향을 물었음에도 끝내 이실직고하지 않은 지역 백성의 모습, 전등사(傳燈寺) 승려들이 양헌수에게 프랑스군의 움직임을 일러주어 이후 작전을 수립하는 데 도움을 주는 장면 등이 그러하다.

한편, 『병인일기』는 국어학적으로도 참고할 만한 지점이 존재한다. 『병인일기』는 한문으로 작성된 일기이지만, 특별히 본문 옆에 한글로 '可與戰矣-힉보테-[싸워 보자]', '不可勝矣-몬 이기겟다-[이길 수가 없다]'는 부가 설명을 달아둔 부분이 있다. 또한 본문에서 사용된 어휘에 대한 부가 설명으로 '钁廣伊也[궐(钁)은 괭이다]', '黏餅-引切餅[점병-인절병-인절미]' 등을 달아두기도 하였다. 이런 점은 어휘 및 표현 측면에서 19세기 국어사를 이해하는 데도 좋은 참조가 되리라 생각한다.

3. 나주임씨, 『병인양란록』

나주임씨(羅州林氏, 1818~1879)의 『병인양란록』은 강화도에 거주하였던 양반가 여인이 몸소 겪은 전란 체험을 바탕으로 자신과 강화도 백성들이 겪은 고통과 수난의 실상을 사실적으로 생생하게 기록한 한글 수기(手記)이다.

『병인양란록』은 일찍이 소장자 이주홍에 의해 소개[4]된 이후에 작가 문제와 갈래 문제에 대한 의견이 분분하였다. 먼저 작가 문제는 최초 '경주김씨(慶州金氏)'로 비정하였으나, 작품 안에 서술된 내용과 족보 등을 근거로 강화도에 세거하던 여흥민씨(驪興閔氏) 민치승(閔致升)의 부인 '나주임씨(羅州林氏)'라는 것이 새롭게 규명되었다.[5] 아울러 갈래 문제는 수기, 가사, 일기 등으로 일컬어져 왔는데, 서술 구성을 날짜별로 하고는 있지만 전란이 끝난 이후 본인의 체험에 대한 기억을 재구성하여 정리하였다는 점에서 수기로 지칭하는 것이 합당할 듯하다. 아울러 작품 서두의 '병인년양난시가사라'에서 '가사'는 국문시가의 하위 갈래 '가사(歌辭)'의 의미가 아니라 자신과 집안이 겪은 일이라는 의미의 '가사(家事)'로 생각된다.

『병인양란록』은 소장자 이주홍의 수필집 수록본[6]이 알려져 있어, 그동안 대부분의 연구자들은 여기에 근거하여 연구를 진행하였다. 하지만

---

4) 『병인양란록』은 1951년 이주홍이 구입하여 1954년 6월 『국제신보』에 처음 소개하였으며, 1958년 학술지 『백경논집』과 1966년 수필집 『뒷골목의 낙서』에도 재수록하였다.

5) 정우봉, 「19세기 여성일기 「병인양란록」의 작가와 작품세계」, 『한국고전여성문학연구』 26, 한국고전여성문학회, 2013, 166~172면.

6) 이주홍, 「병인양란록」, 『뒷골목의 落書』, 을유문화사, 1966.

이주홍 출간본은 본래의 고어 표기가 제대로 반영되어 있지 않고 일부 판독상의 오류도 확인된다. 이에 본서에서는 이주홍문학관 소장 '병인양난녹' 원전을 입수[7]하여 이를 바탕으로 다시 원문을 판독하고 입력하여 의미 판독의 정확성을 기하였으며, 이를 현대어역으로 옮겼다.

저자 나주임씨는 양반 가문 출신으로서 1832년 열다섯 살의 나이로 강화도 인정면(현 불은면) 의곡에 대대로 세거한 여흥민씨 가문의 민치승과 혼인을 올렸다. 나주임씨는 시부모와 함께 강화도에서 생활하다가 49세 때 병인양요를 겪게 되었는데, 이는 결혼 생활을 한 지 35년의 세월이 지나서였다. 나주임씨는 병인양요가 발발하자 처음에는 강화도 주변의 섬으로 전전하다가 시댁의 선산, 집, 토지 등의 생활 기반이 있던 황해도 평산군 서봉면으로 피난을 갔다. 이후 그곳에서 피난 생활을 하다가 프랑스 군대가 물러간 뒤에 다시 강화도로 돌아왔다. 나주임씨가 『병인양란록』을 정리하여 기록한 시기는 책 표지에 '병인십이월긔'라고 쓰여 있는 것을 고려할 때 1866년 12월로 추정할 수 있다.

『병인양란록』은 무엇보다도 병인양요라는 역사적 사건을 강화도에 거주하던 한 양반가 여성의 시각으로 전란을 겪은 자신과 강화도 백성들의 참상을 사실적으로 기록하고 있는 점이 가장 큰 특징이라 할 수 있다. 작품화 측면에서 특별히 몇 가지 주목할 부분이 있다. 첫째, 여성의 입장에서 겪는 여성들의 수난에 주목하고 있다는 점이다. 작가는 부인들이 남성 복장을 하고 도망가는 상황이나 프랑스군이 곳곳에서 식량으로 사용할 곡식과 가축을 약탈하고 여인들을 욕보이며 일부 양

---

7) 부산 이주홍문학관 소장 원전을 촬영한 고려대학교 정우봉 교수로부터 자료를 제공받았다. 이 지면을 빌어 거듭 감사의 마음을 표한다.

반가 여성까지도 겁탈한 소식을 기록하며 전란에 대한 두려움과 공포를 드러내는 동시에 전란의 야만성과 폭력성을 고발하고 있다. 둘째, 강화 거주민으로서 피란 체험을 생생하게 형상화하고 있다는 점이다. 작가는 전란이 벌어지는 강화 곳곳의 지명을 구체적으로 적시하는 한편, 집 앞 남산에 숨었다가 사곡(沙谷)을 거쳐 시도(矢島), 신도(信島) 등을 전전하고 이후 황해도 연안(자루개), 배천(밤개)을 거쳐 평산(용두)에 도착하는 일련의 피난 여정을 상세하게 기록하고 있다. 셋째, 지배층 및 지휘관에 대한 인물 평가를 담아내고 있다는 점이다. 작가는 전란의 상황에서 제대로 싸우지도 못하고 무기력한 모습을 보이는 관군이나 평복으로 갈아입고 백성들 사이에 섞여 도망가는 개성부 유수에 대한 비판적 시선을 드러낸다. 반면에 이시원(李是遠)의 순절이나 양헌수 행적에 대해서는 매우 높게 평가하고 있다.

이상에서 언급한 『병인양란록』은 조선 후기 여성 창작 한글 산문문학이라는 측면에서 문학사적인 의의가 매우 크다고 하겠다.

4. 송헌석, 『병인양요』

송헌석(宋憲奭, 1880?~1965?)의 구활자본 소설 『병인양요(丙寅洋擾)』는 조선 후기 무신으로서 활약한 한성근(韓聖根, 1833~1905)의 생애를 작품화한 전기소설(傳記小說)이다. 작품의 제목을 '병인양요'라 한 것은 주인공 한성근이 명성을 얻어 역사의 한 페이지에 이름을 남기게 된 계기가 된 중요한 사건이 바로 병인양요이었기 때문이다. 작가는 병인양요를 승리로 이끈 양헌수, 어재연(魚在淵) 외에도 한성근이라는 인물이 더 있었음을 강조하려는 의도를 지녔던 듯하다. 그러므로 작품의 전체 제목을 '병인양요'라 하고 부제를 '일명(一名) 한장군전(韓將軍傳)'으로 달아서 병인양요 당시 한성근이라는 또 다른 영웅적인 인물이 있었음을 부각하고 있다.

『병인양요』는 1928년 서울 덕흥서림(德興書林)에서 발행된 구활자본 소설로 현재 서울대학교 중앙도서관과 우석대학교 도서관에 소장되어 있다. 본서에서는 서울대학교 소장본을 입력과 번역의 대본으로 삼았다. 『병인양요』는 송헌석이 발행인 겸 저자로 되어 있는데, 현재까지 유사한 내용의 필사본이나 목판본이 알려진 바 없는 유일본이다. 작품은 전체 40면에 면당 17행씩 모두 22,000여 자 분량으로 이루어져 있다. 책의 표지에는 프랑스 함대의 출현과 총포를 앞세운 전란 상황에서 백마를 타고 종횡무진하는 지휘관으로서의 모습을 푸른색과 붉은색을 대비시켜 강렬하게 인상적으로 표현하고 있다.

『병인양요』는 병인양요 당시 순무영 초관(哨官)의 직책을 가지고 문수산성(文殊山城)에서 프랑스 군대의 공격에 맞서 분전하고 이후 양헌수, 어재연과 연합하여 병인양요를 승전으로 이끈 한성근이라는 인물을 새롭게 발굴하고 이를 다시 소설 형식으로 가공해 냈다는 점에서 특기할 만하다. 이에 따라 작품의 서사 구조는 병인양요와 이후 신미양요까지를 포함한 시기 무장으로서의 활약상이 중심이 될 수밖에 없다.

작가 송헌석은 그다지 알려져 있지는 않지만, 일제 강점기 조선총독부 서기, 불교계 교육기관 중앙학림 국어교사, 조선어·일본어·중국어 교재를 편찬한 출판인 등으로 활동한 인물이다. 즉 문필의 역량은 충분히 갖추었을 것으로 보이지만 전문적인 소설가는 아니었던 셈이다. 한편 개인적으로 보자면, 『병인양요』의 주인공 한성근과 송헌석은 장인-

사위 관계였던바, 송헌석은 한성근의 차녀와 혼인한 사이였다. 따라서 작품 곳곳에서 한성근의 영웅적인 모습이나 전공을 과도하게 부각시키거나 구한말 일본과 친밀했던 행적을 미화하기도 하는 등의 작위적인 측면도 확인된다.

『병인양요』의 핵심은 단연 병인양요 관련 서사이다. 이에 작품에서 프랑스 함대의 2차 원정 초기의 상황과 이후 전투 과정을 매우 구체적으로 그려내고 있는 점이 돋보인다. 전란 초기 강화유수와 통진부사는 도주하고, 민심의 지도자 격인 전 판서 이시원(李是遠)은 자결을 하였으며, 진보(鎭堡)를 지키는 다수의 장졸들은 피살되고, 이에 따라 백성들은 제각기 살길을 찾아 피난길에 오른 상황 등을 생생하게 그려내고 있다. 이어 문수산성에서의 패전, 이를 만회하는 재차의 전투, 그리고 양헌수 및 어재연과 협공하여 결국에는 프랑스군을 몰아내고 승리를 얻어내는 과정은 짧은 서사 전개이지만 이 소설에서 주인공의 영웅다운 면모를 그려내는 단연 백미 부분이라 할 수 있다.

한편 『병인양요』에서는 인천 관련 서사가 몇몇 부분에서 더 등장한다. 가장 눈에 띄는 점은 한성근이 만년에 벼슬에서 물러나 국가로부터 인천에 전장(田莊) 3백 석을 사패(賜牌)로 받고 전반면(田反面) 검월리 일대에 거처하며 살았다는 것이다. 이와 더불어 내수사 소속 신바둑이라는 자가 서울 한강에서 붕어를 가지고 인천 한성근의 거처까지 찾아오는 내용, 한성근이 자신의 수하 윤홍섭과 인천 인근 지역 오자봉(五子峰)으로 사냥 가서 호랑이를 잡는 내용, 한성근이 아들의 임지 안면도에 갔다가 배를 타고 팔미도를 지나 인천항으로 들어오는 내용 등등은 조선 후기 인천이 생활사적으로 서울, 시흥, 안산, 충청 지역 등과 육로·수로를 통해 어떻게 연결되고 소통하였는지를 알 수 있는 대목이기도 하다.

5. 채만식, 『병인양요』

채만식(蔡萬植, 1902~1950)의 『병인양요(丙寅洋擾)』는 '한말역화(韓末歷話)', '한말사화(韓末史話)'라는 부제를 달고 신문에 연재된 글로서, 역사 관련 사실에 자신의 비평을 담아 일반 독자들이 알기 쉽게 풀어 쓴 대중 지향의 역사 평설 작품이다.

『병인양요』는 본래 1949년 1월 4일부터 1월 9일까지 총 6회에 걸쳐 『군산신문(群山新聞)』에 연재되었다. 하지만 이 가운데 1월 6일자 신문은 일실되어 제3회차 글은 존재하지 않고 나머지 5회 분량만이 존재한다. 그런데 신문에 연재 수록했던 내용을 수정 보완하여 같은 해 『새한민보』라는 잡지에 4월과 5월 두 차례에 걸쳐 상·하 두 편으로 재수록[8] 하였기 때문에 작품 전체를 온전하게 살펴볼 수 있게 되었다. 신문과 잡지에 수록된 글은 얼마 되지 않는 시간적 편차를 두고 있지만 그 내용을 살펴보면 적지 않은 부분에서 자구나 표현을 달리한 부분을 찾아볼 수 있다. 이에 본서에서는 잡지에 수록된 글을 중심으로 신문에 수록된 글을 비교하며 내용의 차이를 교감하여 입력을 하고 이를 바탕으로 역주를 진행하였다.

주지하듯이 작가 채만식은 일제 강점기 대표적인 소설가 중 하나로 총 290여 편에 이르는 소설과 희곡·평론·수필을 썼다. 채만식의 작품 중에는 「배비장(裵裨將)」, 「심봉사」, 「허생전(許生傳)」, 「흥보씨」 등 고전과 역사를 바탕으로 새롭게 창작해 낸 작품이 적지 않다. 『병인양요』

8) 蔡萬植, 「韓末史話 丙寅洋擾 (上)」, 『새한민보』 통권 48호, 새한민보사, 1949.04.; 蔡萬植, 「韓末史話 丙寅洋擾 (下)」, 『새한민보』 통권 49호, 새한민보사, 1949.05.

는 같은 맥락에서 역사 평설을 창작한 것이 아닌가 한다.

『병인양요』는 역사 평설이지만, 작가 채만식이 본디 소설가였기 때문에 역사적인 사건 전개에 있어 소설적 필치가 돋보인다. 또한 병인양요 발발과 관련된 조선-프랑스-중국-일본 등 당시 동아시아 국제 정세를 서술하는 한편, 문수산성 및 정족산성에서의 전투 상황을 자세히 묘사하고 있다.

채만식의 『병인양요』에서 가장 돋보이는 부분은 평설이다. 주지하듯이 병인양요 과정에서 일부 천주교도들이 프랑스 함대에 식량이나 정보를 제공하기도 하였는데, 이는 조선 정부 입장에서 보자면 이적 행위 또는 매국 행위를 한 것이라고도 볼 여지가 있다. 하지만 채만식은 이에 대해 대원군이 천주교도를 학살한 것은 매우 부당한 폭정이며 따라서 희생자 천주교도의 입장에서 보면 그들의 행동은 떳떳한 인지상정일 수 있다고 평가하고 있다. 더욱이 천주교도의 행동이 당시 조선 정부에 대한 반정부적 행동은 될지언정 반국가적, 반민족적인 것은 아니라는 입장을 피력하고 있기도 하다. 채만식은 병인양요의 결과에 대해서도 한편으로는 서구 열강의 침입을 막아냄으로써 식민지화 또는 상품 식민지화의 위험성에서 벗어난 측면도 있지만 다른 한편으로는 발달된 서구 문명을 막아버린 불행한 측면도 있음을 들어 반반의 득실이 있다고 평가하고 있다.

참고문헌

김원모, 「병인일기의 연구」, 『史學志』 17, 건국사학회, 1983.

노대환, 「「병인양난녹」 속 1866년 양요(洋擾)의 기억」, 『한국학연구』 57, 인하대학교 한국학연구소, 2020.

안정헌, 「병인양요에 대한 글쓰기 연구」, 『인천학연구』 39, 인천대학교 인천학연구원, 2023.

이민희, 「구활자본 고소설 『丙寅洋擾』 연구」, 『어문연구』 56, 어문연구학회, 2008.

이민희, 『강화 고전문학사의 세계』, 인천대학교 인천학연구원, 2012.

이민희 옮김, 『병인양요, 일명 한장군전』, 지만지, 2024.

이영태, 『인천고전문학의 이해』, 다인아트, 2010.

이영태, 『인천고전문학의 현재적 의미와 문화정체성』, 인천대학교 인천학연구원, 2014.

이주홍, 「내방수기 병인양란록」, 『백경논집』 1, 부산수산대학교, 1958.

이주홍, 「병인양란록」, 『뒷골목의 落書』, 을유문화사, 1966.

정우봉, 「19세기 여성일기 「병인양란록」의 작가와 작품세계」, 『한국고전여성문학연구』 26, 한국고전여성문학회, 2013.

하종필, 「병인양요(한장군전) 소설 번역」, 『槐鄉文化』 23, 槐山鄉土史硏究所, 2015.

제1부

현대어역

일러두기

1. 이 책은 병인양요 관련 산문문학 4종을 입력 교감하고 이를 현대어로 번역한 것이다.
2. 원전의 입력 과정에서 작품의 가독성을 높이기 위해 현대 국어 문법에 준하여 띄어쓰기를 실시하고 한자와 한글을 병기하였다.
3. 확연하게 드러나는 원전상의 오탈자는 { } 안에 *(교정), +(추가), -(삭제) 기호를 통해 바로잡았으며, 결락 부분에는【 】에 결락 부분임을 표시하였다.
4. 번역문은 원의에 충실하면서도 고지식한 직역이나 지나친 의역은 피하고 가급적 쉬운 우리말로 옮기고자 고심하였다.
5. 번역문에 대한 이해를 돕기 위해 필요한 곳에 주석을 달았다.
6. 번역문에 사용된 기호는 다음과 같다.

   『 』: 책명

   「 」: 편명

   〈 〉: 작품명

   [ ] : 음은 다르지만 뜻이 통하는 한자

   ‘ ’ : 강조 인용

   “ ” : 대화

양헌수, 『병인일기』[1)]

병인년(丙寅年, 1866년) 9월 초3일

제주목(濟州牧)에서 임금의 은혜를 입고 동부승지(同副承旨)에 제수되었다. 체임되고 돌아와 병부(兵符)를 반납하고 집으로 돌아왔다. 듣자하니, 8월 16일에 양적(洋賊) 함선 두 척이 서강(西江)[2)]으로 곧장 들어와 하룻밤 머무르고 갔다고 한다. 도성 안팎이 온통 술렁거려 가솔들을 이끌고 피난 가지 않는 이들이 없었다. 길거리에서 과연 내 아내의 피난 행렬도 보았다. 일을 행하기가 몹시 불편하였다.

9월 6일

서양 함선이 다시 들어와 심도(沁都, 강화도)를 침범하였다는 급보가 들어왔다.

---

1) 병인일기(丙寅日記) : 양헌수의 문집 『하거집(荷居集)』에는 '출전일기(出戰日記)'로 되어 있다.

2) 서강(西江) : 한양(漢陽)의 남쪽을 싸고 흐르는 한강 구간을 셋으로 나누어 부르는데, 남산의 남쪽 일대에서 노량(鷺梁)까지를 한강(漢江), 노량 서쪽으로부터 마포(麻浦)까지를 용산강(龍山江), 그 서쪽인 양화도(楊花渡) 일대를 서강이라 한다.

9월 7일

묘당(廟堂)에서 순무영(巡撫營)[3] 설치에 대해 의논하였다. 이날 주교당상(舟橋堂上)[4] 신관호(申觀浩)[5]가 배를 침몰시켜 염창목[鹽倉項][6]을 막을 것을 의논하고 이를 운현궁(雲峴宮)에 아뢰면서 나를 주교도청(舟橋都廳)으로 제수할 뜻을 정하였다.

9월 8일

훈련도감(訓鍊都監) 우부천총(右部千摠)[7]에 임명되었다. 이날 금위영(禁衛營)에 순무영을 설치하고 대장에 이경하(李景夏)[8], 순무중군(巡撫中軍)에 이용희(李容熙)[9], 순무천총에 내가 임명되었다. 또 주교도청에도 임명되었다.

---

3) 순무영(巡撫營) : 전쟁이나 지방에서 반란이 일어났을 때 이를 수습하기 위한 군무(軍務)를 맡아보기 위하여 임시로 설치한 군영.

4) 주교당상(舟橋堂上) : 주교사(舟橋司)의 당상관(堂上官). 주교사는 조선시대 임금이 거둥할 때 한강에 부교를 놓는 일과 양호의 조운 등을 맡아 보던 관청.

5) 신관호(申觀浩) : 본명은 신헌(申櫶). 조선 후기 금위대장, 훈련대장, 진무사 등을 역임한 무신. 1866년 병인양요 때에는 총융사(摠戎使)로 강화의 염창(鹽倉)을 수비하였다. 난이 끝난 다음 훈련대장에 임명되고 수뢰포(水雷砲)를 제작한 공으로 가자(加資)되어 숭록대부(崇祿大夫)에 올랐다.

6) 염창목[鹽倉項] : 조선시대 현재의 서울 강서구 염창동 한강가에 있던 나루터.

7) 우부천총(右部千摠) : 조선 후기 각 군영에 소속된 정3품 무관직.

8) 이경하(李景夏) : 조선 고종 때의 무신으로 자는 여회(汝會)이다. 금위대장과 형조판서 등 무관의 주요직을 두루 역임하였다. 대원군의 신임을 받아 포도대장으로 있을 때 많은 가톨릭교도를 학살하였다.

9) 이용희(李容熙) : 조선 후기 무신으로 전라우수사, 경상우병마사 등을 지냈으며, 병인양요 때 양헌수와 함께 프랑스 군대를 물리치는 데 큰 공을 세웠다. 이로 인해 형조판서에 발탁되고 총융사·어영대장 등을 역임하였다.

9월 9일

자시(子時)에 순무중군·순무천총이 선봉이 되어 군사를 거느리고 나갔는데, 보군(步軍)이 5초(哨), 마병(馬兵)이 1초(哨)였다.[10] 사시(巳時)에 양화진(楊花津)에 도착하여 점심을 지어 먹고 있었는데, 강화도가 함락되었다는 급보가 이르렀다.

이때 대원위(大院位)께서 친히 오셔서 호군(犒軍)[11]하시고 진아(鎭衙)에 앉아 있었다. 내가 들어가 아뢰기를 "창졸간에 군사를 움직이게 되어 기계(器械)가 미비하니 어찌하면 좋겠습니까?" 하자, 말씀하시기를 "즉시 준비해서 보낼 것이니 염려하지 말게." 하였다. 또 아뢰기를 "군중에서는 화합하는 것이 중요한데 지금 각 군영에서 갈등이 생길 우려가 있으니 그들로 하여금 하나로 뭉쳐 대사를 함께 치르게 하소서." 하니, 말씀하시기를 "아뢴 대로 하겠다." 하였다.

또 아뢰기를 "지금 듣자 하니 양근(楊根)의 이장령(李掌令)[12]이 동부승지로 부름을 받았다고 하던데, 이분은 소인의 스승입니다. 이 같은 일이 있는 때라 부르심에 응하여 등연(登筵)[13]할 것입니다. 하지만 산림에서 오랜 세월 덕을 쌓은 선비가 어찌 눈앞의 기발한 책략이 있어 전장에 나아가 적을 격파하겠습니까. 그가 아뢰는 바는 '치본(治本)' 두 글자에

---

10) 보군(步軍)이……1초(哨)였다 : 11인이 1대(隊), 3대를 1기(旗), 3기를 1초(哨), 3초를 1사(司), 5사를 1영(營)이라 한다. 따라서 보군 500명과 마병 100명 정도를 거느리고 출정한 것이다.

11) 호군(犒軍) : 군사(軍士)들에게 음식을 베풀어 위로하는 것.

12) 양근(楊根)의 이장령(李掌令) : 양평 출신의 이항로(李恒老)를 말한다. 1866년 병인양요가 일어나자 동부승지의 자격으로 입궐하여 흥선대원군에게 주전론을 건의하였다. 양헌수는 이항로의 문인이었다.

13) 등연(登筵) : 관원이 일을 위해 임금에게 나아가 뵙는 것.

서 벗어나지 않을 것입니다. 그러니 우원(迂遠)하다고 돌려버리지 말고 예를 두텁게 하여 받아들이시기 바랍니다." 하니, 말씀하시기를 "아뢴 대로 하겠다." 하였다.

그러고는 즉시 물러나 행군하여 양천(陽川)에서 묵었다. 가는 도중에 군사들을 엄히 단속하여 백성들을 약탈하지 못하도록 하였다.

9월 10일

새벽에 출발하여 정오 무렵 김포(金浦)에 도착하였다. 어떤 백성이 전하기를 "통진(通津)이 함락되었으며 아전과 백성들이 집을 비우고 도망치거나 흩어졌다."라고 하였다. 이에 즉시 명령하여 장교 두 사람을 먼저 보냈다. 그리하여 한편으로는 적의 허실을 정탐하게 하고, 한편으로는 아전과 백성들을 모아 효유하여 그들로 하여금 속히 다시 모이게 하였다. 또 안심하고 곡식을 거두며 절대로 경거망동하지 말라고 하였다.

신시(申時)에 양릉교(陽陵橋)[14]에 도착하니, 통진부사(通津府使) 이공렴(李公濂)[15]이 직접 인부(印符)를 싸서 가지고 와 기다리고 있다가 "어제 오시(午時) 무렵에 적들이 갑자기 통진부로 돌입하여 아전과 백성들이 놀라 흩어지고 자신도 잠시 촌사(村舍)로 피신하였다가 지금 겨우 이곳에 와서 기다리고 있다."라고 하였다.

---

14) 양릉교(陽陵橋) : 현 경기도 김포시 양촌읍 누산리에 있었던 다리.

15) 이공렴(李公濂) : 조선 후기 무신. 1866년 프랑스 로즈 제독이 군함 세 척을 거느리고 나타나자 통진부사로 임명되었다. 같은 해 병인양요 때 프랑스군이 통진부로 진군하자 싸우지 않고 도망하여 관사에 보관하였던 공·사전과 백성들의 재산을 약탈당하게 내버려둠으로써 파직되어 귀양살이를 하다가 풀려나, 1871년에 전라좌수사에 임명되었다.

술시(戌時)에 행군하여 통진에 도착해 보니, 어제 적의 무리 100여 명이 재물을 노략질해 갔다고 하였다. 이에 관문(官門) 앞길에 방진(方陣)[16]을 쳤다. 통진 초입부부터 이곳까지 40리 사이에 있는 촌락과 고을에서는 백성 하나 아전 하나도 보지 못하였다. 황량하고 을씨년스러웠으며 어수선하여 가슴이 두근거렸다. 간혹 한 사람이라도 만나면 번번이 손을 잡고 효유하여, 그로 하여금 사람들에게 다시 돌아와 모이고 안심하고서 곡식을 거두어 때를 놓치지 말라는 당부를 전하게 하였다. 그러자 아전과 백성들이 조금씩 돌아왔다.

○ 이날 말에서 내리자 순무중군[이용희]이 나에게 격문(檄文)을 지으라고 하였다. 밤에 형조 아전 오의식(吳義植)에게 격문을 정서하게 하였다.

9월 11일

아침 일찍 별무사(別武士) 지홍관(池弘寬)을 시켜 격문을 걸게 하였다. 갑곶진(甲串津)에 가서 손을 흔들어 적들을 부르자 적들이 작은 배를 저어 와서 격문을 받고는 지홍관을 함께 배에 태우고 갔다. 그러고는 술과 고기안주를 대접하였다. 적군 하나가 격문을 가지고 작은 배를 이용하여 날아가듯 인천(仁川) 앞바다에 정박해 있는 큰 함선으로 갔다. 그러고는 신시(申時) 무렵에 회답 격문을 받고 돌아와 지홍관에게 전하였다. 이에 술시(戌時) 무렵 지홍관이 돌아왔다. 밤에 내가 쓴 격문 초본과 회답 격문을 순무영에 보고하였다.

○ 아침밥을 먹은 후 전배(前排)[17]를 거느리고 뒷산 기슭에 올라 적의

16) 방진(方陣) : 병사들을 사각형으로 배치하는 대형. 오행진(五行陣)의 하나이다.

형세를 바라보니 갑곶진에서 5리쯤 떨어져 있었다. 커다란 적선 두 척이 갑곶진 앞바다에 닻을 내리고 있었으며, 대선(大船) 세 척은 손돌목 바깥 인천 앞바다에 있었고 대선 두 척은 월곶(月串)[18] 앞바다에 있었으니 대선이 모두 일곱 척이었다. 그 밖에 작은 배는 그 수를 헤아릴 수 없었으며, 혹은 검고 혹은 흰 것이 마음대로 왕래하였는데 날아가는 듯 빨랐다. 강화도 성 안팎에는 행렬이 개미떼처럼 사방으로 펼쳐져 있었는데, 만약 검은 옷을 입은 우리 군사들이 먼 곳에서 보이면 번번이 배에서 대완구(大碗口)[19] 한두 발 또는 서너 발을 쏘았다. 그 탄환의 크기는 혹 크기도 하고 혹 작기도 하였는데 어떤 것은 길이가 한 자가량 어떤 것은 예닐곱 치가량 되었으며 큰 것은 세 뼘 정도 작은 것은 두 뼘 정도 되었다. 사거리는 멀리 나가는 것은 20리를 넘어서고 가까이 나가는 것도 15리 아래로는 내려가지 않았으니, 그 멀고 가까움을 발사하는 화포에서 마음대로 높였다 낮췄다 조정하였다.

대저 진을 치고 적에게 대응하려면 필시 먼저 요해처(要害處)를 방어하고 지켜야 예기치 않은 사태에 대비할 수 있는데, 객지에 처음 당도하여 형편을 제대로 알지 못하였다. 읍내에 사는 사인(士人) 이만규(李晩奎)-후에 인만(寅晩)으로 개명하였다.-를 찾아가니 체문(帖文)을 꺼내며 백의종사(白衣從事)[20]한다기에 그를 맞아 함께 주선하여 즉시 부근을 같이 돌아다니며 지형을 자세히 살폈다. 어떤 민가에 늙은 할미 하나가 있어

17) 전배(前排) : 임금이 행차할 때 어가 앞에서 호위하는 궁속(宮屬)이나 친위병.

18) 월곶(月串) : 현 강화군 강화읍 월곶리 일대.

19) 대완구(大碗口) : 조선시대 지름 30cm쯤 되는 쇠나 돌로 만든 둥근 탄알을 넣어 쏘던 큰 화포(火砲).

20) 백의종사(白衣從事) : 벼슬이 없는 사람이 국가의 일에 종사하는 것을 말한다.

기수(旗手)를 시켜 부르게 하니 그 할미가 두려워하며 겁을 먹고 피하였다. 고을 사람 차재준(車再俊)이 마침 그 광경을 보고 말하기를 "이분은 우리나라 양반이니, 두려워하지 말고 와서 만나보라." 하였다. 백성들이 얼마나 놀라고 겁을 먹었는지 알 만하다.

○ 수유현(水踰峴)[21] 좌우에 군사 백여 명을 매복시키고 차재준을 시켜 마을로 가서 이엉[蓋草]을 사 오게 하였다. 이만규가 직접 선영의 나무를 베어와 군의 막사를 지으려 하였는데 군중에 도끼나 괭이[钁] 같은 도구가 없었다. 이에 이만규를 시켜 매일 5전(錢)씩 주고 민가에서 빌려오게 하였다. 철물 따위는 적들이 약탈해 가거나 백성들이 각자 가지고 달아나서 어쩔 수 없이 칼과 창을 대신 사용하였으니 참으로 어려움이 컸다. -궐(钁)은 괭이이다.-

9월 12일

전(前) 수사(水使) 조희복(趙羲復)[22]이 이때 훈련도감 좌별장으로 있었는데 마병(馬兵) 200여 명을 거느리고 지원하기 위해 내려와서 읍부(邑府) 오리정(五里亭)[23]에 진을 쳤다.

---

21) 수유현(水踰峴) : 경기도 김포시 월곶면 군하리에서 포내리로 넘어가는 고개. 우리말로 무네미고개, 무너미고개 등으로 불리기도 한다.

22) 조희복(趙羲復) : 조선 후기 무신으로, 자는 백연(伯淵)이다. 음직으로 출사하여 영변부사, 전라우수사, 경상우병마사 등을 거쳐, 1876년 조일수호조규 체결 당시 만일의 사태에 대비하기 위해 한강 연안 방비의 책임을 맡았다. 후에 총융사, 어영대장을 역임하였다.

23) 오리정(五里亭) : 각 지방 관아에서 빈객을 영송하기 위하여 5리쯤 떨어진 곳에 세운 역정(驛亭).

9월 13일

이만규의 추천으로 석정리(石井里)[24] 사인 이중윤(李重允)이 체문을 꺼내어 백의종사하였다.

9월 14일

초관(哨官)[25] 민상현(閔尙鉉)을 시켜 순뢰(巡牢)[26] 홍연손(洪連孫)을 거느리고 미복 차림으로 월곶진에서 몰래 건너가 적의 정세를 탐지하게 하였더니 이틀 밤이 지나서 돌아왔다.

9월 15일

대기수(大旗手) 이삼길(李三吉)을 시켜 포수 20명을 거느리고 가서 포내촌(浦內村)[27]에 매복하게 하였다. −적선이 근처 수유현 건너편까지 이르렀다.−

9월 16일

24명을 보내 신덕포(新德浦) 촌사에 매복시키고 적선의 왕래를 살피게 하였다. 봉상시(奉常寺) 봉사 한성근(韓聖根)[28]이 대원군의 분부를

24) 석정리(石井里) : 현 경기도 김포시 대곶면에 있는 리이다.

25) 초관(哨官) : 각 군영에 딸린 위관(尉官)의 하나로 한 초(哨) 약 100명을 거느리는 장교.

26) 순뢰(巡牢) : 대장의 전령과 호위를 맡고 순시기(巡視旗), 영기(令旗)를 받들던 군사.

27) 포내촌(浦內村) : 현 경기도 김포시 월곶면 포내리.

28) 한성근(韓聖根) : 조선 말의 무신으로, 자는 원집(元執), 호는 이력(履歷)이다. 1866년 병인양요 때 순무영 초관(巡撫營哨官)으로 문수산성을 수비하여 공을 세웠고, 1881년 신식 군대인 별기군이 창설되자 정령관(正領官)으로서 군사훈련에 힘썼다. 병조참판, 한성부 판윤 등을 역임했다.

받들어 광주(廣州) 별파진(別破陣)[29] 50명을 거느리고 내려와 문수산성(文殊山城)[30] 안에 매복시켰다.

9월 17일

미복 차림으로 한두 사람을 거느리고 걸어서 문수산성으로 가서 형편을 자세히 살피고-적과의 거리 1리쯤-포수들을 위문하고 돌아왔다.

9월 18일

적들이 작은 배를 타고 곧장 문수산성 남문 밖에 대었다. 한성근이 먼저 탄환 2발을 쏘아 적병 몇 명을 죽이자, 적들이 크게 몰려와 중과부적의 상황에서 포수 4명이 죽고 나머지는 모두 도망쳐 달아났으며 한성근 또한 도망쳐 죽음을 면하였다. 이에 적들이 남문루(南門樓)와 성안의 민가 스물아홉 채를 불태우고는 백성 1명을 죽이고 포수 1명을 사로잡아 갔다. 이러한 급보가 대진(大陣)-10리 거리-에 이르자 즉시 전초군을 보내 가서 구원하게 하였다. 나도 갑옷을 입고 말에 올라 칼을 뽑고 갔는데, 중간쯤 가지도 못하였건만 한성근이 이미 패하여 돌아갔다. 내가 수유현에 도착하였을 때 적들은 이미 물러나 떠나갔다. 한성근과 포수들이 패주할 적에 허둥지둥 산골짜기로 달아나자 적들이 추격하였다. 그런데 갑자기 큰 안개가 산허리를 뒤덮어 지척도 분간할 수 없게

29) 별파진(別破陣) : 조선 후기 중앙군영 및 군기시(軍器寺) 등에 편성되어 있던 포(砲)와 같은 화기를 다루는 무관 잡직.

30) 문수산성(文殊山城) : 경기도 김포시 월곶면 포내리에 있는 조선시대의 산성. 갑곶진과 함께 강화의 입구를 지키던 성으로, 숙종 20년(1694)에 처음 쌓고 순조 12년(1812)에 고쳐 쌓았다. 병인양요 때 프랑스군과 치열한 전투를 치른 곳으로, 지금은 성벽과 문루가 없어지고 산등성이를 연결한 성벽만 남아 있다.

되자 적들이 모두 물러나 떠나갔다. 이는 곧 임금의 영험함이 이르렀기 때문이리라.

9월 19일

적들이 훈련도감의 화약고를 불태우자 그 소리가 천지를 뒤흔들었다. 이로부터 매일 제물진(濟物鎭)에서부터 광성진(廣城鎭)에 이르기까지 관사(官舍) 및 군기고 중 불에 타지 않은 것이 없었다.

9월 20일

관동(關東)·기읍(畿邑)[31]의 산포수(山砲手) 370명이 도착하였다. 적들이 처음 당도하면서부터 우리 연안 포구 위아래로 공사간의 배 가운데 불에 타거나 망가지지 않은 게 없었다. 이에 우리 군사들이 비록 포탄을 무릅쓰고 건너가려 해도 어찌할 방도가 없었다. 주교사(舟橋司)[32]에서 지휘하는 경강선(京江船) 열여섯 척이 조강(祖江)[33]에 와서 기다렸으나 갑곶진으로 화물을 운반할 수 없었다.

월곶에 닻을 내린 채 머물고 있던 배의 적병들이 작은 배로 조수를 타고 올라와 포를 쏘아 배 한 척을 격파하자, 격졸(格卒)[34]들이 밤에 도망쳐서 단지 빈 배만 남아 있을 뿐이었다. 이에 광주 별파진 45명과

31) 관동(關東)·기읍(畿邑) : 관동은 강원도, 기읍은 경기도 지역 여러 고을을 말한다.

32) 주교사(舟橋司) : 정조 13년(1789년)에 선박·교량 및 호남·호서 지방의 조운(漕運) 따위에 관련한 사무를 관장하기 위하여 설치한 관청.

33) 조강(祖江) : 한강과 임진강이 만나는 한강 하류 끝의 물줄기로, 현 경기도 김포시 월곶면 조강리 일대 구역.

34) 격졸(格卒) : 조선시대 수부(水夫)의 하나로 사공(沙工)의 일을 돕는 사람을 이르던 말.

경기 포수 50명으로 하여금 강녕포(康寧浦)[35]에 가서 매복하여 적이 올 것에 대비케 하였다. 백의(白衣) 별군관 안명호(安命鎬)가 강녕포에 가 머물면서 뗏목을 만들어 장차 화공(火攻)을 쓰고자 하였다.

내가 이중윤에게 말하였다. "출정한 장수와 군사들이 여기에 온 지 이미 십여 일이 되었거늘 한 걸음도 전진하지 못한 채 날마다 적들이 날뛰는 것만 바라보고 있다. 아군의 사기는 위축되고 우리들은 한갓 나라의 곡식만 축내고 있다. 군량을 계속 대기도 어렵고 나라의 살림도 막막하여 밥이 목구멍으로 넘어가지 않으니 장차 등창이 나서 죽을 것만 같다. 크고 작음을 막론하고 배가 있은 연후에야 뭐라도 할 수 있으니, 자네가 주선하여 사선(私船) 중에 연안 포구에 숨겨져 있는 것들을 찾아내어 그것들을 끌고 와서 덕포내항(德浦內港)[36]의 적들에게 띄지 않을 곳에 숨겨두고 대기하라!" 이에 이중윤이 "삼가 말씀하신 대로 하겠습니다."라고 하였다. 며칠 뒤에 과연 작은 배 다섯 척을 숨겨두었다고 하였다.[37]

9월 21일

내가 말하였다. "대군이 온 지 지금 이미 열흘이나 되었는데 적들이 아직 알아채지 못하였으니, 오늘 밤에는 내가 직접 수유현에 모습을 드러내고 한편으로는 무력을 드날리고 한편으로는 적들을 속여서 그들로 하여금 대포 탄환을 허비케 할 것이다." 그러자 여러 사람들이 모두

35) 강녕포(康寧浦) : 현 경기도 김포시 월곶면 용강리 부근.
36) 덕포내항(德浦內港) : 현 경기도 김포시 대곶면 덕포신 부근.
37) 며칠……하였다 : 『하거집』에는 9월 24일자 기사에 이 내용이 수록되어 있다.

만류하고 제지하였으며 또한 비웃는 자들도 많았다.

이에 한밤중에 전배(前排)들에게 등롱 한 쌍과 기등(旗燈) 세 장대와 소나무 횃불 수십 자루를 들게 하고는 그들을 거느리고 몰래 가서 불쑥 수유현에 올라 줄지어 서서 불을 밝히자 적들의 배 위에서도 또한 등불을 줄지어 밝혔다. 잠시 후 불을 모두 끄고 나와 군졸들은 언덕에 기댄 채 몸을 피하였다. 그러자 과연 우렛소리가 우르르 쾅 하고 모두 일곱 차례가 울리더니 탄환이 독수리 같은 소리를 내며 내 머리 위로 지나가는데 섬광이 눈부시게 번쩍이며 흡사 불화살이 날아가듯 하다가 내 몸을 50~60보쯤 지나 떨어졌다. 포탄이 떨어진 후에도 거듭 날아간 것이 서너 차례였다. 내가 진영으로 돌아오자, 모든 군사들이 위험천만한 일이었다고 하지 않는 이가 없었다.

9월 22일

전배들을 시켜 어젯밤에 적들이 쏜 포탄을 찾아오게 하였더니 두 개를 주워 왔다. 그 크기와 길이는 과연 위에서 말한 것처럼 크고 길었다.

9월 23일

본진에서 병사들과 병기들을 점검하고 살폈다.

9월 24일

백의 별군관 이중윤이 과연 민간의 작은 배 다섯 척을 얻어서 돌아왔기에 이를 덕포내항에 숨겨두고 때에 맞는 쓰임에 대비코자 하였다.

9월 25일

본진에 있으면서 관동(關東)·기읍(畿邑) 포수들의 능력을 시험하였다.

9월 26일

각 초(哨)를 순시하며 위로하는 한편, 군대의 기율을 엄격히 하여 병사들의 나태해진 마음을 다잡게 하였다.

9월 27일

덕포 주변 읍내에서 20리 거리쯤 적선이 왕래하는 곳에 매복할 만한 곳이 있다는 말을 들었다. 이에 별군관 이현규(李鉉奎)·이병숙(李秉淑)을 시켜 먼저 가서 자세히 살펴보게 하였다. 나는 풍천(豊川) 이기조(李基祖)[38]와 함께 강녕포로 가서 방수포수(防守砲手)들을 위문하였다. 그러고는 천리경(千里鏡)을 들어 석우(石隅)에 닻을 내리고 머물러 있는 적선을 바라보니, 적들은 모두 흰 옷을 입고 앉아 있었다. 이것은 강화도 백성들에게 빼앗은 것이었다. 뗏목을 만들고 있는 안명호에게 가 보니, 뗏목은 아직 완성되지 못하였다. 저녁에 대진(大陣)으로 돌아오자, 두 군관이 돌아와 보고하기를 과연 매복할 만한 형편이라고 하였다.

9월 28일

이기조·조희복과 두 명의 이씨 성의 군관, 박정화(朴鼎和)와 함께 덕

38) 이기조(李基祖) : 조선 후기 무신. 병인양요가 발생하자 별군관으로 참전하여 한성근·양헌수 등과 함께 광성진(廣城鎭)에 주둔하였다. 이때의 공로로 삼화부사를 지내고, 1871년 신미양요 때에는 부평도호부사로서 미국함대와 교섭하는 임무를 수행하였다.

포진에 가서 대포를 묻어 놓은 형편을 살펴보니 과연 매우 좋았다. 이기조가 설계를 주장하려 하므로 그가 하는 대로 맡기고 나는 홀로 진졸(鎭卒) 1명과 배예(陪隸)[39] 2명과 도보로 백성들 사이에 '손돌의 무덤'[40]이라 불리는 주변에 가서 두 손을 모으고 서서 말하였다. "손돌에게 과연 아직 신령함이 남아 있다면, 충성스런 분기를 옛날처럼 뻗쳐 이곳을 지나는 적선들을 뒤엎어 주시오. 꼭 문수산성에서 안개가 뒤덮여 우리 군대를 보호해준 것처럼 말이오!" 또 스스로 맹세하며 말하였다. "만일 임금의 신령함에 의지하여 강화(江華)의 작은 땅에서 목숨을 바치게 된다면, 내 죽어도 유감이 없을 것이다!" 그러고는 미친 듯 중얼거리며 무덤 주변에 근심스런 표정으로 앉아 바다 건너편을 바라보았다. 그러자 강화에 작은 산성 하나가 허공에 우뚝 솟아 있었는데, 기색이 온화하고 길하여 평생의 친한 벗을 만난 듯 기뻐하고 웃으며 손을 흔들고 서로 부르면서 달려가고자 하였으나 그렇게 할 수는 없었다. 진졸에게 물어 그것이 정족산성(鼎足山城)임을 알았다. 또 물어서 그렇게 크지도 않고 작지도 않은 전등사(傳燈寺)가 있다는 것도 아울러 사고(史庫)[41]도 있다는 것도

39) 배예(陪隸) : 높은 사람의 시중을 드는 종.

40) 손돌의 무덤 : 경기도 김포시 대곶면 신안리에 있는 고려시대 뱃사공인 손돌의 무덤. 고려시대 몽고군의 침입으로 왕이 강화로 피난하는 도중, 손돌이란 뱃사공이 왕과 그 일행을 배에 태워서 건너게 되었다. 손돌은 안전한 물길을 택해 초지(草芝)의 여울로 배를 몰았다. 마음이 급한 왕은 손돌이 자신을 해치려고 배를 다른 곳으로 몰아가는 것으로 생각하고, 신하를 시켜 손돌의 목을 베도록 명하였다. 이때 손돌은 왕에게, 자신이 죽은 뒤 배에 있는 박을 물에 띄우고 그것을 따라가면 몽고군을 피하며 험한 물길을 벗어날 수 있다는 말을 남기고 죽었다. 손돌을 죽이자 적이 뒤따라오므로 왕과 그 일행은 손돌의 말대로 박을 띄워 무사히 강화로 피할 수 있었다. 왕은 손돌의 충성에 감복해 그의 무덤을 만들고 제사를 지내 그 영혼을 위로하였다.

41) 사고(史庫) : 강화군 길상면 정족산성 내부의 전등사 서쪽에 있던 정족산사고를 말한다. 이곳에 사고가 운영되기 시작한 것은 1595년(선조 28)이었다. 임진왜란으로 춘추

알게 되었다. 그곳은 사면이 험준하게 막혀 있고 오직 동남쪽으로만 가는 길이 나 있어, 실로 만 명의 사내가 와도 뚫을 수 없는 곳이었다.

돌아와 대포 묻을 곳을 두 명의 이씨 성의 군관에게 지시하니, 모두 말하기를 "어제 이미 봐 두었다."라고 하였다. 내가 말하였다. "이곳은 조사(趙奢)의 북산(北山)[42]이라 할 만하니, 만약 양도(糧道)가 끊이지 않고 포수 5백 명이 몰래 건너 들어가 점거할 수 있다면 적군은 우리 손바닥 안에 있게 될 걸세. 우리들이 심도(沁都)를 회복하기 위해 왔으나 아직 한 걸음의 땅도 엿보지 못하였으니 비록 10년을 여기에 머문다 한들 장차 무슨 소용이겠으며 결국에는 무슨 면목으로 돌아가 우리 임금을 뵙겠는가! 본진으로 돌아가 함께 들어갈 계책을 세워 보세나." 그러자 두 군관이 기꺼이 따르며 말하였다. "참으로 지당하신 말씀이십니다. 참으로 지당하신 말씀이십니다. 저 심도에서 살아가는 방편을 듣자하니, 심도 안에 있는 사민(士民) 수만 명이 모두 이 정족산성 남쪽에 모여 있어 마치 물고기가 장차 말라가는 물에서 뻐끔거리고 있는 것 같답니다. 영감께서 결심하시고 저곳으로 들어가 점거하신다면, 수만 명의 목숨이 이로부터 살아나게 될 것입니다. 저희들이 감히 돕지 않을

관과 충주·성주의 사고가 불타고 유일하게 남은 전주사고의 실록이 해주(海州)를 거쳐 강화부 관아에 보관되었던 것이, 다시 영변의 보현사(普賢寺)와 객사(客舍)를 거쳐 1603년 새로 설치된 강화도 마니산사고에 옮겨져 복간되었다. 그런데 1653년 마니산사고에 화재가 일어나자, 정족산에 사고가 마련되게 되었다.

42) 조사(趙奢)의 북산(北山) : 군사적 요충지를 말한다. 조사(趙奢)는 조(趙)나라 혜문왕(惠文王) 때 사람으로 진(秦)나라가 한(韓)나라를 침략하려 군대를 어여(閼與)에 주둔시켰는데, 혜문왕이 조사로 하여금 어여를 탈환하도록 하였다. 진나라 군대와 조나라 군대가 어여에서 50리 떨어진 곳에서 맞섰다. 이때 조사의 부하인 허력(許歷)의 건의에 따라 요충지인 북산의 정상을 점령하고 진나라 군대를 공격하여 마침내 진나라 군대를 물리쳤다. *『史記』「趙奢列傳」 참조.

수 있겠습니까!" 이에 곧바로 함께 돌아오니, 날은 이미 저물었다.

나의 이러한 뜻을 순무중군[이용희]에게 자세히 알리자, 중군이 크게 기뻐하였다. 이에 향포수(鄕砲手)[43] 367명, 경초군(京哨軍) 121명, 표하군(標下軍)[44] 38명을 뽑아, 밤에 면포대(綿布袋) 250개를 만들고는 각각 두 사람의 이틀치 식량을 담게 하고 절반의 군사에게 등에 짊어지게 하였다. 또 찰떡-인절미-을 만들어 각자 몇 점씩 지니고 가게 하였다. 그러고는 몇 리쯤 이를 때마다 맨몸으로 행군하는 군사들에게 번갈아 지게 하여 험난한 행군길을 편하게 하였다. 이러한 내용을 군중에 명령하였다.

이때, 이현규(李鉉奎)가 말하였다. "이번 행군은 영감께서 주장(主將)이시니, 말에 오르는 일시를 살피지 않을 수 없습니다. 내일 오시(午時)가 좋다고 합니다." 내일은 29일 그믐날이었다.

9월 29일

오시(午時)에 말에 올라 표하군만 거느리고 먼저 행군하였다. 이는 뽑은 군사들과 무기 등이 미비하였기에 두 군관에게 빠짐없이 준비하게 하고 이후에 군사를 이끌고 뒤따라오게 하였기 때문이다. 내가 먼저 덕포에 이르니 날은 이미 신시(申時)였다.

나는 먼저 전날 이중윤이 내항에 숨겨둔 배들을 살펴보았는데, 다섯 척 중 두 척은 파손되어 사용할 수 없었다. 세 척 중 하나는 70명쯤 태울 수 있었고 나머지 둘은 20~30명쯤 태울 수 있었다. 그러나 물때

---

43) 향포수(鄕砲手) : 지방 관아의 포수로 주로 화승총으로 산짐승을 잡던 사냥꾼을 말한다.

44) 표하군(標下軍) : 대장(大將) 이하 각 장관(將官)에게 전속된 수병(手兵)을 가리킨다.

가 이미 지나서 한밤중 자정까지 기다려서야 한 척이 건널 수 있었지만, 날이 밝기 전까지는 다시 건널 수 없었다. 이날 아침부터 밤까지 크게 바람이 불어 나무가 뽑힐 정도였으므로 이런저런 이유로 배가 건너갈 수 없었다. 이에 급히 이중윤을 불러 다시금 몇 척의 배를 탐문하고 대기하도록 하였다.

한편 대군이 곧 도착할 것이기에 저녁밥을 준비하고 기다리지 않을 수가 없었다. 다만 마을 백성이 겨우 23호뿐이라 쌀을 꿀 수가 없었다. 이에 주변 마을을 탐문해 보니 전임 좌수(座首)[45]가 있다기에 그를 불러 좋은 방도가 있는지 물어보았다. 그러자 이좌수라 불리는 자가 말하였다. "여기서 3리쯤 거리의 안문동(雁門洞)에 선달 이제현(李濟鉉)이라는 자가 제법 부요하니 그를 불러다가 계책을 세워 보십시오." 이에 급히 명을 내려 불러 물어보니 이제현이 말하였다. "곡식은 모두 밭에 있어서 창졸간에 마련할 수가 없습니다." 내가 말하였다. "그대의 집에 응당 몇십 일치 양식이 있을 터이고 그대의 친족들과 주변 마을에도 모두 며칠 분의 양식이 있을 터이니, 탐문할 필요 없이 가지고 오면 될 듯하네." 그러자 이제현이 분주히 다니며 쌀 넉 섬을 마련해 오니, 그제서야 근심이 걷혀 두 눈이 번쩍 뜨이는 듯하였다. 이에 덕포진 백성들에게 쌀을 나누어주고 밥을 짓게 하였다.

두 군관이 나머지 군사들을 이끌고 왔다. 밤이 되자 바람이 더욱 맹렬히 불어 설령 배가 준비되어 있어도 건너갈 수 없을 것 같았다. 처음 덕포진에 도착하였을 때 진졸 10여 명을 불러 파손된 배를 수선하라

---

45) 좌수(座首) : 조선시대 지방의 자치 기구인 향청(鄕廳)의 우두머리. 수령권을 견제하는 기능을 담당하기도 하였으며 향원(鄕員) 인사권과 행정 실무의 일부를 맡아보았다.

하였는데, 마침 자기 집에 있는 2냥쯤의 여윳돈을 가지고 온 자가 있어 그 돈을 내주고 진졸들에게 요기하게 하였다. 밤에 이만규·이중윤을 대진(大陣)에 보내어 오늘 밤 배가 건널 수 없는 사정을 자세히 보고하게 하였다. 또 군량을 청하며 혹 부족하지 않도록 해달라고 하였다. 새벽녘에 갑자기 군사를 돌리라는 지시가 내려졌다.

10월 1일 병술(丙戌)

날이 밝자 대진에서 영전(令箭)[46]을 보내 즉시 회군하라고 하였다. 그 까닭을 알 수 없었지만 이미 영전을 받았으므로 명을 어길 수는 없었다. 이는 순무중군[이용희]이 우리가 고군(孤軍)[47]이 되어 깊숙이 들어가는 건 좋은 계책이 아니라고 여겼기 때문이다. 또 교동(喬桐)·개성(開城) 두 관아에서 장차 군사를 보내 서쪽으로 건너간다는 보고가 있어, 여기서 기다렸다가 함께 건너가 협공을 하기 위한 계책 때문이었다. 이에 어쩔 수 없이 회군하고 있는데 대진에 이르기 10리 전쯤에서 영전이 또 당도하여 다시 덕포로 돌아가라고 하기에, 나는 즉시 말머리를 돌리고 깃발로 지휘하여 후우초(後右哨)가 전좌초(前左哨)가 되게 하고 전좌초가 후우초가 되게 하였다. 군사들은 걸음걸이가 느리고 피곤하여 대부분이 나른한 것처럼 보였다. 내가 말 위에서 군사들을 돌아보며 말하였다. "어젯밤 추위가 심하고 바람이 맹렬했는데, 너희들이 노숙한 것에 내 마음이 무척 아팠다. 오늘 또 바람을 무릅쓰고 북쪽으로 행군하다가 다시 몸을 돌리게 되니 응당 더욱 추워 몸이 덜덜 떨릴 것이다.

---

46) 영전(令箭) : 군영에서 군중(軍中)에 명령을 전달하거나 비밀 명령을 내리는 데 사용하는 화살.

47) 고군(孤軍) : 따로 떨어져 도움을 받지 못하게 된 군대.

그러나 나라의 신하와 백성이 되어 어찌 그 수고로움을 마다할 수 있겠는가! 모름지기 발걸음을 재촉하며 나를 따르거라!"

덕포에 도착하니, 날은 이미 포시(晡時)[48]였다. 서둘러 밥을 먹으라 재촉하고, 배 세 척은 부래도(浮來島)[49]에, 두 척은 적암포(赤巖浦)[50]에 대고 기다리게 하고는 형편에 따르게 하였다. 나는 부래도를 나와 해질녘부터 군사들을 점검하고 배에 올라탔는데 대부분이 뒷걸음질을 쳤다. 3백 년가량 전쟁을 모르고 지낸 터라 경군(京軍)[51]도 군율(軍律)을 모르는데 하물며 오합지졸의 향포수임에랴. 이들은 모두 깃발과 북의 절제[52]나 진격하고 퇴각하는 의리를 알지 못하는데, 갑자기 장차 사지(死地)로 들어가게 되니 준엄한 군령을 시행할 수 없는 것이었다. 이에 내가 칼을 뽑아 독려하며 말하였다. "너희들은 배에 오르는 것이 겁나는가! 겁먹은 군사는 비록 10만이 있더라도 쓸모가 없다. 갈 테면 여기서 모두 가거라. 나는 혼자서라도 건너갈 것이다." 그러자 사졸들이 점차 배에 오르기 시작하였다.

이번 작전은 은밀히 건너가는 것이었기 때문에 횃불을 쓰지 않고 단지 포적등(捕賊燈)[53] 10개만 지닌 채 두 곳으로 나누어 배 세 척에 170

---

48) 포시(晡時) : 오후 세 시 반부터 오후 네 시 반까지.

49) 부래도(浮來島) : 현 경기도 김포시 대곶면 소재 섬. 강화와 김포 통진 사이로 흐르는 염하를 따라 한강물에 떠내려왔다고 해서 붙여진 이름이다.

50) 적암포(赤巖浦) : 현 경기도 김포시 대곶면 약암리.

51) 경군(京軍) : 조선시대 서울의 각 영문(營門)에 소속되어 임금의 호위를 주로 맡아보던 군사.

52) 깃발과 북의 절제 : 전장에서 깃발과 북을 가지고 군대를 지휘하고 명령을 전달하는 행위를 말한다.

53) 포적등(捕賊燈) : 등불의 주변을 감싸고 전면부에 반원을 뚫고 유리를 덧대서 만든 등불로, 100보 밖에서도 도둑을 능히 비춘다는 뜻을 담고 있다. 주로 야간 순찰에

여 명이 탔다. 배를 출발시켜 수십 보를 갔는데 갑자기 뒤쪽 산기슭에서 어떤 사람이 큰 소리로 외치며 말하였다. "군선을 다시 돌려 대시오!" 고개를 돌려 바라보니 칠흑같이 어두운 밤이라 아무것도 보이지 않았다. 이는 어떤 군졸놈이 군심(軍心)을 의심케 하고 어지럽히고자 어두움을 틈타 헛되이 놀래켜 건너지 못하게 하려는 것이었다. 이에 내가 훤히 보이는 척하면서 크게 소리를 질러 말하였다. "저 놈을 즉시 붙잡아 오거라! 배를 만약 돌려 대면 내 손에 쥔 칼로 모조리 참하겠다!"

그러고는 덕포첨사(德浦僉使)에게 말하였다. "나는 이쪽 해안에 앉아 저 배가 다시 건너오기를 기다렸다가 배에 오르겠소." 덕포첨사가 말하였다. "불가합니다. 지금 건너면 조수가 불어있지만, 다음에 건너면 조수가 줄어들 것입니다. 배에 오르는 것은 조수가 불어나고 줄어드는데 따라 각각 달라지니, 다음에 건널 수 있는 곳은 손돌목 바깥쪽 10리쯤 되는 곳입니다." 내가 말하였다. "그럴 것 같소."

나는 군막으로 돌아와 해시(亥時)까지 앉아 기다렸다가 지팡이를 짚고 길을 걸어 손돌목 바깥쪽으로 나갔다. 조금 있으니 배가 과연 돌아와 정박하였다. 먼저 건너온 것은 전좌초(前左哨)로 광성진에 배를 대었다. 이에 선두별장(船頭別將) 김성표(金聲豹)로 하여금 앞에서 길을 인도하고 가리켜 곧장 정족산으로 들어가도록 하였다. 나는 군사 160여 명을 태우고 뒤따라서 바다를 건너 덕진진(德津鎭)에 배를 대고, 군졸들을 먼저 내리게 하였다. 그러자 군사들이 말하였다. "저쪽 해안 숲속에 적병이 있을 것 같습니다." 이에 내가 먼저 내려 땅을 밟고 서서 마음을 가볍게 하니 오랫동안 객지에 있다가 집으로 돌아온 것처럼 기뻐하였다. 내가

사용하였다.

저쪽 해안 숲속을 지팡이로 가리키며 “아무도 없다!” 말하자, 군사들은 비로소 모두 내렸다. 이에 진졸을 시켜 앞장서 가게 하였다. 나는 지팡이를 짚고 걸음을 재촉하여 정족산성으로 들어가니 인시(寅時)쯤이 되어 있었다.

적암포에서 대기하던 배 두 척 중 한 척의 격군들이 어두움을 틈타 배를 가지고 달아났다. 덕진에서 배를 내린 뒤 선졸(船卒)들을 엄히 단속하여 속히 적암포로 건너가 대기하게 하였다. 타이르고 주의를 준 후 후군(後軍)까지 건너보낸 다음, 처음부터 차례대로 군사들을 점검하며 좌우를 살펴보니 총과 총알을 버리고 달아난 자가 18명에 달하였다.

정족산성으로 들어가자 승려 13명이 영접하며 말하였다. “어제 적의 무리 62명이 문을 말미암지 않고 절벽을 기어올라 성을 넘어 들어왔습니다. 먼저 절에 있는 기물을 파괴하고 사방을 자세히 둘러보고는 모두들 ‘좋다, 좋아!’라고 하였습니다. 그러고는 자신들이 가지고 온 술과 고기를 먹고 잔뜩 취해서 돌아갔습니다. 그놈들이 다시 오려고 할 것 같습니다.”

우리 군사들 가운데 먼저 건너온 자들은 모두 지쳐 쓰러져 곯아떨어졌다. 나는 앉아 후군을 기다렸는데 온갖 염려를 다하느라 머리털이 온통 하얗게 샐 것만 같았다. 동틀 무렵에 이르러서야 후군이 비로소 남문(南門)으로 들어왔는데 들어온 인원을 점검하자 날이 밝아졌다.

○ 날이 저물었을 때 대진에서 기이한 이야기가 들려왔다. 어제 오시(午時) 무렵 내가 말에 오른 이후에, 순무중군[이용희]이 순무천총[양헌수]으로 하여금 군사를 거느리고 바다를 건너 진격하는 계책을 운현궁에 서신으로 올렸다고 한다. 다음날 영전(令箭)을 보내 나를 회군케 한 뒤에, 운현궁에서는 사기(事機)[54]가 매우 묘하다 여겨 ‘속히 되돌아가

게 하라.'는 하답이 있었고, 이 때문에 중군이 내게 다시 덕포로 돌아가라는 영전을 보낸 것이라고 한다. 또 그날 저녁 군사들을 점검하고 배에 오를 즈음, 중군이 서신을 보내 다시 회군하라 하기에, 내가 서신으로 답하였다. "군사들이 이미 배에 올랐으니 중도에 그만둘 수 없습니다. 만약 다시 회군한다면 이후로는 군사들을 운용할 수 없습니다."

○ 내가 집에서 말에 올라 떠난 이후로 한 글자의 편지도 집으로 부치지 않았다. 병사들을 점검하고 장차 바다를 건너가려던 즈음에, 종질(從姪) 양주석(梁柱石)[55]이 집에서 보내는 겨울옷과 편지를 가지고 찾아왔다. 이에 질책하기를 "내가 출전한 후에 가족이나 친지에게 보내는 편지 한 줄이 없으니 이것이 어찌 인지상정이겠습니까." 하였다. 이 때문에 내가 황급히 답장을 썼다. 「말에 오르면 집을 잊고, 성을 나서면 내 몸을 잊는 법. 날마다 인편이 있어도 편지를 보내지 못하였소. 이번에 바다를 건너면 살아 돌아오지 않으리라 맹세하였다오. 백동(栢洞) 안산(案山)[56]에 내가 표시해 둔 곳이 있다오. 내가 죽은 뒤의 일은 모두 가족들의 명에 맡기려 하니 양해해 주시오.」 그러고는 옷가지를 민간 백성들의 집에 던져주고 떠나버렸다.

10월 2일

날이 밝자 창을 들고 성을 순시하였는데, 과연 하늘이 만든 험지였다.

---

54) 사기(事機) : 일이 돌아가는 중요한 기틀.

55) 양주석(梁柱石) : 조선 후기 무관으로 자는 도여(道汝)이다. 음보로 충청도중영장, 백령첨사, 풍천부사 등을 지냈다.

56) 백동(栢洞) 안산(案山) : 백동은 조선시대 서울 혜화동 일대이며, 안산은 서울 남산을 가리킨다.

이현규·이병숙이 지휘하고 주선하여 정족산성에 진을 만들고 파수를 세우고 매복을 한 것이 각각 마땅함을 얻었다. 부근 크고 작은 마을의 백성들이 다투어 소고기, 술, 쌀, 땔감 등을 계속 가지고 와 바치며 군수품으로 대었다. 또 이엉을 날라와 각처의 군막에 쓰도록 하니 짧은 시간에 완성되었다. 이에 사곡(沙谷)[57]에 사는 이원근(李元根)·양영손(梁英孫)에게 땔감과 식량의 소임을 맡게 하고, 특별히 향도청(鄕導廳)을 설치하여 홍진섭(洪璡燮)·정상묵(鄭象默)으로 하여금 주관하게 하였다.

아침부터 저녁까지 백성들이 다투어 몰려와 하례하며 말하였다. "서양 도적이 오늘 아니면 내일 쳐들어올 것이니 백성들의 죽고 사는 것이 아침저녁 사이에 달려 있었는데, 이제야 모두 살았습니다." 그러고는 당일에 소 12마리를 잡아 바쳤는데, 그중에 검은 수소 한 마리가 있어서 밤에 저며다가 글을 지어 산신(山神)에게 제사 지냈다. 산의 모양이 솥발처럼 솟아 있는데, 옛날 단군(檀君)의 세 아들이 각자 하나씩 성을 쌓았으므로 또한 '삼랑성(三郎城)'이라고도 한다. -축문은 문집에 보인다.-[58]

10월 3일

진시(辰時)쯤 적에 대한 보고가 들어와 성에 올라 바라보니 적장 하나가 말을 타고 오고 적군 수백 명이 동문과 남문으로 나뉘어 들어오고 있었다. 이는 우리 군대가 있음을 몰랐기 때문일 것이다. 초관(哨官) 김기명(金沂明)[59]이 포수 161명을 이끌고 남문에 매복하였고, 이렴(李濂)

57) 사곡(沙谷) : 현 강화군 화도면 사기리(沙器里) 일대.

58) 『하거집(荷居集)』 권2에 이와 관련된 〈제정족산신문(祭鼎足山神文)〉이 수록되어 있다.

59) 김기명(金沂明) : 조선 후기 무신으로, 자는 성오(聲五), 호는 화계(華溪)이다. 판관(判官) 김언원(金彦元)의 후손이다. 병인양요 때 프랑스군을 물리치는 데 큰 공을 세웠다.

은 150명을 이끌고 동문에 매복하였으며, 이대흥(李大興)은 경군101명과 향군 56명을 이끌고 서문·북문을 나누어 지키며 대비하였다. 성안에는 정적이 흘렀고 새 우는 소리조차 없었다.

적들은 항구로 들어와 세 무리의 적병이 동문·남문 사이의 산기슭으로 올라 장차 성에 오르고자 하였다. 동문 포수 이완보(李完甫)가 먼저 총을 쏘아 적군 하나를 죽였다. 총포 소리가 나자, 동쪽·남쪽에서 일제히 격발하니 그 소리가 산악을 뒤흔들었다. 동문에서 죽은 적군이 2명, 남문에서 죽은 적군이 4명이었다. 적군은 창졸간에 총포소리를 듣자 놀라고 당황하였지만 조금도 물러날 뜻은 없었다. 그들은 죽어가는 상황 속에서도 왼손으로는 시체를 끌고 오른손으로는 총을 쏘았으니, 그 엄정한 절도가 이와 같았다. 우리의 총은 백여 보에 불과한데 적의 탄환은 오백 보까지 이르렀다. 게다가 적들은 화약 심지를 쓰지 않고도 총을 쏘니, 쏘는 것이 신기하고도 빨랐다.

한바탕 큰 전투가 미시(未時) 초까지 이어졌다. 아군에서 말하였다. "화약과 탄환이 모두 소진되었습니다!" 그러자 모든 군사들이 아연실색하였다. 나도 칼을 던지고 자리에 앉으니 정신이 혼미하고 어지러웠다. 군사들이 모두 어찌할 바를 모르고 있을 즈음, 적군들도 방포를 중지하고 퇴각하여 달아났으며 물자들도 버려두었다. 이에 우리 군의 장교 이하들이 각자 활과 칼을 들고 적군을 추격하였는데, 혹 백여 보를 가다가 그만두고 혹은 수백 보를 가다가 그만둔 채 숨을 헐떡거리며 더 나아가지는 못하였다.

이번 전투에서 우리 군은 양근(楊根) 포수 윤춘길(尹春吉) 한 명이 죽

웅천현감, 강화중군, 신도첨사 등을 지냈다.

었다. 나는 주저앉아 통곡하다가 흰 면포를 이용하여 염을 하고 묻어주었다. 총탄에 맞은 네 사람 중에 두 사람은 상처가 없었으며, 한 사람은 내가 피를 빨아주었고, 한 사람은 약을 지어 치료해 주었는데, 선두별장 김성표와 홍천(洪川) 포수 이방원(李邦元)이 그들이다. 여러 군사들이 적군의 물자, 말, 나귀 등을 가지고 왔는데, 총, 칼, 그릇, 옷, 음식, 술병, 음료수, 이불, 화약 봉지 등 이루 다 헤아릴 수 없었다. 그중에는 강화부(江華府)에 돌려준 부책(簿册) 1권도 있었는데, 그 내역을 모두 책자로 만들어 대진으로 보냈다.

○ 유시(酉時) 무렵에 부근 마을에 사는 사민(士民)들이 모두 와서 말하였다. "저희들이 동문·남문 밖으로 올라가서 서로 바라보고, 지극히 가까운 산기슭에 이르러 접전의 시말을 세밀히 관찰하였더니, 적군이 처음에는 동문 밖에 당도하였는데 갑자기 성 위에 깃발이 있는 것을 보고는 의심스런 생각이 들어 주변에 사는 백성 차경직(車京直)에게 물었습니다. '혹시 경군이 왔는가?' 경직이 '모르겠다.' 하자, 적들이 목에 칼을 들이대고 위협하였지만 끝내 이실직고하지 않았습니다. 이에 적군 하나가 소리치며 싸워 보자고 말했습니다. 접전하던 초기에 적군 하나가 노새를 타고 말했습니다. '내가 성안에 구원을 청하겠다.' 그런데 5리도 못 가서 노새가 펄쩍 뛰어 여러 번을 떨어져 적군이 상처를 입고 움직일 수 없게 되자, 화가 치밀어 노새에게 총을 쏘았으나 맞추지는 못하였습니다. 또 화약 바리를 실은 말은 그 총포소리를 듣고 놀라 날뛰며 멀리 달아났습니다. 패전하게 되자 적군 하나가 소리쳐 말했습니다. '이길 수가 없다!' 그러고는 적군이 모두 발걸음을 돌려 달아났는데, 5리를 가서 죽은 자가 십여 명이요, 10리를 가서 죽은 자와 20리를 가서 죽은 자가 120,130여 명입니다. 그중 적군 하나가 죽자 모두가

슬피 울었으며 성에 들어가서 후하게 염을 하였다고 합니다. 뒤에 강화부 백성들의 말을 들으니 후하게 염한 자는 적군의 나씨(羅氏) 성을 가진 모주(謀主)라고 합니다."

급히 밥을 지어 군사들을 먹인 후에 두루 다니며 군사들을 위문하였는데, 군사들이 모두 말하였다. "적들이 분명 내일 다시 올 것입니다. 우리 군사가 매우 적으니 군사를 더 청해야 합니다." 모든 군사들이 놀라고 두려워하며 더는 싸우려는 기세가 전혀 없었다. 이에 내가 말하였다. "병력은 많은 게 중요한 게 아니라 비록 한 사람이라도 겁내지 않는 것이 최상이다. 너희들이 죽기를 각오하고 적을 보고도 물러서지 않는다면 적은 군사로도 많은 군사를 이길 수 있다!"

삼경 즈음에 평양(平壤) 유격장(遊擊將) 최경선(崔慶善), 조규환(趙奎煥), 홍석두(洪錫斗)가 관서 지역의 포수 88명을 이끌고 덕포에서 이곳으로 건너왔다. 내가 남문 안에 서서 부대가 성으로 들어오는 것을 기다리며 들어오는 자들을 점검해 보니 모두가 건장한 병졸들이었다. 이에 군사들이 마음속으로 크게 기뻐하였다. 화약 한 궤짝이 또 당도하였다.

○ 포천(抱川)의 의사(義士) 이규한(李奎漢) 등 9인이 또 도착하였다.

○ 밤에 이규현·이병숙과 상의하며 말하였다. "오늘의 전투는 적들이 비록 패하여 물러갔으나, 창졸간에 적들을 대응하느라 적의 잔당을 돌아가지 못하게 할 수는 없었으니 심히 분하고 한스럽네. 내일은 적들이 분명 크게 이를 것이니 대책을 잘 강구하여 기다리도록 하게." 또 말하였다. "교동·개성 두 관아는 비록 대진에서 매일매일 관문(關文)[60]을 보내 군사를 징발하고 협공하는 계책을 세우고 있건만, 아직까지도 아무

---

60) 관문(關文) : 상급 관청에서 하급 관청에 시달하는 공문서를 말한다.

런 움직임이 없으니 이들은 믿을 수가 없네. 오늘 들으니 강계(江界)[61]와 북도(北道, 함경도)의 포수가 경영(京營)[62]에 도착했다는군. 만약 이 병력을 청하여 몰래 덕포에서 바다를 건너 이곳으로 오게 할 수 있다면, 그들을 두 개의 부대로 나누어 모일(某日) 어두운 밤을 기약하여 몰래 정포(井浦)[63]·철곶(鐵串)[64] 등의 길을 따라 우회하여 심도의 서문·북문으로 달려 들어가게 하세. 우리는 부대를 정비하여 남문 앞길로 나아가 압박하세. 또 남쪽 방향 여러 백성들로 하여금 편의대로 남문 밖 숲속에 잠복해 있다가 횃불을 들고 북을 치며 시끄럽게 떠들게 하세. 그러면 적들은 필시 놀라고 어지러워져 동문을 통해 달아날 것이니, 우리가 그 후미를 추격하면 일이 잘 성사될 걸세." 그러자 이규현·이병숙이 "좋습니다!"라고 하였다.

10월 4일

일찍 북성(北城)에 올라 심도를 바라보니, 성안에 화염이 치솟아 하늘에 닿을 듯하였다. 내가 말하였다. "적들이 필시 달아났을 것이다." 그러고는 급히 이삼길(李三吉)·차재준(車再俊)에게 명하여 미복차림으로 가서 정탐하게 하였다. 밤이 되어서야 돌아와 다음과 같이 보고하였다. "적들이 지른 불이 두 전각(殿閣)[65]과 행궁(行宮)과 삼아문(三衙門)과 제

---

61) 강계(江界) : 평안도 북동부에 위치한 압록강 주변의 군.
62) 경영(京營) : 조선시대 서울에 두던 훈련도감(訓鍊都監)·금위영(禁衛營)·어영청(御營廳)·수어청(守禦廳)·총융청(摠戎廳)·용호영(龍虎營)을 말한다.
63) 정포(井浦) : 현 강화군 내가면 외포리 일대.
64) 철곶(鐵串) : 현 강화군 양사면 철산리 일대.
65) 두 전각(殿閣) : 강화부 행궁 안에 있던 봉선전(奉先殿), 만녕전(萬寧殿) 등을 말한다. 역대 왕의 어진을 모신 전각이었다.

공(諸公)의 공관과 백성들 가옥 수백 호를 태웠습니다. 신시(申時) 즈음에 성을 비우고 나간 700~800명이 모두 갑곶에 있는 배로 들어갔습니다. 월곶 상류에 닻을 내리고 정박해 있던 배 한 척도 또한 내려와 합류하였습니다."

10월 5일

날이 밝자 북성에 올라 멀리 바라보니 적의 함선은 이미 떠났다. 얼마 후 손돌목 밖으로 나가 밥을 재촉하여 먹고, 삼초군(三哨軍)을 남게 하여 정족산성을 지키게 하고 다시 삼초군을 거느리고 출발하여 심도로 들어갔다. 서로 간의 거리는 40리였다. 정족산성 동문 밖에 낭자한 유혈이 도로에 연속되어 마치 소를 잡은 흔적 같은 것이 있었다. 또 서양 종이[洋紙]로 피를 닦고 버린 것으로 거의 빈 곳이 없었다. 매양 마을 어귀를 지날 적에 거기에 사는 백성들이 비로소 산막(山幕)에서 나와 각자 자신의 집으로 돌아가면서 대군을 보고는 다투어 길로 나와 말 앞에 절하며 "이제 살 수 있게 되었다!" 하고는 웃기도 하고 울기도 하는 등 그렇게 하지 않는 사람이 없었다. 어떤 이는 담배 한 짐을 가져오기도 하고 어떤 이는 홍시 한 상자를 가져오기도 하는 등 계속해서 군사들에게 가져다 주니 군사들이 행군하면서 응접하는 데 피곤해하였다.

심도 남문으로 들어가자 좌우 민간 백성들의 집에 번진 불이 아직도 치성하였다. 불길을 무릅쓰고 들어가니 궁궐과 전각과 관아에도 불길이 꺼지지 않아 마음이 참담하고 간담이 찢어지는 듯 스스로를 주체할 수 없었다. 빈 성에 사람이 없는 것 같았으나 저녁 무렵 아전과 백성들이 삼삼오오 모여들더니 서로를 붙잡고 통곡하였다. 내가 말에서 내려 그들을 위로하고는 별군관 이현규·이병숙으로 하여금 삼초군을 지휘하여 동문·남문을 파수케 하고 그들을 통솔하게 하였다. 나는 전배(前排)만을 거느리고 삼경(三更) 즈음 정족산성으로 돌아왔다. 이곳은 적의 함선이 물러나 머물고 있는 곳과 10여 리쯤 떨어져 있었다.

동문 밖에 막 당도하였을 때 대진에서 영전(令箭)을 보내 급히 심도로 돌아오고 정족산성에는 한 명의 군졸도 남기지 말라고 하였다. 또 한성우윤(漢城右尹)으로 제수하는 전지(傳旨)[66]를 가지고 와서, 부득이 편의상 2초(哨)를 남겨 정족산성을 지키게 하고, 1초(哨)만 거느리고 사경(四更) 즈음 다시 심도로 향했는데 밤이 매우 추웠다.

날이 밝자 성에 들어가니, 유상(留相) 이장렴(李章濂)[67]이 풍덕(豊德)에서 바다를 건너와 새벽에 성으로 들어왔다고 하였다. 대흥중군(大興中軍) 윤위(尹湋)[68]가 포수 140명을 이끌고 왔고, 교동중군(喬桐中軍) 이지수(李祉秀)[69] 또한 도착하여 손을 잡고 서로 인사하였다.

이날 저녁 10월 초4일 조보(朝報)[70]를 얻어 읽어보니, 다음과 같은 임금의 전교가 있었다. "먼저 북산(北山)을 점거하여 승산이 있었고 지

---

66) 전지(傳旨) : 조선시대 승정원의 담당 승지를 통하여 전달되는 왕명서(王命書).

67) 이장렴(李章濂) : 조선 후기 무신으로, 자는 제경(霽卿)이다. 무과에 급제하여 황해도 수군절도사를 지냈으며, 대원군의 중용으로 1866년 병인양요 때 진무사(鎭撫使)가 되었고, 1868년에는 병인양요로 한때 함락되었던 강화부유수가 되어 혼란된 민심을 수습하였다.

68) 윤위(尹湋) : 조선 후기 무관으로 자는 여즙(汝楫)이다. 음보로 관직에 나아가 종성부사를 거쳐 병인양요 당시에는 개성중군의 직위로 대흥산성에 있다가 참전하여 공로를 인정받았다. 이후 경상도수군절도사를 역임하기도 하였다.

69) 이지수(李祉秀) : 조선 후기 무신으로, 자는 수오(壽五)이다. 회령부사·용천부사를 거쳐 병인양요 때 교동수영에서 통어사를 지냈다. 이후 충청도수군절도사, 경상좌도병사절도사 등을 역임하였다.

70) 조보(朝報) : 조선시대 승정원(承政院)에서 처리한 사항을 매일 아침에 기록하여 반포하던 관보(官報).

금 정족산성을 먼저 수복하였으니 사기를 격려하였음을 알 수 있도다. 나아감만 있고 물러남은 없는 의리는 참으로 가상하며 그 공로 또한 적지 않다. 순무천총 양헌수를 한성부 우윤에 제수한다." 같은 날 가선대부(嘉善大夫)에 가자(加資)한다는 비답(批答)도 있었다. 조보를 다 읽고 내가 탄식하며 말하였다. "부끄럽게도 티끌만한 공로에 임금의 총애로 높은 벼슬의 포상을 받으니 보답할 계책을 알지 못하겠다. 그러나 군문에서 하례를 올리고 군사들의 사기가 백배가 되니, 기쁜 것은 곧 싸우지 않고도 이기는 모습을 보게 될 것이다."

10월 6일

유상 이장렴과 성 전체를 둘러보고, 불에 탄 궁궐 전각과 파괴된 여염집을 자세히 조사하였으며, 어린아이들과 백발노인들을 불러와 이전에 약탈당한 것을 위로하였다. 또 장래에 잘 정돈하라고 타이르니 서로 붙잡고 눈물을 흘리지 않는 이들이 없었다. 조야(朝野)의 구별은 완전히 잊어버리고 단지 함께 환난을 겪은 것만 남아 있었으니, 인정이 있는 곳이라면 그 누가 이와 같지 않으리오. 군영으로 돌아온 뒤 포군(砲軍)과 본진의 부대에 크게 잔치를 베풀고 각각 잘 살펴주었다.

10월 7일

적들이 작은 배를 타고 덕포 앞바다 얕은 물가로 들어오니, 대진에서 급히 영전(令箭)을 보내 회군하여 가서 대응하라고 하였다. 이에 모든 군사를 이끌고 출발하여 갑곶진에 이르렀다. 초관(哨官) 윤흥대(尹興大)가 정족산성에서 혼자 말을 타고 급히 달려와 보고하였다. "적의 작은 배 한 척이 초지(草芝) 앞바다 얕은 물가로 들어와 정족산성과 지척의 거리에 있습니다. 정족산성에 남아 있는 군사는 매우 적으니 3초(哨)를 더 보내 주십시오." 이에 말 위에서 지휘하여 3초의 군사를 나누어 보내 주었다.

나는 단지 전초(前哨)만을 이끌고 바다를 건너 통진에 있는 대진으로 돌아갔다. 대진의 별군관들이 내가 늦게 온 것을 의심하여 순무중군[이용희]에게 청하였다. "순무천총이 심도만을 마음에 두어 바다를 건너 돌아오기를 기꺼워하지 않습니다. 원컨대, 검을 하나 내려주시면 당장 가서 그 머리를 참하고 오겠습니다." 그러자 순무중군이 크게 꾸짖으며 물리쳤다.

진영으로 돌아온 이후에 군정(軍情)을 살펴보니, 자못 피차의 구별이 있었으나 나는 담담하였다. 정족산성의 행군집사(行軍執事) 황종호(黃鍾浩)는 식견이 있는 자였다. 밤에 '입으로 오(吳)를 평정하는 일을 말하지 말라.[口不言平吳]'[71]는 다섯 글자를 써서 몰래 나에게 보냈다. 이에 내가 "나도 이미 잘 알고 있다."라고 응답하였다.

10월 8일

보고된 적의 함선을 바라보니 외양(外洋)으로 물러갔다.

○ 임금의 은혜를 입고 외직에서 한성부 우윤으로 체직되었다.

---

71) 입으로 …… 말라 : 진(晉)나라가 오(吳)나라를 정벌할 때, 안동장군 왕혼(王渾)이 오나라 왕 손호(孫皓)가 있던 석두성(石頭城)을 공격하려는 왕준(王濬)에게 군령을 내려 잠시 기다릴 것을 요구하였는데, 왕준이 아무런 말 없이 강을 건너 오나라 수도 건업(建業)의 석두성을 공격하여 손호의 항복을 받아 오나라를 멸망시켰다. 이 일로 왕혼이 황제에게 왕준을 탄핵하였지만 왕준은 공이 커서 벌을 면하였다. 여기서는 적을 물리치는 일로 내부적으로 대립하거나 갈등을 빚지 말고, 실제로 전공을 세우는 일에 집중하라는 의도로 이해된다.

적들은 멀리 달아나 장차 회군하려고 하였다. 정벌에 참여한 여러 장사(壯士)들은 적들을 쫓지 않을 수 없었다. 여러 관청에서 각기 책자를 만들어 진무영에 바쳤다. 순무중군이 내게 별군관 박정화를 정족산성에 대한 기록에 편입되도록 요청하였다. 내가 말하였다. "이 전투에서 만약 그의 공을 말할 수 있다면, 정족산성에 들어간 것이 통진에 남아 있던 것보다 공이 많다고 할 수 없을 것입니다. 게다가 이 사람은 정족산성의 행군에 함께하지도 않았는데, 지금 만약 이 책자에 포함시킨다면 이는 임금을 기망하는 것이니 감히 요청을 받들 수 없습니다." 그러고는 끝내 따르지 않았다.

10월 9일

영조도감(營造都監)의 당상(堂上)에 임명되었다. 여섯 명의 당상은 신관호(申觀浩)·이경하(李景夏)·이경순(李景純)·이장렴(李章濂)·정규응(鄭圭應)·양헌수(梁憲洙)이다.

10월 10일

보고된 적의 함선을 바라보니 수원(水原)·풍도(楓島)[72] 앞바다로 물러났다.

10월 11일

본진에 있으면서 군사를 점검하고 기계들을 검열하였다.

---

72) 풍도(楓島) : 현 경기도 안산시 단원구 소재 도서.

10월 12일

군관을 보내 정족산성을 살펴보고 오게 하였다.

10월 13일

군관을 보내 심도를 살펴보고 오게 하였다.

10월 14일

정족산성의 유방군(留防軍)[73] 5초(哨)가 대진으로 돌아왔다.

10월 15일

보고된 적의 함선을 바라보니, 멀리 달아나 형체도 그림자도 보이지 않았다.

10월 16일

군의 대오를 질서정연하게 하고 기계들을 수리하여 마치 적과 마주하고 있을 때처럼 하였다.

10월 17일

군관들을 여러 요해처에 나누어 보내 적정(敵情)을 탐문케 하니 멀리 외양(外洋)으로 나갔다고 하였다.

---

73) 유방군(留防軍) : 조선시대 군사상 중요한 여러 진(鎭)에 배치하여 방어를 맡았던 군대.

10월 18일

군사를 돌려 통진부에서 출발하여 김포에서 점심을 지어 먹고 양천에서 유숙하였다.

10월 19일

미시(未時)에 양화(楊花) 나루터에 도착하였다. 좌선봉 정지현(鄭志鉉), 우선봉 김선필(金善弼), 유격장(遊擊將) 신효철(申孝哲)이 각자의 관할 지역에서 와 본진에 합류하였다. 순무사가 훈련도감의 7초(哨)를 이끌고 나를 맞이하기 위해 양화진 관아에 와서 기다리고 있었다.

○ 정족산성 전투에서 노획한 물자들을 책자로 만들어 올려보낸 것들을 다시 양화진으로 보내주었다. 군사들에게 기창(旗槍)[74]을 걸게 하고 천총의 본진 앞에 세우도록 하고 성으로 들어갔다. 삼경(三更) 즈음 금위영(禁衛營)에 들어가 유숙하였다.

10월 20일

모든 군사들을 거느리고 춘당대(春塘臺)[75]로 들어가 임금께서 친히 음식을 내려 군사들을 위로하는 자리에 참가하였다. 임금께서 순무사, 중군, 별장, 천총, 좌우 선봉, 유격장에게 명하여 앞으로 나오라 하시고는 위문하시고 음식을 내려주셨다.

---

74) 기창(旗槍) : 누런빛이나 붉은빛의 작은 기를 단 창(槍) 모양의 의장(儀仗).

75) 춘당대(春塘臺) : 창경궁 안에 있는 누대로, 이곳에서 과거시험, 무예 검열, 활쏘기 등의 공식 비공식 행사가 치러졌다.

10월 21일

한성부 좌윤의 말망(末望)으로 비점을 받았다.

10월 23일

총융청(摠戎廳) 중군으로 임금의 재가를 받았다.

10월 26일

부총관(副摠管)의 수망(首望)으로 비점을 받았다.

서양 함선의 도주(都主)에게 전한 격문 -9월 11일-

무릇 하늘의 이치를 거스르는 자는 반드시 망하고, 국법을 어기는 자는 반드시 처벌을 받게 된다. 하늘이 백성을 내릴 적에는 이치로써 따르게 하며, 나라가 경계를 정할 적에는 법으로써 지키게 한다. 이치를 따르는 자는 어떠한가! 어질게 행동하여 해를 입지 않는다. 법을 지키는 자는 어떠해야 하는가. 법을 범하면 용서가 없어야 한다. 이 때문에 거스르면 반드시 망하고 어기면 반드시 처벌을 받는 것이다.

하지만 이웃나라와 교제하고 먼 곳의 백성을 회유하여 따르게 하는 것은 예부터 그 법도가 있었으니, 우리나라에 있어서는 더욱 너그러움과 인자함을 베풀고 있다. 이에 나라 이름을 알지 못하고 위치한 거리를 알지 못하는 경우에도 우리나라 국경에 표류해 오면 지방관에게 명하여 영접하고 실정을 물어보았다. 만일 오랜 우호 관계를 맺고 있다면, 배고프면 먹을 것을 주고 추우면 옷을 주며, 아프다고 하면 약을 조제하여 구원하고 돌아가겠다고 하면 양식을 주어 전송하였다. 이는 우리나라가 대대로 지켜온 규칙으로 지금까지도 행하고 있다. 그러므로 천하가 우리나라를 부를 때 모두가 '예의의 나라'라고 부르는 것이다.

만약 우리나라 사람들과 연줄을 타고 몰래 우리 영토로 들어와 우리의 옷으로 갈아입고 우리의 말을 배우며 우리나라의 백성을 기망하고 우리의 예의와 풍속을 어지럽게 하면, 나라의 떳떳한 법에 따라 보이는 대로 반드시 처벌을 하니, 이는 모든 나라에 공통적인 한결같은 법규이다. 우리가 떳떳한 법을 행하는데, 너희가 어찌 노여워한단 말인가! 입장을 바꾸어 행한다면 우리는 응당 이에 대해 따지지 않을 것이다. 지금 너희가 이러한 것을 가지고 말하지만, 이미 지극히 도리에 어긋나 있다.

일전에 너희 배가 우리나라의 경강(京江)[76]으로 들어왔을 때,[77] 배는 두 척에 불과하고 사람은 천 명이 안 되었으니, 만일 우리가 너희를 도륙하고자 하였다면 어찌 술책이 없음을 근심하였겠는가! 이미 잠입하여 이곳저곳으로 흩어졌으니, 먼 곳에서 온 사람을 품어주는 의리[78]상 차마 병장기를 가하여 해치지 않은 것이었다. 그러므로 너희가 국경을 지나면서 소·닭을 요구하면 우리는 그 요청에 따라 번번이 제공해 주었다. 그런데 너희는 작은 배로 왕래하며 서로 문안을 할 때 주는 음식은 받으면서 질문은 받지 않았다. 이는 너희가 스스로 우리를 저버린 것이지, 우리가 어찌 너희를 저버린 것이겠는가! 그런데도 오히려 그것도 모자라 갈수록 더욱 행실이 어그러지고 있다.

지금 너희가 우리의 성과 관청을 침범하고 우리 백성들을 죽이며 재물을 약탈하고 가축을 빼앗는 데 기율도 법도도 없으니, 하늘을 거스르고 이치를 어김이 이보다 심한 경우는 없었다. 이에 하늘이 이미 너희를 싫어하며 사람들이 너희를 주벌할 것이다.

듣자 하니, 너희들이 행실로써 우리나라를 가르치겠다고 하였다던데, 이는 더욱 불가한 일이다. 제도가 같지 않고 문자도 다르며 각자 숭상하는 바의 정사(正邪)·곡직(曲直)이 있으니 그것을 숭상하면 그만이다. 우리는 우리의 학문을 숭상하고 너희는 너희의 학문을 실행하여,

---

76) 경강(京江) : 예전에 서울의 뚝섬에서 양화 나루에 이르는 한강 일대를 이르던 말. 서울로 오는 세곡, 물자 따위가 운송되거나 거래되었다.

77) 일전에 …… 때 : 병인년 9월 18일부터 10월 1일까지 진행된 프랑스 함대의 제1차 원정을 말한다.

78) 먼 …… 의리 : 원문의 '懷遠之義'는 먼 곳의 사람을 덕으로 어루만져 회유하는 것을 말한다. 『춘추좌전(春秋左傳)』 희공(僖公) 7년조에 "먼 데 사람을 품어주기를 덕으로써 한다.[懷遠以德]"라고 하였다.

사람들이 각자 자기 조상을 조상으로 여기듯 하면 되는데 어찌 감히 자기 조상을 버리고 남의 조상을 조상으로 여기라고 가르친단 말인가! 이런데도 만약 처벌을 면한다면 이는 하늘의 법도가 없다고 할 만하다.

이제 우리는 너희를 대우하기를 은(殷)나라 탕왕(湯王)이 갈백(葛伯)을 대한 것[79]처럼 할 것이다. 그런데 너희는 우리에게 난폭하게 굴기를 험윤(玁狁)이 주나라 선왕(宣王)을 대한 것[80]처럼 하고 있다. 비록 우리의 지인(至仁)·지덕(至德)으로도 이러한 상황에 처하여 잠자코 있는 것은 온당치 않다. 그러므로 10만 대병이 지금 바다에 임하여 하늘이 행하는 토벌의 의리를 받들고자 하지만, 먼저 내일 아침 서로 만나자는 약속을 지키고자 한다. 너희는 명분이 없는 군대이고 우리는 명분이 있는 군대이니[81] 승패는 이미 결정되었다. 너희들은 물러서거나 회피하지 말고 머리를 수그리고 우리의 명을 따를지어다.

---

79) 은(殷)나라 …… 것 : 오랑캐임에도 불구하고 상대에게 너그러움과 인자함을 베푸는 것을 말한다. 은나라 탕왕이 갈백(葛伯)이란 오랑캐와 이웃하였는데, 갈백이 제사를 지내지 아니하므로 탕왕이 물은 즉 곡식이 없다 하자, 탕왕이 농부를 보내어 밭을 갈아 주고 점심까지 보내준 것을 말한다. *『맹자(孟子)』「등문공 하(滕文公下)」 참조.

80) 험윤(玁狁)이 …… 것 : 북방 유목 민족이었던 험윤이 세력이 강성해지자 주나라의 변경을 침노한 것을 말한다. 이에 주나라 선왕은 윤길보(尹吉甫)에게 명하여 험윤을 정벌하게 하였다. *『시경(詩經)』「소아(小雅)」〈유월(六月)〉 참조.

81) 너희는 …… 군대이니 : 『춘추좌전(春秋左傳)』 선공(宣公) 12년조에 "명분이 바른 군대는 사기가 왕성한 반면, 명분이 없는 군대는 쇠하기 마련이다.[師直爲壯, 曲爲老.]"라는 말이 있다.

서양 오랑캐를 막을 방책

서양 오랑캐들이 우리 국경에 가까이 다가와 틈을 엿본 지 이미 한 달이 넘었습니다. 광성(廣城)에 처음 도착하였을 때 저들이 실로 유리함을 잃은 것이 아니었으나, 오히려 여우같이 의심하고 늑대같이 뒤를 돌아다보며 감히 재차 공격하려는 마음을 먹지 못하였습니다. 이는 부정한 방법으로 교전(交戰)하게 되면 온전히 이길 수 없으며, 더욱이 우리 군사들을 얕봐서는 안 되고 우리 땅으로 깊이 들어오면 안 된다는 것을 알았기 때문입니다.

또 저들은 남방에서 태어난 자들이 아니라서 더위를 견딜 수 없는데, 지금 더위가 기승을 부리고 날마다 비가 와서 습기가 가득합니다. 이에 배에서 기거하는 것이 매우 괴로울 것이며 병력을 유지하기도 어려울 것이니, 저들이 돛을 돌려 멀리 도망가리라는 것은 날짜를 꼽으면서 기다릴 수 있을 것입니다. 그러나 저들이 하루빨리 떠나가지 않는다면 하루라도 방비가 없어서는 안 될 것입니다.

제가 생각건대 태평한 나날이 오래되다 보니 백성들이 용병을 알지 못하지만, 근년 이래로 조정의 계책이 주밀하고 군사 대비가 잘 이루어졌습니다. 안으로는 용양위(龍驤衛)·호분위(虎賁衛)가 밖으로는 주군(州郡)·진보(鎭堡)가 예리함을 비축한 채 발동을 기다리며 한날의 쓰임에 목숨 바칠 것을 생각하고 있습니다. 이러한 위무(威武)를 사용하면 진(秦)·초(楚)의 견고한 갑옷과 예리한 칼날을 몽둥이질할 수 있을 것이니,[82] 어찌 서양의 작은 오랑캐들이 감히 난을 일으키는 것을 근심하

82) 진(秦)·초(楚)의 …… 것이니 : 강대국의 군대에 맞서 몽둥이를 들고도 이들을 물리칠

겠습니까. 다만 우리 군대는 수전(水戰)에 약점이 있어 용감하게 앞으로 나아가지 못하니, 이 때문에 참호를 깊이 파고 보루를 높인 채 편안한 상태에서 지친 적을 기다리는[83] 수밖에 없습니다. 돌아보건대 지금 적을 방비하는 계획을 지극히 하지 않을 수 없으나 혹여 털끝만큼이라도 소홀함이 있으면 백전백승할 수 있는 만반의 계책에 흠이 있을까 두렵습니다. 그러므로 감히 제 좁은 소견을 아뢰니 취사선택하여 주십시오.

一.

험한 곳에 웅거하여 대비를 하려면 마땅히 표리(表裏)가 치밀해야 합니다. 강화·통진·인천·부평은 인가(人家)에 비유하자면 문경(門逕) 또는 변경(藩屛)[84]으로서 긴 강으로 막혀 있어 외지(外地)에 속한 것과 같습니다. 고양(高陽)·파주(坡州)·교하(交河) 등의 고을은 비유하자면 마루의 섬돌 또는 창문으로서 지리상 도성과 가깝고 길 또한 평탄하여 의지할 만한 곳이 없어 특별히 요해처와 관계되어 있습니다. 게다가 지금은 장맛비가 내리기 시작하여 강물이 불고 있기까지 합니다.

무릇 저들[프랑스 함대]의 배가 한탄하며 퇴각한 것은 물이 얕고 항구가 좁아 작은 배도 들어올 수 없었기 때문입니다. 하지만 혹 강물이

수 있는 원리가 『맹자(孟子)』「양혜왕 상(梁惠王上)」에 자세히 설명되어 있다.

83) 편안한 …… 기다리는 : 『손자(孫子)』「군쟁(軍爭)」에 나오는 말로, 아군을 편히 쉬게 하여 기운을 기르며 수세(守勢)를 취하다가 적군이 멀리서 와서 피로해지기를 기다려 공격하는 것을 말한다.

84) 문경(門逕) 또는 변병(藩屛) : 문경은 대문 앞으로 난 길을 말하며, 변병은 집 주위의 울타리를 말한다. 이는 모두 도성을 방어하는 인근 지역이라는 의미를 담고 있다.

범람하고 넓어져 큰 돛배도 거리낌이 없는 때에는 조류를 타고 거슬러 올라와 대문을 밀어젖히고 집안을 엿보게 되니, 양쪽 강가의 강한 활과 굳센 쇠뇌로도 망양지탄(望洋之歎)[85]을 면할 수 없어 비록 그 뒤를 밟으려 해도 그렇게 할 수 없을 것입니다. 이는 일에 앞서 지나치게 염려하지 않을 수 없습니다.

지금 행할 계책은 조강(祖江) 북쪽 강기슭의 해문(海門)이 마주치는 곳과 행주(幸州) 이하 여러 곳에다가 산에 의지하여 목책을 세우고 군사를 주둔시켜 포를 설치하는 것입니다. 또한 연안(沿岸)의 후미지고 잘 안 보이는 곳에 의병(疑兵)[86]을 많이 설치하면 아마도 만전의 계책이 될 것입니다.

一.

병사는 많은 것보다도 잘 단련되어 있는 것이 중요합니다. 대체로 용맹한 군사와 겁먹은 군사가 뒤섞여 있으면 헛되이 놀라서 궤멸되거나 무너지기 십상입니다. 지금 경향(京鄕)의 사졸들 가운데 누군들 정예화되지 않았다 하겠습니까마는, 관서(關西, 평안도) 지방은 풍기(風氣) 상 용감한 사람이 많이 살며 본래 활 쏘고 말 타는 데 익숙합니다. 근래에는 또 대포를 쏘는 데도 숙달되어 다른 지역보다 뛰어납니다. 이 정예화된 병졸들은 굳이 문경(門逕)이나 번병(藩屏)의 방비에만 온전히 귀속시킬

85) 망양지탄(望洋之歎) : 큰 바다를 바라보며 하는 한탄이란 뜻으로, 어떤 일에 자기 자신의 힘이 미치지 못할 때에 하는 탄식을 이르는 말.

86) 의병(疑兵) : 적의 눈을 속이기 위하여 거짓으로 군사를 꾸밈. 또는 그런 군대 시설.

필요는 없을 듯합니다. 오직 긴요함을 헤아려 분배하여 처분하십시오.

一.

병기는 원거리 근거리를 겸하여 주어져야 하며 군제(軍制)도 그러해야 합니다. 그러나 근래 우리 병사들은 오로지 화포를 쏘는 것만 익히고 칼과 창 쓰는 것은 익히지 않습니다. 만약 단병(短兵)으로 서로 맞닥뜨려 싸우게 된다면 손에 쥘 만한 무기가 없을까 염려됩니다. 아울러 비가 내려 습한 때를 만나게 되면 오로지 화포에만 의지할 수 없습니다. 그러니 속히 칼과 창을 예리하게 갈고 활과 화살을 많이 준비하여 원거리 근거리를 겸하여 대비할 수 있는 바탕으로 삼으면 좋을 듯합니다.

급박한 때에 임해서는 김매는 농부나 땔감 하는 자제들도 병사의 대오에 충당할 수 있지만 손에 작은 쇠붙이조차 없으면 무용지물이 되고 마니, 이러한 점 또한 미리 헤아리지 않을 수 없습니다. 들판이 펼쳐진 여러 고을의 농기구 중에 특별히 자루가 긴 큰 낫이 있는데, 이는 본래 갈대를 베는 것으로써 아마도 집집마다 모두 가지고 있을 것이니 번거롭게 새로 만들지 않아도 될 것입니다. 미리 여러 고을에 맡겨 편한 대로 준비하도록 하여 불시의 소용에 대비케 하시면 합당한 일이 될 것 같습니다.

一.

봉수(烽燧)로써 알리고 경계하는 것은 법의(法意)가 매우 엄중합니다. 이번에 적들이 광성(廣城)에 침입하였을 때 가까운 경내에서 다른 곳으로 알리는 것이 불가하였습니다. 적들과의 교전이 오시(午時)·미시(未時)를 전후하여 있었는데도 당보(塘報)[87]는 이튿날이 되어서야 처음 당도하였으니, 이와 같다면 어찌 봉수를 설치하였다고 할 수 있겠습니까. 밤에는 불을 피우고 낮에는 연기를 올리는 것이 합당한 규례이니, 속히 분명하게 타이르시어 경계를 소홀히 하는 탄식이 없도록 하는 것이 좋을 듯합니다.

---

87) 당보(塘報) : 척후병(斥候兵)이 높은 곳에 올라가서 적의 정세를 탐지하여 알려주는 것.

나주임씨, 『병인양란록』

병인년 양란을 겪은 이야기이다.

서양 오랑캐의 병란을 겪은 환난의 이야기를 대강 기록하려 하니 심히 처량하도다. 임진년(壬辰年, 1832년) 3월에 강도(江都) 인정면(仁政面) 의곡(衣谷)[1]이라는 곳에서 우거한 지 삼십오 년에 이르렀으나 특별한 재앙이 없었다. 시부모님[2]께서는 아들 다섯에 딸 둘을 두셨는데 아들들 장가보내는 일과 딸들 시집보내는 일을 잘 치르셨다. 우리 가문은 과거를 보아 수십 번 급제하는 경사가 있었으며, 집안 살림살이도 구차하지 않았다. 또한 시부모님 두 분께서는 훌륭한 덕이 남들보다 뛰어나셔서 빈객 대접을 잘하는 데 마음과 힘을 다하셨으며 일정한 규모를 세우시니 경향(京鄕)에서 인심을 칭송하는 평판과 소문이 한없이 났었다. 남편[3]과 여러 아주버니들은 효성과 우애의 정이 남들보다 뛰어나

---

1) 인정면(仁政面) 의곡(衣谷) : 현 강화군 불은면 일대. 1914년 행정구역 개편 때 불은면과 인정면 두 개가 불은면 하나로 통합되었다.

2) 시부모님 : 나주임씨의 시아버지는 민창현(閔昌顯)으로 1855년 생원시에 합격하고 아내 전주이씨와의 사이에서 5남 2녀를 두었다.

3) 남편 : 나주임씨의 남편은 강화도에 세거하던 여흥민씨 집안의 민치승(閔致升)으로 자는 석여(錫汝)이다.

서, 중년(中年)이 지나서도 분가(分家)하기를 괴로이 여겨 한 집에 모여 숙식을 같이하며 매일 담소를 나누며 지냈다. 이에 시부모님 두 분이 누리는 복을 경향에서 칭찬하고 흠모하여 높이 받들어 존경하지 않는 이가 없었다.

그런데 천만뜻밖에도 국운(國運)이 불행하여 병인년(丙寅年, 1866년) 7월 초9일에 문득 서양 함선 하나가 와서 정박하니, 그곳은 월곶(月串)이었다. 온 고을이 깜짝 놀라 요동치고 삼영(三營)[4]이 크게 놀라 나라에 급히 아뢰어 보고하니, 임금께서 또한 크게 놀라시어 통사관(通事官)[5]을 내려보냈다. 이에 이야기를 주고받으며 곡절을 물으니 양인들이 대답하였다.

"경성에 가서 임금을 만나보고 남종삼(南鍾三)[6]을 죽인 이유를 묻고자 한다. 또한 조선과의 무역을 우리 여러 명이 하려고 한다."

우리 측에서

"타국 사람이 어찌 그렇게 할 수 있겠는가!"

하고 막으니,

"아국이나 귀국이나 백성은 일반이라."

하며, 한사코 주장을 하였다.

이때 박희경(朴熙景)이 덕사중군의 몸으로 나가 있다가, 중군의 자격

---

4) 삼영(三營) : 조선시대에 둔 세 군영. 훈련도감(訓鍊都監), 금위영(禁衛營), 어영청(御營廳)을 이른다.

5) 통사관(通事官) : 조선시대 사역원에서 번역과 통역을 맡아보던 사람.

6) 남종삼(南鍾三) : 조선 후기 홍문관 교리·승지 등을 역임한 천주교 순교자. 1860년 무렵 러시아가 남하하며 통상을 요구하자, 영국·프랑스와 동맹을 맺어 러시아의 남침을 저지해야 한다는 방아책(防俄策)을 흥선대원군에게 건의하였으나, 오히려 천주교도로 체포되어 서소문 밖에서 순교하였다.

으로 통사관과 같이 가서 양인들과 수작하며 그들을 달래었다.

"여기서 경성이 수천 리가 되니 갈 수 없다!"

그러자 양인들이 망원경을 내어놓고 보며

"우리를 속이지 마라."

하며 크게 웃었다. 또 나중에는 다음과 같이 말하였다.

"조선국의 물화(物貨)를 서로 통상할 수 있도록 강화(江華) 땅을 정하여 달라."

이에 즉시 임금께 보고하니, 임금께서 난처하게 여기며 골몰히 생각하다가 허락하기를,

"천자(天子)의 교지(敎旨) 없이는 어렵다."

하며,

"중국에 가서 다녀온 뒤에 교지를 받고 허락을 하겠다."

라고 하는, 전교를 내렸다. 이에 양인들이 말하였다.

"그것은 걱정하지 말라. 우리는 한 달이면 중국에 다녀올 수 있으므로, 9월에는 교지를 받아 올 수 있다. 하지만 조선에서 가면 내년 2~3월에나 올 터이니, 우리가 가서 한 달 내로 다녀오겠다!"

그러고는 크게 기뻐하며, 또 말하였다.

"우리는 큰 바다를 건너온 대영국 사람과 청나라 사람으로 세 나라에서 온 사람이다."

온 사람 수는 백여 명 정도로, 배 안에는 치장과 병기가 이루 말할 수 없었다. 청나라 사람은 몇 명 되지 않았는데, 그중에 하나가 통사관에게 은근하게 글을 적어 주었다. 그 글은 다음과 같다.

'타국에서 조선국을 끔찍이 어렵게 여기고 있음을 아는데, 어찌 허술하게 허락하려 하는가!'

그렇듯 크게 꾸짖으며,

"그렇게 하지 말라."

하면서

"우리도 청나라 사람으로 이놈들한테 잡혀서 다니는 것이다."

하였는데, 이러한 내용을 적은 것을 보고도 통사관이 감추고 발설하지 않아, 임금을 속였다 하였다.

이때 양인들이 허락을 받고서 선물을 청하니, 외참외와 숭어와 계란을 주었다. 그러자 좋아하면서 저들은 유리병과 무엇인지 모르는 여러 물건을 정표(情表)로 주며 말하였다.

"우리 배는 아무 탈이 없을 것이나, 이 뒤에 화선(火船)이 하나 올 것이니 조심하라."

이에 자세한 내용을 물으니,

"양학(洋學)[7]을 포교하러 다니는 배다."

하기에,

"그러면 막아 달라."

하였더니,

"그리 하마."

하고는 거듭 감사를 표하고 떠나갔다. 배의 몰골은 상여(喪輿)같이 생겼으며 길고 산더미같이 크고 돛대만 두 개가 서 있었는데, 가운데 굴뚝이 있어 노 젓는 일이 없고 굴뚝에서 연기를 피우며 화살 가듯 떠나갔다. 이는 들어온 지 육 일만에 나간 것이었다.

서양 오랑캐들의 배가 들어올 때 교동(喬桐)으로 먼저 와 잠깐 서 있

---

7) 양학(洋學) : 천주교를 말한다.

다가 강화로 왔다. 이에 강화에서 장계(狀啓)가 먼저 올라가니, 교동수사(喬桐水使)가 미처 장계하지 못한 죄로 파직당하고 죄를 받았다.[8] 또 뱃놈 중에 장단(長湍)에 살던 놈[9]이 양인들에게 기이한 물건을 받고 길을 가르쳐주어 강화로 들여보낸 죄목으로 강화에서 군문효수(軍門梟首)[10]하여 죽였다.

이때 큰 환란이 있을 줄 알았으나 잠시나마 안정이 되었는데, 과연 8월 12일부터 서양 함선이 쳐들어왔다. 처음에는 평안도(平安道)에서부터 난리를 일으키며 왔는데, 이날 초지(草芝)와 황산(黃山)[11] 경계에 무수히 와 서 있었다. 그러고는 두 척만 먼저 터진개[12]를 향하여 연기를 피우며 화살 날아가듯 갔다. 그날에는 풍덕(豊德)[13]으로 가서 머물러 있다가 서울로 치달아 가니, 강화에서는 군사들을 마구 뽑아 길목을

---

8) 교동수사(喬桐水使)가 …… 받았다 : 이 내용은 실제 사실과는 부합하지 않는다. 당시 교동수사는 서상익(徐相稷)으로 실제로 그가 교체된 것은 9월 11일이다. 이후에 새로 교동수사가 된 사람은 정운익(鄭雲翼)이었는데 고종은 정운익에게 서양 오랑캐가 강화도에서 창궐한 것을 막지 못했다면서 승전보를 전하도록 당부하였다. *『승정원일기(承政院日記)』 고종 3년 병인 9월 12일자 기사 참조.

9) 장단(長湍)에 살던 놈 : 『승정원일기』 고종 3년 병인 7월 26일자 기사에, 이양선과 몰래 내통한 죄로 안춘득(安春得)을 심영(沁營)으로 압송하여 군문효수(軍門梟首) 하라는 내용이 보인다. 안춘득은 생선을 유리병과 은전을 받고 팔았다가 붙잡혀 처형되었다.

10) 군문효수(軍門梟首) : 조선시대에 군영의 군사들과 지역 백성들을 모두 모아놓고 죄인의 목을 베어 군문(軍門) 앞에 매다는 형벌로, 악행에 대한 경계를 위한 강력한 처벌 방식이다.

11) 초지(草芝)와 황산(黃山) : 초지는 현재 강화군 길상면 초지리. 황산은 그 앞에 있는 작은 섬 황산도.

12) 터진개 : 광성보(廣城堡) 인근에 있는 지명으로, 들판이 끝나고 바다가 시작되는 지점.

13) 풍덕(豊德) : 경기 개풍군 남부지방의 조선시대 행정구역.

지키게 하였다. 그러자 집집마다 곡소리가 낭자하였고 대포 쏘는 소리와 대완구(大碗口)[14] 소리가 산천이 무너지는 듯 때때로 들려와 정신이 아득하여 허둥거리기만 하였다.

서양 함선들은 벌써 가서 서울의 검은돌[15]에 가서 서니, 임금께서 크게 놀라 얼굴빛이 하얗게 질려 수단과 방법을 가리지 않고 오군문(五軍門)[16]의 군사들을 일으켜 공격하려 하였다. 하지만 우리 군사들은 용맹이 하나도 없어 한 번도 제대로 공격하지 못하고 헛총질만 하며 조잡하고 졸렬한 모습만 보였다. 그런데 양인들이 무슨 뜻에서인지 크고 작은 배 두 척을 향하여 대완구를 쏘면서

"배에 있는 사람은 다 내려라!"

하고는, 배만 공격하고 사람은 하나도 다치지 않게 하였다. 저들은 자신들의 용맹함과 어진 마음을 자랑하고는, 다시 내려와 느릿느릿 터진 개를 지나 함선과 장수들이 모두 초지와 황산으로 가서 뭔가 의논이라도 하려는 듯 갔다.

경성에서는 어느새 온 장안이 모두 피난을 가기 위해 성문이 닫히기 전에 급히 나왔다. 가난한 집 부인들은 종도 없이 가마꾼만 데리고 나가다가 가마가 밀리면, 급히 나와 잠시 쉬다가 바꾸어 메고 가는 이가 무수하였다. 또 재상집이며 여염 인가에서는 집안 살림을 버리고 모두 도망하였다.

---

14) 대완구(大碗口) : 조선시대 지름 30cm쯤 되는 쇠나 돌로 만든 둥근 탄알을 넣어 쏘던 큰 화포(火砲).

15) 서울의 검은돌 : 현 서울 동작구 흑석동. 흑석은 한글로 '검은돌'인데, 예부터 이 근처에서 나는 돌의 빛깔이 검다는 데서 생긴 이름이다.

16) 오군문(五軍門) : 조선시대에 오위(五衛)를 고쳐 둔 다섯 군영. 훈련도감, 총융청, 수어청, 어영청, 금위영을 이른다.

이때 딸아이의 시가인 김참판(金參判)[17] 댁은 용인(龍仁)으로 간다고 십여 일 전에 기별하니, 자식을 다시 못 볼 듯한 슬픈 마음을 금할 수 없었다. 둘째 아주버니[18]는 벼슬에 매여 있어 성안에 계셨는데, 이런 어지러운 때를 당하여 죽고 사는 일을 함께 도모하지 못하고 나라에 매여 있어 두 분 노친네께서 지나치게 슬퍼하시니, 내 스스로도 슬프고 두려웠다.

큰 환란이 이때 있었으나 서양 함선이 잠깐 물러섰기에, 친조카 부만의 혼사를 죽산(竹山)의 안영장(安營將) 집에서 하기로 미리 정하였다가 공교롭게도 못 지냈는데, 다시 잡아 정한 날을 어기지 못하고 8월 28일에 죽산으로 보냈다. 먼저 저의 부친께 서신을 보내며 혼인에 필요한 여러 물건을 차려 다 보내게 하고 바쁘게 여러 날을 보냈다.

오늘은 9월 초6일이라. 마침내 서양 함선 여섯 척이 도로 그리로 올라와 터진개 앞을 뒤덮으며 올라왔는데, 강도(江都)의 군사와 삼영(三營)에서는 아무것도 할 줄을 몰랐다. 이윽고 양인들이 갑곶(甲串)으로 가서 뭍에 내린 뒤에 한 곳에 진을 치고 모이니 위풍이 늠름하였다. 이어 강화 관아와 삼영을 침노하니, 유수(留守) 이인기(李寅夔)[19]가 당해내지 못할 줄 알고 평복으로 갈아입고 백성들과 같이 섞여 동정을 살피다가

---

17) 김참판(金參判) : 참판을 지낸 경주김씨 집안의 김덕희(金德喜). 작자의 사위는 김상현(金尙絢)이었음.

18) 둘째 아주버니 : 민치두(閔致斗)로 훈련도감 첨정을 지냈다.

19) 이인기(李寅夔) : 조선 후기 문신. 1865년 강화유수에 임명되어 진(鎭), 보(堡), 성채, 행궁(行宮) 등의 시설물 일체와 정족산성(鼎足山城) 등을 정비하였다. 그러나 이듬해 병인양요가 발발하여 강화부가 함락되자 강화부를 방어하지 못한 책임을 추궁당해 파직 유배되었다.

하릴없이 인(印)을 들고나와 통곡하며 빠져 도망하였다. 삼관(三官)[20]이 모두 그리되니 양인들이 더욱 거리낌이 없게 되어, 강화 본읍을 아주 차지하고 제멋대로 다니면서 중영(中營)[21]만 남기고 상교청(庠校廳)[22], 관사(官舍), 대궐(大闕)[23], 창고 등지에 모두 불을 지르니, 불꽃이 하늘을 찔렀다. 이때 교관(教官) 황호덕(黃浩悳)[24]이 급함을 보고는 공자(孔子)의 위패(位牌)를 모시고 떠나갔다. 고을 안에 수만금을 가진 부자들의 재물을 속공(屬公)[25]하고 민가에 불을 놓으니 도망한 자가 그 수를 헤아릴 수 없었다.

남동 이참판의 손자 이철주도 거기에서 살았는데, 비록 가난하였지만 좋은 집에서 살림살이 치장이 찬란하였더니, 급한 지경에 이르자 다 버리고 부인네들을 총각 모습으로 꾸미고는 손목을 맞잡고 도망하였다. 결국 그 집도 불에 소실되고 살림살이가 다 부서졌다. 양인들은 이 마을 저 마을로 떼 지어 다니며 여인들을 욕보이고 살림살이들을 탈취하였는데, 남자들 옷과 쇠붙이와 돈이며 양식을 빼앗아 갔다. 또 소를 잡아먹었으며 닭은 더 좋아하였다. 집을 잠그고 도망친 집은 다 부수고 혹 불도 질렀다. 주인이 집에 있어 대접하고 닭까지 잡아주는

---

20) 삼관(三官) : 강화유수 직책을 보좌하는 세 관원. 경력(經歷), 종사관(從事官), 중군(中軍)을 일컫는다.

21) 중영(中營) : 중군(中軍)의 영문(營門)이나 진영(陣營)을 말한다.

22) 상교청(庠校廳) : 교육기관인 향교(鄕校)를 달리 일컫는 말이다.

23) 대궐(大闕) : 강화에 있던 행궁을 말한다.

24) 교관(教官) 황호덕(黃浩悳) : 조선 후기 강화 교관으로서 병인양요 때 강화향교가 불타오르자 불길 속을 뛰어들어 몸소 오성위판(五聖位版)을 모시고 길상산(吉祥山)으로 달려가 굴 속에 안치하고 조석으로 분향 추배하였다. 난리가 평정된 후 향교에 다시 모셔 왔다. 조정에서 그를 가상히 여겨 사릉참봉(思陵參奉)을 제수하였다.

25) 속공(屬公) : 임자가 없는 물건이나 재물 따위를 관부(官府)의 소유로 넘기던 일.

자가 있으면 주인을 칭찬하였으며, 그리하면 그 집 물건은 가져가는 것이 없었다.

제각기 살기를 구하여 겁을 내어 두려워했으니, 어느 누구 하나 충성을 다해 나라에 보답할 자 있었으리오. 슬프다, 윤리와 기강이 모두 손상되었으며, 괘씸하고 음흉한 백성들은 노략질하기를 양인들과 같이 다녔다. 양인들은 노략질한 짐을 닥치는 대로 붙잡아 지게 하였는데, 잘 져다 주면 삯전을 후하게 주고 상을 차려 주어 배불리 먹여 보내니, 삯짐 지기를 자원하는 자가 무수하였다. 양인들은 여인을 보는 족족 욕을 보였으니 상계집이 얼마나 되는지 수를 모르겠으나 사대부가 황이천 집 부인과 우리 동네 양반 심선달 부인 둘이 욕을 보았다고 한다. 죽고 사는 일이 시시각각에 달려 있었다.

이때 양인들이 전등사(傳燈寺)를 치러 간다고 하였는데, 전등사 가는 길은 우리 집 문 앞이었다. 날마다 지난다는 소리뿐이니, 이런 어지러운 때를 당하여 이런 처지인 것은 지금 우리집뿐인 듯하였다. 목숨이 붙어 있는 것이 우환으로 여겨졌으나 다만 자식과 손자들을 생각하고 나이 많은 노친을 생각하니 눈앞이 막혀왔다. 이러한 상황 속에서 급한 환난을 면하기 위해 집 앞 남산(南山)의 솔밭에서 사흘 동안 낮이 되면 숨고 밤이 되면 집에서 지냈다. 점점 급한 환난의 시각이 다가오니 이를 모면할 계책이 망연하였다. 그러다가 계책을 하나 내었는데, 후원 산밑에 땅굴을 밤에 파고 사흘을 땅속에서 있었으니 이때의 정경을 어디에 비할 수 있었으리오. 철없는 아이들은 징징거리고 양인들은 곧 들어온다는 소문이 가득하여, 못난 심사와 두려운 마음을 거두고 황혼 무렵 집으로 들어와 모두 모여 저녁식사를 하고 앉으니 이날은 9월 10일이었다.

동네의 소임(所任)[26] 하나가 밖에 와서 다음과 같이 알렸다.

"나라에서 강도 백성들이 모두 서양국(西洋國)에 붙었다는 이야기를 들으시고, 임금께서 크게 진노하시어 군대를 일으켜 강도 백성들부터 멸하라고 전교를 내리셨다고 한다."

이날 밤에 이 말을 듣고 나니, 정신이 아득하고 온몸이 떨려 넋이 나간 듯하였다. 이에 통곡소리 낭자하고 허둥거리며 어찌할 줄 모르는 와중에, 이럴까 저럴까 의논하다가 어떻게든 강도 밖으로 나가기를 원하였으나, 이처럼 어지러운 때에 어디 가서 배를 타리오.

사방 길목에 모두 서양 함선이 진을 치고 있으나, 서해(西海)가 트였다는 말이 들렸다. 이에 계집종의 남편 귀택을 불러 말하였다.

"밤에 여기저기 다니면서 동정을 탐문해 보고, 사곡(沙谷)[27] 이판서(李判書)[28] 댁에 가서 이렇게 어지러운 상황 속에서 찾아온 연유를 여쭙고 서간(書簡)을 전해 드려라."

그러자 귀택이 사방으로 돌아다니며 탐지하고, 이판서 댁에 가서 서간을 드리며 연유를 모두 고하였다. 그 집에서도 도망하려던 차에 이 기별을 듣고 반가워하며 같이 피난을 가자고 하였다.

나는 즉시 사공을 불러 엄히 분부하고 조용히 달래었다. 처음에는 사공이 은전을 주어도 응하지 아니할 듯하더니, 차차 달래어 배 세 척을 잡았다. 뱃삯이 매우 높게 올랐지만 뱃삯의 높고 낮음을 따지지 않고

---

26) 소임(所任) : 마을 공공의 임무를 맡은 하급 인원.

27) 사곡(沙谷) : 현 강화군 화도면 사기리(沙器里) 일대.

28) 이판서(李判書) : 이시원(李是遠). 조선 후기 이조판서, 예문관제학 등을 역임한 문신. 이건창(李建昌)의 조부이다. 1815년 문과에 급제하여 내외의 여러 요직을 거치고 형조·예조·이조판서를 역임하였다. 1866년 병인양요가 일어나 강화도가 함락되자, 아우 이지원(李止遠)과 함께 유서를 남기고 음독 자결하였다.

달라는 대로 값을 정하여 배를 잡고 소식을 전했다. 이제는 눈빛에 여유가 좀 생겨서 잘 빠져나오기를 마음 졸이게 되었다. 셋째 아주버니[29]가 이판서의 집에 가 보니, 피차 정분이 있게 사는 터라 아주버니를 보고 반가워하였다. 이에 피난을 같이 가서 어디가 되든지 죽고 사는 문제를 함께 도모하자 언약하고 오셨다.

이때 황혼 무렵에 급히 짐을 꾸렸는데, 대강 양식 가마니와 옷가지 정도만 겨우 가려 싸고 살림은 모두 흩어버린 채 구백흥이라 하는 사람에게 땅굴과 집을 맡겼다. 9월 11일 밤에 집을 떠나 남자들은 등에 지고 여자들은 머리에 이고 사곡까지 20리를 걸어 나왔다. 달빛이 밝게 비추는데 대완구 소리가 연이어 들리니, 등신(等神)[30]들만 걸어가는 것처럼 더욱 혼이 다 떠난 듯하였다. 두 분 노친네는 가마에 모시고 아이들은 더러 가마에 태우기도 하고 업기도 하였으며 종들도 제 자식들을 업고 안고 하여, 죽을지 살지 모르는 지경에서 사곡을 나오게 되었다. 이판서 댁에서 힘을 써 갯가에 집을 잡아주어 거기에서 그날 밤 지냈다. 듣자 하니, 그날 이판서 댁에서도 자기 집 사당의 신주를 땅에 묻고 이판서와 집안사람들이 통곡하였다고 한다. 집안이 경황없어 하면서도 그 밤에 음식을 해 오고 찬거리 십여 개를 가져왔으니, 우선 반찬을 만들어 그 밤을 거기에서 머물렀다.

다음 날은 9월 12일이었다. 석양에 배를 타려 하는데 많은 사람들이 몰려들어 혼잡하고 떠들썩한 가운데 피난 가는 사람들의 들끓는 소리

29) 셋째 아주버니 : 민치정(閔致鼎).

30) 등신(等神) : 나무, 돌, 흙, 쇠 따위로 만든 사람의 형상.

가 천지에 드높았다. 너른 갯가에 가득한 사람들이 제각기 살기를 구하여 "어디를 가면 살겠느냐?" 하는 소리가 넘쳤으며, 배 돛대가 강변에 별 걸리듯 하였다.

사당의 위패를 모시고 노친네와 많은 식솔들이며 노비들의 식솔들까지 모두 육십여 명이나 되었다. 이웃하여 살던 이생원 집도 같이 나왔는데 식솔들이 십여 명이었고, 이판서 집 식솔들도 거의 이십 명이었다. 이 모든 인원들을 거느린 채 하루 종일 마니산(摩尼山) 아래에서 소나무에 의지하여 물참[31]을 기다렸다. 저녁 빛이 나기를 기다렸다가 어두워진 후에야 배 위에 올라 잠시 갈라서 앉았는데, '사람과 짐이 너무 많아 배 가라앉겠다!'고 사공이 성화를 대며 애를 태웠다. 그러자 이생원 집은 또 다른 배 하나를 간신히 더 잡아 그 집 식구들과 종들을 나누어 배를 타고 떠났다.

이판서의 이름은 이시원(李是遠)으로, 이판서는 충성과 효성이 보통 사람들보다 빼어났으며 정직한 군자로 한세상에 뛰어나 이름을 얻은 사람이었다. 그는 다만 제 식구들과 자손들을 구하려고 우리집에 부탁하여 어느 섬이든지 나은 섬으로 피난을 보내고, 자기는 스스로 아우 집에 떨어져 있다가 스스로 목숨을 끊을 마음을 두었으니, 그 뜻을 누가 알았으리오. 그 아들 이상학(李象學)[32]은 이러한 상황은 전혀 모르고 우리와 같이 와 있었다.

---

31) 물참 : 밀물이 가장 높이 들어오는 때. 또는 만조의 때.

32) 이상학(李象學) : 조선 후기 문신으로 자는 사권(士勸)이다. 이건창(李建昌)의 부친이다. 진사시를 거쳐 음사로 사헌부 감찰, 안의현감, 은진현감, 양산군수 등의 벼슬을 지냈다.

살섬[矢島][33]으로 와 이날 밤을 보내고 다음 날 아침 바다를 관찰하여 바라보니, 산더미 같은 크고 작은 배들이 좌우로 벌려 서 있는 가운데 조수(潮水)만 들락날락하니 더욱 처량하였다. 무수한 배들이 물 흐르듯 왕래하였는데, 이양선(異樣船)[34]이 좌우로 끼어드는 듯하니 배들끼리의 요란한 소동은 육지보다 더하였다.

살섬에서 피난할 뜻을 두고 유의하여 형세를 살폈는데, 쌀 실은 배 한 척이 오니 이 배는 우리 동네의 홍생원(洪生員)이 쌀을 싣고 오는 배였다. 그런데 살섬의 인심이 괴이한데다가 괘씸하고 엉큼한 백성들이 흉측한 뜻을 품고는 수십여 명이 몰려나와 홍생원 부자에게 욕을 잔생이 내뱉고 결박하려 하며 모두 배의 쌀을 탈취하려 하였다. 그런데 무슨 생각을 하였는지 얼마쯤만 빼앗아 갔다. 홍생원이 하는 말이, '전쟁이 끝나면 값을 치러 주겠다.' 하며 빼앗아 갔다고 하였다. 이 거동을 직접 목격하여 보니 놀라움을 이길 수 없었다. 한편 저들이 우리가 탄 배는 감히 범접하려는 마음을 먹지 못하고 머뭇거리면서 '의곡 민진사 댁[35] 배인가?' 하고 서로 일컬으며 부끄러워하는 눈치가 분명하였다고 한다. 이는 시부모님의 밝은 지감과 어진 성덕으로 인심을 얻은 덕택이었다.

이 섬 인심이 괴이하여 피난을 여기에서는 할 수 없다고 판단하고, 다시 황해도(黃海道)로 향하여 농장(農場)이 있는 곳[36]으로 가려는 뜻을

---

33) 살섬[矢島] : 원문의 '솜셤'은 '살섬'의 오기로 추정된다. 살섬은 한자로 시도(矢島)로, 현 강화도와 영종도 사이에 있는 옹진군 북도면 소재 섬이다.

34) 이양선(異樣船) : 모양이 다른 배라는 뜻으로, 다른 나라의 배를 이르는 말. 주로 조선 시대 외국의 철선을 이르는 데에 쓰였다.

35) 의곡 민진사 댁 : 민진사는 작자 나주임씨의 시부이며, 의곡 민진사댁은 작가가 사는 집이다.

36) 황해도(黃海道)로 …… 곳 : 나주임씨의 남편의 본가가 있었던 황해도 평산(平山)을

두었다. 이에 다시 건들[乾坪][37]로 들어가 이판서를 뵙고 서로 의논하여 모시고 나오려고 도로 건들로 들어갔는데, 이때 이판서는 벌써 일이 돌아감이 그리될 줄 알고 또 도로 배 들어올 줄 짐작하고 나루터에 하인을 내보내 기다리고 있었다. 이런 일을 보아도 지감이 분명하고 남들이 칭찬을 공연히 하는 것은 아닌 듯하였으니, 정녕 그러하였다.

도로 들어왔음을 가서 고하였더니, 이판서는 친히 나와 보고 슬퍼하며 시부모님께 부탁하며 말하였다.

"나는 이제 죽을 사람이니, 내 후손들이나 잘 구하여 주시게."

이에 또 말하였다.

"나는 상소(上疏)를 지어 내 조카에게 주어 경성으로 띄워 보냈네."

그러고는 또 말하였다.

"유서(遺書)를 자손들에게도 지어 놓고, 형제가 함께 죽으려 하네."

이렇듯 팔십 노인이 하얗게 센 머리를 하고 나와서 이런 유언을 하니, 제아무리 목석같은 사람인들 감동하여 슬퍼하지 않을 수 있겠는가!

이도사(李都事, 이상학)와 그 식솔들은 모두 그제서야 부친이 한 말을 비로소 깨닫고 천지가 무너지는 듯 놀라고 당황하였으나 어찌할 줄 모르고 허둥지둥거리다가 할 수 없이 속절없이 부친 계신 곳으로 들어가게 되었다. 이에 이도사가 아들 삼형제와 딸린 식구들과 작별하니 그 집 정경이 불쌍하여 차마 눈으로 보지 못할 듯하였다. 이도사는 슬피 이별하며 흐르는 눈물을 훔치고 들어갔다.

말한다.

37) 건들[乾坪] : 현 강화군 양도면 건평리(乾坪里) 일대. 이곳의 너른 들판은 간척을 해서 생겼는데 수로(水路)가 낮아 논에 물 대기가 어려워 마른 논이 많아 마른들, 건들로 불렸다.

신도(信島)섬[38]에 이날 내려와 밤을 지내고, 다음 날 아침 밖을 보니 해변 산기슭에 몇 간 오두막집이 있었다. 그곳에는 강화부 경력(經歷)[39] 윤수라 하는 이가 도망하여 와 있었는데, 경력도 도망왔다고 하며 사람들이 불쌍하다 하였다. 윤수와 고생을 같이 겪는 여덟 살 된 여자아이가 있었는데 홍역을 앓고 있었다. 집에서부터 통증이 시작된 것을 데리고 나와 나날이 한뎃잠을 재우고 찬 곳에서 바람을 쐬었으나, 치료법에 따른 것처럼 살갗에 발그레한 반점이 잘 가라앉고 성한 아이 같이 일어나 앉았다. 마치 그릇된 운명이 없는 듯 신통하기도 하고 매우 기특하였다.

노비 중에 순애와 순단이는 정이 없었다. 제 자식들을 훈계시키며 이런 힘든 상황을 견디지 못하고 '도로 들어가 농사지은 것이나 찾아 먹겠다'고 하며, 죽기로 기를 쓰고 강화로 되돌아갔다. 생사를 서로 모르고 주인과 노비가 이별하니, 배 위에서 하직하는 소리에 목이 메어 들어갔다. 슬프고 비참한 마음을 이기지 못하여 산꼭대기에서 바라보니, 잘새는 날아들고 바다에서 들리는 것은 물소리뿐이었다. 비복들도 슬퍼함이 이와 같았으니 나의 슬픈 마음을 도왔다.

이날은 10월 16일이었다. 신도섬을 떠나 진염(眞鹽)[40]으로 오니, 이판서 집에 머물러 살던 김사진이라 하는 사람이 각별히 대접하고 여러 바깥 양반들에게 진귀한 음식으로 상을 차려 주었다. 그러고는 "홍역을

38) 신도(信島)섬 : 현 강화도와 영종도 사이에 있는 옹진군 북도면 소재 섬이다. 신도-시도-모도 3개의 섬이 나란히 있다.

39) 강화부 경력(經歷) : 조선시대 강화유수 밑에서 유수를 보좌하고 실무행정을 담당하던 종사품 벼슬.

40) 진염(眞鹽) : 신도의 다른 이름이다. 조선시대 소금을 생산하는 곳이라 하여 붙여진 이름이다.

앓는 아이도 데리고 들어와 쉬세요."라고 하였다. 또 김경률이라 하는 사람은 친한 사람으로, 강화에서 피난 나올 때 무인지경 같은 시절에 짐 한 짝 도울 자가 없었는데 김경률이 짐을 여러 바리 실어 내고 힘을 써 주었다. 제 식솔도 그 집 배에 올라 같이 오려고 하였는데, 노비들이 들어갈 때처럼 같이 되돌아 들어갔다. 아울러 김경률의 사촌이 진염에 살았는데, 그의 이름을 말하자 이 사람도 김사진처럼 우리를 각별히 대접하며 "홍역 앓는 아이도 데리고 들어와 쉬세요."라고 하였다. 이곳에서 대접하는 자들의 은혜가 적지 않았다.

물참이 늦어져 석양에 노를 저어 큰 바다로 향하였는데, 이때 서양 함선 때문에 네 길목이 막혀 있었다. 이에 겨우 서해로 빠져나오자 점점 어두운 빛이 났는데, 서해를 지나 교동(喬桐) 가는 길목 너머로 위를 바라볼 즈음, 연일 좋던 날씨가 하루 저녁 사이에 변하였다. 이에 풍랑이 일어나며 끝없이 넓은 바다에 파도가 천지를 뒤흔들고 검은 구름이 푸른 하늘을 가려 천지가 아득하여 동서를 분간하지 못하였다. 그러는 사이에 간간이 가랑비가 떨어져 들이치고 풍랑이 점점 크게 일어나려 하였다. 사공은 아무것도 할 줄을 모르고 어지러이 겁을 먹으니, 끝없이 넓은 바다에서 벌어진 일을 어찌하겠는가! 다만 하늘을 우러러 탄식할 뿐이요, 다 죽은 사람같이 숨도 크게 못 쉬고 서로를 바라보면서 죄를 지은 일이 있는지 없는지를 생각할 따름이었다.

하지만 하늘의 덕이 가득하여 얼마 후 운무가 활짝 흩어져 개고 달빛이 차차 나오면서 명랑해지더니 간간이 순풍이 불어 배가 화살 가듯 하였다. 산꼭대기에는 육기(六氣)[41]가 틈을 지나가듯 어지러움이 물러가니, 시간은 벌써 삼경(三更)에 이르렀고 목적지에 거의 다 와서 자루개[42]가 20리 거리였다. 사공이 그렇게 참물[43]에 맞춰 서니, 조금은 살 듯하였다. 또 하루를 넘기고 다음 날은 10월 18일이었다.

거기에서 하루 종일 지내고 해질녘에 노를 저어 자루개를 향하였다. 그런데 사공이 길이 서투르고 어두운 빛이 점점 나니까 서둘러서 갈 마음을 두어 미처 물이 차오르지 않았을 때 노를 젓다가 그만 해초 사이에 걸려 버렸다. 이에 배가 반쯤 기울어지니 사공이 기겁하는 소리가 진동하고, 배 위에 탄 사람들도 모두 기절하며 물에 빠져드는 듯 마치 파리 목숨처럼 죽기만을 기다렸다. 하지만 사람의 목숨은 하늘에 달려 있는 법, 잠깐 사이에 배가 다시 바르게 서니 모두 숨을 쉬고 정신을 차려 분간을 제대로 하였다. 이후 순풍에 돛을 단 듯 삽시간에 거의 다 왔지만, 평산(平山)에서의 일은 전혀 모르고 오게 되었다.

이때 곁에 지나는 배를 보고 전란 중 이 고을의 상황을 물으니, 다음과 같이 답하였다.

"평산과 금천(金天)에서 군사를 거의 다 뽑고 군사를 실으려고 배를 붙잡는데, 그 명이 지엄하다오."

사공이 말을 다 듣고서 크게 놀라고는 울먹이며 말하였다.

"어떻게 하든지 이제는 되는 대로 뭍으로 내리세요."

그러고는 기를 쓰니, 갈팡질팡하는 사이에 짐 한 짝 어찌할 수 없었다. 이곳의 소동은 강화보다 더하였다. 일 돌아가는 형세가 난처하여 이 생각 저 생각하다가 밤개[栗浦][44]라 하는 개포가 있었으니 여기에서

41) 육기(六氣) : 천지 사이에 있는 여섯 가지 기운. 음(陰), 양(陽), 풍(風), 우(雨), 회(晦), 명(明)을 이른다.

42) 자루개 : 황해도 연안군 개안리(開安里)에 있는 지명.

43) 참물 : 만조(滿潮) 때의 물.

50리 거리였다.

이곳에는 이생원(李生員)의 집이 하나 있었으니, 이는 시어머니의 아우님 댁이다. 아우님은 작고하시고 남동생과 조카딸이 하나 있었으나 멀리 떨어져 살다 보니 자주 연락도 못하고 지냈다. 이날 삼경(三更) 무렵 그 집에 가서 셋째 아주버니가 사정을 이야기하자, 그 집에서도 놀라며 힘을 써서 강가에 집을 잡아주었다. 이에 즉시 내려와 그 집으로 들어가니 매우 볼품이 없었다. 이곳에 와서 들으니, 군사들은 거의 다 뽑혔으니, 군사로 뽑혀간 백성들의 집들에서는 우는 소리가 낭자하고 또 도둑맞은 이도 많으며 산골짜기로 피난한 자들도 그 수를 셀 수 없을 정도로 많았다고 하였다.

이 고을 평산부사(平山府使)는 시누이의 시당숙인 홍신규(洪愼圭)[45]였다. 예전에도 나라에 도움이 되는 일이 많았는데, 이때를 당하여 강화로 행군하면서 자다가도 슬퍼하며 군사들을 끔찍이 아껴 자주 먹이며 자상히 사랑하였다. 그 지휘와 법령이 엄숙하고 위엄이 있어 온 고을이 다 '명관을 만나 살겠도다' 하고 모두들 일컬었다. 요란한 소동에 놀라기는 하였으나 밤개에서 이틀을 묵으니, 그 집에서 음식도 해 오고 각별하게 대접하니 감격함을 이기지 못하였다.

---

44) 밤개[栗浦] : 황해도 배천군 문산리 북쪽에 있는 마을. 옛날 바닷물이 이곳까지 올라올 때 방게가 많았다 하여 '방게동'이라 하였는데, '방게'가 '밤개'로 와전되어 한자로 '율포동(栗浦洞)'이라고도 한다.

45) 홍신규(洪愼圭) : 조선 후기 문신으로 '재신(在愼)'으로 개명하였다. 1852년 진사시에 급제하고 음직으로 남양부사, 평산부사를 지냈다. 1871년 제너럴셔먼호사건 때 통진부사로 재임하며 이양선을 격파한 공로로 포상을 받기도 하였다.

10월 20일에 넷째 아주버니[46]가 용두(龍頭)[47] 옛집에 들어와 혼자 무사히 나오고 고생한 이야기를 하니, 다들 놀라며 반겨주었다. 이곳에서는 강화가 함몰된 줄 알고 있었으며 또한 헛소문이 났는데, 우리는 떠나지도 않았거늘 민진사 댁[48]과 이판서 댁[49]이 피난길에 올라 배를 타고 오다가 송도(松都)[50]에 와서 내렸다는 헛소문이 여기저기 퍼져 있었다. 마침 백모(伯母)께서 오시다가 크게 놀랐는데 노비들이 급히 마중 나가서 헛소문이라 하니 그만 되돌아 들어왔다. 하지만 애가 쓰여 대길과 용철이라 하는 하인 둘이 강화를 향하여 강도 근처까지 갔다가 들어가지는 못하였으나, 거처라도 알고 오겠다며 떠나갔다.

이때 밤개에 와 배에서 내렸다는 소문을 용두에서 듣고 또 헛말이라 하다가 이날 나온 것을 알았으니, 헛소문이 어찌 이와 같이 미리 났으니 신출귀몰함을 다들 일컬었다. 그날 밤으로 이생원 댁에 주선하여 소와 말 삼십 필을 내왔는데 노비들은 소와 말보다 더 많았다. 또 가마 여섯 대를 내왔는데, 당질(堂姪)인 도경·선경 형제가 나왔으니 모두들 보고 반가워함이 무궁하였다.

이날은 10월 21일이었다. 옛집을 향하여 일가가 연속해서 들어오니 가는 길을 자세히 살펴보았다. 이날 저녁 백부 댁이 먼저 들어오니, 팔순 되신 백모님을 다시 뵙고 동 항렬의 형제들을 만나게 되니 피차 반가워함을 헤아릴 수 없었다. 수십 년 만에 다시 정회(情懷)를 풀었으나,

---

46) 넷째 아주버니 : 민치기(閔致箕).

47) 용두(龍頭) : 황해도 평산군 서봉면 삼룡리(三龍里) 일대. 1952년 행정구역 통폐합으로 삼산리와 용두리를 병합하여 삼룡리라고 하였다.

48) 민진사 댁 : 작자의 집안.

49) 이판서 댁 : 이시원의 집안.

50) 송도(松都) : 개성(開城)의 옛 이름. 고려의 수도였다.

백부와 종숙(從叔) 삼형제 분이 다 돌아가셨으니, 예전에 대청에 섞여 앉아서 반기시던 목소리와 얼굴은 아직도 완연한 듯하여 몹시도 슬픈 마음은 사그라들지 않았다.

이곳은 평산군(平山郡) 서봉면(西峰面) 용두(龍頭)이다. 민씨 집안이 오륙 대에 걸쳐 대대로 이어온 집안의 터전이었다. 들판은 넓고 평평하며 과일나무도 가득하였다. 또 산천이 수려하여 백여 호가 사는 큰 마을이 있는데, 하나도 다른 성씨는 없고 모두 민씨 성을 가진 마을로서 유명한 승지로 지역 안에서 일컬어지는 곳이었다. 집집마다 부유하고 정문(旌門)[51]이 서 있는 집도 있고, 벼슬하는 이들도 {+많았다.}

【4~5행 결락】

또한 난리 중에도 도적 떼가 들어오지 못한다고 하였다.

다음 날은 10월 22일이었다. 수많은 일가 식구들과 하인들이 상하노소 없이 모두 다 모이니, 그 사람이 어떤 사람인지 알 수 없을 정도였다. 불행 중에도 무사히 나옴을 말하며 복력(福力)이 좋다고 모두들 이야기하였다.

계집종 중에 춘례와 춘애는 나이가 많아 과하게 늙었는데도 20리 거리를 마중 나왔으며, 순업도 나오니 반가움을 헤아릴 수 없었다. 백부댁의 계집종인 한단이와 고모 댁의 계집종인 복매도 모두 나이가 많고 오래된 종이라 못내 반가워하였다. 그중에 춘례는 마음이 너그럽고 미더우며 통탈한지라 기쁘게도 자기 상전을 드러내는 일이 많았다. 이에

51) 정문(旌門) : 충신, 효자, 열녀들을 표창하기 위하여 그 집 앞에 세우던 붉은 문.

강도(江都)로 집을 옮겨 이사할 때 춘례를 마름으로 들였는데,[52] 이때 다시 옛집으로 들어가려 하니 속마음으로 꺼린다고 하기에 들어가지 못했다. 결국 앞에 있는 신생원(申生員)의 집을 빌려 들어갔는데, 그 집과는 척분(戚分)[53]도 있을 뿐 아니라 양순(良順)하면서도 정의(情誼)가 있었다. 하지만 난리 중에 그 집을 얻어 들어가니 몇 칸 안 되는 작은 집이라 비좁아서 몸을 편히 들일 수가 없었다. 또한 비록 고향이라고는 하나 다들 처음 보는 낯선 얼굴들이었다. 어수선한 가운데 시절은 줄곧 위태로워 이때 편히 앉아 있을 수가 없었다. 이에 밤낮으로 심란해하며 강화에서 살던 일은 매우 오래전의 일 같았으니, 세상사를 어찌 헤아릴 수 있으리오.

여기에 온 후 집집마다 모두 음식과 반찬이며 각양각색으로 정을 표하여, 이를 받아먹으며 하루하루를 흘려보냈다. 지난 일들을 역력히 생각해보니, 갑자년(甲子年, 1864년)에 둘째딸이 이직각(李直閣)[54] 집에서 참혹한 일을 당하여 흉한 소식[55]을 들은 이후로는 좋지 않은 마음을 비길 데 없었으나 겨우 억제하여 지내왔는데, 졸지에 장녀의 시가 김참판(金參判) 댁까지 멀리 떠나가니 더욱 소식조차 들을 수 없어 처량한

---

52) 마름으로 들였는데 : 마름은 지주를 대리하여 소작권을 관리하는 사람이다. 여기서는 춘례에게 자기집의 관리를 맡겼다는 의미이다.

53) 척분(戚分) : 성(姓)이 다르면서 일가가 되는 인척 관계.

54) 이직각(李直閣) : 나주임씨의 둘째 사위인 이승순(李承純). 이승순은 1859년 문과에 급제하여 예문관 검열을 거쳐 1862년 규장각 직각을 지냈으며, 이후 형조판서 등의 직책을 역임하였다.

55) 흉한 소식 : 나주임씨의 둘째딸이 혼인한 지 얼마 지나지 않아 1864년 [illegible]세의 젊은 나이로 세상을 떠난 것을 말한다.

마음뿐이었다. 본가로 돌려 생각해 보니, 거기에는 나이 많은 노친네가 계시고 동생 형제 장조카가 있어 다들 번성하니 다른 염려는 없다. 하지만 아침저녁으로 마음을 놓을 수 없는 노친네가 계시니 언제나 슬픈 마음을 놓을 수 있겠는가. 또 문안드린 지 너무 오래되었으니 내 스스로 한심한 생각이 들었다.

맏시누이 댁[56)]이 삼척부사(三陟府使)로 있어, 이때 모든 식솔들을 데리고 그곳으로 가 계셨다. 그 고을은 천여 리나 떨어지고 험준한 고개를 넘어야 하는 산골짜기라 임의로 왕래를 못하니 기별이 아득하였다. 그간 가까이서 친하게 지내오면서 거의 십 년 동안 함께 지내다 보니 우애의 정이 남달랐다. 여러 일처리에도 자상하고 인자하셔서 크고 작은 일들을 의논하며 함께 지냈는데, 졸지에 멀리 떨어져 살게 되니 외롭고 쓸쓸하여 처량하였다.

셋째 아주버님은 자녀들을 데리고 밤개에서 손을 나누어 율동(栗洞)[57)]의 며느리를 보려고 근친(覲親)[58)] 가 있는 곳으로 보러 갔다. 며느리의 본가는 정서방(鄭書房) 집인데 어질고 후덕하여 사돈에게 집도 정해주고 일용품도 덜어 나누어 주니, 비로소 세간살이가 배치되어 심히 고마웠다.

친조카 부만을 난리 중에 죽산(竹山)으로 떼어 보내고 와서 피차간에 죽었는지 살았는지 모르니 노친네께서 더욱 슬퍼하셨다. 또 둘째 아드

---

56) 맏시누이 댁 : 나주씨의 맏시누이는 우봉이씨(牛峯李氏) 집안의 이정(李墩)에게 시집을 갔다. 이정은 1840년 진사시에 급제하고 음직으로 삼척부사를 지냈다.

57) 율동(栗洞) : 밤개를 한자로 율포동, 율동이라고 하는데, 밤개 인근의 마을로 추정된다.

58) 근친(覲親) : 시집간 딸이 친정에 가서 부모를 뵙는 일.

님 생각을 과도하게 하시더니, 전란이 끝난 뒤에 둘째 아주버니가 내려와 뵈니, 저승에 갔다가 다시 만난 것처럼 한편으로는 슬퍼하고 다른 한편으로는 신기함을 이기지 못하였다. 둘째 아주버니는 십여 일을 묵다가 경성으로 돌아가셨다.

강화로 들어오자 곧바로 아이들이 남녀를 막론하고 홍역을 다 앓았다. 친조카 부만은 난리 중에 급하게 서둘러 용인(龍仁)의 사촌누이 집으로 갔다. 사촌누이의 남편 김상현이라 하는 이는 사위벌인데, 사람됨이 활발하고 어질고 후덕한 사람이다. 아내의 사촌 아우의 혼례에 쓸 물품을 다 준비하여 친히 데리고 가서 예식을 치르고, 삼 일간 묵게 하였다. 그런 뒤에 다시 자기 집으로 돌아와 홍역을 거기에서 치료하고 원기가 회복된 후에 올려보내니 인품이 남다른 사람이었다. 천성이 지극히 착하며 효성스럽고 유순하며 아름다운 사람이요, 또 사위가 이같이 모든 일에 무던하고 얌전하니 다른 염려는 없으나, 나이 서른이 넘도록 아이를 갖지 못하니 조물주의 시기인 듯하여 원통하였다. 이때 홍역을 여러 사촌 오누이들이 다 잘 대처하고 나니 모두가 치하하였다.

이판서는 그때 배 위에 유언을 하고 집으로 들어가 곧바로 형제가 스스로 목숨을 끊으니, 만고의 드문 일이었다. 이에 나라에서 홍문(紅門)[59]을 내렸다. 이판서의 손자인 이건창(李建昌)[60]이 십오 세에 도과(道

---

59) 홍문(紅門) : 충신, 효자, 열녀들을 표창하기 위하여 그 집 앞에 세우던 붉은 문.

60) 이건창(李建昌) : 조선 후기의 문신·학자로 호는 영재(寧齋)이다. 이시원의 손자이며, 이상학의 아들이다. 1874년 서장관으로 청나라에 가서 서보(徐郙)·황각(黃珏) 등과 교유하여 문장으로 이름을 떨쳤다. 평생 척양척왜주의자로 일관하였다. 저서로 『당의통략(黨議通略)』, 『명미당고(明美堂稿)』 등이 있다.

科)에서 급제하니 벼슬을 제수하였다.[61]

이때 양헌수(梁憲洙)라 하는 사람이 순무중군(巡撫中軍)으로 있었으니, 양인들이 공격하기 시작하여 한 달 남짓에 이르렀는데도 나라를 지킬 장수가 없음을 보고 분기를 견디지 못하여 자원하여 종군하여 부원수(副元帥)가 되었다. 하지만 도원수(都元帥) 이경하(李景夏)[62]가 공연히 딴 의심만 하고 행여 양헌수가 양인들의 편이 될까 의심하였다. 양헌수가 군사들에게 말하였다.

"너희들 중에 자원하려는 군사가 있거든 나서거라!"

평안도(平安道) 군사 오백 명은 본디 자원하여 군사로 기다리고 있었다. 경군(京軍)도 몇 명인가 자원하고 나서는 군사가 많았다. 그리하여 일시에 심복을 받고 강화로 행군하였는데, 평안도 포수들로 앞장을 세우고 경군들이 뒤를 좇아왔다. 이에 평안도 군사들이 크게 화를 내며 말하였다.

"너희는 주인이요, 우리는 손인데, 어째서 우리들을 앞에 세우느냐! 너희는 나랏일에 꾀만 부리고 그렇게 행동하니 큰 역적이다!"

그러고는 경군을 다 죽이려 하니, 경군이 간신히 빌어 화친하고 다시 군대를 일으켜 강화로 행군하였다. 이에 광성보(廣城堡)에 숨었다가 밤에 건너와 전등사(傳燈寺)에 가서 진을 치고 모였는데, 그 절의 중들은

---

61) 벼슬을 제수하였다 : 이건창은 1866년 15세의 어린 나이로 문과에 급제하였으나, 너무 일찍 등과하였기 때문에 19세에 이르러서야 홍문관직에 나아갔다.

62) 이경하(李景夏) : 조선 고종 때의 무신으로 자는 여회(汝會)이다. 금위대장과 형조판서 등 무관의 주요직을 두루 역임하였다. 대원군의 신임을 받아 포도대장으로 있을 때 많은 가톨릭교도를 학살하였다.

모두 다 도망치고 늙은 중 하나가 남아 있다가 말하였다.

"어제 양인들이 여기에 와 들이닥쳐 재물을 탈취하여 갔는데, 내일 또 온다고 하였습니다."

그리하여 용맹 있는 군사들을 골라 총에 화약을 장전하고 기다리게 하였다.

이날은 10월 초4일이었다. 양인들이 과연 전등사를 노리기 위해 떼를 지어 가다가, 우리 살던 집 앞길로 지나갔는데, 복색은 검은 모직 두루마기를 입었다. 그렇게 무수히 떼 지어 가다가 우리 빈집에 들어와 여기저기 둘러보며 돌아갈 때 뭔가를 찾아내려는 뜻을 두고 들쑤시니, 중들도 거기에 들렀다가 모두 숨어 버렸다.

이때 다시 전등사로 행군하여 갔는데, 전등사는 높은 산성에 자리잡고 있어 매복하였다가 일시에 북과 나팔을 크게 울리며 좌우에서 협공하여 장전해 놓은 총을 쏘았다. 이에 양인 장수가 죽어 말 아래로 떨어지고 양인 십여 명이 죽으니 양인이 대패하여 쫓겨 도망쳤다. 총을 간간이 쏘며 쫓아가니, 양인들이 제 동무의 시체를 옆에 끼고 급히 본진으로 도망하였다. 이때 우리 살던 집에 달려들어 가마를 떼어 시체를 담아 마주 메고 도망하더라. 벼 베던 일꾼 하나가 거기 있어 미처 피하지 못하고 있기에, 내가 보고 두 팔을 휘저으며 "어서 도망하라" 일러주었다.

양인들은 본진으로 어지러이 물러가서, 시체를 화장하여 상자에 각각 담고 성명을 적어 제각기 써 붙여 가지고, 12진보(鎭堡)[63]와 훈련도감의 군기(軍器), 오래된 보물 등 강화도의 재물을 모두 탈취하여 짊어

---

63) 12진보(鎭堡) : 강화도 주변 외적을 방비하기 위해 설치한 12곳의 군사시설을 가리킨다. 5진(鎭)과 7보(堡)를 합쳐 일컫는 말이다.

져다 쌓았다가, 10월 초5일 양인들 배에 싣고 다 도망하여 나갔다.

화설(話說). 양헌수는 양인 장수와 십여 명의 양인을 죽이고, 내친김에 적진까지 쫓아가 짓밟아 버리려 하였는데 화약이 없었다. 양헌수는 분한 기운을 견디지 못하여 본진에 기별하였는데 미처 글로 적어 줄 새도 없어 말로 통지하니, 도원수는 시종일관 딴 의심만 하고 나라에 먼저 아뢰어 화약을 들여보내라고 주문(奏聞)하였다. 양헌수는 기다리다 지쳐 다시 군대를 일으키지 분한 기운을 이기지 못하였다. 양헌수는 공로로 강화중군(江華中軍)에 제수되었다.

우리가 배 타고 교동(喬桐) 바다 넘던 날, 양인들이 인화성(寅火城)[64]과 교동을 치고 강화 읍성 안에 불을 지르니 사람들이 불꽃이 보인다고 하였다.

이때 교동이 강화에 매여 있고 풍덕도 강화에 매여 있어 관호(官號)를 바꾸어 갈아 삼도통어사(三道統禦使)[65]라고 하였다. 황호덕(黃浩悳)이 공로로 복직케 하고 벼슬을 제수하였다. 평안도 포수들에게 선달(先達)을 제수하였다.

64) 인화성(寅火城) : 현 강화군 양서면 인화리 일대로, 강화에서 교동으로 넘어가는 길목이다. 이곳에 '돈대(墩臺)'가 있어 성이라 칭한 것으로 생각된다.

65) 삼도통어사(三道統禦使) : 조선 후기 경기·충청·황해도의 삼도수군을 통어한 종2품의 관직. 통어영을 교동(喬桐)에 두었으며 경기도수군절도사가 이 직책을 겸임하였다.

송헌석, 『병인양요』

일명(一名) 한장군전(韓將軍傳)

사람은 산천·기후·풍토에 따라 각각 타고난 바가 다르다. 그중에 특이한 지략과 우월한 용력을 지닌 사람은 백만 명 중에 하나, 또는 천만 명 중에 하나밖에 없다. 다시 말하자면 오백 년에 하나, 또는 천 년에 하나쯤 된다. 우리 조선으로 말하면 고구려의 을지문덕(乙支文德)과 연개소문(淵蓋蘇文), 신라의 김유신(金庾信), 고려의 강감찬(姜邯贊), 조선시대의 김덕령(金德齡), 이순신(李舜臣) 등 몇몇 사람뿐이다. 이러한 인물들은 다만 산천·기후·풍토의 정기를 타고 나왔을 뿐만 아니라, 하늘이 명하여 국운을 회복하고 백성들을 구원하려 보낸 천사(天使)와 같다. 무릇 글 짓는 것이나 글씨를 쓰는 것이나 여러 예술은 배워서 할 수 있는 것이지만, 용력과 지략은 타고나는 것이라 배워서 될 수 없는 것이다.

조선 헌종(憲宗) 계사년(癸巳年)[1]에 조선 오백 년 이래 첫 번째 손가락에 꼽을 만한 큰 장사가 출현하였다. 이 장사는 나이 많은 사람이라면

---

1) 헌종(憲宗) 계사년(癸巳年) : 계사년은 1833년이고, 헌종 즉위년은 다음해인 1834년이다.

본 적도 있고 알기도 할 것이다. 탄환도 그의 몸을 손상치 못하였고 창검도 그의 살에 들어가지 않았다. 동서양 역사를 보아도 이 같은 장사는 한 명도 없었다. 그는 일천 근이나 되는 철궁(鐵弓)을 당겨 오백 보 밖에 있는 과녁을 맞히고, 한 주먹 크기의 철환(鐵丸)을 입으로 뿜어 육간대청(六間大廳)[2]을 쏘아 뚫었다. 백액호(白額虎)[3]를 때려잡고 돈화문(敦化門)을 뛰어넘기도 하였으니, '역발산기개세(力拔山氣蓋世)'[4]라 자랑하던 항우(項羽)라도 이보다 더 뛰어났겠는가!

이에 성상이 총애하여 그 이름이 조정과 민간에 널리 퍼졌으며 수명과 복이 모두 온전하여 모든 사람들이 우러르고 흠모하였다. 그는 진실로 국가의 간성(干城)[5]이자 만고의 복장(福將)[6]이었다. 탄환이 빗발치듯 쏟아지는 중에도 단신으로 적병을 시살하였고 한 주먹으로 수백 명 적병을 때려죽였으며, 세 번 출전해 나라의 이름을 세상에 빛내고 대군을 통솔하여 승전고(勝戰鼓)를 울리며 돌아왔다. 이에 위로는 임금의 근심을 풀고 아래로는 백성의 놀람을 위로하니, 임금의 은총이 날로 더해지고 명망이 수시로 높아져 그를 흠모하고 존경하지 않는 사람이 없었다. 또한 그는 천성이 관후(寬厚)하여 충효(忠孝)로써 근본을 삼고 인의(仁義)

---

2) 육간대청(六間大廳) : 여섯 칸이나 되는 넓은 대청.

3) 백액호(白額虎) : 이마가 흰 범을 말한다. 범이 늙으면 이마가 희게 변하는데, 특히 힘이 세고 기세가 사나워서 사람이 잡기 어렵다고 한다.

4) 역발산기개세(力拔山氣蓋世) : 힘은 산을 뽑을 만하고 기개는 세상을 덮을 만하다는 뜻으로, 초나라 항우가 한나라 유방(劉邦)을 맞아 해하(垓下)에서 사면초가에 몰렸을 때 자신의 처지를 읊은 시 구절이다.

5) 간성(干城) : 방패와 성으로, 전하여 국가를 위하여 방패가 되고 성이 되는 훌륭한 장수를 뜻한다. 『시경(詩經)』「주남(周南)」〈토저(兎罝)〉에 "굳세고 굳센 무부여, 공후의 간성이로다.[赳赳武夫, 公侯干城.]"라고 하였다.

6) 복장(福將) : 운이 좋아 싸움에서 늘 승리하는 장수.

로써 일을 처결하였으므로 높은 지위에 처하여도 시기하는 자가 없었으며 만족할 줄 알고 일의 기미를 알아 만년까지 부귀를 누렸다. 그러니 한(漢)나라의 장자방(張子房)[7]이나 제갈량(諸葛亮)[8]에 견주더라도 조금도 지나침이 없다 할 것이다.

국가의 흥망은 하늘이 정한 운수에 달려 있다. 옛날 제갈량은 여섯 차례 기산(祁山)으로 출정하였으나[9] 중원(中原)을 이기지 못한 채 병이 들어 전쟁터에서 죽었다. 강유(姜維)는 아홉 차례 중원을 정벌하였으나[10] 성공을 못하였을 뿐만 아니라 비명횡사(非命橫死)하고 말았다. 이는 모두 천고(千古)에 남겨진 한이다. 그러나 장군은 살아 있을 적에는 국운을 만회하였고 국치(國恥)를 당하지도 않았다. 병인년[1866년] 이후로 대원군(大院君)이 정권을 쥐고 쓸데없이 쇄국정책(鎖國政策)을 취하다가 임오년 6월의 군란[11]과 갑신년 10월의 정변[12]이 일어나 유신(維新)을 주장하던 무리들은 모두 해외로 망명하였으며 정계는 점점 어두

---

7) 장자방(張子房) : 한나라 고조를 도와 항우를 멸하고 천하 통일을 이룬 장량(張良)의 자(字)이다.

8) 제갈량(諸葛亮) : 삼국시대 유비(劉備)를 도와 촉한을 세운 명재상으로 자는 공명(孔明)이다.

9) 제갈량은 …… 출정하였으나 : 제갈량이 위(魏)나라를 정벌하기 위해 228년부터 234년까지 여섯 차례나 기산(祁山)에 출정한 것을 말한다. 기산은 중국 감숙성에 있다.

10) 강유(姜維)는 …… 정벌하였으나 : 강유의 자는 백약(伯約)으로 천수(天水) 사람이다. 본래 위(魏)나라 장수였다가 촉한으로 귀순하여 제갈량의 신임을 얻어 정서장군(征西將軍)에 올랐다. 제갈량이 죽은 뒤에 대장군이 되어 여러 차례 위나라를 정벌했는데, 위나라에서는 사마소(司馬昭)가 등애(鄧艾)와 종회(鍾會)를 보내 대적케 하므로 결국 큰 공을 세우지 못했다.

11) 임오년 6월의 군란 : 1882년 6월 신식 군대와의 차별에 분노한 구식 군대가 일으킨 반란, 즉 임오군란을 말한다.

12) 갑신년 10월의 정변 : 1884년 김옥균(金玉均)을 비롯한 급진개화파가 조선의 자주독립과 근대화를 목표로 일으킨 정변, 즉 갑신정변을 말한다.

컴컴한 속에서 봄꿈만 꾸게 되니, 이때부터 장군은 고향으로 물러나 은거할 생각을 두어 갑오년 이후에는 벼슬을 하직하고 세상에 나오지 않았다.

이 한 편의 소설은 장군의 한평생 행적을 하나도 빠짐없이 사실대로 적은 것이니, 누구든지 한번 보면 우리나라에 이와 같은 큰 인물이 출현한 것을 놀라고 감탄하게 될 것이다.

장군의 성은 한(韓)이요 본관은 청주(淸州)이며 이름은 성근(聖根)이다. 자(字)는 원집(元執)이다. 판서(判書)에 추증된 철호[13]의 아들이고 양이공(襄夷公) 서구(瑞龜)의 17세손[14]이다. 대대로 높은 벼슬을 이어온 가문으로 청주 땅에 거주하였는데, 장군의 조부 때부터 고향인 청주를 떠나 괴산(槐山)으로 옮겨 가 살았다.

모부인(母夫人)인 동래 정씨(東萊鄭氏)가 장군을 처음 배었을 때 이상한 꿈을 꾸었는데, 동해 바다가 마르고 황룡이 뛰어올라 하늘로 올라갔다. 꿈을 깬 후에 잉태하여 열 달 만에 장군을 낳으니, 그날 상서로운 구름이 집을 두르고 기이한 향기가 방에 가득하였다. 갓난아이를 살펴보니 용의 얼굴에 호랑이 눈을 하고 표범의 머리에 골격이 남달랐다. 이에 범상한 아이가 아닌 줄 짐작하고 장군의 부모가 크게 기뻐하였다.

삼칠일(三七日)[15]을 지나 백일을 바라볼 즈음 장군은 방 안에서 기어

---

13) 판서(判書)에 추증된 철호 : 청주한씨 족보를 살펴보면, 성근의 부친은 용철(用喆)이며 호조판서에 추증된 것으로 확인된다.

14) 양이공(襄夷公) 서구(瑞龜)의 17세손 : 청주한씨 족보를 살펴보면, 성근은 양이공 서구의 16세손으로 확인된다.

15) 삼칠일(三七日) : 아이가 태어난 지 21일이 되는 날. 대개는 이날 금줄을 거둔다.

다닐 수 있었다. 세 살이 되자 물 한 동이를 거침없이 들어 올렸고, 대여섯 살이 되어서는 감히 맞서거나 겨룰 자가 없었다. 일곱 살 때 배움에 들어서자 타고난 자질이 영특하고 명민하여 하나를 들으면 열을 알고 한번 보면 곧바로 기억하였다. 그러나 용력이 출중하여 스승의 가르침을 잘 듣지 않았다. 장군은 늘 말하기를 "남자가 세상에 태어나 글만 읽으면서 세월을 보내면 어느 때 국가의 큰일을 처리하여 백성을 구원하리오!" 하고는, 글공부는 열심히 하지는 않고 대신 말달리기, 헤엄치기, 활쏘기, 창 쓰기만 좋아하였다.

하루는 문득 집을 떠나 특정한 방향 없이 나아갔다. 나이 어린아이가 노잣돈 한 푼 없이 변변한 행장 없이 목적지도 없이 길을 떠나니 갈 곳이 어디 있을까마는, 원래 뜻을 세운 마음이 범인과는 달라 명산대천(名山大川)을 찾아다녔다. 태백산(太白山)·소백산(小白山)을 거쳐 속리산(俗離山)·지리산(智異山)을 구경하고 구월산(九月山)·묘향산(妙香山)[16]을 본 연후에 강원도로 들어가 금강산(金剛山)을 구경하였다. 근력이 센 장사였기 때문에 배가 고프면 산에 올라 멧돼지, 노루 등을 잡아 마을 인가로 내려와 음식을 나누어주기도 하고 그렇지 않으면 절에 들어가 승려에게 밥을 얻어먹었다.

하루는 금강산 꼭대기 비로봉(毗盧峯)에 올라 주변 풍경을 굽어보고는 한숨을 내쉬고 탄식하며 말하였다.

"내가 세상에 태어난 지 십여 세가 될 때까지 우물 안 개구리처럼 천지가 어떻게 생긴 줄도 몰랐는데, 오늘 이곳에 올라 보니 과연 조화옹

---

16) 구월산(九月山)·묘향산(妙香山) : 구월산은 황해도 은율군과 안악군 경계에 있는 산이며, 묘향산은 평안도 향산군과 구장군 등지에 걸쳐 있는 산이다.

(造化翁)이 지극히 오묘하며 우주가 광대한지를 깨달을 수 있겠다!"

그러고는 쾌활한 기상으로 다시 산을 내려가, 기암괴석과 크고 작은 폭포를 구경하며 마하연(摩訶衍)[17] 근처를 지나고 있었는데, 갑자기 등 뒤에서 한 노인이 그를 불렀다.

"동자는 어디로 가는 길이냐?"

"저는 정처 없이 유람을 다니는 중입니다."

노인이 웃으면서 물었다.

"네가 정처 없이 다닌다 하니 그리하는 뜻이 무엇이냐?"

"사람이 세상에 태어나서 천지의 광활함과 인정 풍속이 어떠한지 모르는 까닭에 잠깐 사해를 두루 유람하며 실제 사정을 살피고자 합입니다."

"네 말을 듣고 보니 뜻이 크고 기상도 좋으나, 무릇 처세(處世)의 방법은 학문을 제대로 익히지 않고선 능히 할 수 없다. 내가 너의 장한 뜻을 기특하게 여기노니, 나를 따라 이 산 뒤에 있는 내 거처로 함께 가겠느냐?"

"어른이 가자고 하시는데 어찌 당돌하게 사양할 이유가 있겠습니까."

이에 노인이 흔연히 장군의 손을 이끌고 한 곳에 이르니, 산과 물이 맑고 깨끗하며 진귀한 꽃과 풀이 우거진 곳에 초가집 한 채가 있었다. 노인이 문에 들어서자 한 동자가 차를 달이다가 나와 맞이하였다. 노인이 동자에게 말하였다.

"내가 오늘 제자 하나를 얻어 데려왔으니, 너는 나와서 맞이하거라."

동자가 스승의 명을 받들어 장군을 맞아 초당으로 들어갔다. 맑고

---

17) 마하연(摩訶衍) : 북한 강원도 회양군 내금강면 금강산에 있는 남북국시대 통일신라의 승려 의상(義湘)이 창건한 사찰.

깨끗한 방에는 서적이 가득하였다. 깊고 그윽한 골짜기에는 상서로운 기운이 가득하였는데, 뜰 앞 노송(老松)에는 백학이 날개를 드리우고 있었으며 문 앞 돌길에는 인적이 끊겨 고요하였다. 이곳은 진실로 신선이 사는 곳이지 인간 세상은 아닌 것 같았다.

조금 있다가 음식이 나왔는데 과일과 차만 있을 뿐 별반 먹을 것이 없었다. 장군이 시장하던 차에 사양하지 않고 노인이 주는 다과를 먹고 나니, 심신이 상쾌해지고 맑은 향이 입에 가득하여 배고픈 생각이 없어졌다. 이에 장군이 무릎을 꿇고 앉아 노인에게 감사 인사를 드렸다.

"저는 잠시 유람하던 아이입니다. 외람되게도 사부님의 총애를 입어 이곳에 이르렀고 또한 선과(仙果)와 선다(仙茶)를 배불리 먹었으니 참으로 감사합니다."

노인이 웃으며 대답하였다.

"이 또한 전생의 인연이고 숙연(宿緣)[18]이니 감사할 필요 없다."

그러고는 책 한 권을 내어 주며 말하였다.

"네가 이 책을 한번 보겠느냐?"

장군이 책을 받아 앞에 놓고 책을 펼쳐 보니 인간 세상에서는 도무지 본 적이 없는 글자였다. 장군은 황공하여 고개를 숙이고 엎드려 말하였다.

"제가 수년간 글을 읽었지만 이런 글자는 한 번도 본 적이 없습니다."

노인이 웃으며 대답하였다.

"이 글은 둔갑천서(遁甲天書)다. 창힐(蒼頡)[19]이 만든 인간 세상의 문

18) 숙연(宿緣) : 불교에서 지난 세상에서 맺은 인연.

19) 창힐(蒼頡) : 중국 고대의 전설적인 제왕인 황제(黃帝) 때의 좌사(左史)로, 새와 짐승의 발자국을 본떠서 처음으로 문자를 만들었다고 한다.

자와는 같지 않지만, 차차 천지의 이기(理氣)를 익히면 해득하기 쉬울 것이다."

말을 마치고 자획에 따라 가르치니 불과 수개월 만에 책 한 권의 글자를 거의 다 알게 되었다. 노인은 다시 글 뜻을 해석하여 현묘한 이치를 가르쳐 주니 장군의 총명으로 하나를 배우면 열을 알아 수년 동안 천지에 음양이 순환하는 이치와 인생의 화복(禍福)이 윤회(輪回)하는 일을 두루 통달하여 모르는 것이 없게 되었다. 노인은 다시 문에 나와 돌을 모아 진세(陣勢)를 펼쳐 보이고 나무칼을 만들어 검술을 시험하여 매일 한 가지씩 대여섯 달을 가르치니 이에 이르러 장군은 문무(文武)를 겸비하게 되었다.

하루는 노인이 창군을 불러 곁에 앉히고 말하였다.

"나는 봉래산(蓬萊山)[20] 산신이다. 옥황상제의 명을 받들어 너를 수년 동안 가르쳐 왔다. 이제 네가 문무에 정통하여 더는 배울 것이 없으니 오늘 너와 헤어지게 되었다. 너는 섭섭히 여기지 말고 인간 세상으로 내려가 출장입상(出將入相)[21]하되, 충의(忠義)로써 근본을 삼고 욕심을 멀리하여 만년에 스스로 안락을 누리게 하라."

말이 끝나자 노인은 온데간데없었고, 한 석굴(石窟)에 장군 혼자 덩그러니 앉아 있었다. 장군이 크게 놀라 좌우를 살펴보니, 먼 산의 새소리는 석양을 재촉하고 깊은 골짜기의 물소리는 봄날을 자랑할 뿐이었다.

---

20) 봉래산(蓬萊山) : 금강산의 별칭. 전설에서 나타나는 가상적 영산(靈山)인 삼신산(三神山) 가운데 하나로 동쪽 바다의 가운데에 있으며, 신선이 살고 불로초와 불사약이 있다고 한다.

21) 출장입상(出將入相) : 나가서는 장수가 되고 들어와서는 재상이 된다는 뜻으로, 문무를 다 갖추어 장상(將相)의 벼슬을 모두 지냄을 이르는 말.

장군은 급히 자리에서 일어나 하늘을 우러러 감사의 인사를 올리고, 다시 암석을 향해 산신께 여러 해 동안 가르쳐 준 은혜에도 감사를 표하였다. 그러고는 길을 찾아 하산하니 그때 장군의 나이 열아홉 살이었다. 장군이 스스로 다음과 같이 생각하였다.

'내가 부모의 슬하를 떠난 지 벌써 삼 년이 되었구나. 부모님께서 내가 돌아오기를 간절히 바라고 계실 터이니 이제 먼저 집으로 돌아가 부모님께 인사를 드리고 다시 우리나라 수도 경성(京城)으로 올라가 내가 배운 것을 시험해야겠다.'

그러고는 여러 날을 걸어 괴산 고향집으로 돌아왔다. 장군의 부모가 서로 반기며 손을 이끌고 안으로 들어가 물었다.

"네가 집 떠난 지 벌써 삼 년이 지났다. 살았는지 죽었는지 알지 못해 밤낮으로 애절한 마음뿐이었는데, 이제 네가 이렇게 장성하여 집을 찾아 돌아오니, 어디를 갔다 이제야 돌아왔느냐?"

장군이 엎드려 대답하였다.

"소자가 불초하여 여러 해 동안 부모님께 근심을 끼쳤으니 그 죄가 무거워 죽어도 아깝지 않을 것입니다."

그러고는 지금까지 겪은 일을 낱낱이 아뢰었다. 장군의 부친은 비록 아무 말도 하지 않았으나 마음속으로 기쁘고 자부심이 생겨 혼잣말로 "우리 집안을 빛낼 자는 반드시 이 아이일 것이다."라고 하였다.

장군의 힘이 나날이 날래고 굳세져 큰 소의 뿔을 잡아 싸움을 말리기도 하고 고목(古木)을 뿌리째 뽑아 산 아래로 운반하기도 하고 곰과 멧돼지를 몰아 집으로 끌고 오기를 예사로 하였다. 이에 인근 마을 사람들 모두 두려워하여 그를 말할 때마다 '장군'이라 불렀다.

철종조(哲宗朝) 계해년(癸亥年, 1863년)에 경성에서 알성시(謁聖試)[22]가

열린다는 말을 듣고 장군은 부모에게 다음과 같이 말하였다.

"소자의 나이 이제 스무 살이 넘었습니다. 얼마 후 경성에서 과거가 열린다 하니 소자가 한번 응시하여 다행히 급제하면 가문에 영화가 될 것이고 만일 낙제하더라도 경성에 머물면서 기회를 보아 제 몸을 나라에 바칠까 합니다. 바라건대 아버님께서 저를 위해 지금 갖고 계신 논밭을 팔고 경성으로 세간살이를 옮겨 소자의 앞길을 열어 주십시오."

판서가 이를 흔연히 허락하고 곧바로 말과 사람을 준비시켜 장군을 경성으로 떠나보냈다. 괴산에서 경성까지는 300여 리 길이었다. 장군이 만일 혼자 도보로 갔다면 하루면 능히 도달했을 것이나, 사람과 말까지 데리고 갔기 때문에 보통 사람 같이 하루에 80~90리씩 가게 되었다.

며칠 후 안성(安城) 땅에 이르러 어느 여관에 묵게 되었다. 그날 밤 도적 떼 수십 명이 여관에 침입하여 여러 여행객의 짐을 빼앗고 위아래 마을에 들어가 부녀자를 겁박하며 소와 말을 빼앗아 탈취한 물건을 싣고 대담하게도 큰길로 나아갔다. 장군이 이것을 보고 분기충천(憤氣衝天)하여 맨손에 홀몸으로 문밖으로 뛰어나와 도적 떼를 추격하였다. 이때 도적들은 각기 긴 창과 큰 칼을 들고 안하무인으로 사람들을 제멋대로 유린하고 있었다. 이에 장군이 한바탕 고함을 지르며 도적들이 가는 길 앞에 나서서 순식간에 도적 무리를 붙잡고는 각각 허리띠를 풀러 도적들을 단단히 결박해 대로변에 두 줄로 꿇려 앉혔다. 그러고는 도적의 우두머리를 보고 꾸짖으며 말하였다.

"천생증민(天生烝民)에 유물유칙(有物有則)이라,[23] 물건마다 각각 주

---

22) 알성시(謁聖試) : 조선시대 왕이 문묘에 참배한 뒤 성균관 유생에게 제술 시험을 보게 하여 성적이 우수한 몇 사람에게 급제를 주던 비정기적 문과·무과 과거 시험.

23) 천생증민(天生烝民)에 유물유칙(有物有則)이라 : 세상살이에서 사람의 도리와 사물의

인이 있고 나라에는 그에 걸맞는 법칙이 있다. 너희들은 농사도 짓지 않고 장사도 하지 않으면서 하는 일 없이 놀면서 입고 먹으며 국법을 무시하고 난폭한 행동을 자행하니 그 죄상(罪狀)을 말한다면 죽여도 아깝지 않도다. 하지만 내가 지금 과거에 응시하러 가는 길에 수십 명의 목숨을 함부로 죽이는 것이 상서롭지 못하여 너희들의 남은 목숨을 보존케 할 것이니, 이 자리에서 잘못을 뉘우치고 마음을 고쳐먹어 사농공상(士農工商)에 따라 각자 생업을 지키고 악한 마음을 씻어 버려 양순(良順)한 백성이 되어라."

도적의 우두머리가 머리를 조아리고 엎드려 말하였다.

"소인이 하방(遐方)[24]에서 나고 자라 배운 것이 전혀 없고 변변치 못한 근력만을 믿고서 도적 패거리를 불러 모아 여러 해 동안 불의를 자행하였으니 그 죄는 죽는다 해도 아깝지 않을 것입니다. 그런데 오늘 다행히 장군을 만나 뵈니 어린아이가 부모를 마주한 것과 다름이 없을뿐더러, 수십 명의 목숨을 죽이지 않고 구원하여 살려주는 큰 은혜를 입었으니, 소인들이 비록 간과 뇌가 으깨져 땅에 버려진다[25] 하더라도 그 은덕의 만에 하나라도 갚기 어려울 것입니다. 이제 무리를 해산하여 각자 생업에 힘쓰게 하고, 소인은 장군 휘하에서 삼가 받들어 모시며 채찍을 잡고자[26] 합니다. 그러니 옛적에 관공(關公)이 주창(周倉)을 거두어 주었

법칙이 있음을 말한다. 『시경』「대아(大雅)」〈증민(烝民)〉에 "하늘이 사람을 이 세상에 내실 적에, 누구나 하늘의 법칙이 그 속에 깃들게 하였다. 그래서 사람들이 양심을 가지게 되어, 이 아름다운 덕을 좋아하게 된 것이다.[天生烝民, 有物有則. 民之秉彝, 好是懿德.]"라고 하였다.

24) 하방(遐方) : 서울에서 멀리 떨어진 지방.

25) 간과 …… 버려진다 : 잔혹한 죽임을 당하여 간장(肝腸)과 뇌수(腦髓)가 땅에 널려 있다는 뜻으로, 자기 목숨을 돌보지 않고 애를 씀을 이르는 말이다.

던 일[27)]을 생각하셔서 제 근본이 그르다 하여 내치지 말아 주십시오."

"너의 청원은 아직 늦지 않았으니, 네 무리를 즉각 해산하도록 하라."

도적의 우두머리가 장군의 명을 듣고 부하 일동에게 말하였다.

"너희들은 모두 양민(良民)이었다. 나의 꾐수에 넘어가 지금까지 여러 악한 일을 많이 저질렀으니, 이는 나의 죄를 너희들에게까지 미치게 한 것이라 부끄러움을 이길 수가 없도다. 그러나 성인(聖人) 말씀에 '사람 중에 누가 허물이 없겠는가마는 허물을 고치는 것이 중요하다.'[28)]라고 하였으니, 너희들은 오늘부터 각자 고향으로 돌아가 농사를 짓거나 장사하는 일에 힘을 다해 위로는 부모의 마음을 편안케 하고 아래로는 처자식의 근심을 풀게 하라. 만일 나쁜 마음을 다시 드러내 남의 재물을 겁박하여 빼앗거나 이치에 어긋난 일을 저지르는 악행을 행하다가는 낱낱이 때려죽여 겨레붙이도 남겨두지 않을 것이다. 오늘 내가 한 말을 듣고 귀농할 자는 오른편에 서고 장사할 자 왼편에 서되, 농사도 짓지 않고 장사도 하지 않을 자는 움직이지 말라. 예부터 녹림적(綠林賊)[29)]은 모두 농민이었다."

---

26) 채찍을 잡고자 : 말채찍을 잡는다는 말로, 전하여 윗사람이나 존경하는 사람을 위해 천한 일도 마다하지 않는 것을 의미한다.

27) 관공(關公)이 …… 일 : 나관중의 〈삼국지연의〉에서 완력이 대단하였던 장사인 주창이 도적의 무리를 이끌다가, 관운장을 만나 여러 차례 무술을 겨루고는 진심으로 복종하며 부하가 된 것을 말한다.

28) 사람 …… 중요하다. : 원문의 '人孰無過, 改之爲貴.'는 "사람으로서 어느 누가 잘못이 없겠는가. 잘못을 하고 그것을 고칠 수 있다면, 그보다 더 좋은 일은 없다.[人誰無過, 過而能改, 善莫大焉.]"라는 『춘추좌전(春秋左傳)』 선공(宣公) 2년의 구절을 활용한 것으로 판단된다.

29) 녹림적(綠林賊) : 푸른 숲이라는 뜻으로, 화적이나 도둑의 소굴을 이르는 말이다. 중국 후한 말에 왕광(王匡)·왕봉(王鳳) 등이 호북성 녹림산을 근거지로 농민군을 조직하여 녹림군(綠林軍)이라 한 것에서 유래하였다.

도적의 우두머리가 명을 한번 내리자 여러 도적들이 일제히 오른편에 섰다. 도적의 우두머리가 도적들을 낱낱이 깨우치고 타이른 후 각처로 해산시켰다. 장군은 여관으로 돌아와 도적의 우두머리를 시켜 빼앗은 물품을 일일이 운반하여 피해자에게 나누어 주게 하였다. 이튿날 경성으로 향할 적에, 도적의 우두머리가 길 가운데에서 미리 기다리고 있다가 장군과 동행하기를 청하였으나, 장군은 좋은 말로 위로하여 후일을 기약하고는 홀로 말을 달려 경성으로 올라갔다.

이때 과거 시험일이 임박하여 팔도(八道)에서 과거 시험을 보려는 선비들이 구름같이 모여드니, 남대문(南大門) 밖에는 점을 치는 집이 더 많이 늘었다. 과거 시험을 보려는 선비들이 찾아와 각자 자신들의 운수를 점치곤 하였는데, 장군 또한 복채를 주고 점을 쳐 보았다. 점쟁이는 한참 동안 점통을 들고 천지신명에게 고하여 빌더니 점괘 하나를 빼어 들고 무수히 치하하였다.

"내가 눈이 없어 보지는 못하지만 사오십 년 동안 점술로 길흉화복(吉凶禍福)을 판별해 왔는데, 오늘 선비의 점괘를 보니 내 평생 처음 뽑은 괘이올시다. 귀인(貴人)·녹마(祿馬)[30]에 왕성한 기운을 띠고 관귀(官鬼)를 부모가 서로 붙들며[31] 월건(月建)과 일진(日辰)이 상생상합(相生相合)하였으니[32] 장수나 재상이 될 징조이자 부귀하게 될 점이올시다. 아무쪼

30) 귀인(貴人)·녹마(祿馬) : 점술에서 매우 길한 기운을 의미한다.

31) 관귀(官鬼)를 …… 붙들며 : 관귀는 점괘 용어로 '육친(六親)'의 하나인데, 이것이 있으면 재앙이나 궂은일이 생긴다고 믿었다. 여기에서는 자식에게 안 좋은 일이 생기지 않게 부모가 이를 막았다는 의미이다.

32) 월건(月建)과 일진(日辰)이 상생상합(相生相合)하였으니 : 길한 징조를 의미한다. 간지를 해마다 하나씩 배당한 것을 세차(歲次), 달마다 하나씩 배당한 것을 월건(月建), 날마다 하나씩 배당한 것을 일진(日辰), 시간마다 배당하는 것을 시진(時辰)이라 한다.

록 자중하시오.”

그러고는 글 한 수를 외워 주었다.

> 남쪽에서 중앙까지 외적을 격파하고 멸하리라.
> 계년(癸年)이 되면 그만두고 섬에서 영면하리라.

장군은 그 글을 기록하여 잘 간직한 후 점쟁이에게 사례하고 남촌(南村)의 어느 친척 집으로 가서 편히 지냈다. 과거 시험 전날 장군은 꿈을 꾸었다. 시골집 뒤뜰에 황룡(黃龍)이 서렸는데 장군이 앞으로 달려들어 여의주를 빼앗는 꿈이었다. 꿈을 깨어 생각해 보니 경사가 생길 크게 길한 꿈이었다. 이에 아침 식사를 하고 시험장에 들어가서 답안지를 써서 제일 먼저 제출하고 나오니 결과는 장원급제였다.

이튿날 장군은 조복(朝服)을 갖추고 임금에게 사은숙배(謝恩肅拜)한 연후에 어사화(御賜花)를 머리에 꽂고 대궐 문밖을 당당히 나섰다. 은패(銀牌)·청개(靑蓋)[33]가 앞을 인도하고 금의화동(錦衣花童)[34]이 뒤에 늘어서서 옥피리를 불며 장안의 큰길로 나아가니, 그 위의가 찬란하여 사람들이 모두 부러워하였다. 사나흘을 지낸 후에 장군은 조정으로부터 잠시 휴가를 얻어 고향에 돌아와 선영(先塋)에 제사를 지내고[35] 이어 부모를

---

33) 은패(銀牌)·청개(靑蓋) : 은패는 벼슬아치가 탄 말 앞에 들고 가는 패이며, 청개는 푸른 비단으로 된 의장(儀仗)으로서 무과(武科)의 장원에게 내려 유가(遊街)할 때 앞에 세우게 하는 것이다.

34) 금의화동(錦衣花童) : 비단옷을 입고 꽃으로 꾸민 아이라는 뜻으로, 흔히 과거 급제자가 유가할 때 창부 광대들이 이렇게 옷을 꾸며 입고 과거 급제자가 탄 가마 뒤에서 피리를 불며 따랐다.

35) 제사를 지내고 : 원문의 ‘소분(掃墳)’은 경사스러운 일이 있을 때 조상의 무덤을 찾아가 제사 지내는 것을 말한다.

모시고 경성으로 이사하였다.

수개월이 지난 후 국운이 불행하여 철종 임금이 세상을 떠나고 고종 태황제(高宗太皇帝)께서 즉위하였다. 이때 장군은 통덕랑 행봉상시봉사(通德郎行奉常寺奉事)[36]로 있었는데, 공무 후 여가가 있을 때면 여러 귀족들과 권문세가를 찾아다니며 자기편을 많이 만들었다. 그중에 마음과 뜻이 서로 통하고 교분이 친밀했던 이들로는 판서(判書) 민영익(閔泳翊)[37], 윤웅렬(尹雄烈)[38], 이범진(李範晉)[39], 조희일(趙熙一)[40] 등의 대신이 있었다.

하루는 판서 민영익이 장군의 용력을 시험하기 위해 큰 잔치를 열고 장군을 청하였다. 자리에 가득한 손님들이 각기 음식상을 받을 적에 장군의 밥상은 특별히 더 크고 음식도 많았다. 흰밥 한 밥소라[41]와 고깃

---

36) 통덕랑 행봉상시봉사(通德郎行奉常寺奉事) : 통덕랑은 문관과 종친에게 주던 품계이고, '행(行)'은 품계는 높지만 관직이 낮은 경우에 벼슬 이름 앞에 붙여 이르던 말이다. 봉상시 봉사는 제사와 시호(詩號)에 관한 일을 맡아보는 관청의 관원을 가리킨다.

37) 민영익(閔泳翊) : 조선 고종 때의 문신으로 자는 우홍(遇鴻), 호는 운미(芸楣)·원정(園丁)이다. 전권 대신으로 미국에 다녀온 후 개화당을 탄압하였고, 고종 폐위 음모로 홍콩에 망명하였다. 글씨와 그림에 능하였다.

38) 윤웅렬(尹雄烈) : 구한말의 무신으로 윤치호의 아버지이다. 고종 17년 별군관으로 김홍집을 따라 일본에 다녀와서 별기군을 창설하였고, 갑신정변 때는 김옥균을 도와 거사한 후 형조판서가 되기도 하였으나, 정변의 실패로 능주(綾州)로 유배되었다. 뒤에 갑오개혁으로 경무사와 군부대신이 되었다.

39) 이범진(李範晉) : 구한말의 문신으로 을미사변으로 친일파가 정권을 잡자 러시아에 망명, 이듬해 귀국하여 러시아 공사 베베르, 이완용 등과 아관파천을 단행하여 친러파 내각의 법부대신이 되었다. 러·일전쟁이 일본의 승리로 끝나 친일파가 득세하자 다시 러시아로 망명하였다가 1911년 자결하였다.

40) 조희일(趙熙一) : 구한말 문신으로 의정부 참찬, 중추원 의관, 궁내부 특진관 등을 역임한 관료이다.

41) 밥소라 : 밥, 떡국, 국수 따위를 담는 큰 놋그릇. 뚜껑 없이 위가 조금 벌쭉하며 굽이 높다.

국 한 양푼과 갈비찜 한 합(盒) 등 다른 여러 반찬들이 큰 교자상에 가득 놓여 있었다. 장군이 놀라 민영익 대감에게 말하였다.

"사람은 모두 같고 식사량 또한 같은데, 내 상은 좌중에서 제일 크고 또 음식이 많으니 이게 무슨 까닭입니까?"

"여기 모인 사람들이 모두 장군의 식사량을 한번 보기 원해서 그런 것이니 사양하지 마시오."

"내가 소나 말이 아닌 이상에야 어찌 이것을 다 먹을 수 있겠습니까."

"장군의 식성은 모두가 다 아는 바이니 굳이 사양하지 마시오."

장군이 가만히 생각해 보았다. '이 음식으로 말하면 수십 명이 먹어도 남을 만한 양이다. 내가 만일 다 먹으면 소의 배라 할 것이고 만일 다 먹지 못하면 기운이 꺾일 것이니, 내가 어찌 되든 먹어 보리라.'

그러고는 두 소매를 걷어붙이고 수저를 손에 들었다. 여러 빈객들은 모두 놀라 자기의 음식을 먹을 생각은 사라지고 모든 눈이 일시에 장군의 밥상에 쏠렸다. 20~30분 동안 장군은 밥 한 밥소라와 국 한 양푼을 다 마시고 그만 상을 물렸다.

그러나 이때 장군은 몸을 조금도 움직일 수가 없었다. 이에 장군이 비스듬히 벽에 기대 담배 한 대를 피웠더니, 그 사이에 음식이 벌써 다 소화되어 담소를 평소처럼 태연자약하게 하였다. 자리에 가득한 손님들은 서로 보고 놀라며 칭송하는 소리가 그치지 않았다. 이 말이 차차 경성 남북촌에도 전해져 길거리에서 노는 철없는 아이들일지라도 한 장군의 이름을 모르는 이가 없게 되었다.

을축년(乙丑年) 봄에 장군이 군기 시찰관(軍器視察官)의 임무를 띠고 수원(水原)에 출장을 가게 되었다. 이때 수원유수(水原留守)는 이경하(李景夏)[42]였는데 그 아들 범진(範晉)도 수원에 있었다. 장군은 친한 벗인

범진이 수원에 있어 한시라도 빨리 가서 보고자 하여 백마 한 마리를 이끌고 동작강(銅雀江)[43]에 이르러 배를 재촉해 강을 건넜다.

그런데 배가 강 중류에 이르렀을 때, 강가에서 건장한 놈 여덟 명이 각기 머리에 노란 수건을 두르고 짧은 곰방대를 입에 물고 뱃사공에게 손짓하여 배를 돌려 돌아오라고 하였다. 뱃사공들은 놀라고 두려워 얼굴빛을 바꾸고는 뱃머리를 돌려 되돌아가려 하였다. 이에 장군이 크게 노하여 뱃사공을 꾸짖었다.

"이놈, 너희들이 관행(官行)[44]을 인도하여 강을 반쯤이나 건넜다가 중도에 홀연 배를 돌리려 하니 이게 무슨 까닭이냐!"

그러자 뱃사공들이 일제히 배 안에 엎드려 여쭈었다.

"소인들이 어찌 감히 관행을 지체하고자 하겠습니까. 다만 저놈들은 이른바 '마포팔장(麻浦八將)'이라는 자들인데, 기운 세고 술 잘 먹고 사람도 잘 치고 싸움도 잘하여 오강(五江)[45]으로 돌아다니며 저지르는 악행이 견줄 데 없다 보니 감히 입을 벌려 저항할 자가 없습니다. 만약 저희들이 저들의 말을 듣지 않으면 배를 끌어다 육지에 세우거나 그렇지 않으면 배판을 빼놓아 다시는 쓰지 못하게 합니다. 그러면 네댓 명 식구가 호구지책(糊口之策)[46]이 없어져 하루아침에 뿔뿔이 흩어지는 지

---

42) 이경하(李景夏) : 조선 고종 때의 무신으로 자는 여회(汝會)이다. 금위대장과 형조판서 등 무관의 주요직을 두루 역임하였다. 대원군의 신임을 받아 포도대장으로 있을 때 많은 가톨릭교도를 학살하였다.

43) 동작강(銅雀江) : 서울 동작동 앞을 흐르는 한강을 일컫는다.

44) 관행(官行) : 위의(威儀)를 갖추고 길을 가는 관원의 일행.

45) 오강(五江) : 조선시대에 서울 근처의 중요한 나루가 있던, 다섯 군데의 강가 마을. 한강, 용산, 마포, 현호(玄湖), 서강(西江)을 이른다.

46) 호구지책(糊口之策) : 가난한 살림에서 그저 겨우 먹고살아 가는 방책.

경에 이르게 될 것입니다. '구복(口腹)이 원수'[47]라 할 수 없이 저들에게 복종하려 한 것이니, 바라건대 영감께서는 불쌍히 여겨 잔명(殘命)을 구원해 주십시오."

장군은 뱃사공들의 말을 듣고 분통함을 이기지 못해 말하였다.

"후환은 내가 모두 책임질 것이니 너희들은 마음을 놓고 배를 빨리 저어라."

이에 뱃사공들이 감히 배를 돌리지 못하고 노를 저어 건너가니 여덟 놈이 또한 크게 노하여 소리쳤다.

"이놈들아, 너희들이 감히 우리 명을 거스르고 배를 돌리지 않았으니, 너희들의 목숨은 오늘뿐이다."

그러고는 또 장군을 향해 무수히 꾸짖고 욕설을 내뱉더니 다른 배를 잡아타고 뒤를 좇아 건너왔다. 장군이 분기충천하여 소리쳤다,

"너희들 중에 누가 나를 보고 욕을 하였느냐!"

여덟 놈이 한꺼번에 달려들어 철통같이 장군을 에워싸고는 골통대[48]의 담뱃불로 장군을 겨누면서, "나도 그랬다, 나도 그랬다." 하며 을러댔다. 이런 경우 이른바 법은 멀고 주먹은 가까운 법, 여러 놈들에게 에워싸인 장군은 속절없이 봉변을 당할 지경이었다. 뱃머리에 있던 뱃사공들도 벌벌 떨고 앉아 있었다. 하지만 장군이 한마디 호통을 치면서 오그렸던 두 팔을 한번 활짝 펼치자, 도적 여덟 놈은 골패짝[49] 쓰러지듯 잠깐

---

47) 위하여 괴로운 일이나 아니꼬운 일도 참아야 한다는 말.

48) 골통대 : 나무 따위를 깎거나 흙으로 구워서 만든 담뱃대. 담배통이 굵고 크며 전체의 길이가 짧다.

49) 골패짝 : 골패의 낱장. 납작하고 네모진 작은 나뭇조각 32개에 각각 흰 뼈를 붙이고, 여러 가지 수효의 구멍을 판 노름 도구.

사이에 모래사장에 엎어져 아무도 일어나지 못하였다. 이에 장군이 한 놈씩 발목을 잡아 모래밭으로 팔매치니 모두 수백 보 밖에 나동그라져 인사불성이 되었다.

그렇게 한 후에 장군은 말에 올라 모래톱을 지나 새 주막에 이르러 점심식사를 하였다. 1시경쯤 되어 여러 사람이 반쯤 죽은 시체 여덟을 들것에 메고 이 주막에 이르렀는데, 그들은 아까 장군이 모래사장으로 팔매쳤던 장정 여덟 놈이었다. 여덟 놈이 잠깐 눈을 뜨고 힐끗 장군을 바라보고는 놀라고 무서워 벌벌 떨며 일제히 바닥에 기듯이 엎드려 머리를 숙여 사죄하였다. 장군이 크게 꾸짖었다.

“너희 쥐새끼 같은 무리가 감히 용력을 자랑하고 연강(沿江)에서 악행을 저질러 거주민들에게 무한한 해독을 끼쳤으니 마땅히 법으로 처치하여 훗날의 폐단을 없애야 할 것이다. 그러나 인생이 불쌍하여 아직 목숨만은 살려 줄 것이다. 이후로 만약 이와 같은 일을 또 하면 결단코 너희를 죽여 용서치 않을 것이다.”

이에 여덟 놈이 유유히 물러났다. 이후 장군은 다시 말에 올라 수원으로 내려갔다. 이튿날 장군은 부중(府中)에 들어가 군기(軍器)를 두루 시찰하고 객관(客館)에 나와 앉았다. 친한 벗 이범진이 장군을 찾아와 늦게까지 이야기를 나누었다.

“영감은 용력이 매우 뛰어나니 천하에 무서울 것이 없겠지요?”

“그럴 리가 있겠소. 무서운 것이 많지요. 하늘도 무섭고 사람도 무섭고 법도 무섭소.”

“귀신은 무섭지 않소?”

“귀신은 내가 아직 보지를 못하였소.”

“그러면 귀신을 좀 보시겠소?”

"귀신이 어디 있나요?"

"멀지 않은 곳에 있지요."

"영감은 귀신을 보셨소?"

"나는 장력(壯力)이 세지 못해 못 보았소."

"대관절 귀신이 있는 곳이 어디인가요?"

"우리 고을 객사(客舍)요."

"객사에 무슨 귀신이 있단 말이오?"

"모르지요. 사람마다 밤에는 혼자 못 들어가오."

"큰 집이 오래 비어 있으면 음습한 기운이 몰려 인화(燐火)[50)]라는 것이 있다 하지요."

"인화 같으면 무엇이 무섭겠소만, 사지육체(四肢肉體)가 분명한 귀신이 덤빈다오."

"누가 귀신을 만나 보기라도 하였소?"

"전하는 말에 의하면 수백 년 전에 장력 센 사람이 한번 들어갔다가 쫓겨 나왔다 하오."

"그것은 다 허언(虛言)이지요. 그럴 리가 있겠소?"

"그러면 영감과 내가 한번 내기를 해 봅시다."

"무슨 내기를 하자 하시오?"

"영감이 오늘 밤에 만일 혼자 객사에서 자고 내일 다시 보게 되면 내가 큰 턱을 내고, 영감이 만일 쫓겨 나오면 내게 한턱을 내시겠소?"

"그것 참 좋은 말씀이오. 그러면 내가 오늘 밤에 들어가 자 보겠소."

---

50) 인화(燐火) : 밤에 무덤이나 축축한 땅 또는 고목이나 낡고 오래된 집에서 인 따위의 작용으로 저절로 번쩍이는 푸른빛의 불꽃. 도깨비불.

범진은 크게 기뻐하며 즉시 통인(通引)[51]을 불러 객사 동헌을 깨끗이 청소케 하고 이부자리와 모든 기구를 미리 준비해 놓도록 하고는 밤이 되기를 기다렸다. 저녁식사를 마친 후 장군은 흔연히 일어나 범진과 작별하고 타고 왔던 백마를 끌고 홀로 객사에 들어가 말은 대청 아래 버드나무에 매어 두고 자기는 큰 걸음으로 층계에 올라 동헌에 자리를 잡고 앉았다.

때는 마침 3월이라 봄바람은 온화하고 꽃그늘은 고요하였다. 서쪽 하늘에 지는 해는 산마루에 걸려 있고, 줄지어 북쪽으로 날아가는 기러기는 구름 사이로 지나갔다. 저녁 연기는 뭉게뭉게 피어오르고 흐르는 물은 냉랭하였다. 장군은 홀로 촛불을 돋우고 고서(古書)를 보다가 밤이 차차 깊어지자 안석(安席)에 기댄 채 잠깐 잠이 들었다. 그러나 귀신 보기를 바라던 장군이라 깊은 잠은 오지 않았다. 얼른 눈을 떠서 보니 좌우 벽 사이에서 어린아이들이 지껄이는 소리가 들렸다. 귀를 기울이고 자세히 들어보면 아무 소리도 없고 눈을 감으면 여전히 또 들렸다. 이와 같은 소리를 수십 번이나 들었으나 형체나 자취는 도무지 볼 수가 없었다.

그럭저럭 밤이 깊어 삼경(三更)이 지나자 밖에서 신발 끄는 소리가 들렸다. '이제야 귀신이 오나 보다.' 하고 장군은 일어나 앉았다. 홀연 광풍이 스스로 불더니 촛불이 꺼졌다가 다시 밝혀지며 소복(素服) 차림의 미인 한 사람이 문을 열고 들어와 앉으며 장군께 인사를 올렸다. 장군이 온화한 말로 물었다.

51) 통인(通引) : 조선시대 수령(守令)의 잔심부름을 하던 구실아치. 이서(吏胥)나 공천(公賤) 출신이었다.

"부인은 누구신데 이 깊은 밤 삼경에 남자 혼자 있는 방에 무단히 들어오셨소?"

그러자 미인이 눈물을 흘리며 오열하는 목소리로 말하였다.

"첩은 사람이 아니오라 귀신입니다. 병자호란(丙子胡亂) 때 난리를 피하다가 불측(不測)한 도적에게 겁간(劫姦)을 당하여 살기가 부끄러워 객사 후원에 있는 나무에 목을 매어 죽었습니다. 그러나 깊은 한이 골수까지 파고들어 원혼(冤魂)이 오히려 흩어지지 않으므로 이를 호소하고자 들어오면 이곳에 있는 사람마다 모두 놀라 죽어 수백여 년 동안 원한을 씻어내지 못하였습니다. 지금 다행히도 장군을 뵙게 되니 죽은 부모를 다시 뵌 듯 기쁨을 헤아릴 수 없습니다."

"부인의 성씨는 무엇이며 남편은 누구입니까?"

"첩은 경주김씨(慶州金氏)이고, 남편은 이 고을의 유명한 부호였던 이정언이옵니다."

"그렇다면 내가 날이 밝는 대로 유수에게 고하여 이 사실을 나라에 장계(狀啓)하고 부인의 원한을 씻어드릴 것이니 너무 슬퍼하지 말고 돌아가 기다리시오."

그러자 미인이 일어나 거듭 감사 인사를 하고는 문을 열고 나갔다. 장군은 취한 듯 미친 듯하여 다시 촛불을 돋우고 고서를 살펴보았다. 그런데 갑자기 대청 뒤에서 창검 소리가 들리며 철갑옷을 두르고 용모가 비범한 한 장사가 손에 장검을 들고 의젓한 모습으로 방문을 열고 들어와 장읍불배(長揖不拜)[52)]하고 섰다.

장군이 일어나 맞으며 말하였다.

---

52) 장읍불배(長揖不拜) : 길게 읍만 하고 절을 올리지는 않음.

"장사는 누구신데 깊은 밤에 사람 자는 침실에 무단히 침입하시오?"

그 장사가 공손히 대답하였다.

"소장은 임진왜란(壬辰倭亂) 당시 역사(力士)로 유명했던 김덕령(金德齡)[53]이오. 간신배의 참소를 입어 죄도 없이 극형을 당하여 천고에 깊은 한이 우주에 사무쳤으나 왕도(王都) 근처를 떠날 수 없어 요해처인 수원에 머무르고 있었소. 오늘 보니 장군은 개세영웅(蓋世英雄)[54]이라 능히 이적(夷狄)을 토벌하여 멸하고 국가에 큰 공훈을 세우시겠기에 우러러 부러워하는 마음을 이기지 못해 잠깐 존귀한 얼굴을 뵙고 인사를 올리고자 왔소이다."

말을 마치자 신장(神將)은 긴 탄식 소리를 내고는 갑자기 사라져 보이지 않았다. 얼마 후 먼 마을에서 닭 우는 소리가 들리더니 더 이상 괴이한 일이 일어나지 않았다. 그러므로 장군은 비로소 베개에 의지하여 잠이 들었고 동쪽 하늘에 날이 밝는 줄도 깨닫지 못하였다.

이튿날 범진이 일찍 일어나 장군을 찾아 객사에 이르니, 삼문(三門)[55]은 굳게 닫혀 있었고 아무 인적도 없이 고요하였다. 범진은 의심스럽기도 하고 두렵기도 하여 혼잣말로 말하였다.

"성인의 말씀에도 '귀신의 덕이 성하다'[56]라고 하였으니 사람이 아무

---

53) 김덕령(金德齡) : 조선 중기의 의병장으로 임진왜란이 일어나자 의병을 일으켜 왜병을 크게 무찔러 익호장군(翼虎將軍)의 호를 받았고, 이듬해 의병장 곽재우와 함께 여러 차례 왜병을 격파하였다. 하지만 선조 29년(1596)에 무고로 고문을 받고 옥사하였다.

54) 개세영웅(蓋世英雄) : 기상이나 위력, 재능 따위가 세상을 뒤덮을 만큼 뛰어난 영웅.

55) 삼문(三門) : 대궐이나 관청 앞에 세운 세 문. 정문, 동협문, 서협문을 이른다.

56) 귀신의 덕이 성하다 : 『중용장구』 제16장에 "귀신의 덕이 성대하도다. 눈에 보이지 않고 귀에 들리지도 않지만, 만물의 본체를 이루니 결코 빠뜨려질 수 없도다.[鬼神之爲德, 其盛矣. 視之而不見, 聽之而不聞, 體物而不可遺.]"라는 내용이 나온다.

리 용력이 장하기로 귀신을 어찌 억제할 수 있으리오. 내가 어제 부당한 내기를 해 나라의 중요한 인물을 위험한 지경에 빠뜨렸지만, 설마 한 장군이 죽기야 했을까. 하긴 모를 일이로다. '신지격사(神之格思)는 불가탁사(不可度思)라'[57] 하였으니, 한밤중 아무도 없는 터에 무슨 괴변이 있었는지 알 수가 있나. 그렇지만 한 장군의 인후한 마음과 뛰어난 장력으로 설마 귀신에게 해를 당할 리는 없을 것이다."

이와 같은 온갖 생각이 범진의 머릿속에서 일장 연극을 펼치고 있었다. 범진이 급히 잠겨진 문을 열고 동헌에 다다르니, 이때 한 장군도 잠자리에서 일어났다. 범진은 기쁜 마음을 금치 못하고 한달음에 뛰어 들어가 장군의 손을 잡고 반가워하며 물었다.

"야간에 얼마나 놀라셨소?"

"놀랄 일이 있어야 놀라지요."

"영감은 속이지 마시오. 내가 두 번이나 혼이 나서 다시는 못 들어갔소."

"영감이 먼저 혼난 말씀부터 하시지요."

"내가 이제야 하는 말인데, 첫 번째는 통인을 데리고 들어왔다가 밤을 반도 못 지내고 쫓겨 나왔고, 두 번째는 혼자 들어왔다가 하마터면 죽을 뻔해 밤중에 담장을 넘어 도망쳤다오."

"대관절 무엇 때문에 그렇게 놀라셨소?"

"기가 막혀 말할 수가 없소. 첫 번째는 사방 벽 틈에서 어린아이들이 지껄이는 소리가 요란하더니 나중에는 많은 군사와 말이 뛰어 들어오

---

57) 신지격사(神之格思)는 불가탁사(不可度思)라 : 신의 강림을 예측할 수 없다는 뜻이다. 『시경』「대아(大雅)」〈억(抑)〉에 "신의 강림을 예측할 수도 없는데 하물며 신을 싫어할 수가 있겠는가.[神之格思, 不可度思, 矧可射思.]"라고 한 말을 원용한 것이다.

는데 어떤 짐승이 입을 벌리고 들어와 날카로운 발톱으로 의복을 할퀴는 바람에 문을 차고 뛰어나와 결과를 못 보고 담장을 넘어 도망치고 말았소이다."

장군이 크게 웃으며 자기가 겪은 일을 하나도 빠짐없이 말하니, 범진이 크게 놀라고 의아해하면서 이후로는 더욱 장군을 공경하여 우러러보게 되었다.

대저 귀신이 일을 꾸미는 것은 사람의 억측으로는 헤아릴 수 없다. 세수하고 머리를 빗은 다음 장군이 뜰에 나와 살펴보니 어젯밤 동헌 앞에 매어 둔 백마가 온데간데없이 사라졌다. 이에 지역 사람들을 사방으로 찾아보았으나 종적이 묘연하였다. 장군은 이를 괴상히 여겨 직접 나서서 문호(門戶)·정조(鼎竈)[58]부터 낭각(廊閣)·창고(倉庫)[59]까지 이 구석 저 구석 모조리 찾아보았다. 그런데 희한하고 맹랑한 일이다. 말이 문간방 벽장 속에 들어가 꼼짝도 못하고 꽉 끼어 있었다. 장군이 놀라 혼잣말로 말하였다.

"이러한 변고가 있나. 저 큰 말이 어떻게 이 작은 벽장에 들어갔단 말인가! 이는 필시 도깨비의 장난이 분명하다. 내가 어떻게든 꺼내 보리라!"

그러고는 손을 벽장문으로 넣어 말의 모가지를 잡아당겼으나, 벽장문은 좁고 말은 커서 아무리 해도 끌어낼 수 없었다. 장군은 할 수 없어 벽장문의 중방(中枋)[60]과 설주를 뽑아내고 간신히 말을 빼내었다. 이 광

---

58) 문호(門戶)·정조(鼎竈) : 출입하는 문과 부엌.

59) 낭각(廊閣)·창고(倉庫) : 행랑채와 각종 곳간.

60) 중방(中枋) : 벽의 중간 높이에 가로지르는 인방(引枋). 인방은 벽을 치거나 문골을 내기 위해 기둥 사이에 가로 건너지른 나무를 말한다.

경을 본 범진 이하 통인들이 모두 놀라워하였다. 그 후로는 누구든지 낮에도 객사에 들어가는 것을 무서워하였다.

장군이 말을 빼낸 후 혼자 탄식하며 말하였다.

"나는 벽을 헐고 나서야 간신히 빼낸 말을, 도깨비는 문 한 짝 상한 데 없이 곱게 집어넣었으니, 도깨비 재주는 내가 당할 수가 없구나."

이후 장군은 말을 끌고 관역(館驛)[61]으로 나왔다. 아침식사 후 장군은 수원부(水原府)에 들어가 유수를 보고 열녀 김씨를 장계(狀啓)하여 관도(官道) 남쪽에 돌비석을 세워 그 정절을 포장(褒奬)하게 하였다. 그리고 자신은 스스로 화산(華山)[62] 상봉에 올라 정결한 곳을 찾아 제단을 만들고 술, 과일, 육포, 식혜를 차려둔 후 김덕령 장군의 위패 아래 홀로 앉아 향을 피우고 재배한 후 축문(祝文)을 지어 올렸다.

유세차(有歲次) 연월일(年月日)에 시찰관 한성근은 시수(時羞)[63]의 전(奠)을 갖추어 고(故) 충장공(忠壯公)[64] 김덕령 장군의 영전에 고하나이다.

생각건대, 존령(尊靈)[65]의 무예는 만고에 뛰어나고 문장은 당세에 드날려졌습니다. 집필하고 글을 쓰면 모든 사람이 양보하고, 단에 올라 호령하면 삼군(三軍)이 규율을 바로잡았습니다. 출사한 지 얼마 되지 않아 아첨하는 신하들의 참소(讒訴)를 입어 큰 공을 이루지 못한 채 먼저 흉변을 당하니, 천지가 참담해하고 일월마저 빛을 잃었습니다. 하지만 정령(精靈)이 사라지지 않고 오히려 기내(畿內)[66]를 지키시니, 장군의 충성과 용

---

61) 관역(館驛) : 역원에 딸린 숙소 건물.

62) 화산(華山) : 경기도 화성과 수원 사이에 위치한 산. 과거 수원부의 읍치가 있었던 곳이다.

63) 시수(時羞) : 제사에 쓰이는 제철 음식.

64) 충장공(忠壯公) : 의병장 김덕령(金德齡)의 시호.

65) 존령(尊靈) : 제사의 대상자인 혼령(魂靈)을 높여 부르는 말.

기는 관성제군(關聖帝君)[67]이 부끄럽지 않습니다.

삼백 년 후 후생 성근은 장군의 이력과 행적을 볼 때에 매우 슬프고 애통하였는데, 지난밤 좋은 시기에 다행히 장군을 모시고 과거의 경력과 현재의 충언을 자세히 들었습니다. 이에 간담이 찢어지고 심신이 산란하여 분통함을 견딜 수 없었습니다. 그러나 이미 지나간 일은 어쩔 수 없어 뭐라 할 말이 없으니, 바라건대 존령은 묵은 원한을 푸시고 스스로 너그러운 마음으로 절제하시어 국가를 음조(陰助)하시고 후생을 지도하소서.

오호, 슬프도다. 상향(尙饗)[68]

축문 읽기를 마치자 맑게 갠 대낮에 갑자기 구름과 안개가 자욱하고 음산한 바람이 크게 일어나더니 마치 신장(神將)이 제단에 임하여 흠향하는 듯하였다. 장군은 공경과 정성을 다해 제사를 마친 후 산에서 내려와 유수 부자(父子)와 작별하고 이튿날 경성으로 돌아왔다.

이보다 앞서 순조(純祖) 말부터 우리 조선에 천주교가 전래되었는데,[69] 철종조(哲宗朝)에 이르러 천주교도가 점점 치성해지더니 고종황제 등극 당시에는 서울과 지방에 천주교도가 수만 명에 달하였다. 또 궁중에서는 유모 박씨(乳母朴氏)[70]가 먼저 신도가 되어 교회에 출입하

---

66) 기내(畿內) : 나라의 수도를 중심으로 하여 사방으로 뻗어나간 가까운 행정 구역의 안.

67) 관성제군(關聖帝君) : 중국 삼국시대 촉한의 명장 관우(關羽)를 도교에서 신격화하여 부르는 호칭.

68) 상향(尙饗) : '적지만 흠향하옵소서'의 뜻으로, 축문의 맨 끝에 쓰는 말.

69) 순조(純祖) …… 전래되었는데 : 조선에 천주교가 종교로서 시작된 것은 1784년이며, 순조 즉위년(1801년)에 조선 정부에서 천주교에 대한 신유박해가 행해졌다. 순조 말에 천주교가 전래되었다는 것은 소설임을 감안하더라도 오류에 해당한다.

70) 유모 박씨(乳母朴氏) : 고종을 키운 유모 박씨 부인을 말하는데, 박씨 부인은 '마르타'라는 세례명을 지닌 천주교 신자였다. 1866년 병인박해 때 강원도 홍천으로 피신했다가 좌포도청에 체포되어 1868년 2월에 순교하게 되었다.

더니 차차 궁녀들과 액정서(掖庭署)[71]에 속한 이들에게까지 만연하여 궁궐 가까운 곳에서도 성경(聖經) 읽는 소리가 들리고 신부(神父)와 그들을 돕는 자들도 궁중에 출입하게 되었다.

이때 마침 러시아 순양함 한 척이 원산(元山)에 들어와 우리나라와 통상 무역하기를 요구하였다. 서양 군함이 조선에 들어온 것은 이때가 처음이었다. 이 기회를 타고 천주교도 중에 승지(承旨) 남종삼(南鍾三)[72]·홍봉주(洪鳳周)[73]·이신규(李身逵)[74] 등이 유모 박씨를 통해서 밀계(密啓)[75]를 올리니 이때는 병인년(丙寅年) 2월이었다.

> 지금 러시아가 블라디보스톡[76]에 새로 개항하고 조선을 병탄하고자 먼저 군함을 파견하였으니, 그 의도가 심히 악합니다. 우리나라의 군기(軍器)와 전선(戰船)은 러시아만 못하여 자력으로는 방어하기 어려울 터, 급히 영국과 프랑스에 구원을 청하여 함대를 조선에 파견하게 한 후, 사

---

71) 액정서(掖庭署) : 조선시대 내시부에 속하여 왕명의 전달 및 안내, 궁궐 관리 따위를 맡아보던 관아.

72) 남종삼(南鍾三) : 조선 후기 홍문관 교리·승지 등을 역임한 천주교 순교자. 1860년 무렵 러시아가 남하하며 통상을 요구하자, 영국·프랑스와 동맹을 맺어 러시아의 남침을 저지해야 한다는 방아책(防俄策)을 흥선대원군에게 건의하였으나, 오히려 천주교도로 체포되어 서소문 밖에서 순교하였다.

73) 홍봉주(洪鳳周) : 조선 후기 천주교 순교자. 신유박해 때 순교한 조부 홍낙민(洪樂敏)의 영향으로 어려서부터 부모에게 천주교를 배웠다. 러시아의 침략에 대비하여 선교사를 통해 영국·프랑스와 손잡을 것을 흥선대원군에 건의하였으나, 남종삼과 함께 서소문 밖에서 순교하였다.

74) 이신규(李身逵) : 조선 후기 천주교 순교자. 이승훈(李承薰)의 아들로, 부친이 1801년 순교하자 인천으로 이사하여 천주교 교리 전파에 힘썼다. 앵베르 주교에게 신학을 배우고, 교리 서적 간행에도 참여하였다. 1868년에 체포되어 서소문 밖에서 순교하였다.

75) 밀계(密啓) : 임금에게 남몰래 올리는 글.

76) 블라디보스톡 : 원문의 '포염사덕(浦鹽斯德)'은 러시아 극동의 항구도시 '블라디보스톡(Vladivostok)'을 음차한 한자 표기이다.

졸(士卒)들을 교련하고 무비(武備)를 확장하여 외적을 방어하소서.

그러자 대원군이 그 계책을 거짓으로 허락하고 조용히 사람들을 시켜 선교사들과 연결하여 프랑스 측의 내용을 정탐하게 하였다. 당시 프랑스는 베트남을 토벌하여 영토를 확장하고 다시 동양(東洋)을 엿보아 각처 선교사에게 소재국의 강약 허실을 은밀히 정탐케 하던 중이었다.

때마침 이때 러시아 순양함 한 척이 원산에 입항한 것을 기회로 여긴 베르뇌(Berneux)[77] 주교 등이 천주교인을 부추겨 예전에 밀계를 올리게 한 사실이 탄로가 나고 말았다. 대원군은 이 말을 듣고 크게 진노하여 좌변포도대장(左邊捕盜大將)[78] 이경하(李景夏)에게 관군을 지휘하여 남종삼 등 이하 프랑스 선교사 14인을 참수하여 죽이도록 하였다. 이어 밤낮으로 천주교도를 수색하여 3일 동안 천주교도 수만 명을 살해하니,[79] 개중에는 억울하게 죽은 자들도 많았다.

이때 프랑스인 선교사 리델(Ridel)[80] 이하 3인이 교묘히 피신하여 중

---

77) 베르뇌(Berneux) : 원문의 장경일(張敬一)은 파리외방전교회 소속의 베르뇌 주교를 말한다. 베르뇌 주교는 1856년에 제4대 조선교구장으로서 조선에 입국하였으며, 1866년에 대원군의 천주교 박해로 새남터에서 군문효수형을 받고 순교하였다. 이로 인하여 병인양요가 일어나게 되었다.

78) 좌변포도대장(左邊捕盜大將) : 조선시대 좌포도청의 으뜸 벼슬. 종2품 무관으로 범죄자를 잡아 다스리는 일을 맡아보았다.

79) 천주교도를 …… 살해하니 : 3일 동안 천주교도 수만 명을 처형하였다는 것은 과장이다. 일반적으로 병인박해는 6년여에 걸쳐 지속되었는데, 이 기간 동안 순교자는 약 7~8천 명으로 추정하고 있다.

80) 리델(Ridel) : 파리외방전교회 소속 선교사로 1861년 조선에 입국하여 선교활동을 하다가, 병인박해 때 청나라로 탈출하여 천진(天津) 주재 로즈 제독에게 조선의 상황과 프랑스 선교사들의 순교 소식을 전하였다. 리델은 1689년 제6대 조선교구장으로 임명되었으며, 1887년 다시 조선에 입국했지만 체포되어 감옥생활을 하기도 하였다.

국 천진(天津)으로 도망하고는 프랑스 해군 제독 로즈(Roze)[81)]에게 억울함을 호소하였다. 로즈 제독은 크게 놀라 이 사실 전말을 프랑스 정부에 보고하고 복수하기를 고대하였다. 한편 대참살을 감행한 대원군은 후환을 염려하여 요새마다 포대를 건설하고 무기를 제조하며 마보수군(馬步水軍)[82)]을 매일 훈련하여 교전 준비를 완성하였다.

병인년(丙寅年) 9월에 프랑스 해군 제독 로즈는 프랑스 정부로부터 회보(回報)를 받고, 마침내 포함(砲艦) 세 척을 이끌고 경성 부근 양화진(楊花津)[83)]에 정박하여 군사를 내리고 곳곳에 불을 질렀다. 이에 화염이 하늘을 뒤덮고 포성이 진동하여 백성들은 서로 다투어 피난길을 떠났으며 도성 전체에 인심이 매우 흉흉하였다.

이때 장군은 관군 삼천 명을 거느리고 순무사 이경하와 협공하여 육지에 내린 적군 수백 명을 쫓아내고 다시 좌우로 적함에 포격을 가하였다. 로즈 제독은 조선의 지리에 익숙하지 못한데다 또한 관군이 얼마나 많은지를 몰라 감히 대항하지 못하고 급히 닻을 감고 도망을 쳤다. 이때 장군이 적함을 물리치고 개선하여 돌아오니 조야(朝野)가 기뻐하고 민심이 안정되어 외적의 무능력함을 업신여기고 별반 준비함이 없었다.

같은 해 10월에 로즈 제독이 베트남에서 다시 군함 일곱 척에 육군

---

81) 로즈(Roze) : 프랑스의 해군 제독으로 극동함대 사령관으로 천진에 머물던 중 병인박해로 프랑스 선교사가 사망하자 이를 구실로 삼아 1866년에 병인양요를 일으켰다. 한강을 거슬러 올라와 양화나루와 서강까지 순찰한 후에 물러갔으나 이내 다시 강화도를 침공한 후 불법 점령하였다. 퇴각하면서 강화 읍치를 파괴하고 방화하였으며 강화 이궁과 외규장각 등에서 각종 무기, 서적, 국왕의 인장 등을 약탈하였다.

82) 마보수군(馬步水軍) : 기병, 보병과 수군.

83) 양화진(楊花津) : 서울 마포 서남쪽 잠두봉 아래에 있던 조선시대 나루. 양천에서 강화로 이어지는 중요한 나루터였다.

수군 수천 명을 나누어 싣고 중국 연대(烟台)[84]를 거쳐 직접 강화도에 정박하여 초지진(草芝鎭)과 광성보(廣城堡)를 함락하고 다시 육군 6백 명을 육지에 내려 통진(通津)을 습격하였다. 강화유수(江華留守) 이인기(李寅夔)[85]와 통진부사(通津府使) 이공렴(李公濂)[86]은 이미 도주해 버렸고, 전(前) 판서 이시원(李是遠)은 약을 먹고 자살하였다. 진(鎭)을 지키던 장졸들은 다수가 피살되었으며, 백성은 제각기 살길을 찾아 떠나 임진강(臨津江) 이남은 피난민들이 길을 뒤덮었다. 이에 조야가 크게 놀라 한편으로는 격서(檄書)[87]를 띄워 전국 팔도에서 의용병을 모집하였고, 다른 한편으로는 관군을 보내 적을 방비하였다.

당시 관군의 우선봉장은 양헌수(梁憲洙), 좌선봉장은 어재연(魚在淵)이었다. 이들은 각각 관병 2천 명을 인솔하고서 양헌수는 적의 육군을 쫓아 통진으로 어재연은 적의 수군을 쫓아 강화도로 진군하였다. 어재연이 먼저 갑곶(甲串)에 이르러 적함을 포격하였다. 하지만 적의 무기는 모두 신식이고 관군의 무기는 구식이라 빠르기와 성능 면에서 차이가 커서 관군이 대패하였다. 이에 어재연은 패잔병을 이끌고 정족산성(鼎

84) 연대(煙台) : 중국 산동성 연대시. 명청대에 내주(萊州), 등주(登州)라고 불렸으며 1858년 톈진 조약 이후 연대로 개명되고 서구 열강에 의해 개항되었다.

85) 이인기(李寅夔) : 조선 후기 문신. 1865년 강화유수에 임명되어 진(鎭), 보(堡), 성채, 행궁(行宮) 등의 시설물 일체와 정족산성(鼎足山城) 등을 정비하였다. 그러나 이듬해 병인양요가 발발하여 강화부가 함락되자, 강화부를 방어하지 못한 책임을 추궁당해 파직 유배되었다.

86) 이공렴(李公濂) : 조선 후기 무신. 1866년 프랑스 로즈 제독이 군함 세 척을 거느리고 나타나자 통진부사로 임명되었다. 같은 해 병인양요 때 프랑스군이 통진부로 진군하자 싸우지 않고 도망하여 관사에 보관하였던 공·사전과 백성들의 재산을 약탈당하게 내버려둠으로써 파직되어 귀양살이를 하다가 풀려나, 1871년에 전라좌도수군절도사에 임명되었다.

87) 격서(檄書) : 군병을 모집하거나, 적군을 달래거나 꾸짖기 위한 글.

足山城)으로 돌아왔다.

관군이 패하였다는 보고가 연이어 조정에 이르자, 왕이 크게 놀라 문신·무신 전부를 소집해 적을 격파할 수 있는 장수를 택하고자 하였다. 모두가 침묵하고 서로 천거하지 못하였다. 이때 장군이 나서서 순무영(巡撫營)[88] 초관(哨官)으로 출전하기를 자원하니, 왕이 크게 기뻐하며 그날로 장군을 유격장군(遊擊將軍)에 제수하고 남한산성 별패군(別牌軍) 2백 명과 곡산(谷山) 병사[89] 1백 명을 주어 먼저 적의 육군을 방어하게 하였다. 장군이 흔연히 병사 3백 명을 거느리고 통진으로 들어가 문수산성(文殊山城)[90]을 지키게 되었다.

이때 적의 육군 선발대는 벌써 보트를 타고 문수산성 서문 아래 모여 상륙하고자 하였다. 장군은 사졸들을 지휘하며 산성 위에 올라 일제히 사격을 명해 적선 두 척을 침몰시키고 다시 상륙한 적군 수십 명을 사살하였다. 대포 연기가 자욱한 가운데 적의 군함 대대 병력이 교묘히 성 아래에 내려 성곽을 안고 돌아 개미떼처럼 서남쪽으로 쳐들어오며 포탄을 우박같이 쏟아부었다. 이에 관군 3백 명이 적을 감당하지 못하고 일제히 물결같이 흩어져 통진에 있는 본진으로 물러났다. 장군은 패장(敗將) 네 명을 데리고 적병을 마구 죽였다. 하지만 과부적중(寡不敵衆)[91]

88) 순무영(巡撫營) : 전쟁이나 지방에서 반란이 일어났을 때 이를 수습하기 위한 군무(軍務)를 맡아보기 위하여 임시로 설치한 군영.

89) 곡산(谷山) 병사 : 황해도 곡산군의 병사들을 말한다.

90) 문수산성(文殊山城) : 경기도 김포시 월곶면 포내리에 있는 조선시대의 산성. 갑곶진과 함께 강화의 입구를 지키던 성으로, 숙종 20년(1694)에 처음 쌓고 순조 12년(1812)에 고쳐 쌓았다. 병인양요 때 프랑스군과 치열한 전투를 치른 곳으로, 지금은 성벽과 문루가 없어지고 산등성이를 연결한 성벽만 남아 있다.

91) 과부적중(寡不敵衆) : 적은 병사로 많은 무리를 대적할 수 없다는 뜻이다.

은 예나 지금이나 마찬가지라, 패장 4인은 일시에 적탄에 맞아 피를 토하고 즉사하였다. 슬프다! 고성낙일(孤城落日)[92]에 잠긴 장군은 홀몸에 총 한 자루뿐이었다.

밀물처럼 밀려드는 적병을 어찌 혼자 몸으로 막을 수 있을까마는, 장군이 만일 도망치면 산성의 함락은 그 위태로움이 일발(一髮) 사이[93]에 달려 있었다. 이에 장군은 더욱 정신을 수습하고 몸을 성문 뒤에 감추고는 적병이 들어오는 대로 주먹을 들어 한 번씩 치니 적군은 두개골이 깨져 낱낱이 즉사하였다. 이와 같이 적병 수백 명을 때려죽이니 적의 시체가 산같이 쌓여 피가 흘러 강물이 다 붉어졌다. 하지만 아무리 천장(天將)이라도 이런 상황에 이르자 기운과 힘이 빠져 더는 적을 감당할 기력이 없었다. 장군은 할 수 없이 총을 옆에 끼고 몸을 한 번 솟구쳐 성벽을 뛰어넘어 높은 곳에 올랐다. 그러자 적병들은 장군을 바라보고 다투어 사격하였다.

이때 장군은 적이 쏜 탄환 수백 발을 맞아 갑옷에 탄환 구멍이 없는 곳이 없었으며, 더욱 놀라운 일은 망건편자(網巾鞭子)에 탄환이 박혀 철투구를 쓴 것처럼 보였다. 장군은 기력이 다해 한동안 잔디밭에 누워 있었다. 적군이 장군을 쫓고자 하였으나 수십 장(丈) 길이의 절벽에 발을 붙일 곳도 없는 데다 큰 강이 그 아래로 둘러 있어 감히 추격하지 못하고 성안으로 몰려들었다. 장군은 다시 몸을 일으켜 적의 병사들을 향해 네댓 차례 발포하다가 탄약이 또한 다 떨어져 할 수 없이 성을 돌아 통진으로 들어왔다. 장군이 양헌수를 만나 전후 자초지종을 들려

---

92) 고성낙일(孤城落日) : 외딴 성과 서산에 지는 해라는 뜻으로, 세력이 다하고 남의 도움이 없는 매우 외로운 처지를 이르는 말.

93) 일발(一髮) 사이 : 여유가 조금도 없이 몹시 절박한 순간.

주니, 양헌수는 크게 놀라 장군을 위로하고 이후로는 더욱 장군을 신뢰하게 되었다.

장군이 점심식사를 마치고 군사를 점호해 보니 3백 명 중에 한 사람도 싸우다 죽은 자가 없었다. 장군이 크게 노하여 군사를 좌우로 갈라 세우고 추상같이 호령하였다.

"양병천일(養兵千日)은 용재일시(用在一時)라[94] 하였다. 국가에서 너희들을 기른 것은 전란을 당했을 때 적을 토벌하려는 목적에 있거늘, 너희들은 적병이 침입하자 제대로 싸우지도 않고 포탄 소리가 들리자 성을 버리고 도주하여, 위로는 국가의 존망을 생각하지 않고 아래로는 장수의 생사를 돌아보지 않았다. 그러니 너희들은 군법으로 처형하여 하나로써 백을 징계하는 것이 마땅하다. 하지만 적군을 아직 무찌르지 못한 상황에서 아군을 죽이는 것은 상서롭지 못한 일인즉 지금까지의 죄를 용서해 주겠다. 하지만 만일 다시 한번 전장에 나갔다가 도주하거나 적을 마주해 싸울 때 살기를 도모하는 자가 있다면 결단코 참수하여 그 목을 내걸어서 조금도 용서하지 않을 것이다!"

명을 내린 후 장군은 총에 맞은 갑주(甲冑)를 내어 병사들에게 보이고, 또 총열을 당겨 절반을 끊어 버렸다. 그러자 모든 병사들이 두려워 순종하는 한편 용기가 크게 북돋아졌다. 장군은 병사 3백 명을 거느리고 그날 밤 산성으로 들이닥쳤다. 이때 적병은 산성에 불을 켜고서 각처에 천막을 치고 주둔하고 있었다. 장군은 크게 호통치듯 사졸을 지휘하여 일부 군사들에게 적의 야영지를 습격하게 하고 자신은 말 위에 올라

---

94) 양병천일(養兵千日)은 용재일시(用在一時)라 : 병사를 양성하는 데는 천일이 걸리지만, 그것을 쓰는 것은 한순간이라는 뜻이다.

양손에 장검을 들고 동분서주하니, 금빛이 번쩍일 때마다 적의 머리가 추풍낙엽(秋風落葉)같이 떨어졌다. 적은 대패하여 패잔병을 이끌고 서문(西門)으로 빠져나가 도망쳤다. 관군이 따라가 적병의 배후를 급습하여 죽이니, 물에 빠져 죽은 자가 헤아릴 수 없이 많았고 살아 돌아간 자는 수십 명에 불과하였다.

장군은 급격물실(急擊勿失)[95]이라 여겨 다시 밤중에 양헌수의 본진에 이르러 대군과 결합하고 이튿날 새벽 강화에 도착하여 적함에 포격을 가하였다. 그러자 어재연은 구원병이 도착한 것을 보고 또한 군사를 내어 양하(兩河)[96]에서 협공을 펼쳤다. 이에 로즈 제독이 당황하여 허둥거리다가 급히 도망치니 관군이 대승을 거두었다.

관군이 승전고를 울리고 개선가를 부르며 회군하니, 지나는 길의 백성들은 단사호장(簞食壺漿)[97]으로 다투어 관군을 맞이하였으며, 문무 관료들도 기뻐하며 왕의 군대를 환영하였다. 이에 왕이 크게 기뻐하여 그날로 태평연(太平宴)[98]을 궁중에 베풀고 출전한 장졸에게 상을 내렸다. 그런 다음 장군의 총 맞은 갑주를 보고 탄식하며 말하였다.

"옛날 항우(項羽)와 관우(關羽)는 천하무적이라 하였으나 오히려 칼이 목에 들었거늘, 지금 한성근은 총검이 몸에 침노하지 못하였으니, 이는 천장(天將)이자 신장(神將)이라 할 만하도다. 이 같은 장수가 있어 좌우에서 보필하니 이제는 근심이 없도다."

---

95) 급격물실(急擊勿失) : 재빨리 공격하여 때를 놓치지 말아야 함.

96) 양하(兩河) : 강화도로 흘러 내려와 합류하는 한강과 임진강을 일컫는다.

97) 단사호장(簞食壺漿) : 백성들이 군사를 환영하는 뜻으로 준비한 음식이라는 뜻으로, 『맹자(孟子)』「양혜왕 하(梁惠王下)」에 "바구니에 밥을 담고 병에 장물을 담아서 왕의 군대를 맞이한다.[簞食壺漿, 以迎王師.]"라고 하였다.

98) 태평연(太平宴) : 전쟁에서 이긴 뒤에 베푸는 잔치.

그러고는 장군을 풍덕도호부사 겸 수성장(豊德都護府使兼守城將)에 제수하였다.

무릇 국가의 안위는 집정자의 선불선(善不善)에 달려 있다. 오백 년 이래 태평했던 수도 한양에서 시국에 어둡고 춘몽(春夢)에 취한 대원군은 두 차례 프랑스군을 격퇴한 후 더욱 자만심이 커져 외국과의 통상을 거절하는 것은 물론이고 외국 사람만 보아도 살육을 감행하였다.

무진년(戊辰年) 봄에 미국 탐험가 최란헌(崔蘭軒)[99] 등 7명이 평양에 잠입하였는데 대원군이 평양감사를 시켜 일일이 잡아 죽였다. 미국 정부는 이에 분개하여 태평양함대 제독 로저스(Rodgers)에게 군함 다섯 척과 육군 육백여 명으로 조선을 정벌하게 하였다. 적은 필리핀을 거쳐 황해를 지나 강화도에 정박하고 각 진(鎭)을 포격하였다. 순무중군(巡撫中軍) 어재연(魚在淵)이 적에게 진격하여 적함 여러 척을 격침하고 대파한 후 정족산성에 들어가 주둔하고 있었는데, 적의 잔병이 후면으로 돌아 상륙하여 산성을 쳐들어왔다.

이 급보를 들은 장군이 군사 약간을 인솔하고 급히 산성에 도착해 보니, 순무중군 어재연은 벌써 전사하였고 적군들은 산성에 가득 모여 있었다. 장군이 용분(勇奮)을 다해 적들이 모여 있는 곳을 충살(衝殺)하여 적장 여러 명과 적병 수백 명을 참살하니, 적은 불의의 공격을 받고 미처 손쓸 틈도 없이 사방으로 흩어지고 무너졌다. 관군이 뒤따라와 크게 엄습하여 죽이니 적의 사상자가 그 수를 헤아릴 수 없을 정도였다.

---

99) 최란헌(崔蘭軒) : 웨일즈 출신의 영국 선교사 토마스(R. J. Tomas)의 한국식 이름이다. 1866년 9월 5일 미국 군함 제너럴셔먼호를 타고 대동강 어귀에 도착하여 통상을 요구하였으나 거절당하자, 오히려 대동강을 올라가 평양 쑥섬까지 이르렀다. 하지만 조선 관군의 공격으로 배가 불타고 배에 타고 있던 이들은 붙잡혀 죽임을 당하였다.

이 싸움에서 살아 돌아간 적의 수는 1백여 명에 지나지 않았다. 장군이 다시 관군을 통솔하여 적함을 공격하니, 로저스 제독은 기세가 꺾이고 힘이 다해 패잔병을 싣고 도주하였다. 승첩 보고가 조정에 이르자 왕이 크게 기뻐하여 다시 장군을 정족수성장(鼎足守城將)에 제수하였다. 이번이 장군의 세 번째 출전이었다.

그해 10월 장군은 동부승지 겸 경연참찬관 춘추찬관(同副承旨兼經筵參贊官春秋贊官)이 되었다가 그 후 다시 풍덕부사(豊德府使)를 재임하였다. 임오년(壬午年)에는 병조참판 겸 통리기무아문 참획관(兵曹參判兼統理機務衙門參劃官)이 되어 일본인 굴본예조(堀本禮造)[100] 등 여러 명과 함께 훈련원에서 별기군(別技軍)[101]을 교련하였다. 또 총명하고 뛰어난 청년 108명을 뽑아 사관(士官)으로 교습하는 한편, 일본공사(日本公使) 화방의질(花房義質)[102]과 자주 왕래하여 대한제국과 일본의 교류가 친밀해졌다. 그러나 항상 서양 서력에 대한 배척을 주장하고 폐위(廢位)를 꾀하다가 세력이 꺾여 공덕리(孔德里)[103]에 숨어 지내던 대원군을 비롯해 초야(草野)의 완고한 무리들은 모두 불평한 마음을 품었다. 장군이 안으로 정교(政敎)를 닦고 밖으로 일본과 친해 충의로써 임금을 섬기고 인후(仁

---

100) 굴본예조(堀本禮造) : 호리모토 레이조(?~1882). 1881년 4월 군제개혁에 따른 신식 군대 왜별기군(倭別技軍) 100명을 무영위(武營衛) 소속으로 발족시킬 때, 그 교관으로 초빙된 일본 육군 공병 소위이다. 그러나 이듬해 6월에 발발한 임오군란 때 피살되었다.

101) 별기군(別技軍) : 조선 고종 18년(1881)에 조직한 근대식 군대. 일본인 교관을 채용하여 근대식 군사 훈련을 시키고 사관생도를 양성하였다.

102) 화방의질(花房義質) : 하나부사 요시모토(1842~1917). 일본 메이지시대 외교관으로 한일 교역 및 교섭에 종사하며 공사로서 인천·원산의 개항을 위해 노력했다. 임오군란 때 가까스로 탈출하여 이후 강압적인 담판으로 제물포 조약을 체결하였다.

103) 공덕리(孔德里) : 현 서울 마포구 공덕동. 이곳에 대원군의 별장 아소당(我笑堂)이 있었다.

厚)로써 사람을 대하니, 여러 문신·무신들로부터 사서인(士庶人)에 이르기까지 장군을 시기하는 자가 없었다. 그러나 선혜청(宣惠廳) 당상관(堂上官)인 민겸호(閔謙鎬)[104]만 혼자 장군을 두려워하고 꺼려하여 해할 마음을 품고 있었다.

그 무렵 마침 궁궐에 실수로 불이 나 대조전(大造殿)[105]에 불이 옮겨 붙었다. 민겸호는 이것을 좋은 기회로 여겨 장군에게 화재 진화를 명하고 또 군령장(軍令狀)[106]을 쓰라고 하였다. 이에 장군은 조금도 굴하지 않고 말하였다.

"구중궁궐에 불이 났는데, 대감은 병졸을 풀어 진화할 생각은 하지 않고 오히려 나에게 불을 끄라 하고는 군령장을 쓰라고 하니, 이것이 무슨 법입니까!"

그러자 민겸호는 순간 말을 꾸며 대답하였다.

"옛날 관우(關羽)는 소열제(昭烈帝)[107]의 아우로되 화용도(華容道)로 보낼 때에 제갈공명(諸葛孔明)이 관우에게 군령장을 받은 것은 그 책임을 중시해서였지 결코 해치고자 해서가 아니었소. 지금 구중궁궐에 불이 일어났으니 만일 소홀함이 있어 임금이 계신 어전(御殿)까지 불에 타면 신하로서 불충이 이보다 더한 것이 없을 것이오. 이에 장군께 책임

---

104) 민겸호(閔謙鎬) : 조선 고종 때의 문신. 신식 군대인 별기군을 창설하였다. 선혜청 당상에 올랐으나 임오군란 때 피살되었다.

105) 대조전(大造殿) : 서울 창덕궁 안에 있는 내전(內殿)을 겸한 침전(寢殿).

106) 군령장(軍令狀) : 일반적으로 군령의 내용을 적어 시행하던 문서를 뜻하지만, 여기에서는 중요 임무를 맡은 장수가 그 목표를 반드시 완수할 것을 약속하는 각서의 의미로 사용되었다. 만약 목표를 완수하지 못하면 어떤 처벌도 달게 받겠다는 내용을 포함한 문서이다.

107) 소열제(昭烈帝) : 중국 촉한의 시조인 유비(劉備)의 시호.

이 막중함을 알게 하기 위해 문서를 두려는 것뿐이니, 조금도 괴이하게 생각하지 말고 빨리 진화해 주기를 바라오."

이에 장군이 사양하지 아니하고 흔연히 군령장을 쓴 연후에 참바[108] 수십 발을 가져다가 한 손에 말아 쥐고 한달음에 돈화문(敦化門)[109]에 이르렀다. 그런데 민겸호는 벌써 사람을 시켜 궐문을 굳게 닫아 버렸다. 장군은 한번 몸을 솟아 돈화문을 뛰어넘어 대조전 지붕 위에 솟구쳐 올라서서 가지고 있던 참바를 풀어 전각 한 모퉁이에 묶고 힘을 다하여 한번 당기니 수십 칸짜리 큰 전각이 삽시간에 풀뭉치처럼 쓰러졌다.

장군이 크게 소리 질러 물을 들이라 하자 별기군이 일제히 모여들어 다투어 물을 길어 와 한 시간이 못 되어 궁중의 불을 완전히 껐다. 이것을 본 민겸호는 장군의 용력에 기가 질려 비록 남을 해치려는 마음을 품었으나 감히 겉으로 드러내지 못하고 도리어 가장 친절한 기색을 지어 장군의 손을 붙잡고는 만고의 역사요 천하의 명장이라고 칭찬해 마지않았다.

무릇 남녀 귀천을 막론하고 수고로우면 선심(善心)이 나고 편안하면 음심(淫心)이 나는 것은 예나 지금이나 같다. 여러 해 동안 나라가 태평하고 풍년이 들며 국가가 무사하니, 궁중에서는 밤낮으로 유흥이 심해져 내탕금(內帑金)[110]이 모두 고갈되고 말았다. 이것을 빙자해 선혜청 당상 민겸호는 수개월 치 병사들의 급료를 주지 않았다. 이에 항상 불평불만을 품고 있던 구식군대는 크게 격분하여 6월 9일 각 영문(營門)의

108) 참바 : 삼이나 칡 따위로 세 가닥을 지어 굵다랗게 드린 줄.

109) 돈화문(敦化門) : 창덕궁(昌德宮)의 정문. 현존하는 궁궐의 대문 중에서 가장 오래된 목조 건물이다.

110) 내탕금(內帑金) : 조선시대 내탕고에 넣어 두고 임금이 개인적으로 쓰던 돈.

군사들이 일제히 큰 소동을 일으켰다. 한 무리는 민겸호와 김보현(金輔鉉)[111] 등 여러 대신을 살해하였고, 다른 무리는 훈련원과 일본 공사관을 습격하였으며, 또 다른 무리는 각 대관의 집에 불을 질렀다. 그러자 경성 각처에 화염이 높이 솟아 하늘과 땅이 모두 붉게 물들었다. 장군의 집과 가산집물도 모두 반란군이 불을 질러 전소되었다.

이때 장군은 마침 경기 수군(京畿水軍)에 시찰을 나갔다가 아직 돌아오지 않았기 때문에 이번 변란을 경성에서 당하지 않았고 대원군이 폭동을 진압하였다. 그해 7월 장군은 통진병마절제사(通津兵馬節制使)가 되었다가, 갑신년(甲申年) 12월에 다시 승정원 우승지(承政院右承旨)와 가의대부 동지중추부사(嘉義大夫同知中樞府事)를 겸하였으며, 병술년(丙戌年)에는 풍덕도호부사(豊德都護府使)를 세 번째로 맡았다. 일 년이 지나 다시 황주진관 평산병마절제사 후영장 토포사 태백수성장(黃州鎭管平山兵馬節制使後營將討捕使太白守城將)[112]이 되었다가, 정해년(丁亥年) 정월에 정주병마첨절제사 독진장 자헌대부 정주목사(定州兵馬僉節制使獨鎭將資憲大夫定州牧使)[113]가 되었다.

장군이 정주에 부임한 후 수개월을 지내니, 때는 마침 4월이라 온갖 꽃은 이미 지고 녹음이 무성해졌다. 동헌 정남쪽에 천여 년 묵은 큰 홰나무가 있었는데 가지와 잎사귀가 번성해 동헌에 그늘이 너무 가려

---

111) 김보현(金輔鉉) : 조선 고종 때의 문신. 이조판서를 거쳐 선혜청 당상, 경기도 관찰사를 지냈다. 임오군란 때 민씨 일파에 가담하였다가 피살되었다.

112) 황주진관 평산병마절제사 후영장 토포사 태백수성장(黃州鎭管平山兵馬節制使後營將討捕使太白守城將) : 정조 23년(1799)에 지방 수령들의 겸함(兼銜)에 대한 별단(別單) 시행 이후, 황해도 평산부사의 직함이다.

113) 정주병마첨절제사 독진장 자헌대부 정주목사(定州兵馬僉節制使獨鎭將資憲大夫定州牧使) : 각주 112)와 같이, 정주목사의 직함이다. 다만 자헌대부는 품계를 기록한 것이다.

관속에게 명하여 나무를 베도록 하였다. 참고로 이 나무는 고려 때부터 생장하여 아조(我朝)에 이르러서도 임진왜란과 병자호란을 다 겪은 데다가, 부중(府中)에 서 있었기 때문에 관속들이 수백 년 동안 초하루와 보름에 치성을 드렸으며 한 번 치성을 드릴 적에 많은 돈이 들었지만 이를 아끼지 않았다. 만일 그 나뭇가지라도 꺾는다면 반드시 악질(惡疾)에 걸려 회생하지 못한다고 믿을 만큼 정주부(定州府) 관속들은 물론이요 거주민들 모두가 숭배하던 고목(古木)이었다. 그런데 그런 나무를 졸지에 베라는 명령을 듣자, 육방(六房)[114]의 관속들과 일반 백성들이 일제히 동헌 마당에 몰려들어 머리를 조아리며 간언하였다.

"옛날 제경공(齊景公)은 이 홰나무를 사랑하여 홰나무를 지키라는 명령을 내렸고,[115] 왕진공(王晉公)은 홰나무를 심고 길러 귀한 자손을 두었으니,[116] 홰나무가 사람에게 대해 조금도 근심 걱정을 끼치는 일이 없습니다. 지금 사또께서 부임하신 지 얼마 되지 않았는데 아무런 연고 없이 늙은 홰나무를 베라 명하시니 저희 백성들은 그 곡절을 알지 못하겠습니다. 또한 이 홰나무는 천여 년 동안 정주부에서 자라며 여러 차례 병란을 겪었을 뿐만 아니라, 괴신(槐神)이 나무에 웅거하고 있어 조금만 정성이 부족해도 재해가 발생합니다. 바라건대 사또께서는 옛날 조조(曹操)가 배나무를 베었다가 염질(染疾)에 걸렸던 고사[117]를 참고하셔서

---

114) 육방(六房) : 조선시대 각 지방 관아에 둔 여섯 부서. 이방(吏房), 호방(戶房), 예방(禮房), 병방(兵房), 형방(刑房), 공방(工房)을 이른다.

115) 제경공(齊景公)은 …… 내렸고 : 미상.

116) 왕진공(王晉公)은 …… 두었으니 : 송나라 때에 병부시랑(兵部侍郎) 왕호(王祜)가 뜰에 세 그루의 홰나무[三槐]를 심으며 자손 중에 반드시 삼공의 지위에 오르는 자가 있으리라고 하였는데, 실제 그의 아들 왕단(王旦)이 정승이 되었다. *『古文眞寶 後集』「三槐堂銘」 참조.

부디 이 홰나무를 베라는 명령을 다시 거두어 주십시오."

장군이 웃으며 여러 사람들에게 말하였다.

"사람은 만물의 신령이다. 감각이 있는 동물도 잡아서 음식 재료로 사용하는데, 하물며 감각이 없는 나무임에랴! 태고 홍황 시대에는 인구가 많지 않아 세상에 덮인 것이 대부분 나무였다. 나무의 생장이 어찌 1~2천 년 정도였겠는가만, 익(益)이 산택(山澤)에 불을 지를 때[118] 나무의 크기를 헤아리지 않았고, 하우씨(夏禹氏)가 홍수를 다스릴 때에도 산을 따라 나무를 베었다.[119] 어찌 지각이 없는 나무가 사람의 화복(禍福)을 준다고 하겠느냐! 또한 조조(曹操)로 말하자면 관우(關羽)의 목관(木棺)을 보고 놀라서 병이 든 것[120]인데, 후세에 말 꾸며낸 자가 배나무 동티 때문이라 일컬은 것을 어찌 고집하는가! 무릇 책망은 우두머리에게 있으니, 설혹 재앙이 있더라도 벌은 내가 혼자 받을 것이다. 어찌 고을의 부로들과 관청의 관속들에게 재앙이 미치겠는가. 내가 한

---

117) 조조(曹操)가 …… 고사 : 위나라 조조가 건시전(乾始殿)을 지을 무렵 제사를 모셨던 배나무를 베자 피가 흐르는 것을 보고는 두통이 심해져 죽음에 이르렀다는 일화가 전한다.

118) 익(益)이 …… 때 : 익(益)은 순임금 때 우의 치수사업을 돕고 새와 짐승들을 길들여, 이 공로로 영씨(嬴氏) 성을 하사받아 진(秦)나라의 시조(始祖)가 되었다. 『맹자』「등문공 상(滕文公上)」에 "순이 익으로 하여금 불을 담당하게 하셨는데, 익이 산과 늪에 불을 질러 태우자 금수가 도망하여 숨었다.[舜使益掌火, 益烈山澤而焚之, 禽獸逃匿.]"라고 하였다.

119) 하우씨(夏禹氏)가 …… 베었다 : 『서경(書經)』「우공(禹貢)」에 "우는 토지를 분별하고 산을 따라 나무를 제거하여, 높은 산과 큰 하천을 정해 놓으셨다.[禹敷土, 隨山刊木, 奠高山大川.]"라고 하였다.

120) 조조(曹操)로 …… 것 : 오나라 손권(孫權)이 관우를 참하고 그 목을 조조에게 보냈는데, 조조는 관우의 목을 보고 "관공, 어찌 목만 오셨소?" 하고 말하였다. 그러자 원한에 찬 관우가 번쩍 눈을 떠 조조를 노려보았고, 조조는 이에 충격을 받고 시름시름 앓다 죽었다는 내용이 『삼국지연의』에 전한다.

번 명령을 내렸으니 이를 어기지 말고 나무를 베어라!"

여러 사람들은 두려워 벌벌 떨며 감히 도끼를 들지 못하였다. 이에 장군이 다시 말하였다.

"너희들이 나무 한 그루로 인해 매월 초하루 보름 두 번씩 금전을 허비하니 이는 쓸데없는 낭비다. 내가 이곳에 없다면 할 수 없으나, 지금 내가 이것을 목도하고 도리어 그냥 넘어간다면 이는 미신을 길러 민심을 현혹시키는 것이다. 너희들 중에 감히 착수할 자가 없다면 내가 먼저 도끼를 들어 시범을 보이겠다."

그러고는 뜰에 내려가 전쟁터에서 쓰던 보검을 빼어 나무를 내리치니, 관속들이 더욱 놀라고 두려워하였다. 하지만 뒤이어 서로 찍어내 사흘 만에 이 큰 홰나무는 동헌 앞에 쓰러졌다.

이날 밤 장군은 평안한 기운으로 취침하고 있었는데, 부인 김씨가 본즉 동헌에 불빛이 하늘을 찌를 듯하더니 자정이 지난 후 가랑비가 내렸다. 이어 건장한 늙은이가 머리를 풀고 신발을 벗고 동헌에 올라와 발[簾]을 걷고 방을 들여다보다가 크게 놀라 물러가며 "아이고, 무서워라. 신장(神將)이 계시다." 소리치고는 뜰로 내려가 달아났다. 부인이 크게 놀라 장군을 흔들어 깨워 자기가 본 바를 말해 주었다. 장군은 "사악한 것이 바른 것을 범하지는 못하오."[121]라고 하고는 마음이 더욱 태연자약하였다. 그해가 다 가도록 고을에는 아무 변고가 없고 오히려 한 해 농사가 풍년이 들자 백성들은 더욱 장군을 존경하고 추앙하였다.

하루는 정주부 유림(儒林)들이 장군의 용력을 보고자 남쪽 교외에 사

121) 사악한 …… 못하오 : 원문의 '사불범정(邪不犯正)'은 바르지 못하고 요사스러운 것이 바른 것을 건드리지 못함. 곧 정의가 반드시 이김을 이르는 말이다.

연(射宴)[122]을 열고 장군을 청하여 활쏘기를 평가해 달라고 하였다. 장군이 이를 흔연히 허락하고 하루 종일 활터에 나가 활 쏘는 것을 구경하였다. 석양이 질 무렵, 최종 승부가 가려진 후 여러 사람이 큰 활 하나를 수레에 싣고 들어와 장군 앞으로 가져와서 드리며 공손히 청하였다.

"오늘같이 좋은 날 최종 승부가 났으니 이는 사또께서 지도해주신 덕분이라 거듭 감사드립니다. 하오나 지금 장원이 결정되고 돌아가야 하는 마당에 여흥이 없으니 사또께서 한번 활 쏘는 시범을 보여 뭇사람들의 갈채를 일으켜 주십시오."

장군이 활을 보니 강철로 만들고 소 힘줄로 겉을 감쌌는데 무게가 천근이나 되었으며 또 5백 보 밖에 과녁을 세워 두었다. 장군이 가만히 생각에 잠겼다.

"내가 이 활을 못 당기면 역사(力士)라 일컫지 않을 것이요, 혹여 당긴다 하더라도 5백 보 밖에 있는 과녁을 어떻게 맞히겠는가. 그러나 내가 이미 이 자리에 와 있으니 한번은 시험해 보리라."

그러고는 활을 잡아 한 번 당겨 화살을 놓으니 시위 소리를 따라 과녁의 한가운데를 맞혔다. 이에 수많은 사람들이 일제히 박수를 치며 장군의 장수를 기원하면서 환호하였다. 이로부터 평북(平北) 일대가 장군의 용력을 두려워하여 산에는 도적이 없었고 밤에 문을 닫지 않아도 되었다. 변경이 안정되니 모든 성이 기뻐하며 즐거워하였다. 장군이 정주에 부임한 지 4년 동안 추호도 백성에게 해를 끼친 것이 없었으니, 거리마다 선정비(善政碑)[123]가 세워지고 사람마다 그 덕을 칭송하였다.

122) 사연(射宴) : 무사들을 모아서 활을 쏘는 내기를 하면서 벌이는 잔치.

123) 선정비(善政碑) : 예전에 백성을 어질게 다스린 벼슬아치를 표창하고 기리기 위해 세운 비석.

신묘년(辛卯年, 1891년) 봄에 선혜청 당상인 민영준(閔泳駿)[124]이 장군에게 큰 액수의 금품을 요구하였으나 장군은 핑계를 대고 응하지 않았다. 그러자 민영준이 여기에 앙심을 품고 참소하여 그해 가을에 강원도 김화(金化)로 장군을 정배하였다. 장군은 아무런 죄 없이 유배지에서 5~6개월 고초를 당하다가 임진년(壬辰年, 1892년) 봄에 해배되어 다시 자헌대부(資憲大夫) 한성판윤(漢城判尹)이 되었다.

이때 명성황후(明成皇后)는 밤낮으로 궁중에서 유흥을 즐겼다. 조정은 관작(官爵)을 매매하여 비록 창우(倡優) 같은 하층 천민일지라도 돈만 많이 바치면 지방 수령이나 관찰사에 제수하였다. 벼슬이 높고 권세가 있는 집에는 뇌물이 공공연히 오갔으며 신구(新舊) 양당은 서로 헐뜯고 공격하여 자기들 이익만을 다투고 당파를 세웠다. 장군은 국정이 나날이 어지러워지고 시세(時勢) 또한 급속히 바뀌고 있음을 잘 알고 있었다. 이에 기회를 봐서 벼슬을 하직하고 산 좋고 물 좋은 곳 택하여 터를 정해 자손들을 교육하고자 하였다.

하루는 소년 시절 상경할 때 점쟁이가 써 준 글귀를 다시 읽다가 '스스로를 경계하여 물러나라[尤戒而退]'는 말에 크게 깨달은 바가 있었다. 장군은 날을 정해 옛 친구들과 귀한 손님들을 초청하여 잔치를 열고 하루 종일 즐기다가 다음과 같이 말하였다.

"무릇 물건이 성하면 쇠하게 되고 달도 차면 기우는 법이다. 내가 포의(布衣)로 경성에 올라와 지위는 아경(亞卿)[125]에 이르렀고 공은 청사

---

124) 민영준(閔泳駿) : 민영휘(閔泳徽)의 본명. 조선 고종 때의 문신으로 갑신정변을 진압하였고, 국권 강탈 후 일본 정부의 자작(子爵)이 되었으며, 천일은행(天一銀行)과 휘문학교를 설립하였다.

125) 아경(亞卿) : 조선시대 종2품 벼슬을 높여 이르던 말. 정2품 벼슬을 이르는 경(卿)에

(靑史)[126]에 드리웠으니, 세 차례 출전하여 외적을 토멸하고 국운을 만회하고자 하였다. 그런데 지금 궁중(宮中)·부중(府中)에 유흥이 나날이 심해지고 구당(舊黨)과 신당(新黨)이 권리와 이익만 서로 다투니 이는 종묘사직을 위하여 깊이 통탄할 일이다. 이제 사직하지 않으면 후회가 적지 않을 것이다. 옛날 장량(張良)은 한고조(漢高祖)를 도와 천하를 통일하였으나 제(齊)나라 3만 호를 받지 않고 유(留)땅에 봉해지기를 원하였다.[127] 결국에는 적송자(赤松子)[128]를 따랐으니 그 명철보신(明哲保身)[129]이 후세에 귀감(龜鑑)이 될 만하다. 또한 '높이 날던 새가 다 떨어지면 좋은 활은 갈무리되고, 적국이 멸망하고 나면 모신(謀臣)은 죽게 된다.'[130]는 것이 예나 지금이나 똑같도다. 내가 오늘 부귀를 탐하여 그칠 바를 헤아리지 않으면 언제 죽게 될지 알 수 없도다!"

버금간다는 뜻이다.

126) 청사(靑史) : 역사상의 기록. 예전에 종이가 없을 때 푸른 대의 껍질을 불에 구워 푸른 빛과 기름을 없애고 사실(史實)을 기록하던 데서 유래한다.

127) 장량(張良)은 …… 원하였다 : 한나라 고조 유방이 천하를 제패하였을 때 장량을 개국공신에 책훈하며 책략가로 활약한 공로를 인정하여 제(齊)나라의 땅에서 3만 호를 택하게 하였는데, 이때 장량이 스스로 보전하기 어려울 것을 예견하고서 이를 사양하고 유후에 봉해지는 것으로 족하다고 말하였다. *『사기(史記)』「유후세가(留侯世家)」 참조.

128) 적송자(赤松子) : 고대 전설상의 선인이다. 장량이 유방을 도와 한나라를 세운 뒤에 권세에 미련을 두지 않고 적송자와 노닐기 위해 벽곡(辟穀)과 도인(道引) 등 신선술을 닦았다는 고사가 전한다.

129) 명철보신(明哲保身) : 총명하고 사리에 밝아 일을 잘 처리하여 자기 몸을 보존한다는 뜻.

130) 높이 …… 된다 : 한신(韓信)이 초왕(楚王)에 봉해진 후 모반을 꾀한다는 참소를 입고 고조에게로 잡혀갔을 적에 말하기를, "과연 옛사람의 말과 같구나. '교활한 토끼가 죽고 나면 훌륭한 사냥개가 삶아지고, 높이 나는 새가 다하면 좋은 활이 갈무리되고, 적국이 멸망하고 나면 모신이 죽게 된다.[狡兎死良狗烹, 高鳥盡良弓藏, 敵國破謀臣亡.]' 하더니."라고 탄식했던 데서 온 말이다.

그러고는 상소를 올려 벼슬에서 물러나기를 간청하니, 임금이 이를 허락하시고 품계를 더해주고 인천(仁川) 땅에 전장(田莊) 3백 석을 사패(賜牌)[131]하였다. 장군은 집안 식구들을 인솔하여 전반면(田反面) 검월리[132]로 물러나 거처하며 음풍영월(吟風詠月)과 낚시, 사냥으로 만년의 즐거움을 삼았다.

어느 날 장군이 염질(染疾)에 걸려 오랫동안 누워 있었는데, 병세가 점점 심해져 백약이 무효하였다. 그런데 홀연 장군의 침실에서 건장한 사내 하나가 패랭이를 쓰고 몸에 검은 옷을 입은 채 북벽을 뚫고 들어와 남벽으로 빠져나가 섬돌 아래 엎드려 장군에게 문안을 고하였다. 장군이 이상히 여겨 물었다.

"너는 누구인데 아무런 상처도 없이 벽을 뚫고 임의로 출입을 하느냐?"

건장한 사내가 대답하였다.

"소인은 도깨비입니다."

장군이 크게 기뻐하며 말하였다.

"내가 젊은 시절 수원(水原)에 가서 너의 재주를 한번 보고 항상 네 모습을 보고 싶었는데, 네가 먼저 나를 찾아오다니 참으로 기이한 만남이로다. 너는 무슨 일로 여기에 왔느냐?"

도깨비가 엎드려 말하였다.

"제가 오늘 대감의 환후가 위중하다는 말씀을 듣고 혹 부리실 일이 있을까 싶어 대령하였습니다."

---

131) 사패(賜牌) : 조선시대 궁가(宮家)나 공신(功臣)에게 나라에서 산림·토지·노비 따위를 내려 주며 그 소유에 관한 문서를 주던 일.

132) 전반면(田反面) 검월리 : 현재 경기도 시흥시 금이동(錦李洞) 일대.

"내가 병중에 아무것도 먹지 못하였는데 오늘 아침부터는 갑자기 붕어 고음이 생각나니 네가 붕어를 좀 구해 올 수 있겠느냐?"

"어렵지 않습니다. 곧 붕어를 잡아 오겠습니다."

말을 마치고 도깨비는 총총걸음으로 밖으로 나갔다. 이처럼 장군은 도깨비와 서로 묻고 답하였지만, 집안사람들은 도깨비의 말은 못 듣고 다만 장군이 혼자 하는 말만 들었다. 이에 상하 노소가 장군이 병중에 섬어(譫語)[133]를 한다고 여겨 온 집안에 곡소리가 자자하였다. 장군이 울음을 말리며 말하였다.

"이제는 내 병이 나을 것이니 아무 염려 말라. 조금 있으면 붕어가 올 것이니 진하게 고아서 가져오너라."

이때는 음력 6월 여름이라 장맛비가 연일 내려 하천이 범람하고 교량이 파괴되어 10리, 20리 사이에도 교통이 두절되었으니, 붕어가 어디에서 온단 말인가! 집안사람들은 더욱 허둥대며 장군의 곁을 떠나지 않고 약시중을 들었다. 그런데 한낮이 못 되어 한강에 사는 '신바둑'이라는 자가 붕어 한 짐을 지고 왔다. 집안사람들이 크게 놀라 붕어를 가지고 온 연유와 물마[134]에 통행할 수 있는 재주가 무엇인지 물었다. 신바둑 또한 놀라며 답하였다.

"소인은 내수사(內需司)[135]에서 음식을 하는 찬부(饌夫)입니다. 제때에 맞지 않는 식재료를 때때로 임금께 바쳐야 하므로 붕어를 항아리 속에 넣고 기르는데, 오늘 아침 진시(辰時) 무렵에 한성부 관예(官隷)가 나와

133) 섬어(譫語) : 병을 앓는 사람이 정신을 잃고 자기도 모르게 중얼거리는 말.

134) 물마 : 비가 많이 와서 사람이 다니기 어려울 만큼 땅 위에 넘쳐흐르는 물.

135) 내수사(內需司) : 조선시대 왕실 재정의 관리를 맡아보던 관아. 궁중에서 쓰는 쌀, 베, 잡물(雜物), 노비 따위에 관한 일을 맡아보았다.

'지금 대감의 환후가 위중하신데 붕어가 아니면 약이 없으니 빨리 한 짐을 지고 내려가자.' 하기에, '물마에 어떻게 통행을 하느냐?' 했더니, '인천은 아무 관계 없다.' 하길래, 관예를 따라 이곳까지 동행한 것입니다. 과연 이곳까지 오는 길에 파괴된 다리도 없었고 혹 큰 하천을 만나면 관예가 붕어를 짊어지고 소인까지 건널 수 있도록 해 주어 아무 고생도 하지 않고 일찍 도착할 수 있었습니다."

장군의 집안사람들이 그 말을 듣고 더욱 의아해하며 물었다.

"그러면 같이 온 하인은 어디로 갔소?"

"지금 소인과 같이 댁으로 왔는데, 소인은 짐을 가지고 있었기에 곧바로 들어왔고 관예는 수청방(守廳房)[136]으로 들어갔습니다."

"그러면 그 관예를 데리고 올 수 있겠느냐?"

"어려울 것이 없습니다."

그러고는 신바둑이 밖으로 나갔다. 한식경쯤 지나 신바둑이 다시 들어와 말하였다.

"세상에 이러한 괴변이 다 있습니까! 금방 같이 온 사람이 어디 갔는지 모르겠습니다."

집안사람들은 그제야 도깨비가 인도한 것임을 알고는 장군이 병중에 섬어처럼 하던 말을 자세히 말하니, 신바둑도 이 말을 듣고 몹시 놀라 넋을 잃은 듯하였다. 집안사람들이 급히 붕어를 가지고 고음을 만들어 장군께 가져가니 장군은 수차례 고음을 먹고 점점 병세가 호전되어 4~5일 후에 완전히 건강을 회복하였다.

하루는 매서운 겨울 날씨가 이어져 산과 들에는 눈이 가득 쌓이고

136) 수청방(守廳房) : 수청을 드는 청지기들이 거처하는 방.

강물은 꽁꽁 얼어붙어 장군이 매우 무료하게 앉아 있었다. 그런데 마침 전(前) 참군(參軍) 윤홍섭(尹弘燮)이 북청(北靑)에서 잡은 보라매 한 마리를 사 가지고 와서 장군과 사냥하러 가기를 청하였다. 장군은 흔연히 허락하고 몰이꾼 수십 명을 이끌고 안산(安山) 오자봉(五子峰)[137]으로 들어갔다. 원래 이 오자봉은 산맥이 길게 뻗어 있고 수목이 울창하여 맹수가 이따금 나타나기 때문에 나무꾼과 목동은 고사하고 사냥하는 포수들도 들어가는 것을 좋아하지 않았다.

이때 윤홍섭은 장군을 모시고 오자봉 상봉에 올라 매를 손에 높이 받치고 몰이꾼을 시켜 산 아래에서 꿩을 튀어 오르게 하였다. 그러나 공교롭게도 이날따라 꿩이 한 마리도 날아오르는 것을 보지 못하였다. 이에 홍섭이 매를 들어 장군께 드리고 분연히 일어나 산 중턱으로 들어가 꿩을 튀기고자 하였다. 그런데 몇 시간이 지나도 도무지 나올 기미가 없었다. 장군이 이상히 여겨 홍섭이 간 길을 쫓아 산 중턱의 어느 한 곳에 이르렀는데 놀랍고 괴이한 광경이 펼쳐져 있었다. 홍섭이 눈밭 위에 홀로 서 있는데 의복은 갈기갈기 찢어져 있고 손등은 이곳저곳 긁혀 있었다. 이에 장군이 깜짝 놀라 물었다.

"참군은 뭘 하기에 꿩도 튀기지 않고 눈밭 위에 홀로 서서 무엇을 보고 있는가?"

홍섭이 장군을 보고 크게 반기며 헐떡이는 목소리로 대답하였다.

"제가 지금 호랑이와 맞붙어 싸우느라 목숨이 경각에 달렸으니 장군께서 부디 구원해 주십시오."

---

137) 안산(安山) 오자봉(五子峰) : 조선시대 경기도 안산 지역에 속하였던 산. 현재는 경기도 시흥시 운흥산(雲興山)을 가리킨다. 5개의 작은 봉우리가 있다고 하여 오자산, 또는 오지봉으로도 불렸다.

"호랑이가 지금 어디 있느냐?"

홍섭이 한쪽을 가리키며 말하였다.

"저 바위 밑에 납작 엎드려 저를 노려보고 있는 것이 호랑이입니다."

장군이 눈을 들어 자세히 살펴보니 과연 커다란 호랑이 한 마리가 바위 아래에 엎드려 용을 쓰고 있었다. 온몸의 털이 엉클어진 채 바늘처럼 꼿꼿이 솟아 있고, 두 눈에는 영채가 뚝뚝 흘러 불빛이 번적번적 빛나는 듯하였다. 장군은 다시 홍섭을 보고 말하였다.

"참군은 빨리 돌아가라. 내가 혼자 이 짐승을 잡아서 가겠다."

홍섭은 어찌나 호랑이에게 혼이 났던지 장군의 생사는 돌아볼 겨를도 없이 혼자 왔던 길로 설렁설렁 내려갔다. 호랑이는 홍섭이 가는 것을 보고 어흥 한 소리를 크게 지르더니 벌떡 일어나서 시뻘건 큰 입을 딱 벌리고 강철 같은 긴 발톱을 번쩍 들고 앞으로 와락 장군에게 달려들었다. 이때 긴 꼬리로 흰 눈을 감아 얼굴에 흩뿌리고 두 콧구멍으로 김을 내뿜어 악취를 풍기니 그 사나운 용맹을 사람 중에는 당해낼 자가 없었다.

장군은 정신을 가다듬고 호랑이의 허리를 한번 힘껏 껴안으니, 호랑이는 용을 써서 몸을 불끈 솟게 하였다. 살아 있는 호랑이의 털이라 미끄럽기가 기름 같아 쑥 빠져나가며 두 발목만 장군의 손에 걸렸다. 장군은 놓치지 않고 발목을 잡아 땅 위에 한 번 내리쳤다. 그러나 눈이 많이 쌓인 곳이라 호랑이는 눈밭 속에 파묻힐 뿐 죽지는 않았다. 두 번 세 번 덤비는 호랑이를 장군은 번번이 내동댕이쳤다. 이때 만일 장군이 허리춤에 칼이라도 갖고 있었다면 한 손으로는 호랑이를 끌어안고 다른 한 손으로는 칼을 빼서 어렵지 않게 호랑이를 잡았겠지만, 아무런 준비도 없이 보라매만 받치고 있었기에 장군의 몸에는 작은 쇠붙이 조각 하나도 없었다.

장군은 아무리 생각해도 호랑이를 때려죽일 방법이 없어, 이번에는 호랑이를 안아 바위에 비벼 보았다. 그러나 암석도 역시 눈비에 젖어 유리처럼 얼어 있었다. 호랑이가 몸을 꿈틀거리자 바위는 더욱 미끄러워져 도저히 비벼지지 않았다. 결국 장군도 호랑이도 모두 기운이 다하였다. 장군은 다시 산 밖으로 나가고자 하여 호랑이를 바라보고 앞으로 걸어가니, 호랑이도 물러나지 않고 뒷발로 걸음을 옮겨 마주보며 따라왔다. 장군이 이처럼 호랑이를 이끌고 산어귀까지 나오니 산 아래에 있던 몰이꾼과 인근 산에 있던 나무꾼들은 호랑이를 한번 보고 엎어지고 자빠지며 모두 놀라 도망쳤다.

이때 고개 왼편에 크고 오래된 소나무 한 그루가 있었다. 장군은 한 가지 계책이 생각나서 또 한 번 호랑이를 껴안으니 호랑이는 여전히 몸을 빼어 빠져나오려고 하였다. 이에 장군은 호랑이의 뒷발을 잡고 소나무에 대고 힘껏 때리고는 손을 떼었다. 그러자 호랑이는 허리가 부러져 다시 일어나지 못하고 땅에 누워 발만 버둥댔다. 이것을 본 장군은 용기가 부쩍 솟아나 호랑이에게 와락 달려들어 호랑이의 복부를 발길로 힘껏 걷어차니 발이 호랑이의 배를 뚫고 등으로 나와 땅속에 살짝 들어가 박혔다. 장군은 비로소 이마의 땀을 닦고 발을 뽑아내니 신발은 물론이고 두루마기와 바지까지 피범벅이 되어 마치 붉은 옷을 입은 것 같았다. 장군은 다시 집으로 돌아와 사람과 소를 보내 호랑이를 싣고 오게 하였다. 호랑이는 길이가 8척 5촌 되는 커다란 백액호(白額虎)였다. 장군이 탄식하며 말하였다.

“내가 육십 평생에 사람 중에는 내 적수를 보지 못하였고, 멧돼지와 들짐승을 많이 잡았으나 그다지 위세가 있거나 용맹한 녀석은 못 보았다. 그런데 오늘 이 호랑이의 용력을 본즉 산중의 영웅이요 동물의 왕이라 할 만하도다!"

원래 장군의 심복으로 윤홍섭, 주일환, 박일영, 이귀, 하용흥, 염기섭, 장일상 등 7인이 있었다. 이들은 모두 두 팔로 천 근 무게를 들어올릴 만한 용력을 지니고 있었다. 그중에 이귀는 장군이 안성(安城)의 여관에서 만났던 도적 우두머리였는데, 과거의 잘못을 고치고 경성으로 올라와 장군 곁을 밤낮으로 떠나지 않으니 장군이 그 뜻을 가상히 여겨 마침내 문하(門下)에 받아들였다. 7인은 항상 장군을 따랐는데 별기군을 교련할 때에는 각각 참교(參校)·부교(副校)[138]가 되었다. 그 후 어떤 이는 군수·현감이 되기도 하였고, 어떤 이는 참군(參軍)·별장(別將)[139]이 되기도 하였다. 만년에 장군이 사직하고 귀향하여 한가히 지낼 적에 이들이 종종 찾아와서 장군의 고적함을 달래주곤 하였다. 그러다가 이날 마침 윤홍섭이 찾아와 매사냥을 나갔다가 큰 호랑이를 만나 서로 치고받고 싸우던 차에 다행히 장군의 구원에 힘입어 무사히 생환할 수 있었다.

세월이 유수같이 흘러 어느새 8~9년이 지나니 장군의 나이도 이미 칠순이 되었다. 이때 임금이 기영사(耆英社)[140]에 들고, 조정의 관원으로 4품 이상 70세 이상인 사람도 모두 기영사에 들였다. 장군은 정이품 정헌대부(正憲大夫)로서 중추원(中樞院) 칙임의관(勅任議官)[141]을 겸해 기

---

138) 참교(參校)·부교(副校) : 대한제국 시기 무관 계급의 하나. 하사관의 최하급이다.

139) 참군(參軍)·별장(別將) : 참군은 조선시대 훈련원의 종7품 무관 벼슬이며, 별장은 산성·나루·포구 등의 수비를 맡던 종9품 무관 벼슬이다.

140) 기영사(耆英社) : 조선시대 70세가 넘는 정이품 이상의 문관들을 예우하기 위하여 설치한 기구. 영조 41년(1765)에 독립 관서가 되었고, 이때부터 임금도 참여하였다.

141) 중추원(中樞院) 칙임의관(勅任議官) : 갑오개혁 때 설치된 중추원 소속의 관직이다.

영사 당상(堂上)이 되었다. 장군은 다시 1~2년간 경성 매동(梅洞)[142]에 살다가 마침 넷째 아들 영렬(永烈)이 안면도(安眠島)로 파견되자, 장군은 함께 지내기 위해 안면도로 들어갔다.

음력 7월 25일은 고종 태황제의 탄신일이었다. 임금이 장군을 잔치에 부르니, 장군은 수십 일 전에 안면도를 떠나 경성으로 향하였다. 때는 마침 여름 끄트머리에서 초가을로 넘어가고 있어 장맛비는 벌써 끝났고 맑은 바람이 솔솔 불어 여행하기에 매우 좋았다. 순풍에 돛을 달고 만경창파로 나아가고 있었는데, 뱃사공들의 부주의로 배가 갑자기 암초에 걸리고 말았다. 뱃사공들뿐만 아니라 모든 승객들이 놀라고 당황하여 어찌할 바를 알지 못하였다. 장군은 급히 바다로 뛰어들어 발로는 헤엄을 치고 손으로는 뱃머리를 당겨 보았지만, 배가 쉽게 암초에서 떨어지지 않았다. 그러자 장군은 용력을 다하여 다시 한 번 힘껏 당기니 키다리[143]가 부러지며 배가 암초에서 떨어졌다.

이날 마침 동풍(東風)이 크게 불어 배는 바람을 따라 앞으로 둥둥 떠갔다. 밤이 차차 가까워지자 해상에 구름과 안개가 자욱하고 가랑비가 흩뿌려 원근을 분별할 수 없었다. 그런데 키가 없는 배라 방향을 지정할 수 없어 배가 가는 대로 맡겨 두니, 목적지에 제대로 도착하는 것은 기약할 수 없었다. 이때 홀연 큰 횃불이 안개 속에서 비추었는데, 거리는 불과 이십 보쯤 되어 보였다. 이에 뱃사공들이 일제히 고함치며 어디

중추원은 원래 실직한 고위 관료들의 대기 발령처로 설립되었으나, 군국기무처가 폐지된 후 그 기능을 일부 계승하여 법률 칙령안과 내각에서 요청한 사항을 자문하는 업무를 맡게 되었다.

142) 매동(梅洞) : 현재 서울 종로구 필운동 일대.

143) 키다리 : 배의 방향을 조종하는 장치.

로 가는 배인지 물었다. 그러나 아무리 고함쳐도 대답은 없고 밤새도록 딱 그만큼 거리에 떨어져 있었다. 팔미도(八尾島)를 지나 인천항(仁川港)에 가까이 들어서자 동방이 차차 밝아지는데 앞에는 아무 배도 없었다. 또 삽시간에 그 횃불도 사라졌다. 뱃사공들과 배에 탄 승객들은 크게 놀라며 말하였다.

"대감은 참으로 하늘이 낸 분이십니다. 암초에 걸린 배를 바다에 들어가 손으로 빼내시더니, 키 없는 배가 하룻밤 사이에 목적지에 도착하게 하였으며, 천화(天火)가 앞을 인도해 스스로 방향을 지시하였으니, 이는 모두 대감의 홍복(洪福)으로써 우리들의 죽을 목숨까지 구원해 주신 것입니다."

그러고는 일반 승객들도 앞다투어 생명을 구해 준 은혜에 감사하며 감탄해 마지않았다.

장군은 배에서 내려 다시 기차에 올라 경성에 이르러 매동(梅洞)에 있는 별저(別邸)에서 머물다가 궁중 진연을 마치고 8월 초에 다시 안면도로 돌아가게 되었다. 인천에서 배를 타고 팔미도를 지날 적에 은린옥척(銀鱗玉尺)[144]이 바다에서 뛰노는 것을 보고 장군은 과거 회상에 젖어 탄식하며 말하였다.

"내가 옛날 산성 싸움 때 홀몸으로 프랑스군을 대적하다가 기력이 소진되어 시장함을 이길 수 없어 바다에 뛰어들어 저런 고기 네댓 마리를 잡아 날로 먹은 후에 다시 정신을 차렸었지. 그때 봄바람과 가을비를 맞은 지도 벌써 40년이 지났구나. 그때의 장사들은 이제 모두 고인(故人)이 되었고, 부하였던 사졸들도 거의 다 죽었으니, 옛날 일을 회상하

144) 은린옥척(銀鱗玉尺) : 비늘이 은빛으로 빛나고 모양이 좋은 큰 물고기.

면 강개한 눈물이 절로 흐르는구나."

이에 처연히 뱃머리에 올라 물고기 노는 것을 구경하는데, 갑자기 도미 수십 마리가 배판으로 뛰어들었다. 장군이 크게 기뻐해 말하였다.

"이것은 하느님이 주신 것이니 오늘 배 안에서 좋은 음식을 잘 먹을 수 있겠구나!"

그러고는 뱃사공에게 명하여 회도 치고 국도 끓여서 배 안에 있던 이들이 모두 포식하였다.

예부터 전장에 나가 싸운 장수 중에 편안히 부귀를 누리고 자리에 누워 제명대로 살다 죽은 사람은 많지 않았다. 중국의 『사기(史記)』를 보더라도, 회음후(淮陰侯) 한신(韓信)은 싸우면 반드시 이기고 공격하면 반드시 취하여[145] 한(漢)나라 4백 년 기틀을 이루었으나 여태후(女太后)에게 참살당하고 말았다. 한수정후(漢壽亭候) 관운장(關雲長)은 오관(五關)에서 장수들의 목을 베고[146] 칼 하나 들고 모임에 가는[147] 등 천하무적이라 일컬어졌지만. 맥성(麥城)에서 군량이 떨어져 고국으로 돌아가다가 여몽(呂蒙)의 계략에 빠져 비명횡사하고 말았다.[148]

---

145) 싸우면 …… 취하여 : 한나라 고조(高祖)가 천하를 통일한 뒤에 장량(張良)과 소하(蕭何)와 한신(韓信) 등 이른바 삼걸(三傑)을 일컬으며, 한신에 대해서 "백만의 군대를 연합하여 싸우면 반드시 이기고 공격하면 반드시 빼앗았다.[連百萬之軍, 戰必勝, 攻必取.]"라고 칭찬한 고사가 전한다.

146) 오관(五關)에서 …… 베고 : 관우가 다섯 관문을 지키던 조조(曹操)의 장수 여섯 명을 죽이고 유비(劉備)가 있는 하북(河北)으로 간 일을 말한다.

147) 칼 …… 가는 : 관우가 칼 한 자루를 들고 노숙(魯肅)의 잔치에 가서 형주(荊州) 반환에 대해 논의하다가 노숙을 데리고 형주로 돌아간 일을 말한다.

148) 맥성(麥城)에서 …… 말았다 : 관우가 219년에 패배하여 죽은 일을 말한다. 관우가 전장군(前將軍)에 임명되어 번성(樊城)과 양양(襄陽)을 공격하자 위기를 느낀 조조는 강남의 영유권을 넘기는 조건으로 손권과 손을 잡았다. 관우는 조조와 손권의 협공을 받게 되자 간신히 번성의 포위를 풀고 맥성(麥城)으로 퇴각하였고, 다시 적들의 포위

우리나라의 경우에도, 고려 때 최영(崔瑩)은 진충보국(盡忠輔國)하여 기울어지는 나라를 붙들고자 하다가 도리어 제주도(濟州島)에 정배되어 통한을 머금고 피살되었다. 조선의 김덕령은 만부부당(萬夫不當)[149]의 용맹으로 대적(大賊)을 토벌하고 평정하다가 간신들의 모함을 받아 혹독한 형벌과 심한 매질 아래 억울하게 목숨을 잃고 말았다. 또한 충무공(忠武公) 이순신(李舜臣)은 거북선을 만들어 수전(水戰)에서 큰 공을 세웠으되 날아오는 탄환에 맞아 전투 도중 절명하였으니, 이는 다 애통함을 견딜 수 없는 일이다.

그러나 장군은 천하의 명장으로서 당시에 이름을 날려 세 차례 출전에서 한 번도 패한 적이 없고, 만년에는 시골 구석에 은거하였어도 귀신이 몰래 도와주고 하늘이 감동할 정도였으니, 진실로 명장이요 또 복장(福將)이었다. 이때 장군이 비록 연로하였지만 오히려 고기 열 근과 밥 한 되를 거뜬히 다 먹었으니, 포호빙하(暴虎馮河)[150]하던 과거 용력으로 어찌 울분한 마음이 없었으리오.

하루는 저녁식사를 마친 후 관아로 나오다가 기둥 위에 박힌 큰 나무못을 주먹으로 한 번 치니 팔뚝 같은 나무못이 기둥 속으로 다 들어가고 끝만 솜털이 피듯 하였다. 다시 내당에 들어가 자녀 둘을 좌우 옆구리에 나눠 끼고 후원에서 한번 몸을 공중으로 솟아올라 관사(官舍)를 뛰어넘어 외동헌(外東軒) 마당에 내렸다. 그런데 머리에 썼던 탕건(宕巾)이 바

를 뚫고 탈출을 시도하다가 임저(臨沮)에서 아들 관평(關平)과 함께 손권의 장수인 여몽(呂蒙)에게 붙잡혀 참수되었다.

149) 만부부당(萬夫不當) : 수많은 장부(丈夫)로도 능히 당할 수 없음.

150) 포호빙하(暴虎馮河) : '포호'는 맨손으로 호랑이를 때려잡는 것이고, '빙하'는 배를 타지 않고 맨몸으로 황하를 건너는 일로, 혈기가 지나쳐 무모한 행동을 감행하는 것을 비유한다.

람에 날려 땅에 떨어졌다. 그러자 장군이 길이 탄식하며 말하였다.

"내가 옛날 젊었을 때에는 남대문과 동대문을 뛰어도 옷고름 하나 움직이지 않았는데, 이제 요만한 관사 하나를 뛰는데도 탕건이 땅에 떨어지니 내 힘이 쇠하였음을 이로 미루어 알겠도다!"

그러고는 외당(外堂)에 들어오니 당 안에는 수십 명의 빈객들이 자리에 앉아 있었다. 여러 빈객들이 장군의 용력을 보기를 청하자, 장군이 흔연히 허락하고 돌을 집어 오라 명하였다. 한 사람이 밖에 나가 물동이만한 큰 차돌을 안고 들어왔다. 이에 장군이 한 손으로 그 돌을 받쳐 들고 다른 한 손으로 내려치니 한순간 온갖 빛이 일시에 손 밑에서 일어나더니 큰 돌이 조각조각 부서졌다. 방바닥에는 돌가루가 두어 되나 쌓였다. 이것을 본 빈객들은 모두 입을 벌리고 놀라움을 감추지 못하였다. 장군은 다시 탄환 한 줌을 입에 물고 대청(大廳)을 향해 뿜어 대니 철환이 총알 나가듯 육간대청(六間大廳)을 날아 건너편 벽 위에 딱딱 맞았다. 여러 빈객들은 장군의 위엄에 놀라 모두 아무 말도 못하고 있었다. 이 소문이 섬 안에 퍼져 나가자 해마다 침입하던 해적들도 감히 안면도에 들어올 생각을 하지 못하였다.

광무(光武) 9년(1905년)에 장군은 노환으로 안면도에서 사망하였다. 그날 밤에 말[斗]과 같은 큰 별이 안면도에 떨어지고 앞쪽의 안산(案山)[151]이 5일간 크게 울었다. 장군이 죽었다는 흉보(凶報)가 궁궐에 이르자 임금이 크게 슬퍼하며 말하였다.

"이제는 짐의 고굉(股肱)[152]이 끊어졌도다!"

---

151) 안산(案山) : 풍수지리에서 집터나 묏자리의 맞은편에 있는 산.

152) 고굉(股肱) : 고굉지신(股肱之臣)을 말한다. 임금이 팔다리같이 믿고 의지하는 신하이다.

그러고는 임금이 장례비용을 후히 내리시고 지방관에게 명해 제사를 치르게 하니, 이것이 장군의 마지막 모습이었다. 인하여 시 한 수를 부친다.

말[斗]처럼 큰 별이 함지(咸池)[153]에 떨어지니
닷새 동안 산이 울고 파도소리 시끄럽도다.
뜻을 세운 당시에는 세도(世道)를 붙들었고
군사를 내어 세 번 이겨 위태로운 시절을 구하였네.
천하를 경륜한 훈업(勳業)은 산하에 남아 있고
땅에 묻힌 성충(誠忠)은 성주(聖主)가 잘 알리라.
다시 난조(亂朝)를 만나면 누가 감히 계책을 세우리오
백성을 생각하고 나라를 생각하니 슬픔을 이길 수 없네.

『병인양요』 끝.

153) 함지(咸池) : 서쪽에 해가 지는 곳으로, 『회남자(淮南子)』「천문훈(天文訓)」에 "해는 양곡에서 떠올라 함지에서 목욕한다.[日出於暘谷, 浴於咸池.]"라고 하였다.

채만식, 한말 사화 『병인양요』

1.

지금으로부터 84년 전 서기 1866년 고종(高宗) 3년 병인(丙寅) 9월 22일-음력으로는 8월 10일-이른 아침이었다. 형체가 엄청나게 크고 이상하게 생겼으며 큰 대포를 탑재하고 청(靑)·홍(紅)·백(白) 삼색의 깃발을 매단 세 척의 시꺼먼 외국 병선(兵船)이 외모와 안색이 괴상스런 병정들을 싣고 느닷없이 인천만(仁川灣)[1)]을 통해 강화해협(江華海峽)[2)]으로 유유히 들어왔다.

일찍이 보지 못한 이 외국 병선이 느닷없이 들어오자, 당시 조선 사람들에게 적지 않은 의혹과 공포와 함께 호기심을 불러일으킨 것은 물론이었다. 이로 인해 연안의 육지에서는 흰옷 입은 구경꾼이 뭉텅이로 모여서 손가락질을 하며 수군덕거렸다고 한다.

---

1) 인천만(仁川灣) : 서해안 경기만(京畿灣)의 중앙부를 차지한 인천항(仁川港)의 앞바다.

2) 강화해협(江華海峽) : 인천광역시 강화군과 경기도 김포시 사이에 있는 남북 방향의 좁은 해협(海峽)으로, 마치 강(江)과 같다 하여 염하(鹽河)라 부르기도 한다. 북쪽의 월곶과 남쪽의 황산도 사이에 해수면 차이가 커서 물살이 빠르며 손돌목으로 불리는 험난한 여울목이 있어 위험한 물길이지만, 한강 하구를 통해 한양으로 들어가는 해상 교통의 요충지였다.

한편 조정에서도 '애초 그들의 정세를 탐문하지도 못하였을 뿐 아니라 또 막지도 못하여 한결같이 그들 마음대로 날뛰게 하였다.[初不問情, 又不捍禦, 一任跳浪.]'[3)]라고 한 기록으로 미루어, 처음에는 영문도 몰랐을 뿐더러 어떻게 대처해야 할지 태도를 결정하지 못한 것으로 보인다.

이 내력 없는 외국 병선은 당시 집정인 대원군(大院君)에 의하여 피비린내를 풍긴 천주교도 학살 사건[4)]으로 인해 이른바 '야만적이고 무례하며 잔학하고 무도한 고려왕(高麗王)'을 응징하기 위하여 나폴레옹 3세(Napoléon Ⅲ)의 치세 중에 프랑스의 아시아함대 제독 로즈(Roze)[5)] 중장(中將)이 청나라 천진(天津)에서 조그맣게 편성하여 가지고 나선 조선 정벌의 작은 함대였다. 또한 서구 자본주의 열강의 아시아 침략의 무력이 이른바 은사국(隱士國) 조선에서 맨 처음으로 함포를 터뜨린 저 병인양요(丙寅洋擾)의 전초 부대였던 것이다.

대원군은 남종삼(南鍾三)[6)] 등의 헌책(獻策)을 들어 한때는 천주교의 자유로운 포교를 허락함으로써 천주교의 배후 세력인 프랑스의 힘을

---

3) 애초 …… 하였다 : 『고종실록(高宗實錄)』, 『승정원일기(承政院日記)』 등의 관찬 사서 1866년 8월 16일자 기사에 관련 기록이 보인다.

4) 천주교도 학살 사건 : 1866년 프랑스 선교사와 천주교 주인 인사들을 처형한 병인박해를 말한다.

5) 로즈(Roze) : 프랑스의 해군 제독으로 극동함대 사령관으로 천진에 머물던 중 병인박해로 프랑스 선교사가 사망하자 이를 구실로 삼아 1866년에 병인양요를 일으켰다. 한강을 거슬러 올라와 양화나루와 서강까지 순찰한 후에 물러갔으나 이내 다시 강화도를 침공한 후 불법 점령하였다. 퇴각하면서 강화 읍치를 파괴하고 방화하였으며 강화 이궁과 외규장각 등에서 각종 무기, 서적, 국왕의 인장 등을 약탈하였다.

6) 남종삼(南鍾三) : 조선 후기 홍문관 교리·승지 등을 역임한 천주교 순교자. 1860년 무렵 러시아가 남하하며 통상을 요구하자, 영국·프랑스와 동맹을 맺어 러시아의 남침을 저지해야 한다는 방아책(防俄策)을 흥선대원군에게 건의하였으나, 오히려 천주교도로 체포되어 서소문 밖에서 순교하였다.

빌어 북쪽으로부터 조선을 밟고 남하하려고 하는 러시아를 견제하는 이른바 이이제이(以夷制夷)의 정책을 생각하지 않은 것은 아니었다. 그러나 점차 러시아의 남하 세력이라는 것이 그리 겁낼 것이 아니라 여기고 또한 국내에서 프랑스 세력과 교섭하는 것을 반대하는 소리가 높고 하여 마침내 대원군 본래의 척외정책(斥外政策)[7]으로 돌아앉고 말았다.

전후에 걸쳐 보더라도 대원군의 천주교도 대학살은 근세 세계 형옥사(刑獄史)에서도 그 유례가 흔치 않은 크고도 심각한 사건이었다. 어떤 기록에는 십만 명의 천주교도가 학살되었다고도 하였다. 그러나 십만이라는 숫자는 전혀 근거가 없는 과장이요 만여 명 정도는 대략 적실한 것 같다. 하지만 만 명이라고 하더라도 생사람 만 명을 손바닥만한 조선 바닥에서 겸하여 단시일 동안에 붙잡아 죽였으니 피비린내가 코를 찔렀다고 하는 것도 그다지 지나친 엄살은 아니었을는지 모른다.

2.

대원군이 태도를 돌변하여 천주교 금압의 명령을 내린 것은 1866년 2월 23일이었다. 명령을 내림과 동시에 창동(倉洞)[8]에 있는 홍봉주(洪鳳周)[9]의 집을 엄습하여 프랑스인 선교사 베르뇌(Berneux)[10] 주교를 비롯

---

7) 대원군 본래의 척외정책(斥外政策) : 흥선대원군 집권기에 문호를 닫고 서양과 통상하지 않았던 대외정책, 즉 다른 나라와 관계를 맺지 않고 문호를 닫아 서로 통상하지 않는 정책을 말한다.

8) 창동(倉洞) : 현 서울 도봉구 창동.

9) 홍봉주(洪鳳周) : 조선 후기 천주교 순교자. 신유박해 때 순교한 조부 홍낙민(洪樂敏)의 영향으로 어려서부터 부모에게 천주교를 배웠다. 러시아의 침략에 대비하여 선교

하여 조선천주교회 측의 거물 남종삼 부부 이하 많은 교인을 우선 서울에서 체포하였다. 일설에 의하면 남종삼의 아내 박씨(朴氏)의 권유로 인해 대원군의 부인[11]도 세례(洗禮)를 받을 준비를 하던 직전이었다고도 한다.

당시 조선에서 포교에 종사하던 12~13인의 프랑스인 선교사 가운데 대부분은 이때를 전후하여 붙잡혀 투옥되거나 혹은 처형을 당하였고, 페롱(Férron)[12] · 칼레(Calais)[13] · 리델(Ridel)[14] 신부 세 사람만이 겨우 피하여 남대문 밖 청파(靑坡)[15]의 조선 사람 교인의 집에 몸을 숨기고, 아

사를 통해 영국·프랑스와 손잡을 것을 흥선대원군에 건의하였으나, 남종삼과 함께 서소문 밖에서 순교하였다.

10) 베르뇌(Berneux) : 원문의 장경일(張敬一)은 파리외방전교회 소속의 베르뇌 주교를 말한다. 베르뇌 주교는 1856년에 제4대 조선교구장으로서 조선에 입국하였으며, 1866년에 대원군의 천주교 박해로 새남터에서 군문효수형을 받고 순교하였다. 이로 인하여 병인양요가 일어나게 되었다.

11) 대원군의 부인 : 여흥부대부인 민씨(驪興府大夫人閔氏)로 고종의 모친이다. 고종의 유모였던 박마르타를 통해 일찍이 천주교에 귀의하였으며, 이러한 연유로 고종 초기 프랑스 선교사와 천주교도의 힘을 빌려 방아책(防俄策)을 실천에 옮기려 했으나 실패하였다.

12) 페롱(Férron) : 파리외방전교회 소속 선교사로 한국성은 권(權)이다. 1857년 국내로 들어와 경상도 서북 지방을 중심으로 전교 활동을 하던 중 1866년에 병인박해가 일어나자, 조선의 참상을 알리기 위해 리델 신부를 청나라에 보내고 자신도 본국에 돌아가 박해 실상을 전하였다.

13) 칼레(Calais) : 파리외방전교회 소속 선교사로 한국성은 강(姜)이다. 1861년 4월 조선에 입국하여 경상도 서부 지역에서 전교 활동을 벌였다. 1866년 병인박해로 여러 차례 위험을 넘기고 산속에 피신해 있다가 페롱 신부와 함께 조선을 탈출하여 중국으로 피신하였고, 이듬해부터 여러 번 재입국을 시도하였으나 실패하였다. 병인박해 때 얻은 병이 악화되어 부득이 프랑스로 귀국하였다.

14) 리델(Ridel) : 파리외방전교회 소속 선교사로 1861년 조선에 입국하여 선교활동을 하다가, 병인박해 때 청나라로 탈출하여 천진(天津) 주재 로즈 제독에게 조선의 상황과 프랑스 선교사들의 순교 소식을 전하였다. 리델은 1689년 제6대 조선교구장으로 임명되었으며, 1887년 다시 조선에 입국했지만 체포되어 감옥생활을 하기도 하였다.

침저녁을 기약할 수 없는 목숨을 근근이 보전하고 있었다.

세 사람은 상의를 한 끝에 조선의 상황을 프랑스 본국 정부에 보고하고 이에 대한 대책과 보호를 요청하고자 하였다. 이에 세 사람 가운데 나이가 가장 젊고 조선말이 능숙하며 아울러 담력도 있고 한 리델 신부가 자진하여 그 소임을 맡기로 하였다. 그리하여 그해 4월 17일 은밀히 서울을 떠나 황해도의 연안(延安)·해주(海州)를 거쳐 장연(長淵)을 지나 몽금포(夢金浦)[16]에 이르러 거기서 배를 얻어 탔다. 중국 천진(天津)에 닿은 것은 떠난 지 40여 일[17]만인 5월 7일이었다. 문자 그대로 몇 번의 죽을 고비를 넘긴 그야말로 구사일생의 탈출행이었다.

천진에는 때마침 프랑스 아시아함대가 전부 결집해 있었다. 리델 신부는 천진에 도착하자마자 로즈 제독을 만나 대원군의 금교(禁敎) 사실을 비롯하여, 10여 인의 프랑스인 선교사와 많은 조선인 천주교도가 학살을 당한 것과, 그리고 그 정치적 관계로는 조선에 종주권(宗主權)을 가진 청나라 이홍장(李鴻章)[18]의 배후 조종과 러시아의 모략적 선동이 숨어있다는 것을 지적하며 보고하였다. 리델 신부는 다시 북경(北京)으로 가서, 청나라 주재 프랑스 공사(公使) 벨로네(Bellonet)에게도 같은 사실을 보고하였다.

이때 청나라에서는 영국과 프랑스가 공동으로 청나라 조정에서 벌인

---

15) 청파(靑坡) : 현 서울 용산구 청파동.

16) 몽금포(夢金浦) : 황해도 용연군 몽금포리에 있는 미포구로서 북으로 초도, 남으로 장산곶이 바라보이는 곳에 위치하고 있다.

17) 40여 일 : 원문에는 40여 일이라 하였으나, 실제 소요 기간은 20여 일이다.

18) 이홍장(李鴻章) : 중국 청나라 말기의 정치가. 청말 주요 외교 문제를 장악, 이이제이(以夷制夷)로 열강들을 서로 견제시키면서, 양보·타협 정책을 취했다. 시모노세키 조약에 조인했고, 베이징 조약 등에 관여했다. 조선 내정과 외교에도 깊이 관여하였다.

금교 사건을 위압적으로 처결하여[19] 의기양양하던 참이었다. 그런데다 프랑스 본국으로 말하자면, 나폴레옹 3세가 제위에 올라, 사실 그다지 실력도 없으면서-머지않아 몰트케(Moltke)의 프로이센(Preußen) 군대의 일격을 받아[20] 계란 껍데기같이 부서져 버릴 허망한 것이었으면서-그러나 아직은 그 외숙이었던 나폴레옹 1세의 남은 위엄을 빌어 심히 기세가 등등하여 눈에 보이는 사람이 없을 무렵이었다.

벨로네 공사, 로즈 제독은 크게 격노하였다. '사백여 개의 주(州)를 호령하는 대제국 청나라 조정도 감히 우리들을 업신여기지 못하는데, 하물며 청나라의 일개 속국이요 조그마한 고려왕으로 앉아서 복음의 사도인 우리 프랑스 국민을 아무런 죄도 없이 학살하며 프랑스 국교에 귀의하는 인민을 살육하는 등, 우리 대프랑스제국과 우리의 황제폐하에 대하여 감히 그와 같은 무례를 행하다니!' 하는 것이었다.

벨로네 공사는 즉시 청나라 조정에 대하여, 조선국의 불법을 응징하는 군사행동을 일으킬 것을 통고하였다. 이와 동시에 로즈 제독은 순양함(巡洋艦)[21] 프리모게(Primauguet)호, 보지함(報知艦)[22] 데룰레드

---

19) 청나라에서는 …… 처결하여 : 1856년 애로우호 사건과 프랑스인 선교사 처형을 구실로 전쟁을 벌인 제2차 아편전쟁에서 영국 프랑스 연합군의 승리로 텐진 조약, 베이징 조약을 맺은 것을 말한다.

20) 몰트케(Moltke)의 프로이센(Preußen) 군대의 일격을 받아 : 1870년~1871년에 독일 통일을 이룩하려는 프로이센과 이를 저지하려는 프랑스 간에 벌어진 전쟁을 말하는데, 이 전쟁에서 프로이센이 승리를 거두었다. 몰트케는 당시 전쟁을 승리로 이끈 프로이센의 지휘관이었다.

21) 순양함(巡洋艦) : 전함보다 빠른 기동력과 구축함보다 우수한 전투력을 지닌 큰 군함. 기동력과 전투력이 우수하여 정찰, 경계, 공격 등 여러 목적에 쓰인다.

22) 보지함(報知艦) : 적의 동향을 정찰하여 본 함대에 보고하거나 명령을 전달하는 빠른 군함.

(Deroulede)호, 포함(砲艦) 타르디프(Tardif)호의 세 척으로 된 작은 함대를 편성하였다. 이에 로즈 제독이 직접 지휘하여 천진을 떠나 9월 21일 인천만을 거쳐 22일에 그와 같이 강화해협으로 유유히 들어온 것이었다.

이 함대에는 앞에서 언급한 리델 신부가 통역 겸 정보 담당자로서 함께 타고 있었다.

3.

강화해협으로 들어온 프랑스의 소함대는 기함(旗艦)[23] 프리모게호가 손돌목에서 좌초하여 움직이지 못하고 보지함 데룰레드호와 포함 타르디프호만이 경강(京江)[24] 수로를 따라 양화진(楊花津) 부근까지 거슬러 올라갔다. 올라가면서 마침 문수산성(文殊山城)[25]이 성벽과 포루(砲壘)로 잘 요새화되어 있는 것을 보고는 약간의 포격을 가해 시험하였으나 이렇다 할 전과는 거둔 것이 없었다.

프랑스 함대가 이와 같이 경강 수로를 거슬러 올라가면서 요새에다가 포격도 해 보고 한편으로는 정황도 정찰하면서 얻은 결론은, 조선

---

23) 기함(旗艦) : 함대의 군함 가운데 지휘관이 타고 있는 배. 대개 지휘관의 지위를 상징하는 기가 달려 있다.

24) 경강(京江) : 예전에 서울의 뚝섬에서 양화 나루에 이르는 한강 일대를 이르던 말. 서울로 오는 세곡, 물자 따위가 운송되거나 거래되었다.

25) 문수산성(文殊山城) : 경기도 김포시 월곶면 포내리에 있는 조선시대의 산성. 갑곶진과 함께 강화의 입구를 지키던 성으로, 숙종 20년(1694)에 처음 쌓고 순조 12년(1812)에 고쳐 쌓았다. 병인양요 때 프랑스군과 치열한 전투를 치른 곳으로, 지금은 성벽과 문루가 없어지고 산등성이를 연결한 성벽만 남아 있다.

측의 방비 태세와 천험(天險)의 견고한 형세로 인하여 세 척 정도의 소함대 병력을 가지고서는 도저히 소기의 목적을 이룰 가망이 없다는 것이었다.

로즈 제독은 세 척의 소함대를 거느리고 와서 또 몇 방의 함포를 터뜨림으로써 능히 그 '야만적이고 무례하며 잔학하고 무도한 고려왕'을 항복시킬 수 있다고 여겼던 자신의 무모하고 경솔한 생각을 뉘우쳤다. 이에 앞으로 나아간 두 함선을 불러내려 급히 청나라 천진의 기지로 일단 퇴각을 하였다. 그것이 9월 27일이었다.

한편 북경의 청나라 조정으로부터 통고가 있기도 하였기에, 대원군은 프랑스 함대가 반드시 재차 많은 병력으로 습격해 올 것으로 짐작을 하고 급히 대대적으로 방비를 하였다. 먼저 문수산성, 통진(通津), 강화부중(江華府中), 갑곶(甲串), 광성진(廣城津), 정족산성(鼎足山城), 덕진(德津), 초지(草芝) 등의 성새(城塞)와 포루[26]를 수리하거나 보강하고 각지에 우세한 병력을 배치하였다.

그밖에 인천(仁川), 부평(富平), 양화진, 서강(西江), 행주(幸州), 여현(礪峴)[27], 임진(臨津), 파주(坡州), 장단(長湍), 연안(延安) 등 수도 서울에 대한 외곽지대에도 상당한 방비를 베풀었다. 이때에 동원된 병력은 모두 3만 명 이상이었다.

대원군은 그렇게 하는 동시에 다른 한편으로 각지의 보부상 패를 불

---

26) 성새(城塞)와 포루 : 강화도 주변 외적을 방비하기 위해 설치한 5진(鎭)과 7보(堡)를 합친 12곳의 군사시설을 말한다.

27) 여현(礪峴) : 여석현(礪石峴) 일명 숫돌고개로, 현 경기도 고양시 덕양구 신도동에 위치해 있다. 오금동에서 삼송동 쪽으로 넘어가는 통일로에 있는 고개로, 이 산등성이에서 칼을 가는 숫돌이 많이 생산되었다 하여 붙여진 이름이다.

러올려 식량 등 군용품(軍用品)을 짊어서 나르게 하고 또 백정이나 도살업자를 뽑아 국내의 천주교도들을 단속하게 하였다. 왜냐하면 맨 처음 프랑스 함대가 쳐들어왔을 때 국내에 있던 천주교도들이 프랑스 함대에 식량이나 정보 등을 제공하였다는 이야기가 있었기 때문이다. 대원군은 그러한 모습을 매우 괘씸히 여겨 천주교도들에 대한 탄압을 극도로 가혹하게 하였다고 한다.

천주교도들이 프랑스 함대에 내응(內應)한 것에 대해서는 그 견해가 여러 가지로 다르게 나타난다.

문제의 원인 여하를 막론하고 프랑스 함대의 내침은 조선과 프랑스 양국이 교전 상태에 들어가 있음을 말하는 것이다. 따라서 프랑스 함대는 조선 국민에게 있어서는 엄연히 적군이었던 것이다. 그러므로 천주교도들이 프랑스 함대에 식량이나 정보를 제공한 것은 분명한 이적행위이자 곧 매국 행위를 저지른 것이라고 볼 여지가 있다.

보통 연애와 신앙은 국경을 초월하는 것이라고 한다. 연애나 신앙을 위하여 나라를 저버리는 경우도 있기는 할 것이다. 그렇지만 그것은 연애나 신앙을 위하여 적들에게 나라를 팔아도 상관이 없다는 것은 아니다.

일부 천주교도들이 개인적으로 또는 우발적으로 무분별한 행동을 하였다면 모르겠지만, 불행하게도 그것이 '천주교회 측의' 의사에 따른 것이었다고 한다면 이는 역사가의 준엄한 꾸짖음을 면하기 어려운 행동거지였다고 할 것이다.

이러한 폄하 비판에 대하여 한편으로는 전혀 반대되는 주장도 있다. 천주교도들이 프랑스 함대에 내응을 하였다는 것은 전혀 그러한 사실이 없으며, 이는 대원군이 천주교도들을 학살하는 데 있어 국민의 지지를 받기 위해 꾸민 한낱 모략에 불과하다는 것이다.

그러나 가령 그것이 사실이었다고 하더라도 그것을 가지고 지금 와서 규탄을 받을 거리는 없다. 신앙이 민족의식이나 국민의식보다 훨씬 굳세게 나타나는 많은 경우를 동서양의 역사에서 흔히 볼 수 있다.

대원군의 금교(禁教)와 천주교도들에 대한 대량 학살은 부당하기 다시 없는 폭정(暴政)이었다. 당하는 사람의 입장에서 보자면, 그처럼 억울한 경우가 있을 수 없다. 따라서 원한과 복수에 대한 생각에 골몰하였을 것이다. 그런 상황에서 프랑스 함대가 쳐들어온 것이니, 그들의 힘을 빌어 원수를 갚고 나아가서는 신교(信教)의 자유를 얻게 될 줄로 크게 기대하면서 저편을 환영하는 뜻으로 또 돕고자 하는 뜻으로 식량이니 정보니 하는 것을 제공하고 싶었던 것은 차라리 떳떳한 인지상정이라 할 것이다.

게다가 정부와 국가는 다르다. 당시의 천주교도들이 프랑스 함대에게 식량이나 정보를 제공한 것은 학정을 하는 당시 조선 정부에 대한 반정부적인 행동은 될지언정 그것이 곧 반국가적이기까지 한 것은 아니다.

이러한 주장도 성립이 되자면 전혀 못 될 것은 아닐런지도 모른다.

4.

10월 13일−음력으로는 9월 5일−예기하였던 바와 같이 프랑스 함대는 대규모 함대로써 다시금 강화해협에 나타났다.

전함 게리에르(Guerriere)호를 기함으로 해서 로즈 제독이 여기에 탑승하고 순양함 라플라스(Laplace)호와 프리모게호, 보지함 키엔샹(Kien-

Chan)호와 데룰레드호, 포함 브르통(Brethon)호와 타르디프호 이렇게 일곱 척으로 편성된 조선 원정 함대는 당시 아시아 해역에 있어서 제일가는 대함대였다고 할 수 있다. 거기에다 일본 요코하마(橫濱)에 와 있던 육백 명 육전대(陸戰隊)를 실은 두 척의 수송함이 또한 따라왔으니, 대단히 강력한 군세(軍勢)라고 할 수가 있었다.

함대에는 이번에도 리델 신부가 통역 겸 정보 담당자로서 함께 타고 있었다. 그는 지난번 제일차 출동에도 같은 소임으로 편승을 하였었다.

전투는 시작되었다. 초지 포대를 비롯하여 덕진, 광성진, 갑곶, 문수산성 등 양안(兩岸)의 요새가 차례차례로 프랑스 함대로부터 정확하고도 파괴력 큰 함포 사격 앞에 하잘것없이 파괴되어 고요해졌다.

당시 조선측의 화력이 약한 비포(備砲)와 연약한 포루(砲壘)로는 적 함대의 맹렬한 공격을 감당해 낼 수가 없었다. 함포를 이용한 공격전에서는 그리하여 프랑스군 측이 우선 승세를 잡은 셈이었다. 그러나 함포에 의한 공격의 성공만으로 전투의 승패가 최후의 결정이 나는 것은 아니었다.

한강(漢江)은 수심이 얕기 때문에 전함과 두 척의 순양함은 강화해협에서 이상 더 행동의 자유를 가질 수가 없었다. 또 두 척의 보지함과 두 척의 포함은 지난번과 같이 양화진 부근까지 거슬러 올라갈 수가 있었으나, 조선 측에서 수로를 메워 놓았기 때문에 역시 그 이상은 나아가지 못하였다.

프랑스 함대가 취할 수 있는 방도라고는 이제 육전대를 풀어 육로를 따라 진격하여 수도 서울을 함락시키는 수밖에 없었다. 그러나 그것은 결코 수월한 일이 아니었다.

5.

한성근(韓聖根)[28)]이 지키는 문수산성을 함포 사격을 통해 파괴하여 침묵시킨 후, 로즈 제독은 육전대 삼백오십 명을 상륙시켜 통진·김포를 거쳐 수도 서울로 진격하는 시험을 하였다. 그러나 통진·김포 사이의 지점에는 미리부터 대규모 부대가 배치되어 있었을 뿐만 아니라 문수산성에서 퇴각한 한성근이 이곳을 지키고 있다가 문수산성에서 당한 패전의 분풀이를 보기 좋게 해치웠다.

프랑스 군대는 잠깐 동안의 격전 끝에 시체 이십여 구를 내버리고 퇴각을 하였다. 프랑스 군대가 비록 화기(火器)가 정밀하고 우수하며 전투 훈련이 철저하게 잘 되어 있던 것은 사실이었지만, 지리에 익숙하고 수효가 절대적으로 우세하며 겸하여 사격이 정확한 조선 측의 저격부대 앞에서는 오금을 쓰지 못하였던 것이었다.

수도 서울로의 진격에 실패한 로즈 제독은 대신 강화성(江華城)을 점령하였다. 강화성은 이장렴(李章濂)[29)]이 일천오백의 군사로 지키고 있었는데 불과 사오백 명의 프랑스 군대에게 제대로 된 저항도 못하고 성을 버리고 퇴각하였다.

강화성을 점령한 것이 10월 16일이었는데, 로즈 제독은 천주교도 학

---

28) 한성근(韓聖根) : 조선 말의 무신으로, 자는 원집(元執), 호는 이력(履歷)이다. 1866년 병인양요 때 순무영 초관(巡撫營哨官)으로 문수산성을 수비하여 공을 세웠고, 1881년 신식 군대인 별기군이 창설되자 정령관(正領官)으로서 군사훈련에 힘썼다. 병조참판, 한성부 판윤 등을 역임하였다.

29) 이장렴(李章濂) : 조선 후기 무신으로, 자는 제경(霽卿)이다. 무과에 급제하여 황해도 수군절도사를 지냈으며, 대원군의 중용으로 1866년 병인양요 때 진무사(鎭撫使)가 되었고, 1868년에는 병인양요로 한때 함락되었던 강화부유수가 되어 혼란된 민심을 수습하였다.

살에 대한 보복과 조선 측에 대한 공갈 협박을 목적하였는지, 강화성 내부에 불을 질러 시가지 전체를 불태워 버리는 짓거리를 자행하였다. 불을 지르기 전에 강화 점령의 전리품으로 대포 팔십사 문, 화승총 일만 정, 다량의 화약과 다량 쌀과 소금, 마제은(馬蹄銀)[30] 사십구만칠천 프랑, 민가에서 뺏은 비단, 다수의 미술품 및 도자기, 그리고 조선의 국보(國寶)인 사서(史書) 육천 권[31]과 진서(珍書) 삼천 권, 아홉 개의 옥새(玉璽) 등을 약탈하는 것도 잊지 않았다.

강화성을 그와 같이 마음껏 약탈하고 불태우고 하고 나서, 로즈 제독은 리델 신부를 시켜 대원군에게 항복을 권고하는 사자(使者)를 보냈다. '우리가 강화성을 점령하고서 취한 행동을 보면 대원군도 겁이 나서 항복을 하겠지?' 이런 생각이었던 모양이다.

항복의 조건은 다음과 같은 따위였다.

一. 프랑스인 선교사를 살해한 범인을 혐히 처형할 것. 그에 대한 배상금을 물 것.
一. 책임 있는 정부 고위 관리를 보내어 사죄를 할 것.
一. 프랑스와 수호통상조약(修好通商條約)[32]을 맺을 것.

---

30) 마제은(馬蹄銀) : 중국에서 쓰던 옛 화폐의 하나. 말굽 모양으로 된 은덩이로서 보통 무게가 50냥 가량 나간다.

31) 사서(史書) 육천 권 : 1782년 정조 때 조선 왕실 관련 서적을 보관할 목적으로 세운 강화도 외규장각 소장 서적들을 말한다.

32) 수호통상조약(修好通商條約) : 조선이 프랑스와 정식으로 수호통상조약을 맺은 것은 이로부터 20년이 지난 1886년이다. 이로 인해 프랑스인의 조선 내지 이동이 가능해짐으로써 사실상 프랑스 선교사들의 활동이 가능해져 천주교 전교가 활발해지기 시작하였다.

이 수호통상조약이야말로, 그들의 은근히 주장하고자 하는 요구인 것은 물론이었다.

조선 조정에서는 일찍이 경험해보지 못한 강화성의 참상 소식을 듣고, 화평(和平)의 논의가 한 구석에서 일어나기는 하였다. 그러나 전권을 쥐고 있던 대원군은 이에 응하지 않았다.

대원군은 고집이 세고 대세에 어두웠을망정 그리 녹록한 위인은 아니었다. 가령 외국 군사 다섯 명만 쳐들어와도 덜덜 떨면서 청나라에 구원병을 요청하고, 병정이 세 놈만 병란(兵亂)을 꾸며도 임오군란(壬午軍亂)의 경우처럼 덜덜 떨면서 청나라 군대를 불러들이고 하던 구한말 조정의 불알 반쪽밖에 없는 용렬한 금관자 옥관자들[33]과는 담보[34]가 우선 달랐다. 대원군 그는 청나라에 구원병을 요청할 생각 같은 것은 애초에 생각지도 않았다. 화평이라니 당치도 않은 수작이었다.

대원군은 프랑스 군대의 사자를 불러 세우고 한바탕 꾸짖었다.

"함부로 남의 나라에 들어와, 국금(國禁)[35]을 범하여 가며 풍속을 해치고 교화를 깨트리며, 특히 선영(先塋)에 봉제사를 폐하게 하는 사도(邪道)를 퍼뜨리는 오랑캐의 무리는 죽이는 것이 당연하다. 앞으로도 내외국인을 막론하고 적발되는 대로 조금도 용서하지 않고 극형에 처할 것이다. 오랑캐의 무리와 수호(修好)가 무엇이며, 통상(通商)이 어디 가당키나 한 것이냐! 너희들이 힘이 있거든 어디 한양까지 쳐들어와 보거라!"

대원군은 이처럼 당당히 사자에게 반박을 하였다. 그리하여 로즈 제

---

33) 금관자 옥관자들 : 금이나 옥으로 된 관자를 달 수 있는 고관대작 및 왕과 왕족을 가리킨다.

34) 담보 : 겁이 없고 용감한 마음씨.

35) 국금(國禁) : 나라의 법으로 금지함. 또는 그렇게 금한 일.

독의 기대는 그만 어그러지고 말았다.

6.

로즈 제독은 마음속으로 암담하였다. 보아하니, 불과 이천 명의 병력으로 수도 서울을 함락시켜 그 '야만적이고 무례하며 잔학하고 무도한 고려왕'의 성하맹(城下盟)[36]을 받아 낼 승산은 도저히 없었다. 그런데다 일기(日氣)는 점차 추워 오고 군량과 탄약도 부족해지고 이로 인해 군대의 사기는 침체되어 가고 있었다.

남의 속도 모르고 리델 신부는 옆에서 계속 기회에 정예 군사를 뽑아 수도 서울로 진격하자고 조르는 것이었다. 하지만 이는 무모한 제갈량(諸葛亮)[37]으로밖에는 보이지 않았다. 로즈 제독은 차라리 강화성을 공격하여 함락한 사실이 있으니 그 전리품을 싣고 엔간히 돌아가 어물어물 승전의 보고를 본국에 아뢰는 것만 못한 노릇이었다.

때마침 정족산성에 조선군이 결집하였다는 보고가 들어왔다. 로즈 제독은 그러면 이것이나 뚜드려 잡아 전승 보고의 재료에 추가하고자 하여 각 함선으로부터 날래다는 병정으로 일백육십 명을 뽑아 10월 20일 아침 갑곶을 거쳐 정족산성으로 진격하였다. '조선의 군사들이 그리 대

---

36) 성하맹(城下盟) : 적국과의 전쟁에서 패해 적군이 도성 아래까지 임박하여 굴욕적으로 맺는 맹약을 말한다. 『춘추좌전(春秋左傳)』 환공(桓公) 12년조에 "초(楚)나라가 교(絞)를 공격하여 크게 격파하고 성하지맹을 체결한 뒤에 돌아갔다."라고 한 데서 연유한다.

37) 무모한 제갈량(諸葛亮) : 무모한 전략을 펴는 책사라는 뜻이다. 제갈량은 삼국시대 촉한의 군사 전략가로서 유비를 도와 촉한을 세웠다.

단하랴?' 하고 생각하여, 프랑스 군대는 마치 원족(遠足)[38]이나 가는 것처럼 잡담을 지껄이고 콧노래로 〈라 마르세이예즈(La Marseillaise)〉 프랑스 국가를 부르면서 갑곶에서 남쪽으로 칠 리 정도 거리에 있는 정족산성을 바라보며 나아갔다. 백발백중의 화승총을 쏘는 저격병과 평양(平壤)에서 온 병정(兵丁) 3백 명이 성문 안쪽 제일선에 잔뜩 배치되어 있는 줄은 물론 알 길이 없었다.

성문 백 미터 지점까지 프랑스 군대가 접근하였을 때였다. 별안간 성문 좌우의 성벽 안으로부터 정확하기 다시 없는 사격의 총탄이 일제히 쏟아졌다. 이에 단박에 삼십여 명의 프랑스 군사가 꺼꾸러지고 인하여 대오가 흐트러지더니 그만 더 이상 지탱을 하지 못하고 퇴각하였다. 로즈 제독은 이튿날인 10월 21일 전함대를 거느리고 본거지인 청나라 지부(芝罘)[39]로 물러가 버렸다. 이것이 이른바 병인양요라는 것의 대강 경과이다.

승부가 어느 편에 있는지 모르는 싸움이었으나 대원군은 조선의 승리로 판정을 하였다. 따라서 그의 외세를 배척하려는 열기는 한층 더 높아졌으며 유명한 '서양 오랑캐가 침범하는데 싸우지 않는 것은 곧 화친을 하자는 것이고 화친을 하자는 것은 나라를 파는 것이니 이를 만년토록 자손들에게 경계하노라.[洋夷侵犯, 非戰則和, 主和賣國. 戒我萬年子孫.]'라는 척화비(斥和碑)가 서울을 비롯하여 전국 각지에 세워지게 되었다.

어떤 역사가는 병인년 프랑스 함대의 내습 침공을 패퇴시킨 것은,

38] 원족(遠足) : 기분을 돌리거나 머리를 식히기 위해 야외에 나가 바람을 쐬는 일.
39] 지부(芝罘) : 현 중국 산동성 연대시.

조선의 영예라기보다는 들어오는 서구의 문명을 구태여 막아버린 오히려 불행이었다고 말하는 이도 있다. 일리 있는 주장이라 할 만하다.

그러나 서구의 문명을 받아들이자면 약소민족이었던 조선의 입장에서는 한편으로 그들의 식민지 또는 상품 식민지화라는 커다란 대가를 치를 수 있는 위험성도 다분히 있었다. 이런 측면을 생각할 때, 병인양요의 승리(?)는 결국 득실이 반반이 아니었을까. 물론 그 뒤 십 년이 겨우 지나 일본과 맺은 강화도 조약(江華島條約)에서 조선은 결국 강대국에 의해 식민지화되는 첫걸음을 내딛고 말았으니, 이러니저러니 할 것도 없기는 한 것이지만.

-〈병인양요(丙寅洋擾)〉 완(完)-

제2부

원문 입력 및 교감

梁憲洙, 『丙寅日記』[1]

丙寅九月初三日

自濟州牧, 蒙恩除同副承旨, 遞來納符到家, 聞於八月旣望, 洋賊二船, 直入西江, 一宿而去. 都城內外俱動, 無不挈眷避走. 在途中, 果見內行接續, 行事甚不便.

六日

洋船復入, 犯沁都, 急報至.

七日

廟堂擬設巡撫營. 是日, 舟橋堂上申觀浩, 議將沉船塞鹽倉項, 稟于雲峴宮, 以余爲舟橋都廳之意牢定.

八日

訓局右部千摠, 啓下. 是日, 設巡撫營于禁衛營, 大將李景夏, 中軍

1) 丙寅日記 : 양헌수의 문집 『하거집(荷居集)』에는 '出戰日記'로 되어 있다.

李容熙, 余則巡撫千摠, 劃下, 又舟橋都廳, 啓下.

九日

子時, 巡撫中軍千摠, 以先鋒領軍出去, 步軍五哨, 馬兵一哨. 巳時, 到楊花津中火, 沁都失守, 急報至. 時大院位駕臨親犒軍, 坐於鎭衙. 余入禀告曰: "倉卒動軍, 器械未備, 奈何." 曰: "卽當備送, 勿慮也." 又禀曰: "軍中以和同爲主, 今各營恐有葛藤之慮, 請使歸一, 共濟大事." 曰: "當依禀矣." 又禀曰: "今伏聞, 楊根李掌令, 以同副承旨, 承召云, 此卽小人之先生也. 當此有事之時, 恐當膺命登筵矣. 山林宿德之士, 豈有目前奇策, 卽地破賊者乎. 其所奏達, 恐不出於治本二字, 伏乞毋歸迂遠優禮容受焉." 曰: "當依禀也." 卽退發行, 宿陽川, 自在路中, 嚴束軍兵, 無得侵掠民物.

十日

曉發, 午到金浦. 有民傳通津失守, 吏民空舍逃散云. 卽令二校先行, 一以探賊虛實, 一以募諭吏民, 使之卽速還集, 安意收穫, 切勿妄動. 申時, 到陽陵橋, 通津府使李公濂, 身齎印信而來待, 蓋以昨午賊猝入本府, 吏民驚散, 府使暫避村舍, 今才來待云. 戌時, 行軍到通津, 昨日賊徒百餘掠貨而去云. 乃結方陣于官門前路, 自入通津初境, 至此四十里之間, 村落邑府, 未見一民一吏. 荒凉蕭瑟, 愁慘驚心. 每或得遇一人, 輒執手而諭之, 使之傳告還集. 安意收穫, 毋或失時, 吏民稍稍來歸. ○是日, 下馬後, 中軍使余構檄, 夜令刑曹吏吳義植書之.

十一日

早使別武士池弘寬揭檄, 往甲串津, 搖手招賊, 賊刺小艇而來受檄, 幷載池弘寬而去. 饋以酒肴. 一賊持檄, 用小船, 飛往仁川前洋碇留大船. 申時量, 受回檄而來傳. 戌時量, 還到. 夜以檄草與回檄報于巡撫營.

○早飯後, 率前排, 登後麓望賊勢, 蓋距甲津爲五里許也. 賊船二大隻, 碇留甲串前洋, 三大船留孫石項外仁川前洋, 二大船留月串前洋, 共七大舶也. 其外小艇不知其數, 或黑或白, 惟意往來, 其疾如飛, 氵心都城內外, 行如玄蟻者, 彌亘四處, 若見我軍之黑衣者, 現于遠處, 則輒自舶中發大碗口一二放或三四放, 其丸或小或大, 或長可一尺或六七寸, 大或三手圍, 小或兩手圍, 遠或過二十里, 近不下十里五里, 蓋其遠近, 以其發機之任意低昂也. 凡留陣應賊, 必先防守要害, 可備不虞, 而客地初到, 未諳形便. 探得邑居士人李晩奎-後改名爲寅晩-[2], 出帖白衣從事, 邀與同周旋, 卽與共行傍近, 詳察地形. 有一民舍, 只有一嫗, 使旗手招之, 其嫗畏怯避之. 邑民車再俊適見之曰: "此我國兩班也, 勿畏而來待云." 民情之驚怯, 可知也.

○水踰峴左右, 發一哨軍埋伏, 使車再俊往村間買蓋草. 李晩奎自伐其墓木, 造軍鋪幕, 軍中無斧钁等物, 使李晩奎每日以五錢出貰于民家, 則凡係鐵物, 被賊掠去, 又民各携持而遁, 不得已代用刀槍, 苟艱極矣. -钁, 廣伊也.-

---

2) 後改名爲寅晩 : 『荷居集』에는 이 같은 부가기록이 더 있다.

十二日

前水使趙羲復時帶訓局左別將，率馬兵二哨以繼援陣下來，結陣于邑府五里亭.

十三日

因李晩奎薦，以石井里士人李重允，出帖白衣從事.

十四日

使哨官閔尙鉉，率巡牢洪連孫，微服自月串津潛渡，往探賊情，經二夜而還.

十五日

使大旗手李三吉，率砲手二十名，往伏于浦內村. -賊船至近處水踰峴越邊.-

十六日

發卄四名，往伏于新德浦村舍，以侯賊船來往. 奉常奉事韓聖根-文臣參下槐山人-承雲宮-{雲峴}[3]-分付，率廣州別破陣五十名下來，往伏于文殊山城內.

---

3) 雲峴 :『荷居集』에는 부가기록 '雲峴'이 있다.

十七日

以微服率一二人, 徒步往文殊山城, 詳察形便, -距賊一里許- 勞問砲手而還.

十八日

賊乘小艇, 直泊于文殊南門外. 韓聖根先放二丸, 殪賊數名, 賊大至, 衆寡不敵, 砲手死者四名, 餘皆逃走, 韓亦逃免. 賊遂燒南門樓及城內民家二十九戶, 殺民一名, 砲手一名被擄而去. 急報至大陣, -相距十里- 卽發前哨往救. 余亦被甲上馬, 拔劒而行, 未及中途, 韓已敗還. 余到水踰峴, 賊已退去. 韓與砲手等之敗走也, 亂竄山谷, 賊追之. 忽有大霧圍繞山腰, 咫尺不辨, 賊皆退去, 此乃王靈所曁也.

十九日

賊燒訓鍊都監火藥庫, 聲動天地. 自此每日自濟物鎭, 以至廣省{*城}[4]鎭, 官舍與軍器庫, 無不被燒.

卄日

關東畿邑山砲手三百七十名來到. 賊自初到, 凡我沿浦上下, 公私船隻, 無不燒毁, 我軍雖欲冒礮渡涉末由也. 自舟橋所指揮京江船十六隻, 來待於祖江, 而無以運致于甲串津矣. 月串碇留船賊, 以小艇乘潮而上, 礮破一船, 格卒夜逃, 只有空船而已. 使廣州別破陣四

4) 省 : 문맥을 고려하여 '城'으로 바로잡음.

十五名, 京畿砲手五十名, 往伏于康寧浦, 以備賊來. 白衣別軍官安命鎬往留康寧浦, 造筏將以火攻. 余謂李重允曰: "出征將士來此已十許日, 而未得前進一步地, 日見賊勢跳踉, 我軍氣縮, 吾輩徒糜國穀, 軍粮難繼, 國計罔涯, 食不下咽, 其將疽發背而死矣. 毋論大小, 有船然後可以有爲, 君其周旋探得私船之藏在沿浦者, 使之曳藏于德浦內港, 賊所不見處, 以待之也." 曰: "謹當如戒矣." 後數日, 果得五小船藏之云.

廿一日

余曰: "大軍之來, 今已一旬, 賊尙未知[5], 今夜則, 當挺身現形于水踰峴, 一以耀武, 一以誑賊, 使其虛費砲丸也." 衆皆挽止, 亦多譏笑. 乃於夜半, 只率前排, 燈籠一雙, 旗燈三竿, 松炬數十柄, 潛往倏登於水踰峴, 列立以耀之, 賊船上, 亦列燈照爍[6]. 少焉皆滅, 余與軍卒, 依岸以避身, {已而}[7]果霹靂掀轟, 凡七次, 丸聲如鵰而過吾頭上者, 光芒奪目, 如赤箭飛射, 落于過吾身五六十步許. 落後更躍而去者三四箇. 余乃還陣, 一軍莫不危之.

廿二日

使前排覓昨夜賊礮彈之跳躍者, 拾二丸而來. 其長其大, 果如上所云長大者.

---

5) 知 : 『荷居集』에는 '覺'으로 되어 있다.
6) 爍 : 『荷居集』에는 '耀'로 되어 있다.
7) 已而 : 『荷居集』에는 '已而'가 있다.

廿三日

在本陣上, 點閱軍兵器械.

廿四日

白衣別軍官李重允, 果得民間小艇五隻而來, 故仍藏置于德浦內港, 以備及時之用.

廿五日

在本陣上, 試關畿砲手之能否.

廿六日[8]

巡于各哨而勞之, 嚴其師律, 以收其懈惰之心.

廿七日

聞德浦邊距邑二十里, 賊船往來之地, 有可以埋伏處, 使別軍官李鉉奎·李秉淑先往詳審. 余則與李豐川基祖偕往康寧浦, 勞問防守砲手[9], 擧千里鏡, 視石隅碇留賊船, 賊皆白衣而坐, 蓋{是奪於}[10]沁民衣服[11]也. {歷}[12]安命鎬造筏, {尙}[13]未成矣. 夕還大陣, 兩軍官還報,

---

8) 廿二日 …… 廿六日 : 『丙寅日記』에는 9월 22일부터 26일까지 5일 치의 기록이 없으나, 『荷居集』에 있는 내용을 추가하였다.

9) 砲手 : 『荷居集』에는 '軍'으로 되어 있다.

10) 是奪於 : 『荷居集』에는 '是奪於'가 있다.

11) 衣服 : 『荷居集』에는 '者'로 되어 있다.

12) 歷 : 『荷居集』에는 '歷'이 있다.

形便果可云.

廿八日

與李豐川·趙水使·二李軍官·朴鼎和偕往德浦鎭, 審察埋砲形便, 則果然甚好[14]. 李豐川意欲主張設計, 故任其所爲. 余則獨與鎭卒一名, 陪隷二名, 徒步馳到岷俗所稱孫石塚邊, 拱手立語曰: "使孫[15]果尙有靈, 則忠憤亘古, 乞覆過此之賊船, {必}[16]如文殊山城發[17]霧護師也." 又自矢心曰: "倘仗王靈, 致身於江華一步地, 則死無餘憾." 如狂如譫[18], 悄坐塚傍, 隔海注目, 惟在江華, 忽見一小山城, 半天突兀, 氣色和吉, 如平生親友, 邂逅喜笑, 搖手相招, 卽欲躍就而不可得. 問于鎭卒, 知爲鼎足山城. 又問知有傳燈寺, 不大不小, 又有史庫, 盖四面險阻, 只有東南兩線路, 眞萬夫莫開之地也. 還到埋砲處, 指示二李, 則日{*皆曰}[19]昨已見之矣. 余曰: "此可爲趙奢之北山也, 若得粮道不絶, 砲手五百名, 潛渡入據, 則賊在吾掌握{中}[20]矣. 吾輩爲復沁都而來, 尙未窺一步地, 雖十年留此, 將安用之, 終何以歸面吾君乎. 將還陣圖之, 與之同入何如." 二人樂從, 曰: "可勝道哉, 可勝道哉. 彼於沁都爲生方, 聞沁中士民數萬, 咸聚於此城以

---

13) 尙 : 『荷居集』에는 '尙'이 있다.
14) 好 : 『荷居集』에는 '可'로 되어 있다.
15) 孫 : 『荷居集』에는 '神'으로 되어 있다.
16) 必 : 『荷居集』에는 '必'이 있다.
17) 發 : 『荷居集』에는 '蔽'로 되어 있다.
18) 譫 : 『荷居集』에는 '囈'로 되어 있다.
19) 日 : 『荷居集』을 참고하여 '皆曰'로 바로잡음.
20) 中 : 『荷居集』에는 '中'이 있다.

南, 如魚喁將涸之水, 令監決意入據, 則數萬生靈, 從此得活矣. 吾輩敢不左右之乎." 卽與同還, 日已曛矣. 詳陳此意於中軍, 中軍大悅. 乃抄鄕砲手三百六十七名, 京哨軍百卄一名, 標下軍三十八名, 夜造綿布袋二百五十{箇}[21), 各盛兩人二日粮, 使之{半軍}[22]各貼背後[23]. 又造黏餠-引切餠-, 各持數片{而行矣. 至數里許, 以徒行半軍輪次替負, 以便涉險之行師, 而以此下令軍中耳. 伊時}[24]李鉉奎曰: "此行令監爲主張{*將}[25], 上馬日時, 不可不審也. 今日{*明日}[26]午時爲吉云." {而明日}[27]卽卄九{爲}[28]晦{之}[29]日也.

卄九日

午時上馬, 只率標下軍先行, 盖抄軍與器械未備, 使兩軍官準備無遺, 領軍追到. 余則先到德津{*浦}[30], 日已申矣. 先審向日李重允藏港船隻, 則五隻中二隻破不堪用, 三隻中一可容七十名, 二各可容二三十名, 而水時已過, 遲[31]待夜子, 乃可一渡, 不可再渡於天明前矣. 是日自早至夜, 大風幾至拔木, 以此以彼, 不可得渡. 急招

---

21) 箇 : 『荷居集』에는 '箇'가 있다.
22) 半軍 : 『荷居集』에는 '半軍'이 있다.
23) 後 : 『荷居集』에는 '上'으로 되어 있다.
24) 而行矣……而以此下令軍中耳 : 『荷居集』에는 표시한 부분의 33자가 더 있다.
25) 張 : 문맥을 고려하여 '將'으로 바로잡음.
26) 今日 : 『荷居集』을 참고하여 '明日'로 바로잡음.
27) 而明日 : 『荷居集』에는 '而明日'가 있다.
28) 爲 : 『荷居集』에는 '爲'가 있다.
29) 之 : 『荷居集』에는 '之'가 있다.
30) 津 : 『荷居集』을 참고하여 '浦'로 바로잡음.
31) 遲 : 『荷居集』에는 '留'로 되어 있다.

李重允, 使之更探幾隻船以待. 且大軍將至, 不可不備待夕飯, 而村民只有卄三殘戶, 無以借貸升米, 探問傍近里, 有前座首, 招而問計, 李座首爲稱者曰: “此三里許, 鴈門洞李先達濟鉉者稍饒, 可邀而圖之.” 急令招問, 則曰: “穀皆在田, 無以猝辦.” 余曰: “君家當有數旬粮, 君之族黨鄰里, 皆當有幾日粮, 沒探而來則可當矣.” 李竭蹶備來者四石米, 兩目俱開, 分給鎭民造飯. 兩軍官領軍而至, 而風勢至夜尤猛, 設有船隻之備待者, 無以得渡矣. 到鎭初, 招鎭卒十餘名, 使之補塡缺船隻, 適有自家中備來錢餘在只有二兩, 出給使之療飢. 夜送李晩奎·李重允于大陣, 細陳今夜未渡之狀[32]. 且請粮道毋或缺乏矣. 及曉忽以還軍之意答來.

十月 一日 {丙戌}[33]

天明, 大陣送令箭使卽回軍, 莫知其故, 而旣見令箭則不可違矣. 盖中軍以孤軍深入, 計非萬全. 且聞自喬·松兩府, 有將發兵西渡之報, 欲待此而同渡, 以爲夾攻之計也. 不得已將回, 未及大陣十里許, 令箭又來, 使還德浦, 故余卽回馬首, 以旗麾之, 使後右哨作前左哨, 前左哨作後右哨, 軍兵則步緩力疲, 擧皆茶然. 余於馬上, 顧謂諸軍曰: “昨夜寒甚風猛, 而汝輩露處, 我心如傷. 今又冒風北行, 旋使回身, 當益寒噤矣. 然爲國臣民, 何可辭勞乎. 必須催步隨我.” 及到德津{*浦}[34], 日已晡矣. 汲汲催飯, 令三船艤待于浮來島, 二

---

32) 狀 : 『荷居集』에는 ‘由’로 되어 있다.

33) 丙戌 : 『荷居集』에는 ‘丙戌’이 있다.

34) 津 : 『荷居集』을 참고하여 ‘浦’로 바로잡음.

船于赤巖浦, 以從形便. 余出浮來, 自日入時點兵乘船, 擧皆退步. 盖三百年不知兵之餘, 京軍不知[35]師律, 况鄕砲手烏合, 都不識旗鼓節制與有進無退之義, 而猝然將入死地, 不可徒施威令. 余拔劒督之曰: “汝輩怯於上船乎. 怯兵雖十萬無用矣. 自此皆去, 吾將獨渡也.” 士卒始乃稍稍登船. 此是潛渡也, 故不用炬燭, 只持捕賊燈十箇, 分於兩處三船所載, {一}[36]百七十餘名, 發船行數十步, 忽自後麓, 有人大呼曰: “回泊軍船.” 回首視之, 夜黑無見. 此乃何許軍卒, 欲以疑亂軍心, 乘昏虛驚, 冀不得渡也. 余佯若明見, 大聲曰: “彼漢卽捉以來, 船若還泊, 手劒盡斬之.” 謂德浦僉使曰: “吾當仍坐此岸, 以待彼船還渡而乘船也.” 曰: “不可得矣. 今涉則潮漲也. 次涉則潮減也, 乘船之地, 漲減各殊, 次涉之地, 當在孫石項外, 距此幾爲十里也.” 余曰: “恐當然矣.” 還入軍幕, 坐待亥時, 扶杖徒行, 出孫石項外. 少焉船果回泊. 先渡者卽前左哨而泊于廣省鎭, 使船頭別將金聲豹前導指路, 直入鼎足山. 余則載兵百六十餘, 追渡泊于德津鎭, 使軍卒先下. 則衆曰: “彼岸林藪中, 恐有賊兵.” 余先下踏地而立脚輕心, 快如久客歸家, 揮杖於岸藪曰: “無他物矣.” 衆兵始皆下, 使鎭卒前行. 余則扶杖促步入鼎足山城, 可寅時量矣. 赤巖浦所待二船, 其一船格, 乘昏持船逃走矣. 德津下船後, 嚴束船卒, 使之速渡, 往待于赤巖浦, 戒飭畢渡後軍, 而自初次點兵時左右審視, 則棄銃棄鐙而逃者, 至於十有八名矣. 及入鼎足, 僧徒十三名迎接曰: “昨日, -卽初一日- 賊徒六十二名, 不由門路, 攀厓越城而入,

35) 不知 : 『荷居集』에는 ‘昧’로 되어 있다.

36) 一 : 『荷居集』에는 ‘一’이 있다.

先破寺中器皿, 詳視四面, 皆曰: '好哉好哉.' 自持酒肉盡醉而去. 意欲更來矣." 我兵先渡者, 皆頹頓熟睡. 余則坐待後軍, 慮無不到, 髮欲盡白矣. 至於開東, 而後軍始入南門, 點入畢, 天亦明矣.

○{日晩聞大陣之奇.}[37] 昨日午時, 自大軍{*余}[38]上馬{之}[39]後, 中軍以千摠領軍渡海之意, 上書于雲峴宮. 翌日送令箭使余回軍之後, 雲{峴}[40]宮以事機甚妙, 卽速入送下答, 故有更回德浦之令箭云. 又於其夕點兵乘船之際, 中軍致書復使回軍. 余答{書}[41]曰: 軍已乘船, 不可中止. 若復回軍, 從此以往, 無以用兵矣.

○余自家門上馬之後, 不寄一字家書矣. 點兵將渡之際, 從姪柱石來在家中侍送冬衣書, 責絶信{*余出戰之後, 點墨不及於家眷與親知, 是豈人情也云. 故}[42]. 余倉黃答書曰: 「上馬忘有家, 出城忘有身, 所以日有便而無書也, 今將渡海, 誓不生還, 栢洞案山, 吾有置標, 身後事都付於令, 幷諒爲之也.」 遂抛棄衣裍于民舍而去.

二日

天明, 執戟而巡城, 果天設之險也. 李鉉奎·李秉淑指揮周旋, 結成鼎足陣, 把守埋伏, 各得其宜. 附近洞大小民, 爭持牛酒米柴連續來納, 以供軍需. 又輸蓋草以資各處鋪幕, 須臾而成. 使沙谷居李元

---

37) 日晩聞大陣之奇 : 『荷居集』에는 표시한 부분의 7자가 더 있다.
38) 自大軍 : 『荷居集』에는 '余'로 되어 있다.
39) 之 : 『荷居集』에는 '之'가 있다.
40) 峴 : 『荷居集』에는 '峴'이 있다.
41) 書 : 『荷居集』에는 '書'가 있다.
42) 絶信 : 『荷居集』에는 '絶信' 대신에 표시한 부분의 22자가 더 있다.

根·梁英孫掌柴粮之任, 別設鄕導廳, 使洪瑨燮·鄭象默主之. 自早至暮, 民爭來賀曰: "洋賊之來, 非今則明, 民命死在朝夕矣. 乃今俱活矣." 當日犒牛十有二首, {而中}[43]有一黑牡, 夜卽宰之, 構文祭山神. 山形如鼎足之峙, 昔檀君三子各築一城, 故亦名三郞城. {祝文見文秩.}[44]

三日

辰時量, 有賊報, 登城見之, 賊將一名, 騎馬而來, 賊兵數百, 分入東南二門. 盖不知有我軍也. 哨官金沂明率砲手{一}[45]百六十一名, 埋伏于南門. 李濂率{一}[46]百五十{名}[47], 埋伏于東門. 李大興率京軍百一·鄕軍五十六, 分守西北二門以待之. 城中靜寂, 殆無鳥聲. 賊入港口, 三賊登東南門間麓, 將以登城也. 東門砲手李完甫先放殪一賊, 砲聲一發, 東南齊發, 聲震山岳, 賊之死於東門者二, 南門者四. 賊之猝聞砲聲也, 宜其驚動, 而少無退意, 見其死則左手拽其尸, 右手放其丸, 其節制之嚴如此. 我銃不過百餘步, 賊丸能及五百步, 且不用火繩而能放, 放且神速. 一場鏖戰. 至未時初, 我軍曰: "藥丸俱盡矣." 一軍失色. 余亦投刀而坐, 精神昏沮. 衆皆罔措之際, 賊亦止放而退走, 棄其輜重. 我軍將士以下, 各以弓刀追逐, 或百許步而止, 或數百步而止, 氣息喘喘, 未能更進. 是役也, 我軍死

---

43) 而中 : 『荷居集』에는 '而中'이 있다.

44) 祝文見文秩 : 『荷居集』에는 '祝文見文秩' 5자가 더 있다.

45) 一 : 『荷居集』에는 '一'이 있다.

46) 一 : 『荷居集』에는 '一'이 있다.

47) 名 : 『荷居集』에는 '名'이 있다.

者一名, 楊根砲手尹春吉也. 余枕股而哭之, 用白綿布斂而殯之. 中丸者四人中, 二人無傷, 一則余吮其血, 一則調藥救之. 卽船頭別將金聲豹, 洪川砲手李邦元也. 諸軍以賊之輜重馬驢現納, 銃刀器皿衣服飮食酒壺衾褥火藥封, 不可勝數. 中有江華府還簿冊一卷, 幷成冊送于大陣.
○酉時量, 附近洞士民咸至曰: "吾輩各登東南門外相望, 至近處山麓, 細觀接戰始末, 賊之始到東門外, 猝見城上有旗, 始有疑慮, 傍有一居民車京直, 問曰: '或有京軍來乎.' 曰: '不知也.' 賊頸刃以脅之, 而終不動{言實}[48]. 一賊呼曰: '可與戰矣.'-히보테- 及其接戰之初, 一賊乘騾曰: '吾當請援于城中也.' 未及五里, 騾忽大躍以墮之數次, 賊被傷不能動, 忿甚放丸于騾而不中. 又火藥馱馬聞砲聲而驚走遠逸. 及其敗也, 一賊呼曰: '不可勝矣.'-몯 이기겟다- 賊皆旋踵而走, {或}[49]至五里而死者十餘, 十里而死, 二十里而死者, 假量爲六七十{*百二三十}[50], 而其中一賊之死也, 衆皆哀哭, 及入城而厚斂云. 後聞沁府民言, 則厚斂者, 卽賊之謀主羅姓云." 急炊餉軍訖, 遍行勞問, 則咸曰: "賊必明日復來, 而我軍甚寡, 請加兵云." 而一軍驚怯, 萬無更戰之氣矣. 余曰: "兵不在多, 雖一人不怯爲上, 汝輩以死爲心, 見賊勿退, 則寡能勝衆矣." 三更量, 平壤遊擊將崔慶善及趙奎煥·洪錫斗率關西砲手八十八名, 自德浦渡來. 余立南門內, 俟其頭局入城點入, 盖皆健卒也, 軍情大悅. 火藥一樻又到.
○抱川義士李奎漢等九人又到. ○夜與李鉉奎·李秉淑議曰: "今日

48) 動 : 『荷居集』에는 '言實'로 되어 있다.
49) 或 : 『荷居集』에는 '或'이 있다.
50) 六七十 : 『荷居集』에는 '百二三十'으로 되어 있다.

之戰, 賊雖敗退, 倉卒應賊, 未及設計, 不能使片甲不還, 甚用憤恨. 明日則賊必大至, 當熟講以待之.” 且曰: “喬·松兩府則, 雖自大陣日日馳關, 以爲徵兵夾攻之計, 而尙此無動靜, 此不可恃矣. 今聞江界與北道砲軍來到京營云. 若請得此兵, 潛渡德浦以到此, 則當分爲兩隊, 約以某日昏夜, 潛由井浦·鐵串等路, 迂回馳入于沁都西北兩門, 我則整隊進壓于南門前路, 又使南面諸民, 便宜潛伏於南門外林木中, 擧火鼓噪, 則賊必驚亂, 由東門遁, 我追其後, 則蔑不濟矣. {二}[51]李曰: “諾.”

四日

早登北城望沁都, 城中火焰衝天. 余曰: “賊必遁矣.” 急令李三吉·車再俊微[52]服往探. 及夜始回報曰: “賊火及於兩殿·行宮·三衙門·凡諸公廨與民舍數百戶. 申時量, 空城而出者七八百名, 盡入于甲串船, 而月串上流碇留一舶, 亦下來合聚云.”

五日

天明, 登北城望見, 賊船已發. 少焉, 出孫石項外, 乃促飯訖, 留三哨軍守鼎足城, 領三哨發行入沁都, 相距四十里也. 自鼎足東門外, 流血狼籍, 連續於道路, 有如屠牛餘痕者, 又以洋紙拭血而棄者, 殆無空處, 每過村閭, 居民始自山幕, 各還其家, 見大軍, 爭首路拜於馬前曰: “今始得活矣.” 且笑且泣, 無人不然. 或持南草一負, 或持

51) 二 : 『荷居集』에는 ‘二’가 있다.
52) 微 : 『荷居集』에는 ‘平’으로 되어 있다.

紅柿一櫃, 相續遞給於軍, 軍行疲於應接. 及入沁都南門, 則左右民舍, 蔓火尙熾, 冒突而入, 則宮殿廨舍, 鬱攸未息, 心寒膽裂, 無以自持, 而虛城無人, 晩乃有吏民三五來集, 相持而哭. 余下馬慰諭之, 使別軍官李鉉奎·李秉淑指揮三哨軍, 把守東南二門, 仍爲領率. 余則只率前排, 三更量, 還向鼎足城, 盖爲距賊船退留處十餘里也. 才到東門外, 大陣令箭, 使之急還沁都, 毋或留一卒於鼎足. 且賫送漢城右尹除授傳旨, 不得已便宜留二哨守鼎足, 率一哨, 四更量, 還向沁都, 夜寒甚. 天明, 始入城, 留相李章濂自豊德地渡海, 曉才入城云. 大興中軍尹暐{*漳}[53]率砲手{一}[54]百四十名而至, 喬桐中軍李祉秀亦到, 握手相叙. {伊夕得見今月初四日之朝報而拜讀之, 傳曰: "先據北山, 勝籌攸在, 而今此鼎足山城之先復, 卽以見激勵士氣, 有進無退之義, 嘉尙之極, 功亦不可無, 巡撫千摠梁憲洙漢城右尹除授." 同日並有嘉善加資下批. 讀畢歎曰: "愧乏塵埃之功, 寵荷華袞之褒, 茫不知報答之策. 然軍門獻賀, 士氣百倍, 可喜者第見來頭不戰之勝耳.}[55]

六日[56]

與留相李章濂巡視全城, 按檢宮殿之燒燼, 閭閻之毁破, 招來垂髫戴白, 先慰旣往之搶掠. 又諭將來之安頓, 莫不相扶涕泣, 而渾忘朝

53) 暐 : 여러 사서를 참고하여 '漳'로 바로잡음.

54) 一 : 『荷居集』에는 '一'이 있다.

55) 伊夕得見……不戰之勝耳 : 『荷居集』에는 표시한 부분의 125자가 더 있다.

56) 六日 : 『丙寅日記』에는 10월 6일의 기록이 없으나, 『荷居集』에 있는 내용을 추가하였다.

野之別, 只有患難之同, 則人情所在, 孰不如是哉. 還營後, 大犒各省砲軍與本陣兵隊.

七日

賊縱小艇入德浦前洋尺水, 大陣急送令箭, 使之回軍往應之. 乃率諸軍, 離發到甲串津, 哨官尹興大自鼎足城單騎急走而來告曰: 賊之小艇一隻, 入草芝前洋尺水, 此是鼎足咫尺也. 鼎足留軍甚少, 乞加三哨. 乃於馬上麾旗分送三哨. 余則只率前哨渡海, 還于通津大陣. 大陣別軍官等疑余遲到, 請于中軍曰: "千摠顧戀沁都, 不肯還渡矣. 願賜一劒, 卽當往斬其頭來." 中軍大責而退之. {還陣以後, 察其軍情, 頗有彼此之別, 我則淡如也. 鼎足行軍執事黃鍾浩有識見者也, 夜書'口不言平吳'五字, 密納于余. 余應之曰: "吾已默會矣."}[57]

八日

瞭望所報賊船, 退出外洋. ○蒙恩諒以在外遞右尹.
{賊旣遠遁, 行將班師, 從征諸壯士, 不可不逐. 名臚列各爲成冊, 進納于巡撫營矣. 中軍請余以別軍官朴鼎和編於鼎足秩. 余曰: "是役也, 若謂之功焉乎, 則入於鼎足, 未必爲多於通津. 且此人本旣不偕於鼎足之行, 而今若列之於此中, 則是欺君也, 不敢奉施固請." 竟不從.}[58]

---

57) 還陣以後察其軍情 …… 吾已默會矣 : 『荷居集』에는 표시한 부분의 55자가 더 있다.
58) 賊旣遠遁 …… 竟不從 : 표시한 부분의 104자는 『荷居集』에는 없는 내용이다.

九日

營造都監堂上差下. 凡六堂, 申觀浩·李景夏·李景純·李章濂·鄭圭應·梁{憲洙}[59].

十日

瞭望回報賊船, 退出水原·楓島前洋.

十一日

在本陣, 點兵閱械.

十二日

送軍官, 審視鼎足山城而還.

十三日[60]

送軍官審視沁都而還.

十四日

鼎足留防軍五哨還于大陣.

---

59) 憲洙 : 『荷居集』에는 '憲洙'가 있다.

60) 十一日 …… 十三日 : 『丙寅日記』에는 10월 11일, 12일, 13일 사흘간의 기록이 없으나, 『荷居集』에 있는 내용을 추가하였다.

十五日

瞭望回報賊船遠遁, 不見形影.

十六日

整齊隊伍, 修補器械, 若臨敵之時.

十七日[61)]

分送軍官於諸要害, 探聽賊情, 遠出外洋.

十八日

班師, 自通津府離發, 金浦中火, 陽川宿.

十九日

未時到楊花渡, 左先鋒鄭志鉉, 右先鋒金善弼, 遊擊將申孝哲, 各自信地來到合陣, 巡撫使率訓局七哨迎勞, 來待于楊花津廨. ○鼎足戰所獲賊物成冊上送者, 還送于楊花津, 使揭于旗槍, 列立于千摠陣前, 以之入城. 三更量, 入禁衛營留宿.

---

61) 十六日 …… 十七日 : 『丙寅日記』에는 10월 16일, 17일 양일간의 기록이 없으나, 『荷居集』에 있는 내용을 추가하였다.

廿日

領率諸軍, 入參春塘臺, 親臨犒饋, 上命巡撫使與中軍·別將·千摠·左右先鋒·遊擊將進前, 勞問賜饌.

廿一日

左尹末擬蒙點.

廿三日

摠戎中軍啓下.

廿六日

副摠管首擬蒙點.

傳檄洋舶都主[62] 九月十一日

夫逆天理者必亡, 違國法者必誅. 天降民人, 理以順之, 國分封疆, 法以守之. 所順者何, 仁之而不害, 所守者何, 犯之則罔赦. 是所以逆則必亡, 違則必誅者也.

然交鄰柔遠, 自古有道, 而在於我國, 尤用寬仁. 凡不知國名, 不知道里者, 每有漂泊我境, 則命守土之臣, 迎接問情, 如修舊好, 飢則賜食, 寒則與衣, 告病則調藥以救之, 告歸則齎粮而送之. 此我國世守之規, 而至今行之. 故天下之號我者, 莫不曰:禮義之國也.

若夤緣我人, 潛入我境, 換我衣服, 學我言語, 罔我民國, 亂我禮俗, 則國有常法, 隨現必誅, 此通萬國畫一之規也. 我行常法, 汝何怒焉. 易地行之, 我當無問, 而今汝之執此爲言, 已極違理.

日前汝船之入我京江也, 船不過二, 人不滿千, 則苟欲屠戮, 何患無術, 而旣與潛入差別, 則其在懷遠之義, 不忍加兵相害. 故過境牛鷄, 隨請輒饋, 扁舟往來, 以言相問, 則受其饋而不受其問者, 汝自負我, 我何負汝. 猶且不足, 去益行悖.

今此犯我城府, 殺我民人, 掠貨攘畜, 罔有紀極, 逆天違理, 未有甚於此也. 天旣厭之, 人得誅之. 且聞汝輩欲以行敎於我國云, 此則尤爲大不可矣. 車書不同, 各有所尙, 正邪曲直, 尙矣勿論, 我崇我學, 汝行汝學, 殆若人人之各祖其祖, 而曷敢敎人以捨其祖而祖人祖乎. 此若免誅, 可謂無天.

我之待汝, 殷湯之於葛伯也, 汝之暴我, 玁狁之於周宣也. 雖以我

---

62) 傳檄洋舶都主 : 『荷居集』에는 '討洋舶都主檄'이라는 이름으로 동일한 내용이 기록되어 있다.

之至仁至德，不當任他泯默，故十萬大兵，今玆臨海，要伸奉天行討之義，先馳詰旦[63]相見之約，師曲師直，勝敗決矣．汝勿退避，俯首聽命．

禦戎方略[64]

洋醜之逼境窺伺，亦已踰月矣．廣城一着，在彼固非失利，而猶且狐疑狼顧，不敢生意再擧者，要之詭遇交鋒，未獲全勝，而益知我軍之不可輕敵，我地之不可深入故也．且彼非南產，不能耐暑，而見今炎令，日促雨濕流行，舟居尤苦，兵力難支，則其迴棹遠遁，可以指日而待，然彼旣一日不去，則不可一日無備矣．

窃念昇平日久，民不知兵，而近年以來，廟算密勿，戎備綢繆，內而龍驤虎賁，外而州郡鎭堡，無不蓄銳俟發，思效一日之用，以若威武，可以撻秦·楚之堅甲利兵，何患乎洋裔小醜之敢行稱亂乎．但我師短於水戰，未能勇往直前，此所以不得不深溝高壘，以逸待勞而已．顧今備禦措劃，靡不用極，而倘或一毫踈虞，則恐有欠於百勝萬全之策，故敢陳管見，以備裁擇焉．

一．

據險設備，要當表裏縝密，而沁·津·仁·富，比之人家，則門逕藩屛也，隔以長江一帶，猶屬外地，而至若高·坡·交河等邑，譬之堂陛也

63) 旦 :『荷居集』에는 '朝'로 되어 있다.

64) 附禦戎方略 : 이 글은『荷居集』에만 수록되어 있다.

戶牖也, 地則莽蒼, 路亦坦夷, 無可憑恃, 尤係要害矣. 况今潦雨伊始, 江漲在卽. 彼船之咨且却顧者, 以其淺流隘港, 曾不容舠之故, 而倘値汎濫寬濶, 帆檣無礙之時, 乘潮泝流, 排門闥而窺堂戶, 則兩岸之强弓勁弩, 不免有望洋之歎, 雖欲躡其後, 而亦不可得矣, 此不能不先事過慮. 爲今之計, 就祖江北岸海門對冲之地, 及幸州以下諸處, 依山樹柵, 屯兵設砲, 亦於沿岸隈僻隱現處, 多設疑兵, 恐爲萬全之計矣.

一.
兵不在多, 貴在精鍊, 盖勇怯混淆, 則易致虛驚而潰亂矣. 見今京鄕士卒, 孰非精銳, 而關西風氣, 勇敢居多, 素嫻弓馬, 近又習於砲放, 最於他省, 使此精鍊之卒, 恐不必全屬於門逕藩屛之備, 惟在較量緊歇, 分排處分矣.

一.
兵器之遠近兼授, 軍制卽然, 而挽近我兵專習火砲, 不嫺刀鎗, 若値短兵相薄之場, 恐無藉手之物, 而時値雨濕, 不可專靠於火砲, 亟令刀鎗務從犀利, 弓箭亦多措備, 以爲遠近兼濟之資恐好, 而臨急則耘夫樵子, 亦可以充伍. 然手無尺銕, 便屬無用, 此亦不可無預算, 沿野諸郡, 農器中別有長柄大鐮, 本爲芟刈蘆葦, 殆乎逐戶皆有, 不煩新造, 預先知委於沿郡, 從便准備, 以待不時之用, 恐合事宜矣.

一.
烽燧報警, 法意嚴重, 而今番之賊入廣城, 不可但以近境犯境言, 交鋒在於午未時前後, 而塘報始到於第二日, 如是而豈可曰設置烽燧乎. 夜則擧火, 晝以爇烟, 自是規例, 亟令申明操飭, 俾無踈虞之歎, 恐好矣.

羅州林氏, 『병인양난록』

병인년(丙寅年) {+양}난시(洋亂時) 가ᄉᆞ(家事)라

양난(洋亂) 격근 환시(患時) 설화(說話)를 ᄃᆡ강(大綱) 긔록(記錄)ᄒᆞ려 ᄒᆞ니 심(甚)히 쳐량(凄涼)ᄒᆞᆫ지라 임진(壬辰) ᄉᆞᆷ월(三月)의 강도(江都) 인졍면(仁政面) 의곡(衣谷) 지명(地名)의 우거(寓居)ᄒᆞ연 지 ᄉᆞᆷ십오년(三十五年)의 이로되 별(別) ᄌᆡ앙(災殃) 업ᄉᆞ며 존구고(尊舅姑)겨ᄋᆞᆸ셔 오ᄌᆞ니여(五子二女)를 두어 겨ᄋᆞᆸ시고 남혼녀가(男婚女嫁)의 빈빈(彬彬)이 지ᄂᆡ고 슈십번(數十番) 방셩(榜聲)의 과경(科慶)이며 가계(家計) 구ᄎᆞ(苟且)치 아니ᄒᆞ고 ᄯᅩᄒᆞᆫ 존구고(尊舅姑) 두 분겨ᄋᆞᆸ셔 셩덕(盛德)이 과인(過人)ᄒᆞᄉᆞ 졉빈ᄀᆡᆨ(接賓客) 즐ᄒᆞ시기로 진심갈녁(盡心竭力)ᄒᆞ여 규모(規模)를 셰우시니 경향(京鄕)의 인심(人心) 칭숑(稱頌)과 헛부명은 한(限)업시 나더라 가군(家君)과 여러 분 ᄉᆡ숙(媤叔)의 효셩(孝誠)과 우ᄋᆡ지졍(友愛之情)이 츌뉴(出類)ᄒᆞ여 즁년(中年)이 지나시나 분호(分戶)ᄒᆞ기를 괴로이 여겨 일당(一堂)의 뫼이여 숙식(宿食)을 갓치ᄒᆞ며 일일담쇼(日日談笑)로 지ᄂᆡ니 두 분 복녁(福力)을 경향(京鄕)의셔 칭복(稱福)ᄒᆞᆷ과 흠모(欽慕)이 추존(推尊) 아니 리 업더니

쳔만(千萬) 의외(意外) {+국운(國運)이 불ᄒᆡᆼ(不幸)ᄒᆞ야} 병인(丙寅)

칠월(七月) 초구일(初九日) 문득 양션(洋船) ᄒᆞ나이 와 다으니 이 고존 월곶(月串)시라 일읍(一邑)이 경동(驚動)ᄒᆞ고 숨영(三營)이 ᄃᆡ경(大驚)ᄒᆞ여 나라의 급히 쥬달(奏達)ᄒᆞ니 상(上)이 ᄯᅩᄒᆞᆫ 크게 놀나ᄉᆞ 통ᄉᆞ관(通事官)을 ᄂᆡ려보ᄂᆡ여 슈답(酬答)ᄒᆞ고 곡졀(曲折) 물우니 양인(洋人)이 ᄃᆡ답ᄒᆞ되 "경셩(京城)의 가셔 님군 보고 남죵숨(南鍾三)이 쥭인 곡졀(曲折)을 뭇고 ᄯᅩ난 나라 무역(貿易)을 우리 여려 명(名)이 ᄒᆞ려노라" ᄒᆞ니 "타국(他國) ᄉᆞ람이 엇지 그리 ᄒᆞ랴" ᄒᆞ고 막으니 ᄃᆡ답(對答)이 "아국(我國)이나 휘국(貴國)이나 ᄇᆡᆨ셩(百姓)은 일반(一般)이라" ᄒᆞ며 한ᄉᆞ(限死)ᄒᆞ니

이ᄯᅢ 박{+희경(朴熙景)이}가 덕ᄉᆞ즁군(中軍)의 몸 바다 나가셔 가즁{+군}(中軍)으로 통ᄉᆞ관(通事官)과 갓치 가셔 슈죽(酬酌)ᄒᆞ고 달ᄂᆡ되 "예셔 경셩(京城)이 슈쳔리(數千里)가 되니 못 간다" ᄒᆞ니 양인(洋人)이 만리경(萬里鏡)을 ᄂᆡ여 놋코 {+보며} '속인다'고 ᄃᆡ쇼(大笑)ᄒᆞ고 ᄯᅩ 나죵 ᄒᆞ난 말은 "조션국(朝鮮國) 물화(物貨)를 셔로 통(通)ᄒᆞ여 강화(江華)로 ᄶᅡ흘 졍(定)ᄒᆞ여 달나" ᄒᆞ니 즉시 상(上)긔 고(告)ᄒᆞᆫ즉 상(上)이 난쳐(難處)이 혀아리시다 허락(許諾)ᄒᆞ시되 "쳔ᄌᆞ(天子)의 교지(教旨) 업시 어렵다" ᄒᆞ시며 "ᄃᆡ국(大國) 가셔 단녀와 교지(教旨) 밧줍고 허락(許諾)ᄒᆞ마" 하시난 젼교(傳教) 일우니 양인왈(洋人曰) "그난 격졍 말나 져의난 일삭(一朔)이면 즁원(中原)가 단녀{+와} 구월(九月)의 교지(教旨) 맛타 오려니와 죠션(朝鮮)셔난 가면 명년(明年) 이숨월(二三月)의나 올 터이니 져의 가셔 일삭ᄂᆡ(一朔內)로 단녀오마" ᄒᆞ고 ᄃᆡ희(大喜)ᄒᆞ며 왈(曰) "져의{+는} ᄃᆡ양국(大洋國) ᄃᆡ영국(大英國) ᄉᆞ람 청(淸)나라 ᄉᆞ람 숨국(三國) ᄉᆞ람이라" ᄒᆞ난ᄃᆡ 온 명슈(名數)난 ᄇᆡᆨ여 명(百餘名)의 비속 치장(治粧)

과 병긔(兵器)며 이로 말홀 슈 업ᄉᆞ며 청(淸)나라 ᄉᆞ람이 여러이 아닌ᄃᆡ 그 ᄉᆞ람이 {+통사관(通事官)을} 은근(慇懃)히 젹어 쥬니 셔(書)의 왈(曰) "타국(他國)셔 조션국(朝鮮國)을 금ᄌᆞᆨ이 어려이 아난ᄃᆡ 우에 허탄(虛誕)이 허락(許諾)ᄒᆞᄂᆞ냐" ᄃᆡᄎᆡᆨ(大責)ᄒᆞ며 "그리 말나" ᄒᆞ며 "져의도 청(淸)나라 ᄉᆞ람으로 이것들ᄒᆞᆫ테 즙히여 단니노라" ᄒᆞ여시니 이 {+글ᄌᆞ} 젹은 거슬 보고 통ᄉᆞ관(通事官)이 감쵸고 발셜(發說)치 아니하야 상을 그여더라

이ᄯᅢ 양인(洋人)이 허락(許諾)을 볏고 션물(膳物)을 청(請)ᄒᆞ니 외참외와 슈어와 계란(鷄卵)을 쥬니 죠아ᄒᆞ며 져의난 유리병(琉璃甁)과 여러 가지 무어실넌지 정표(情表)ᄒᆞ고 왈(曰) "우리 ᄇᆡ난 아모 탈(頉) 업ᄉᆞ나 이 뒤의 화션(火船){+이} ᄒᆞ나이 오니 죠심(操心)ᄒᆞ라" ᄒᆞ니 곡졀(曲折)을 무른즉 "양학(洋學)을 펴라 단니난 ᄇᆡ라" ᄒᆞ니 "그리면 막아 달나" ᄒᆞ니 "그리 ᄒᆞ마" ᄒᆞ고 ᄇᆡᆨᄇᆡᄉᆞ례(百拜謝禮)ᄒᆞ고 ᄯᅥ나난ᄃᆡ ᄇᆡ 몰골은 상부 갓치 {+되며} 길고 산ᄯᅥ미 갓치 크고 돗ᄃᆡ만 둘이 셔고 가온ᄃᆡ 굴통(-筒) 잇셔 노(櫓)질언 ᄒᆞ난 일이 업고 굴통(-筒)의 년긔(煙氣) 피우며 ᄉᆞᆯ 가듯 가니 드러온 지 육일(六日)만의 나가니라

니젹(夷賊)의 그 ᄇᆡ 드러오기를 교동(喬桐) 몬져 와 즘간(暫間) 셧다가 강화(江華)로 오니 강화(江華) 장계(狀啓) 몬져 오루니 교동슈ᄉᆞ(喬桐水使) 밋쳐 장계(狀啓)치 못ᄒᆞᆫ 죄(罪)로 파직(罷職)ᄒᆞ고 죄즁(罪中)의 드럿드라 ᄯᅩ ᄇᆡ놈 장단(長湍) ᄉᆞ난 놈이 양인(洋人)의 긔물(器物)을 먹고 길을 가르쳐 ᄃᆡ려보닌 죄목(罪目)으로 ᄃᆡ군문법(大軍門法)으로 강화(江華)셔 쥭엿난지라

이ᄯᅢ의 대환(大患)은 잇슬 쥴 아나 젹이 안졍(安定)ᄒᆞ더니 과연 팔월

(八月) 십이일(十二日)부터 양션(洋船)이 오난딕 쳐엄 평안도(平安道)셔붓{+터} 난(亂)을 이루혀 올나오니 이날 쵸지(草芝)와 황뫼[黃山] 지경(地境)의 무슈(無數)이 와 셔고 두 쳑(隻)만 몬져 터진긱로 연긔(煙氣)를 픠우며 술 닷듯 가니 당일(當日)의 풍덕(豊德) 가 셧다가 셔울노 치다라 가니 강화(江華)셔난 군ᄉ(軍士) 난잡(亂雜)히 ᄡ바 목슬 직희니 집집이 곡셩(哭聲)은 낭ᄌ(狼藉)하고 방포(放砲) 쇼릭와 딕안구(大碗口) 쇼릭난 산쳔(山川)이 문허지난 듯 느리 들니니 정신(精神)이 아득 황황(遑遑)ᄒ더니 양션(洋船) 볼셔 가셔 셔울 가 문돌[黑石] 가 셔니 상(上)이 딕경실ᄉ(大驚失色)ᄒ오셔 불문곡직(不問曲直)ᄒ고 오군문(五軍門) 군ᄉ(軍士) 긔병(起兵)ᄒ여 치려 ᄒ니 군병(軍兵)이 ᄒ나토 용밍(勇猛)이 업셔 한 번(番)을 못 치{+고} 헛총(-銃)을 노아 취졸(麤拙)만 뵈니 양인(洋人)이 무슨 ᄯ진지 딕즁션(大中船) 둘을 향(向)ᄒ여 딕안구(大碗口)를 노으되 "빅의 ᄉ람 다 나리라" ᄒ고 빅만 치고 ᄉ람은 ᄒ나토 상(傷)치 아니ᄒ며 졔{+의} 용밍(勇猛)과 현심(賢心)만 ᄌ랑ᄒ고 도로 나려와 완완(緩緩)이 터진긱로 지나쳬 션쳑(船隻)과 장슈(將帥) 잇난 딕로 초지(草芝) 황뫼[黃山]로 가셔 의논(議論)ᄒ라 가니라

경셩(京城)셔난 어언간(於焉間)의 모도 만장안(滿長安)이 피란(避亂) 가노라 셩문(城門) 닷기 젼(前) 급(急)히 나오니 가난ᄒ 집 부인(婦人)들{+은} 종도 업시 교{+군}군(轎軍-){+믄} 맛타 가지고 나가다가 가마 즛밀닌딕 급(急)히 나와 젹금 쉬다가 박{+구}아 메고 가니가 무슈(無數)ᄒ고 진상가(宰相家) 여염닌ᄀ(閭閻人家)의셔 모도 가산(家産)을 헛치고 모도 도망(逃亡)ᄒ니 이ᄣ 여아(女兒)의 ᄉ집(媤-) 김참판(金參判) 집의셔 용인(龍仁)으로 가니 {+십여일(十餘

日) 젼(前) 긔ᄒᆞ여} ᄌᆞ식(子息)을 다시 못 {+볼} 듯 비회(悲懷) 금(禁)치 못ᄒᆞ고 둘좌 싀숙(媤叔)은 벼술의 ᄆᆡ이여 셩즁(城中)의 겨시니 이런 난시(亂時)를 당(當)ᄒᆞ여 ᄉᆞᄉᆡᆼ(死生) 도모(圖謀)를 갓치 못ᄒᆞ고 나라의 ᄆᆡ이여 겨시니 두 분 노치신ᄂᆡ 과도(過度)이 슬허ᄒᆞ시니 ᄉᆞᄉᆞ로 비황(悲惶)ᄒᆞ더라

ᄃᆡ환(大患)이 시긔(時期)의 잇ᄉᆞ나 양션(洋船)이 좀간(暫間) 물너셔기로 죵ᄌᆞ(從子) 부만의 혼ᄉᆞ(婚事)를 {+쥭산(竹山) 안영장(安營將) 집의} 미리 졍(定)ᄒᆞ여다가 {+공}교(工巧)히 못 지ᄂᆡ엿더니 다시 좁아 졍(定)ᄒᆞᆫ 날을 어긔지 못ᄒᆞ고 팔월(八月) 념팔일(念八日) 쥭산(竹山)으로 보ᄂᆞᆯ시 몬져 져의 부친(父親)긔로 보ᄂᆡ며 혼인졔구(婚姻諸具)를 ᄎᆞ려 다 보ᄂᆡ고 다ᄉᆞ(多事)이 날을 보ᄂᆡ더니

이날은 구월(九月) 초육일(初六日)이라 필경(畢竟)의 양션(洋船) 육쳑(六隻)이 도로 그리로 올나와 터진긔 압히 덥히여 올오니 강도(江都) 군ᄉᆞ(軍士)와 ᄉᆞᆷ영(三營)이 아모리 ᄒᆞᆯ 쥴을 모로더니 이윽고 각고지(甲串) 가셔 하륙(下陸)ᄒᆞ여 둔ᄎᆔ(屯聚)ᄒᆞ고 위풍(威風)이 늠늠(凜凜)ᄒᆞ며 본관(本官) ᄉᆞᆷ영(三營)을 침노(侵擄)하니 {+유슈(留守) 이인교{*기}(李寅夔)} 당(當)치 못ᄒᆞᆯ 쥴 알고 평복(平服)ᄒᆞ고 ᄇᆡᆨ셩(百姓)과 갓치 셧기여 동졍(動靜)을 살피다가 ᄒᆞᆯ 일 업셔 인(印)을 들니고 통곡(慟哭)ᄒᆞ며 ᄲᅢ져 도망(逃亡)ᄒᆞ고 ᄉᆞᆷ관(三官)이 모도 그리 되니 양인(洋人)이 더옥 긔탄(忌憚) 업순지라 본읍(本邑)을 아죠 ᄎᆞ지ᄒᆞ고 횡ᄒᆡᆼ(橫行)ᄒᆞ며 즁{+영}(中營)만 낭기고 상교쳥(庠校廳)과 관ᄉᆞ(官舍)며 {+ᄃᆡ궐(大闕)과} 고집(庫-)이며 모도 불지르니 화광(火光)이 츙쳔(衝天)ᄒᆞ니 잇ᄃᆡ {+교관(敎官)} 황호뎍(黃浩悳)이 급(急)ᄒᆞ물 보고 공ᄌᆞ 위픠(孔子位牌)를 뫼셔 가니라 읍즁(邑中)의

슈만금(數萬金) 부ᄌᆞ(富者){+의} ᄌᆡ물(財物)을 쇽공(屬公)ᄒᆞ고 집 좃ᄎᆞ 불 노이고 도망(逃亡)ᄒᆞᆫ ᄌᆞ 부지기슈(不知其數)요

남동 니참판(李參判)의 손ᄌᆞ(孫子) 니쳘쥬(李哲周){+도} 게셔 ᄉᆞ니 비록 가난ᄒᆞ나 {+조흔} 집의 셰간 치장(治粧)이 찰난(燦爛)ᄒᆞ더니 급(急)ᄒᆞᆫ 지경(地境)의 다 ᄇᆞ리고 부인(婦人)네들이 총각(總角) 모양(模樣)ᄒᆞ고 손목 맛ᄌᆞᆸ고 도망(逃亡)ᄒᆞ니 그 집도 불 놋코 셰간은 다 바ᄉᆞ며 그리ᄒᆞ고 촌(村)으로 ᄯᅦ 지어 단니며 녀인(女人) 욕(辱)뵈기와 셰간 탈취(奪取)ᄒᆞ되 남정(男丁)의 옷과 쇠ᄉᆞᆺ[金屬]과 돈이며 양식(糧食)이며 쇼 ᄌᆞᆸ기와 닭언 더 죠아ᄒᆞ니 집을 ᄌᆞᆷ으고 간 집은 다 {+ᄇᆞ}으며 혹 불도 놋코 쥬인(主人)이 잇셔 ᄃᆡ졉(待接)ᄒᆞ고 닥 ᄌᆞᆸ아 쥬난 ᄌᆞ(者)난 칭츤(稱讚)하고 {+그}리{+ᄒᆞ}면 그 집 거순 가져가난 거시 업더라 젹금 술기를 구(求)ᄒᆞ여 황겁(惶怯)ᄒᆞ니 어ᄂᆡ 누구 진츙보국(盡忠報國)ᄒᆞᆯ ᄌᆞ(者) 잇스{+리오} 슬푸다 윤긔(倫紀)난 모도 상(傷)ᄒᆞ고 불측(不測)한 ᄇᆡᆨ셩(百姓)들 노략(擄掠){+ᄒᆞ기를} 양인(洋人)과 갓치 단니더라 양인(洋人)이 노략(擄掠)ᄒᆞᆫ 짐을 닷난 ᄃᆡ로 붓ᄌᆞᆸ아 지이면 ᄌᆞᆯ 져다 쥬면 ᄉᆞᆨ젼(-錢)을 후(厚)이 쥬고 상(床) ᄎᆞ려 쥬어 포식(飽食)을 시겨 보너니 ᄉᆞᆨ짐 지기 ᄌᆞ원(自願)ᄒᆞ난 ᄌᆞ(者) 무슈(無數)ᄒᆞ며 양인(洋人)이 녀인(女人)은 보난 족족 욕(辱)을 뵈니 상(常)겨집은 어만지 슈(數)를 모르나 {+ᄉᆞ부(士夫)} 황이쳔 집 부인(夫人)과 동리(洞里) {+양반(兩班)} 심션달(沈先達) 부인(夫人) 둘이 욕(辱)을 보{+앗}다 ᄒᆞ니 ᄉᆞ싱(死生)이 시각(時刻)의 달엿시니

이ᄯᅢ 양인(洋人)이 젼등ᄉᆞ(傳燈寺) 치라 간다 하니 젼등ᄉᆞ(傳燈寺) 길은 우리집 문(門)압히라 날마다 지난다 쇼리ᄲᅮᆫ이니 이런 난시(亂時)를 당(當)하여 당금(當今)의 우리집분인 ᄃᆞᆺ {+목}슘 붓흔 거시 우

환(憂患){+이나} 다만 후진(後進)들을 ᄉᆡᆼ각ᄒᆞ고 임년 노친(老親)을 ᄉᆡᆼ각ᄒᆞ니 압히 막히난 즁(中)의 급(急)ᄒᆞᆫ 환(患)을 면(免){+ᄒᆞᄌᆞ} ᄒᆞ고 압 남산(南山) 솔밧희 ᄉᆞᆷ일(三日)을 나지면 숨고 밤이면 집의셔 경과(經過)ᄒᆞ더니 점점(漸漸) 급(急)ᄒᆞᆫ 환(患)이 시각(時刻)의 다아오니 모착(謀策)이 망연(茫然)ᄒᆞ다가 ᄒᆞᆫ 계규(計巧)를 ᄂᆡ여 후원(後園) ᄉᆞᆫ밋ᄒᆡ 굴함(窟陷)을 밤의 파고 ᄉᆞᆷ일(三日)을 지옥(地獄)의셔 {+잇}ᄉᆞ니 이ᄣᅢ 정경(情景) 어ᄃᆡ 비(比)ᄒᆞ리오 쳘 업ᄉᆞᆫ 아소(兒少)들은 들ᄭᅳᆯ코 양인(洋人) 졔 든다 쇼ᄅᆡ 임니(淋漓)ᄒᆞ니 죨녁(拙力)ᄒᆞᆫ 심ᄉᆞ(心思)와 두려온 ᄆᆞᄋᆞᆷ을 거두어 황혼(黃昏)의 {+집의} 들어와 ᄃᆡ듸 뫼이여 셕식(夕食)을 ᄒᆞ고 안즈니 이날은 십일(十日)이라

그 동니(洞里) 소임(所任) ᄒᆞ나이 밧긔 와 보(報)ᄒᆞ되 '나라의셔 강도(江都) ᄇᆡᆨ셩(百姓)이 모도 양국(洋國)의 븟터다 ᄒᆞ물 드르시고 크게 진노(震怒)ᄒᆞᄉᆞ 긔병(起兵)ᄒᆞ야 {+강도(江都)} ᄇᆡᆨ셩(百姓)붓허 함물(陷沒)ᄒᆞ라' 젼교(傳教) 나리셧다 ᄒᆞ니 이날 밤의 이 말을 듯고 ᄃᆡ듸 정신(精神)이 아득ᄒᆞ고 일신(一身)이 ᄯᅥᆯ녀 혼(魂) ᄉᆞ 통곡(慟哭)이 낭ᄌᆞ(狼藉)ᄒᆞ고 황황망죠(遑遑罔措) 즁(中)의 의논(議論)이 분운(紛紜)ᄒᆞ여 아모조록 강(江) 밧긔 나셔기를 원(願)ᄒᆞ나 난시(亂時) 즁(中)의 어듸를 향(向)ᄒᆞ여 ᄇᆡ 타리오

ᄉᆞ면(四面) 목슬 모도 양션(洋船)이 진(陣)을 쳐시되 셔ᄒᆡ(西海)가 틔엿다 말이 들니니 그졔난 비부(婢夫) 귀탁을 불너 일오되 "밤의 단니며 동정(動靜)을 탐문(探問)ᄒᆞ여 보고 ᄉᆞ곡(沙谷) 니판셔(李判書) ᄃᆡᆨ(宅)의 가 이런 난즁사(亂中事){+의} 여뉴(緣由)를 다 가 엿ᄌᆞᆸ고 셔간(書簡)을 듸리라" ᄒᆞ니 귀ᄐᆡᆨ이 사면(四面) 돌아단니며 탐지(探知)ᄒᆞ고 니판셔(李判書) ᄃᆡᆨ(宅)의 가 셔간(書簡)을 듸리며 연뉴(緣由)를 다

고(告)ᄒᆞ니 그 집의셔 도망(逃亡) 차즁(次中)의 이 긔별(奇別)을 듯고 반겨ᄒᆞ며 갓치 피란(避亂)가려 ᄒᆞ며 즉시(卽時) ᄉᆞ공(沙工)을 불너 엄(嚴)이 분부(分付)ᄒᆞ고 죠용이 달ᄂᆡ니 처음은 ᄉᆞ공(沙工)이 은(銀)을 쥬어도 응(應)치 아닐 듯ᄒᆞ더니 ᄎᆞᄎᆞ(次次) 달ᄂᆡ여 ᄇᆡ 셋 척(隻)을 졉으니 션가(船價)난 고등(高騰)ᄒᆞᆫ지라 갑시 고하(高下)를 일컨치 아니코 달나는 ᄃᆡ로 정(定)ᄒᆞ여 졉고 회보(回報)ᄒᆞ니 이제난 눈이 번ᄒᆞ여 ᄉᆡᆼ져나오기를 죠이며 셋ᄌᆡ 싀숙(媤叔)이 ᄯᅩ 니판셔(李判書)의 집의가 보니 피ᄎᆞ(彼此) 정분(情分) 잇긔 ᄉᆞ{+난} 터이라 싀숙(媤叔)을 보고 반겨ᄒᆞ며 피란(避亂) 갓치 가셔 어ᄃᆡ가 되던지 ᄉᆞᄉᆡᆼ(死生) 도모(圖謀)를 한가지로 {–ᄒᆞᆫ한지로} ᄒᆞ물 언약(言約)ᄒᆞ고 오니라

이ᄯᅢ 황혼(黃昏)의 급(急)히 짐을 ᄆᆡ되 ᄃᆡ강(大綱) 양식(糧食)셤인지 ᄒᆞ고 의복(衣服)가지 겨오 갈의여 ᄊᆞ고 가산(家産)을 모도 헛쳐 ᄇᆞ리고 구ᄇᆡᆨ홍이라 ᄒᆞ난 사람을 굴함(窟陷)과 집을 맛치고 십일일(十一日) 밤의 ᄯᅥ나 남부녀ᄃᆡ(男負女戴)ᄒᆞ여 ᄉᆞ곡(沙谷) 니십니(二十里)를 거러 나오니 월ᄉᆡᆨ(月色)은 조요(照耀)ᄒᆞᆫᄃᆡ ᄃᆡ안구(大碗口) 쇼ᄅᆡ 연(連)ᄒᆞ여 들니니 등신(等神)들만 걸닌ᄃᆡ 더욱 혼(魂)이 다 ᄯᅥ나오난ᄃᆡ 두 분 노친(老親)신ᄂᆡ 신교(乘轎)의 뫼시고 아소(兒少)들더러 신교(乘轎)의 너키도 ᄒᆞ고 업기도 ᄒᆞ며 종들은 제 ᄌᆞ식(子息)들 업고 안고 반ᄉᆡᆼ반ᄉᆞ(半生半死)ᄒᆞ여 ᄉᆞ곡(沙谷)을 나오니 그 집 힘으로 집가지 ᄀᆡ가의 졉아 쥬니 게셔 그날 밤 지ᄂᆡ며 드드르니 그날 {+그} 집의셔도 ᄌᆞ가(自家) ᄉᆞ당(祠堂) ᄆᆡ안(埋安)ᄒᆞ고 니판셔(李判書)와 집안이 통곡(慟哭)ᄒᆞ고 집안이 경황(景況) 업셔 ᄒᆞ면셔도 그 밤의 음식(飮食)ᄒᆞ여 오고 좌반(佐飯) 십여ᄀᆡ(十餘個) 가져 왓시니 우션(于先) 반ᄎᆞᆫ(飯饌)ᄒᆞ여 그 밤을 게셔 숙소(宿所)하고

명일(明日)은 십이일(十二日)이라 셕양(夕陽)의 빅 타려 ᄒᆞ난듸 인셩만셩ᄒᆞᆫ 피란군(避亂-) 들끌난 쇼릐 쳔지(天地) 뒤놉고 너른 ᄀᆡ포의 편야(遍野)ᄒᆞᆫ ᄉᆞ람이 젹금 살기를 구(求)ᄒᆞ여 '어듸를 가면 ᄉᆞᄂᆞ냐' ᄒᆞ난 쇼릐 님니(淋漓)ᄒᆞ고 빅 돗듸 강변(江邊)의 별 결니듯 ᄒᆞ엿드라 ᄉᆞ당(祠堂)을 뫼시고 노치신늬와 슈다(數多) 소솔(所率)이며 노속(奴屬)들의 소솔(所率)이며 육십여명(六十餘名)이오 이웃ᄒᆞ여 ᄉᆞ던 니싱원(李生員) 집도 갓치 나오니 십여명(所率) 소솔(所率)이요 니판셔(李判書) 집 소솔(所率)도 건 이십명(二十名)이니 합솔(合率)ᄒᆞ여 종일(終日) 마리산{+하}(魔尼山下) 소나무{+를} 의지(依支){+ᄒᆞ여} 물참을 기다리며 혼식(昏色) 나기를 기ᄃᆞ려 어두운 후(後) 션상(船上)의 올나 젹금 갈나 안져시나 '너무 ᄉᆞ람과 짐이 틔과(太過)ᄒᆞ여 빅 갈아안깃다' ᄉᆞ공(沙工)이 셩화(星火){+ᄒᆞ여} 익를 쓰니 니싱원(李生員) 집은 또 싼 빅 ᄒᆞ나흘 간신(艱辛)이 더 줍아 쥬어 그 집과 종들은 갈니여 타고 떠나난지라

니판셔(李判書)의 일홈은 니시원(李是遠) 니판셔(李判書)라 츙효(忠孝) 과인(過人)ᄒᆞ고 정직 군ᄌᆞ(正直君子)로 일세(一世)의 뛰여나 득명(得名)ᄒᆞ난 사람{+이라} 다만 그 가솔(家率)과 후진(後進)을 구(求)ᄒᆞ려 ᄒᆞ고 우리집의 부탁(付託)ᄒᆞ여 어ᄂᆞ 셤의 나은 셤으로 피란(避亂) 보늬고 ᄌᆞ가(自家)난 스ᄉᆞ로 겨씨집(季氏-)의 떠러져 잇다가 ᄌᆞᄉᆞ(自死)ᄒᆞᆯ ᄆᆞ음을 두어시니 그 쓰즐 뉘 알며 그 아들 니상학(李象學)이 젼혀 모르고 우리와 갓치 {-오난} 오난지라

솜셤으로 와 이날 밤 경야(經夜)ᄒᆞ고 명일(明日) 앗춤 ᄒᆡ즁(海中)을 관망(觀望)ᄒᆞ니 산떠미 갓흔 듸즁선(大中船) 좌우(左右)의 버러 셔고 조슈(潮水)난 들낙날낙 더욱 쳐량(凄涼)ᄒᆞ더라 무슈(無數)ᄒᆞᆫ 션

칙(船隻)이 닋왕(來往)은 여류(如流)ᄒᆞ니 이양션(異樣船)이 좌우(左右)로 쪄드난 듯 빅의셔 요란(擾亂)ᄒᆞᆫ 소동(騷動)언 육노(陸路)보다 더ᄒᆞ더라

슴셤셔 피란(避亂)ᄒᆞᆯ 의ᄉᆞ(意思)를 두어 유의(留意)ᄒᆞ여 거조(擧措)를 술피더니 쏠빅 ᄒᆞ나이 오니 이 빅난 우리 동니(洞里) 홍싱원(洪生員)이 싯고 오난 빅라 슴셤 인심(人心) 고이(怪異)ᄒᆞ고 불측(不測)ᄒᆞᆫ 빅셩(百姓){+들}이 흉측(凶測)ᄒᆞᆫ 쓰즐 먹고 슈십여명(數十餘名)이 나와 홍싱원(洪生員) 부ᄌᆞ(父子)를 슈욕(受辱)을 존상이 뵈고 결박(結縛)ᄒᆞ려 ᄒᆞ며 모도 탈취(奪取)ᄒᆞ려 ᄒᆞ더니 엇지 싱각ᄒᆞ고 더러만 아ᄉᆞ가되 홍싱원(洪生員)의 말이 '평젼(平戰)ᄒᆞ거든 갑슬 달나'ᄒᆞ며 쎄기고 가니라 이 거동(擧動)을 묵도(目睹)ᄒᆞ여 보니 놀나오물 이긔지 못ᄒᆞ여 ᄒᆞ나 져의가 우리 탄 빅난 감(敢)히 싱의(生意)치 못ᄒᆞ고 져어ᄒᆞ며 '의곡 {+민진ᄉᆞ(閔進士)} 딕(宅) 빅냐' 셔로 일카르며 붓그려ᄒᆞ난 눈치 션연(鮮然)타 ᄒᆞ더라 이난 존구(尊舅)의 볼그신 지감(知鑑)과 어진 셩덕(盛德)의 인심(人心) 어드신 덕틱(德澤)이라 이 셤 인심(人心)이 고이(怪異)ᄒᆞ여 피란(避亂){+을} 여긔서 못ᄒᆞᆫ다 ᄒᆞ고 황히도(黃海道){+로} 향(向)ᄒᆞ여 농장(農場) 잇난 딕로 갈 의향(意向)을 두고 도로 건들[乾坪]노 드러가 니판셔(李判書)ᄒᆞ고 셔로 의논(議論)ᄒᆞ고 다리고 나오려 도로 건들노 드러가니 잇씨 니판셔(李判書) 볼셔 ᄉᆞ긔(事機) 그리될 쥴 알고 도로 빅 드러올 쥴 알고 진두(津頭)의 하인(下人)을 닋여 보닋여 기ᄃᆞ리더라 그런 일얼 보아도 지감(知鑑)이 분명(分明)ᄒᆞ고 남의 칭찬(稱讚)을 공연(空然)이난 아니 듯난듯 정영(丁寧)트라

도로 드러오물 가 고(告)ᄒᆞ니 니판셔(李判書) 친(親)이 나와 보고 슬

허ᄒᆞ며 존구(尊舅)긔 부탁(付託)ᄒᆞ여 왈(曰) “나난 이졔난 쥭난 ᄉᆞ람 이니 ᄂᆡ 후진(後進)들이나 즐 구(求)ᄒᆞ여 달나” ᄒᆞ고 “나난 상소(上疏) 지어 나라의 ᄂᆡ 족하 쥬어 경셩(京城)의 ᄡᅵ엿노라” ᄒᆞ고 ᄯᅩ “유{+셔}(遺書)를 지어 ᄌᆞ손(子孫)의긔 지어 놋코 형졔(兄弟) 쥭으려 ᄒᆞ노라” ᄒᆞ니 팔십(八十) 노인(老人)이 ᄇᆡᆨ슈(白首)을 붓치고 나와 이런 유언(遺言)을 ᄒᆞ니 석목(石木)인들 감동(感動)ᄒᆞ고 슬푸지 아니리오

니도ᄉᆞ(李都事)와 가솔(家率)이 모도 그졔야 부친(父親)의 ᄇᆞᆯ셜(發說)ᄒᆞ물 비로{+소} 알고 쳔지(天地) 문허지난 ᄃᆞᆺ 망조망극(罔措罔極) 아모리 ᄒᆞᆯ 쥴 모르고 황황(遑遑)이 구다가 ᄒᆞᆯ 일 업셔 ᄉᆞᆨ졀업시 드러가긔 되니 니도ᄉᆞ(李都事) ᄃᆡᆨ(宅){+이} 아들 ᄉᆞᆷ형졔(三兄弟)와 소솔(所率)이 작별(作別)ᄒᆞ니 그 집 정경(情景) 불상 ᄎᆞ마 눈으로 보지 못ᄒᆞᆯ 드라 슬픠 니별(離別)ᄒᆞ여 낙누(落淚) 지우고 드러가니라

신도(信島)셤의 이날 나려와 경야(經夜)ᄒᆞ고 명일(明日) 앗ᄎᆞᆷ 밧글 보니 ᄒᆡ변(海邊) ᄉᆞᆫ(山) 밋ᄒᆡ 슈간(數間) 두옥(斗屋)이 잇스니 본관(本官) 경녁(經歷)-윤슈라-이 도망(逃亡)ᄒᆞ여 와 잇난ᄃᆡ 경녁(經歷)이 나셧다 ᄒᆞ며 불상타 ᄒᆞ더라 운슈와 고ᄉᆡᆼ(苦生) 가쵸 격그려 팔셰(八世) 된 여아(女兒)의 홍진(紅疹)을 ᄒᆞ려 집의셔붓터 시통(始痛)ᄒᆞ난 거술 다리고 나와 느리 한둔(寒屯)ᄒᆞ고 ᄂᆡᆼ지(冷地)의셔 ᄇᆞ람{+을} 쏘이나 의법(依法)히 ᄇᆞᆯ반(發斑)을 즐ᄒᆞ고 나며 셩ᄒᆞᆫ 아ᄒᆡ(兒孩) 갓치 이러 안즈니 명(命)밧 업순 ᄃᆞᆺ 신통 ᄎᆞ마 긔특(奇特)ᄒᆞᆫ지라

노비(奴婢)난 ᄉᆞᆫ의 순단 정(情) 업다 졔 ᄌᆞ식(子息)들 훈계(訓戒)시기며 견ᄃᆡ지 못ᄒᆞ여 ‘도로 드러가 농ᄉᆞ(農事) 디은 거시나 ᄎᆞᄌᆞ 먹개로{+라}’ ᄒᆞ고 쥭기로 긔(氣)을 쓰고 강화(江華){+로} 돌쳐 가니 ᄉᆡᆼᄉᆞ(生死)를 셔로 모르고 노쥬(奴主) 니별(離別)ᄒᆞ니 션상(船上)의셔 하직

(下直)ᄒᆞ난 소릐 목이 메여 드러가니 비창(悲愴)ᄒᆞᆫ 심ᄉᆞ(心思) 이긔지 못ᄒᆞ며 ᄉᆞᆫ두(山頭)마다 ᄇᆞ라보니 줄싀난 나ᄅᆞ 들고 ᄒᆡ즁(海中)의 들니ᄂᆞ니 물소릐니 비복(婢僕)의 슬허홈과 갓ᄒᆞ니 비회(悲懷)를 돕더라
이날은 십뉵일(十六日)이니 신도(信島)셤을 ᄯᅥ나 진염(眞鹽)으로 오니 니판셔(李判書) 집 쥬인(主人) ᄒᆞ난 ᄉᆞ람 김ᄉᆞ진이라 ᄒᆞ난 ᄉᆞ람이 ᄉᆞ난ᄃᆡ 각별(各別) ᄃᆡ졉(待接)ᄒᆞ고 여러분밧 양반(兩班)의 진ᄎᆞᆫ(珍饌)으로 상(床)을 ᄒᆞ여 듸리고 “홍역(紅疫) ᄒᆞ난 아기 더불고 드러와 쉬소셔” ᄒᆞ며 ᄯᅩ 김경뉼이라 ᄒᆞ난 ᄉᆞ람은 친(親)ᄒᆞᆫ ᄉᆞ람인ᄃᆡ 나올 ᄯᅵ 무인지경(無人之境) 갓ᄒᆞᆫ 시절(時節)의 짐 ᄒᆞᆫ쪽 도을 ᄌᆞ(者) 업더니 김경뉼이 짐을 여러 바리 시러 닉고 힘을 쓰고 졔 가솔(家率)도 ᄃᆡᆨ 빅의 올나 갓치 올여 ᄒᆞ더니 노쇽(奴屬)들 들어갈 ᄯᅵ 갓치 돌쳐 들어가고 졔 ᄉᆞ촌(四寸) 진염(眞鹽) ᄉᆞ난ᄃᆡ ᄃᆡᆨ(宅) 말ᄒᆞ니 이 ᄉᆞ람도 김ᄉᆞ진이와 갓치 각별(各別) ᄃᆡ졉(待接)ᄒᆞ며 “홍역(紅疫) ᄒᆞ난 아기 더불고 드러와 쉬소셔” ᄒᆞ니 이 즁(中)의 ᄃᆡ졉(待接)ᄒᆞ난 ᄌᆞ(者)난 은혜(恩惠) 젹지 아니ᄒᆞ더라
물ᄎᆞᆷ이 느져 가니 셕양(夕陽)의 노(櫓)을 저어 ᄃᆡᄒᆡ(大海) 즁(中)의 향(向)ᄒᆞ니 잇ᄯᅵ 양션(洋船)의 ᄉᆞ목셰 막혀{+시니} 셔ᄒᆡ(西海)로 ᄲᅢ져나오니 점점(漸漸) 혼ᄉᆡᆨ(昏色)은 나난ᄃᆡ 셔ᄒᆡ(西海)를 지나며 교동(喬桐) 목슬 너머 보려 우를 ᄇᆞ라볼 즈음의 연일(連日) 좃턴 일긔(日氣) 일셕내(一夕內)로 변(變)ᄒᆞ여 풍낭(風浪)이 이러나며 무변ᄃᆡᄒᆡ(無邊大海)의 슈파(水波)난 쳔지(天地)를 뒤놉고 흑운(黑雲)은 창쳔(蒼天)을 가리우니 쳔지(天地) 망망(茫茫) 동셔(東西)를 분간(分揀)치 못ᄒᆞ난 즁(中)의 간간(間間) 물근 비 ᄯᅥ러져 ᄌᆞ조 드르며 풍낭(風浪)이 점점(漸漸) ᄃᆡ작(大作)ᄒᆞ려 ᄒᆞ니 ᄉᆞ공(沙工)이 아모리 홀

쥴을 모르고 분{+분}(紛紛)이 겁(怯)을 내고 무변ᄃᆡᄒᆡ(無邊大海) 즁(中)의 일을 엇지ᄒᆞ리오 다만 하늘을 우러러 탄식(歎息)분이오 다 쥭은 ᄉᆞ람갓치 숨도 크게 못 쉬고 셔로 ᄇᆞ라보아 죄목(罪目)이 잇고 업ᄉᆞ물 ᄉᆡᆼ각ᄒᆞᆯ ᄶᅡ름일더니 텬덕(天德)이 만만(滿滿)ᄒᆞ여 이윽고 확연(廓然)이 운무(雲霧) 흣허지고 월ᄉᆡᆨ(月色)이 ᄎᆞᄎᆞ(次次) 나며 명낭(明朗)ᄒᆞ고 간간(間間) 슌풍(順風)이 되어 ᄉᆞᆯ 가듯 ᄒᆞ니 산두(山頭)난 육긔(六氣)에 틈 지나듯 현황(炫煌)이 물너가니 발셔 ᄉᆞᆷ경(三更)의 일으러 거의 다 오고 자로ᄭᅴ 이십니(二十里)라 ᄉᆞ공(沙工)이 {+그리}ᄒᆞ며 춤의 셔니 젹이 ᄉᆞᆯ 듯ᄒᆞ나 ᄯᅩ 그날을 넘겨 명일(明日)은 십팔일(十八日)이라

게셔 종일(終日)을 지ᄂᆡ고 황혼(黃昏)의 노(櫓)를 저어 ᄌᆞ로ᄭᅴ를 향(向)ᄒᆞ더니 ᄉᆞ공(沙工)이 길이 셔투르고 혼ᄉᆡᆨ(昏色)은 점점(漸漸) 나니 어셔어셔 올 ᄆᆞ음을 두어 미쳐 물이 미지 못ᄒᆞᆫ ᄯᆡ 노(櫓)를 젓ᄶᅡ가 풀의 가 걸니니 ᄇᆡ 반이나 ᄶᅵ우러지니 ᄉᆞ공(沙工)이 긔급(氣怯)ᄒᆞ난 소ᄅᆡ 진동(振動)ᄒᆞ고 선상(船上) ᄉᆞ람 모도 긔ᄉᆡᆨ(氣塞)ᄒᆞ며 함몰(陷沒)ᄒᆞ난 ᄃᆞᆺ 파리 목숨 갓ᄒᆞ여 쥭기로 ᄃᆡ령(待令)ᄒᆞ엿더니 인명(人命)은 ᄌᆡ쳔(在天)이라 경각(頃刻)의 ᄇᆡ 도로혀 셔니 모도 숨을 쉬고 졍신(精神)을 ᄎᆞ려 분간(分揀)ᄒᆞ며 슌풍(順風)의 돗츨 다니 시각(時刻)의 거진 다 오니 평ᄉᆞᆫ(平山) 일은 아조 젹연(寂然)이 모르고 오난지라 겻ᄇᆡ 보고 이 고을 난즁ᄉᆞ(亂中事)를 무르니 답왈(答曰) “평산(平山)과 금쳔(金天) 군ᄉᆞ(軍士) 거의 다 ᄲᅧᆸ고 군ᄉᆞ(軍士) 실으려 ᄇᆡ 좁{+이} 지엄(至嚴)타” ᄒᆞ니 ᄉᆞ공(沙工)이 그제난 언필(言畢)의 ᄃᆡ경(大驚)ᄒᆞ고 울녀 ᄒᆞ며 “아모려 ᄒᆞ던지 되난 ᄃᆡ로 하륙(下陸)ᄒᆞ소셔” ᄒᆞ며 긔(氣)를 쓰니 황황즁(遑遑中) 짐 한쪽 엇지ᄒᆞᆯ 슈 업고 이곳 소동

(騷動)은 강화(江華)여{+서} 더ᄒᆞ니 ᄉᆞ셰(事勢) 난쳐(難處)ᄒᆞ여 혜아리다 홀 일 업셔 방ᄀᆡ[栗浦]라 ᄒᆞ난 ᄀᆡ포 잇스니 구긔여서 오십니(五十里)라

거긔 니ᄉᆡᆼ원(李生員) 집 ᄒᆞ나 잇ᄉᆞ니 죤고(尊姑)의 아오님 ᄃᆡᆨ(宅)이라 아오님{+은} 죽고(作故)ᄒᆞ시고 졔남(弟男)과 이질녀(姨姪女) ᄒᆞ나 잇스나 먼니 술기로 ᄌᆞ조 통신(通信)도 못ᄒᆞ고 지ᄂᆡ더니 이날 ᄉᆞᆷ경(三更)의 그 집의 가 셋ᄌᆡ ᄉᆡ숙(媤叔)이 셜파(說破)ᄒᆞ니 거긔셔 놀나고 셜녁(設力)ᄒᆞ여 강(江)가의 집을 ᄌᆞᆸ아 쥬니 즉시(卽時) 나려 그 집으로 드러가니 더욱 한심(寒心)ᄒᆞ고 와 드르니 '군ᄉᆞ(軍士) 거의다 ᄉᆡᆼ혀시나 군ᄉᆞ(軍士) ᄊᆞᆸ혀 간 ᄇᆡᆨ셩(百姓)의 집들 우난 소ᄅᆡ 낭ᄌᆞ(狼藉)ᄒᆞ고 토젹(土賊) 마즈 니도 만코 산협(山峽)으로 가 피란(避亂)ᄒᆞᆫ ᄌᆞ(者) 부기기술(不知其數)더라'

본관(本官) 평산부사(平山府使)난 ᄉᆡ미(媤妹)의 ᄉᆡ당숙(媤堂叔) 홍신규(洪愼圭)라 기젼(其前) 돕난 일이 만터니 잇ᄯᆡ를 당(當)ᄒᆞ여 강화(江華)로 ᄒᆡᆼ군(行軍)홀시 잣가도 슬허ᄒᆞ며 군ᄉᆞ(軍士)를 금즉이 앗겨 ᄌᆞ죠 먹이며 ᄌᆞ상(仔詳)이 ᄉᆞ랑ᄒᆞ고 지위(指揮) 법영(法令)이 엄숙(嚴肅) 쥰졀(峻節)ᄒᆞ니 일읍(一邑)이 다 '명관(名官)을 만나 술기다' 모도 일컷더라 요란(擾亂)ᄒᆞᆫ 소동(騷動)은 금즉ᄒᆞ고 밤ᄀᆡ셔 이틀을 묵으니 그 집의{셔+} 음식(飮食)도 ᄒᆞ여 오고 각별(各別) ᄃᆡ졉(待接)ᄒᆞ니 {+불}승감격(不勝感激)ᄒᆞ더라

이십일(二十日) 넷ᄌᆡ ᄉᆡ숙(媤叔)이 용두(龍頭) 구긔(舊基)에 드러와 혼ᄉᆞ 모도 다 무ᄉᆞ(無事)이 나오고 고ᄉᆡᆼ(苦生)ᄒᆞᆫ 셜파(說破)를 ᄒᆞ니 다 놀나고 반기더라 이곳의셔난 강화(江華)가 함몰(陷沒)ᄒᆞ난 쥴{+노} 알고 ᄯᅩᄒᆞᆫ 헛쇼문(-所聞) 나되 우리 ᄯᅥ나도 아닌 ᄯᆡ{+의} 민{+

진}ᄉᆞ(閔進士) 덕(宅){+과} 니판셔(李判書) 덕(宅)의{+셔} 피란(避亂) 나셔 ᄇᆡ 타고 오다 숑도(松都) 와셔 나려다 헛소문(-所聞) 좌동우지(左動右止)ᄒᆞ니 ᄇᆡᆨ{+모(伯母)겨오셔 와 일개} 놀나시고 노속(奴屬)들이 급(急)히 마조 나가니 헛쇼문(-所聞)이라 ᄒᆞ니 그만 돌쳐 들어왓더라 져의 ᄯᅩ ᄋᆡ 쓰이여 ᄃᆡ길 용쳘이라 ᄒᆞ난 노{+ᄌᆞ}(奴子)둘이 강화(江華)를 향(向)ᄒᆞ여 강도(江都) {+건쳐(近處)}의 {+가} 드러가던 못ᄒᆞ나 거초나 알고 오려 ᄯᅥ나갓더라

이ᄯᅴ 밤ᄀᆡ 와 나렷다 소문(所聞)을 용두셔 듯고 ᄯᅩ 헛말이라 ᄒᆞ다가 이{+날} 나오물 알고 헛쇼문(-所聞)이 엇지 이와 갓치 미리 낫시니 신출귀물(神出鬼沒)ᄒᆞ물 다 일컷더나 그날 밤으로 쥬션(周旋)ᄒᆞ여 우마(牛馬) ᄉᆞᆷ십필(三十匹)과 노속(奴屬)은 우마(牛馬)보다 더 만코 교ᄌᆞ(轎子) 여셧 나오며 당질(堂姪) 도경 션경 형뎨(兄弟) 나왓시니 보고 반기미 무궁(無窮)ᄒᆞ더라

이날은 이십일일(二十一日)이라 구긔로 향(向)하여 일시(一時)의 연속(連續)ᄒᆞ여 느러셔 드러오니 ᄒᆡᆼ노(行路) 슉시(熟視)ᄒᆞ더라 차혼(此昏)의 ᄇᆡᆨ부ᄃᆡᆨ(伯父宅)의 몬져 드러오니 팔슌(八旬)의 드오신 ᄇᆡᆨ모(伯母)를 다시 뵈ᄋᆸ고 동녈(同列) 들이며 혼ᄉᆞ 만나 피ᄎᆞ(彼此) 반기미 측냥(測量) 업고 슈십년(數十年) 다시 정회(情懷){+를} 베푸나 ᄇᆡᆨ부(伯父)겨ᄋᆸ셔와 종슉(從叔) 삼형뎨(三兄弟)분이 다 하셰(下世)ᄒᆞ여 겨오시니 당즁(堂中)의 벅벅이 안져셔 반기시난 음용(音容)이 완연(完然)ᄒᆞᆫ ᄃᆞᆺ 비창(悲愴)ᄒᆞᆫ 심회(心懷) 긋치지 안터라

이고즌 평산(平山) 셔봉면(西峰面) 용두(龍頭)라 민시(閔氏) 오륙ᄃᆡ(五六代) 셰젼(世傳)ᄒᆞ난 가긔(家基)라 야ᄉᆡᆨ(野色)은 평원(平原)ᄒᆞ고 과목(果木)은 심슈(深邃)ᄒᆞ며 ᄉᆞᆫ쳔(山川)이 슈려(秀麗)ᄒᆞ니 ᄇᆡᆨ여

호(百餘戶) ᄃᆡ촌(大村)이 잇스되 하나토 타셩(他姓)은 업고 모도 민시촌(閔氏村) 셩명(姓名)이라 유명(有名)ᄒᆞᆫ 승지(勝地)로 겨내(境內){+의}셔 일컷난 고지라 집집이 부요(富饒)ᄒᆞ고 졍문(旌門)도 션집 잇고 벼ᄉᆞᆯᄒᆞᄂᆞ 니도

【4~5행 결락】

고 난시(亂時) 즁(中)의도 토젹(土賊)이 드지 못ᄒᆞᆫ다 ᄒᆞ더라
명일(明日)언 이십이일(二十二日)이라 슈다(數多)ᄒᆞᆫ 일가(一家)며 노속(奴屬)들 상하노소(上下老少) 업시 모도 다 뫼이니 그 인ᄉᆞ(人士)를 뉘 인ᄉᆞᆫ(人士)쥴 알 길이 업고 불ᄒᆡᆼ(不幸) 즁(中)의 무ᄉᆞ(無事)이 나오물 일카라 복녁(福力) 조으시다 모다 일컷더라 시비(侍婢) 즁(中)의 츈네 츈ᄋᆡ 나히 만하 과(過){+이 늘거}시되 이십니(二十里)랄 마조 나와 {+보고 슌업도 나와} 반기미 측냥(測量) 업고 ᄇᆡᆨ부ᄃᆡᆨ(伯父宅) 시비(侍婢) 한단이며 고모ᄃᆡᆨ(姑母宅) 시비(侍婢) 복ᄆᆡ 다 나히 만코 엿날 종이라 못ᄂᆡ 반기더라
기즁(其中)의 츈네난 심지(心地) 슬겁고 통탈(通脫)ᄒᆞᆫ지라 광휘(狂喜)ᄒᆞ여 상젼(上典) 낫ᄂᆡ난 일이 만흐니 강도(江都)로 반니(搬移)ᄒᆞᆯ ᄢᅢ의 츈네를 {+마름} 드렷{+드}니 이ᄢᅢ 도로 옛집의 들녀ᄒᆞᆫ즉 속담의 써린다 ᄒᆞ기 못 들{+고} 압희 신ᄉᆡᆼ원(申生員) 집을 비러 들고 그 집{+은} 쳑분(戚分)도 잇슬 ᄲᅮᆫ의여 양슌(良順)ᄒᆞ기로 졍의(情誼) 잇더니 난시(亂時) 즁(中) 그 집 어더 드니 다만 슈간(數間) 두옥(斗屋)이라 용신(容身)ᄒᆞᆯ 길 업고 비록 고향(故鄕)이라 ᄒᆞ나 다 ᄉᆡᆼ면목(生面目)이오 시션ᄒᆞᆫ 즁(中)의 시졀(時節)언 종시(終始) 위름(危懍)

ᄒᆞ고 이ᄯᅴ 좌정(坐定)치 못ᄒᆞ{+니} 쥬쇼(晝宵)의 심난(心亂)ᄒᆞ며 강화(江華)셔 ᄉᆞ던 일은 셕쳔ᄉᆞ(昔前事) 갓흐니 세상ᄉᆞ(世上事)를 엇지 탁냥(度量)ᄒᆞ리오

여긔 와 집집이 다 음식(飮食)과 반찬(飯饌)이며 각식(各色)으로 정표(情表)ᄒᆞ니 바다먹으며 일월(日月)을 흘니니 셕ᄉᆞ(昔事)난 역역(歷歷)히 싱각혀 갑ᄌᆞ년(甲子年)의 둘지ᄯᆞᆯ 니직각(李直閣) 집의 ᄎᆞᆷ경(慘境)을 당(當)ᄒᆞ여 흉보(凶報) 드른 이후(以後)로 악회(惡懷)난 비길 ᄃᆡ 업ᄉᆞ나 겨오 억제(抑制)ᄒᆞ여 가더니 졸지(猝地)의 장녀(長女) 김(金)집가지 멀니 ᄯᅥ나가니 더욱 소식(消息)도 드를 슈 업ᄉᆞ니 쳐량(凄涼)ᄒᆞᆫ ᄆᆞᄋᆞᆷ분이오 본가(本家)로 도라 싱각ᄒᆞ니 님년 노친(老親) 겨오시고 동싱(同生) 형졔(兄弟) 장족하 잇셔 다 번셩(繁盛)ᄒᆞ니 다른 념여(念慮) 업ᄉᆞ나 다만 조모(朝暮) 지연안 노친(老親)신ᄂᆡ 겨오시니 어ᄂᆞ ᄯᅴ 비감(悲感)ᄒᆞᆫ ᄆᆞᄋᆞᆷ을 노으며 문안(問安)이 졀원(絶遠)ᄒᆞ니 ᄉᆞᄉᆞ로 한심(寒心)ᄒᆞ더라

맛싀미(媤妹) ᄃᆡᆨ(宅)의셔 ᄉᆞᆷ쳑부ᄉᆞ(三陟府使)로 겨셔 이ᄯᅴ 모도 솔권(率眷)ᄒᆞ여 게 가 다 겨시니 그 고을은 쳘여리(千餘里)의 쥰녕(峻嶺)을 넘난 ᄉᆞᆫ협(山峽)이라 임의(任意)로 ᄂᆡ왕(來往)을 못ᄒᆞ니 긔별(奇別)이 아득ᄒᆞᆫ지라 근친(近親) 오셔 겁 십년(十年) {+동}거(同居)의 우ᄋᆡ지졍(友愛之情)이 서로 남의 업{+고} ᄉᆞ물상의 ᄌᆞ상인ᄌᆞ(仔詳仁慈)ᄒᆞ{+시}기로 ᄃᆡ소ᄉᆞ(大小事) 의논(議論)을 서로 ᄒᆞ며 지ᄂᆡ더니 졸지(猝地) 멀니 갈니니 고젹(孤寂)ᄒᆞ고 쳘양(凄涼)ᄒᆞ더라

셋좌 싀슉(媤叔)은 ᄌᆞ녀(子女) 더불고 밤긔셔 손을 난화 눌동(栗洞) 며ᄂᆞ리 보라 근친(覲親) 가 잇난 {+과}ᄃᆡ 그리 보라 가니 ᄌᆞ부(子婦)의 본가(本家)난 정셔방(鄭書房) 집이라 인후(仁厚)ᄒᆞ여 ᄉᆞ돈(査頓)

을 집을 정(定)ᄒᆞ여 쥬며 일용(日用)을 {+더러} 이워 쥬니 비로쇼 세간 ᄇᆡ치(配置)되니 심(甚)히 셥셥ᄒᆞ더라

종ᄌᆞ(從子){+를 난시(亂時) 즁(中)의 쥭산(竹山)으로} ᄯᅦ쳐 보ᄂᆡ고 와 피ᄎᆞ(彼此) ᄉᆞᄉᆡᆼ(死生)을 모로니 노친(老親){+신내}겨오셔 더욱 슬허ᄒᆞ시고 둘좌 아드님 ᄉᆡᆼ각을 과도(過度)이 ᄒᆞ시더니 평젼(平戰) 후(後) 둘좌 ᄉᆡ슉(媤叔) 나려와 뵈오니 져승의 갓다 다시 만남 갓하여 일변(一邊) 비창(悲愴)ᄒᆞ고 일변(一邊) 신긔(神奇)ᄒᆞ물 이긔지 못ᄒᆞᆯ더라 십여일(十餘日) 묵어 경셩(京城)으로 가시니라

드러오며 즉시(卽時) 아ᄒᆡ(兒孩)들 남녀(男女) 업시 홍진(紅疹)을 다 ᄒᆞ며 부만은 난시(亂時) 즁(中)의 황황(遑遑)이 {+용}인(龍仁) 종ᄆᆡ(從妹) 집으로 가셔 거긔셔 종ᄆᆡ부(從妹夫) 김상현이라 ᄒᆞ난 이난 셔랑(壻郞)이라 우인(爲人)이 활발(活潑)ᄒᆞ고 인후(仁厚)ᄒᆞᆫ ᄉᆞ람이라 쳐종남(妻從男)을 혼구(婚具)를 다 쥰비(準備)ᄒᆞ여 친(親)이 더불고 가셔 ᄒᆡᆼ녜(行禮)ᄒᆞ고 ᄉᆞᆷ일(三日) 묵은 후(後) 도로 ᄌᆞ가(自家)집으로 도라와 홍진(紅疹)을 {+게}셔 시기고 소복(蘇復) 후 올려 보ᄂᆡ니 인품(人品)이 남의 업순 사람이{+오} 녀아희 텬셩(天性)이 극(極)히 측ᄒᆞ며 효슌(孝順) 아람다온 ᄉᆞ람이오 ᄯᅩ 셔랑(壻郞)이 이갓치 ᄇᆡᆨᄉᆞ(百事)의 무던 임젼ᄒᆞ니 다른 염녀(念慮) 업ᄉᆞ나 ᄉᆞᆷ십(三十){+이} 넘도록 {+과슈도 늣고} 슈태(受胎)치 못ᄒᆞ니 조물(造物)의 시긔(猜忌)ᄃᆞᆺ 원통(怨痛)ᄒᆞᆫ지라 잇ᄯᆡ 홍진(紅疹)을 여러 죵남ᄆᆡ(從男妹) 다 졀ᄒᆞ고 나니 모도 치하(致賀)ᄒᆞ더라

니판셔(李判書) 인(因)ᄒᆞ여 긋ᄯᆡ 션상(船上)의셔 유언(遺言)ᄒᆞ고 드러가 즉시(卽時) 형졔(兄弟) ᄌᆞᄉᆞ(自死)하니 만고(萬古)의 두문 일이오 나라의서 홍문(紅門)이 나리고 그 손ᄌᆞ(孫子) 십오셰(十五歲)

의 도과급졔(道科及第) 졔슈(除授)ᄒᆞ시다

이ᄯᅢ 양ᄒᆞᆫ슈(梁憲洙)라 ᄒᆞ난 ᄉᆞ람 슌무즁군(巡撫中軍)으로 잇셔시니 양인(洋人)이 치기 시작(始作)ᄒᆞ여 월여(月餘)의 이로되 보국(報國)ᄒᆞᆯ 장슈(將帥) 업스물 보고 분긔(憤氣) 견듸지 못ᄒᆞ여 ᄌᆞ원(自願)ᄒᆞ고 내다라 부원슈(副元帥) 되야 {+니도원슈(李都元師) 공연(空然)이 ᄶᅡᆫ 의심(疑心)만 ᄒᆞ고 항여 한슈(憲洙) 양인(洋人)의 편(便)될가 의심(疑心)ᄒᆞ더라 한슈(憲洙)} 군즁(軍中)의 이로되 "너의 ᄌᆞ원(自願) 군ᄉᆞ(軍士) 잇거든 나셔라" ᄒᆞ니 평안도(平安道) 군ᄉᆞ(軍士) 오ᄇᆡᆨ명(五百名)은 본ᄃᆡ ᄌᆞ원(自願) 군ᄉᆞ(軍士)로 등ᄃᆡ(等待)ᄒᆞ고 잇난지라 경군(京軍)언 몃 명(名)일는지 ᄌᆞ원(自願)ᄒᆞ고 나셔난 군ᄉᆞ(軍士) 만흐니 일시(一時)의 심복(心服) 바다 강화(江華)로 ᄒᆡᆼ군(行軍)ᄒᆞᆯ시 평안도(平安道) 포슈(砲手)로 압흘 셰우니 경군(京軍)이 뒤를 좃ᄎᆞ니 평안도(平安道) {+군사(軍士)} ᄃᆡ로(大怒)ᄒᆞ여 "너의난 쥬인(主人)이오 우리난 손이니 엇져니 우리등(等)을 압흘 셰우니 너의 국ᄉᆞ(國事)일의 ᄭᅬ만 부리고 그리ᄒᆞ니 큰 역젹(逆賊)이라" ᄒᆞ고 경군(京軍)을 다 쥭이려 ᄒᆞ니 경군(京軍)이 존상이 비러 화친(和親)ᄒᆞ고 긔병(起兵)ᄒᆞ여 강도(江都)로 ᄒᆡᆼ군(行軍)ᄒᆞ미 광셩(廣城)으로 슘어 밤의 건너와 젼등ᄉᆞ(傳燈寺) 가셔 둔취(屯聚)ᄒᆞ니 그 졀 즁이 모도 다 도망(逃亡)ᄒᆞ고 늘근 즁 ᄒᆞ나히 나마다가 일오되 "어졔 양인(洋人)이 이예 와 다치고 ᄌᆡ물(財物) 탈취(奪取)ᄒᆞ여 갓삽난ᄃᆡ 명일(明日) ᄯᅩ 온다 ᄒᆞᄂᆞ이다" ᄒᆞ니 그졔난 용ᄆᆡᆼ(勇猛) 잇난 군ᄉᆞ(軍士)로 갈의여 ᄌᆡ약(塡藥)하고 기ᄃᆞ리더라

이날{+은} 십월(十月) 쵸ᄉᆞ일(初四日)이라 양인(洋人)이 과연(果然) 젼등ᄉᆞ(傳燈寺) 노리ᄎᆞ(次)로 만이 ᄯᅦ지어 갈시 우리 ᄉᆞ던 집 압 길

로 지나며 복식(服色)은 거문 젼(氈) 두루막이 입고 무슈(無數)이 쎄지어 가다 우리 {+번} 집의 드러와 다 둘너보며 갈 써의 슈탐(搜探)ᄒᆞ려 뜻 두고 와 들ᄊᆞ니 즁들 거긔 드럿다가 모도 슘엇드라

이ᄯᅴ 젼등(傳燈)으로 ᄒᆡᆼ(行)ᄒᆞ여 가니 젼등(傳燈)은 놉흔 ᄉᆞᆫ상(山城)이라 ᄆᆡ복(埋伏)ᄒᆞ엿다가 일시(一時)의 고각(鼓角)이 ᄃᆡ진(大振)ᄒᆞ며 좌우(左右)로 ᄡᅧ 지약(塡藥)을 {+ᄒᆞ여} 노흐니 장슈(將帥) 죽어 마하(馬下)의 ᄯᅥ러지며 양인(洋人) 십여명(十餘名)이 죽으니 양인(洋人)이 ᄃᆡᄑᆡ(大敗)ᄒᆞ여 쏙이여 오난지라 느리 노으며 ᄶᅩᆺᄎᆞ니 졔 동무의 신쳬(屍體)를 엽희 ᄭᅵ고 급(急)히 본진(本陣)으로 도망(逃亡)ᄒᆞᆯ식 우리 ᄉᆞ던 집의 달녀들어 신교(乘轎)를 ᄯᅦ여 신쳬(屍體)를 담고{*ᄋᆞ} 맛메고 도망(逃亡)ᄒᆞ며 벼 ᄇᆡ던 일군 ᄒᆞ나이 거긔 잇셔 밋쳐 피(避)치 못ᄒᆞ고 잇더니 보고 두 팔을 헤우며 “어셔 도망(逃亡)ᄒᆞ라” 일우고 졔 진(陣)으로 분분(紛紛)이 가 신쳬(屍體)를 화장(火葬)ᄒᆞ여 궤(櫃)예 각각(各各) 담고 성명(姓名)을 적금 다 각각(各各) ᄡᅧ 븟쳐가지고 {+십이진(十二鎭)} 군긔(軍器)와 {+도감(都監) 군긔(軍器) 호랑고보(−−古寶)하며} 강도(江都) ᄌᆡ물(財物)을 모도 탈취(奪取)ᄒᆞ여 다 져다 ᄊᆞᇂ앗다가 {+십월(十月)} 쵸오일(初五日) 졔 ᄇᆡ의 싯고 다 도망(逃亡)ᄒᆞ여 나가다

화셜(話說)이라 양한슈(梁憲洙) 양장(洋將)과 십여명(十餘名) 양인(洋人)을 쥭이고 너친 길의 젹진(敵陣)거지 ᄶᅩᆺᄎᆞ가 즛쳐바리려 ᄒᆞ다가 화약(火藥)이 업ᄉᆞᆫ지라 분긔(憤氣)의 견듸지 못ᄒᆞ여 본진(本陣)의 긔별(奇別)ᄒᆞᆯ식 밋쳐 젹어 쥴 식이 업셔 말노 통긔(通奇)ᄒᆞ니 도원슈(都元帥) 종시(終始) ᄡᅡᆫ 의심(−疑心)만 ᄒᆞ고 나라의{+븟터} 몬져 쥬달(奏達)ᄒᆞ여 화약(火藥)을 듸려 보ᄂᆡ랴 쥬{+문}(奏聞) 갓더라

양한슈(梁憲洙) 기드리다 못ᄒᆞ여 인(因)ᄒᆞ여 다시 긔병(起兵)치 못ᄒᆞ고 분긔(憤氣) 견듸지 못ᄒᆞ더라 양한슈(梁憲洙) {+공뇌(功勞)로} 강화즁군(江華中軍) 졔슈(除授)ᄒᆞ시다

우리 배 타고 교동(喬桐) 바다 넘든 날 인하셩(寅火城)과 교동(喬桐)을 치고 도셩(都城) 안을 불지르니 화광(火光)이 뷘다 ᄒᆞ더라

이ᄯᅢ 교동(喬桐)이 강화(江華)의 ᄆᆡ이고 풍덕(豊德)도 강화(江華)의 ᄆᆡ이여시니 관호(官號)를 갈아 ᄉᆞᆷ도통어ᄉᆞ(三道統禦使)라 ᄒᆞ엿더라

황호덕(黃浩悳)이 공뇌(功勞)로 복직(復職) 졔슈(除授)ᄒᆞ시고 평안도(平安道) {+포슈(砲手)} 션달(先達) 졔슈(除授)ᄒᆞ시다

宋憲奭, 『丙寅洋擾』

一名 韓將軍傳

사람은 산쳔(山川) · 긔후(氣候) · 풍토(風土)를 따라 각각 그 품부(稟賦)가 다르다 그즁(中)에 특이(特異)한 지략(智略)과 우월(優越)한 용력(勇力)은 백만(百萬)에 하나이나 쳔만(千萬)에 하나밧게는 업다 다시 말하면 오백년(五百年)에 하나이나 쳔년(千年)에 하나씀 된다 우리 조션(朝鮮)으로 말하면 고구려(高句麗)의 을지문덕(乙支文德) · 합소문(蓋蘇文)[1]과 신라(新羅)의 김유신(金庾信)과 고려(高麗)의 강감찬(姜邯贊)과 리조(李朝)의 김덕령(金德齡) · 리슌신(李舜臣) 멧멧 사람이다 이러한 인물(人物)은 다만 산쳔(山川) · 긔후(氣候) · 풍토(風土)의 정긔(精氣)를 타고 나왓슬 섇만 아니라 하날이 명(命)하샤 국운(國運)을 만회(挽回)하고 생령(生靈)을 구원(救援)코져 보내신 텬사(天使)이다 대뎌(大抵) 문장(文章)과 명필(名筆)과 각항(各項) 예슐(藝術)은 배호면 될 슈 잇지마는 용력(勇力)과 지략(智略)은 텬생(天生)이라 배와셔 될 슈 업는 것이다

---

1) 합소문(蓋蘇文) : 일반적으로 '개소문'으로 알려져 있지만, 사료에 따라 '합소문'으로도 표기되어 있다.

리죠(李朝) 헌종(憲宗) 계사년(癸巳年)에 조션(朝鮮) 오백년래(五百年來) 하나로 굴지(屈指)할 만한 큰 장사(壯士)가 출현(出現)하얏다 이 장사(壯士)는 년로(年老)한 사람이면 누구든지 보기도 하얏겟고 또 알기도 하엿겟다 탄환(彈丸)도 몸에 침노(侵擄)치 못하고 창금(槍劍)도 살에 드러가지 아니하엿다 동셔양(東西洋) 력사(歷史)를 보아도 이 갓튼 장사(壯士)는 하나도 업다 일쳔근(一千斤) 되는 철궁(鐵弓)을 당긔여 오백보(五百步) 외(外)의 관혁(貫革)을 맛초고 한 주먹 텰환(鐵丸)을 입으로 쏨어 륙간대텽(六間大廳)을 쏘아 뚜르며 백액호(白額虎)를 짜려잡고 돈화문(敦化門)을 뛰여넘으니 력발산긔개셰(力拔山氣蓋世)라 하든 항우(項羽)인들 이에셔 더할소냐 셩상(聖上)이 총애(寵愛)하샤 일홈이 조야(朝野)에 진동(振動)하고 슈복(壽福)이 쌍젼(雙全)하야 만인(萬人)이 모다 흠앙(欽仰)하니 진실(眞實)로 국가(國家)의 간셩(干城)이오 만고(萬古)의 복장(福將)이라 탄환(彈丸)이 비와 갓치 나리는 중(中)에 단신(單身)으로 젹병(敵兵)을 시살(厮殺)하야 한 쥬먹으로 슈백명(數百名) 젹병(敵兵)을 타살(打殺)하고 삼차 출젼(三次出戰)에 국광(國光)을 사해(四海)에 빗내고 대군(大軍)을 통솔(統率)하야 승젼고(勝戰鼓)를 울니며 도라와 우흐로 주상(主上)의 근심을 풀고 아래로 백셩(百姓)의 놀남을 위로(慰勞)하니 셩총(聖寵)이 날로 더하고 명망(名望)이 째로 놉하 사람마다 흠경(欽敬)치 안으 리 업셧다 또는 텬셩(天性)이 관후(寬厚)하야 충효(忠孝)로써 근본(根本)을 삼고 인의(仁義)로써 일을 쳐단(處斷)함으로 놉흔 지위(地位)에 쳐(處)하되 시긔(猜忌)하는 자(者)가 업셧고 또는 지족지미(知足知微)함으로 만년(晩年)짜지 부긔(富貴)를 누렷스니 한(漢)나라 장자방(張子房)과 졔갈량(諸葛亮)에 비

(比)하야도 조곰도 과언(過言)이 아니겟다

국가(國家)의 흥망(興亡)은 텬운(天運)이라 옛날 제갈량(諸葛亮)은 륙출긔산(六出祁山)하얏스되 중원(中原)을 못 니긔고 병졸군즁(病卒軍中)하얏스며 강유(姜維)는 구벌즁원(九伐中原)하얏스되 셩공(成功)을 못할 뿐더러 비명(非命)의 횡사(橫死)를 당(當)하얏스니 이는 다 쳔고(千古)의 유한(遺恨)이다 그러나 장군(將軍) 생시(生時)에는 국운(國運)을 만회(挽回)하엿고 국치(國恥)를 당(當)치 아니하엿다 병인년(丙寅年) 이래(以來)로 대원군(大院君)이 정권(政權)을 쥐고 쓸데업는 쇄국주의(鎖國主義)를 쓰다가 임오년(壬午年) 류월지변(六月之變)과 갑신년(甲申年) 시월지변(十月之變)이 이러나 유신당(惟新黨)은 모다 해외(海外)로 망명(亡命)하고 졍계(政界)는 졈졈(漸漸) 흑암동중(黑暗洞中)에 춘몽(春夢)을 일우니 이때부터 장군(將軍)은 향리(鄕里)로 퇴은(退隱)할 생각을 두어 갑오년(甲午年) 이후(以後)에는 벼살을 하직(下直)하고 셰상(世上)에 나지 아니하엿다 이 일편(一編) 소셜(小說)은 장군(將軍)의 일평생(一平生) 행젹(行蹟)을 하나도 유루(遺漏) 업시 사실(事實)대로 존발(存發)함이니 누구든지 한번 보면 우리 동방(東方)에 이와 갓튼 큰 인물(人物)이 출현(出現)함을 경탄(驚歎)하겟다

장군(將軍)의 셩(姓)은 한(韓)이오 관(貫)은 쳥쥬(淸州)며 일홈은 셩근(聖根)이오 자(字)는 원집(元執)이니 증판셔(贈判書) 철호의 아달이오 양이공(襄夷公) 셔구(瑞龜)의 십칠셰손(十七世孫)이라 대대(代代) 잠영거족(簪纓巨族)으로 쳥쥬(淸州) 짜에 주거(住居)하엿더

니 장군(將軍)의 조부(祖父) 때부터 고향(故鄕)인 쳥쥬(淸州)를 떠나 괴산(槐山) 짜에 이거(移居)하얏다

모부인(母夫人) 동래 졍씨(東萊鄭氏) 장군(將軍)을 쳐음 밸 때 이상(異常)한 쑴을 쑤엇다 그 쑴은 동해(東海) 바다가 마르며 황룡(黃龍)이 쒸여 하날로 오름이다 쑴 쌘 후(後)에 잉태(孕胎)하야 십삭(十朔)만에 장군(將軍)을 탄생(誕生)하니 이날에 셔운(瑞雲)이 집을 두루고 이향(異香)이 방에 가득하엿다 유아(乳兒)를 살펴보니 룡안호목(龍顔虎目)이오 표두환골(豹頭換骨)이라 범인(凡人)이 아닌 줄을 짐작(斟酌)하고 장군(將軍)의 량친(兩親)은 크게 깃거하엿다

삼칠일(三七日)을 지나 백일(百日)을 바라보니 방즁(房中)에셔 능(能)히 긔여다니며 삼셰(三歲)에 이르러 한동의 물을 것침업시 들엇고 오륙셰(五六歲)에 이르러셔는 감(敢)히 져당(抵當)할 자가 업셧다 칠세(七歲)부터 입학(入學)하니 텬재(天才)가 영민(穎敏)하야 문일지십(聞一知十)이오 일람텹긔(一覽輒記)라 그러나 용력(勇力)이 출즁(出衆)하야 션생(先生)의 교훈(敎訓)을 잘 밧지 아니하고 항상(恒常) 말하기를 "남자(男子)가 셰상(世上)에 나셔 글만 일고 셰월(歲月)을 보내면 어느 때에 국가 대사(國家大事)를 쳐리(處理)하야 인민(人民)을 구완(救援)하리오" 하고 글공부는 열심(熱心)치 아니하고 말달니기 헤염하기 활소기 창(槍)쓰기만 조와하얏다

일일(一日)은 홀연(忽然) 집을 떠나 방향(方向) 업시 나아갓다 년소(年少)한 아해(兒孩)로셔 로비(路費) 한 푼 행구(行具) 하나 업시 향방(向方) 업시 길을 가니 갈 바이 어대리요마는 원래(原來) 립지(立志)한 마암이 범인(凡人)과 달나 명산대쳔(名山大川)을 차자다닌다 대소백산(大小白山)을 것쳐 속리산(俗離山)·지리산(智異山)을 구경

하고 구월산(九月山)·묘향산(妙香山)을 본 연후(然後)에 강원도(江原道)로 드러 금강산(金剛山)을 구경하엿다 근력(筋力)이 장사(壯士)인 고(故)로 배곱흐면 산에 올나 산도야지·노루 등속(等屬)을 잡어 인가(人家)에 끌고 와셔 분식(分食)도 하고 그러치 아니하면 사원(寺院)에 드러 승려(僧侶)에게 긔식(寄食)하얏다

하로는 금강산(金剛山) 상봉(上峯)인 비로봉(毗盧峯) 우에 올나 원근(遠近)을 굽어보고 위연(喟然)이 탄식(歎息)하되 "내가 셰상(世上)에 난 지 십여셰(十餘歲)에 정즁지와(井中之蛙)가 되야 텬디(天地)의 생긴 것이 웃지된 줄 몰낫더니 오날 보니 과연(果然) 조화옹(造化翁)의 지묘(至妙)한 것과 우쥬(宇宙)의 광대(廣大)함을 깨닷겟다" 하고 쾌활(快闊)한 긔상(氣像)으로 다시 산(山)을 나려 긔암괴셕(奇巖怪石)과 대소 폭포(大小瀑布)를 구경하며 마하연(摩訶衍) 근쳐(近處)로 지나더니 홀연(忽然) 등 뒤에셔 한 로인(老人)이 부른다

[로] "동자(童子)는 어대로 가느냐"

[장] "소동(小童)은 정쳐(定處) 업시 유람(遊覽) 다니오"

로인(老人)이 우스면셔

[로] "네가 정쳐(定處) 업시 다닌다 하니 그 뜻이 무엇이냐"

[장] "인생(人生)이 셰상(世上)에 나셔 텬디(天地)의 광활(廣闊)함과 인졍풍속(人情風俗)을 모름으로 잠간(暫間) 사해(四海)를 쥬류(周遊)하야 현상(現象)을 시찰(視察)코져 함이올시다"

[로] "네 말을 듯고 보니 뜻이 크고 긔상(氣像)도 조흐나 대뎌(大抵) 쳐셰(處世)하는 법(法)이 학문(學問)이 아니면 능(能)치 못한 것이라 내가 너의 장(壯)한 뜻을 긔특(奇特)이 녀기노니 나를 짜라 이 산(山) 뒤 나 잇는 곳으로 가겟느냐"

[장] “어룬이 가자 하시는데 읏지 당돌(唐突)이 사양(辭讓)할 리치(理致)가 잇스릿가”

로인(老人)이 흔연(欣然)이 장군(將軍)의 손을 잇글고 한곳에 당도(當到)하니 산명슈려(山明水麗)하고 긔화리초(奇花異草)가 욱어진 속에 일좌 모옥(一座茅屋)이 잇다 로인(老人)이 문(門)에 드니 한 동자(童子) 차(茶)를 다리다가 나와 맛는다 로인(老人)이 동자(童子)다려 이르되

[로] “내가 오날 뎨자(弟子) 하나를 어더 왓스니 너는 나와 마즈라”

동자(童子) 스승의 명(命)을 드듸여 장군(將軍)을 마져 초당(草堂)으로 드러가니 소쇄(瀟灑)한 방옥(房屋)에 셔젹(書籍)이 가득하고 심슈(深邃)한 동학(洞壑)에 셔긔(瑞氣)가 자옥한데 뜰 압 로송(老松)에 백학(白鶴)이 깃을 드리고 문젼(門前) 셕경(石逕)에 인젹(人跡)이 고요하니 진실(眞實)로 션경(仙境)이오 인셰(人世)는 아닌 것 갓다

조곰 잇다가 음식(飮食)이 나오는데 산과초다(山果草茶)오 별반(別般) 먹을 것이 업다 장군(將軍)이 시장하든 차(次) 사양(辭讓)치 아니하고 로인(老人)이 쥬는 다과(茶果)를 먹고 나니 심신(心身)이 쇄락(灑落)하고 쳥향(淸香)이 입에 가득하야 배곱흔 생각이 업는지라 인(因)하야 꾸러안져 로인(老人)게 치사(致謝)하되

[장] “소동(小童)은 일시(一時) 유람(遊覽)하든 아해(兒孩)라 외람(猥濫)히 사부(師傅)의 총애(寵愛)를 입사와 이곳에 이르럿삽고 또한 션과션다(仙果仙茶)를 배불니 먹엇사오니 불승감사(不勝感謝)이올시다”

로인(老人)이 우스며 대답(對答)하되

[로] "이도 또한 젼연(前緣)이오 슉연(宿緣)이니 치사(致謝)할 것이 업다"

하고 책(冊) 한 권(卷)을 내여 쥬며

[로] "네가 이것을 보겟느냐"

장군(將軍)이 책(冊)을 바다 압헤 노코 책장(冊張)을 열고 보니 인간(人間)에셔는 도모지 보지 못하든 글자이다 장군(將軍)이 황공부복(惶恐俯伏)하야

[장] "소동(小童)이 슈년간(數年間) 글을 읽엇사오나 이러한 글자는 하나도 보지 못하엿나이다"

로인(老人)이 우스며 대답(對答)하되

[로] "이 글은 둔갑텬셔(遁甲天書)라 창힐(蒼頡)의 조작(造作)한 인간 문자(人間文字)와는 갓지 안치마는 차차(次次) 텬디(天地)의 리긔(理氣)를 배호면 해득(解得)하기 용이(容易)하리라"

말을 맛초고 자획(字劃)을 따라 가라치니 불과(不過) 수월(數月)에 한 권(卷) 글자를 거의 다 알게 되얏다 로인(老人)은 다시 글뜻을 해셕(解釋)하야 현묘(玄妙)한 리치(理致)를 교슈(敎授)하니 장군(將軍)의 총명(聰明)으로 하나를 배호면 열을 알어 슈년(數年) 동안에 텬디(天地) 음양(陰陽) 슌환지리(循環之理)와 인생(人生) 화복(禍福) 륜회지사(輪回之事)를 무불통디(無不通知)하얏다 로인(老人)은 다시 문(門)에 나와 돌을 모와 진셰(陣勢)을 포렬(布列)하고 나무칼을 만드러 금술(劍術)을 시험(試驗)하야 매일(每日) 한 가지식 또 오륙삭(五六朔)을 교슈(敎授)하니 이에 이르러 장군(將軍)은 문무(文武)가 쌍젼(雙全)되얏다

일일(一日)은 로인(老人)이 장군(將軍)을 불너 겻헤 안치고

[로] “나는 봉래산신(蓬萊山神)이라 옥뎨(玉帝)의 명(命)을 봉승(奉承)하고 너를 슈년간(數年間) 교슈(敎授)하얏더니 지금은 네가 문무(文武)에 졍통(精通)하야 다시는 배홀 것이 업슴으로 오날 너와 손을 난호게 되엿스니 너는 셥셥히 아지 말고 인간(人間)에 나려 출장입상(出將入相)하되 충의(忠義)로써 근본(根本)을 삼고 욕심(欲心)을 멀니하야 만년(晩年)에 스사로 안락(安樂)을 누리게 하라”

말이 맛초매 로인(老人)은 간 곳 업고 일좌 셕굴(一座石窟)에 장군(將軍) 혼자 안젓다 크게 놀나 좌우(左右)를 살펴보니 먼 산에 새소래는 셕양(夕陽)을 재촉하고 깁흔 골의 물소래는 츈일(春日)을 자랑할 쑨이엿다 장군(將軍)은 급(急)히 이러나 하날을 우러러 사례(謝禮)하고 다시 암셕(巖石)을 향(向)하야 산신(山神)게 여러 해 교훈(敎訓)한 은혜(恩惠)를 감사(感謝)한 후(後) 길을 차져 하산(下山)하니 그동안 장군(將軍)의 나히 십구셰(十九歲)라 스사로 생각하되

[장] ‘내가 부모(父母)의 슬하(膝下)를 써난 지 발셔 삼년(三年)이라 의려지망(倚閭之望)이 간졀(懇切)하실 것이니 이졔 먼져 집으로 도라가 어버이에게 근친(覲親)하고 다시 우리나라 슈부(首府)되는 경셩(京城)으로 올나가 내 배혼 바를 시험(試驗)하겟다’

하고 슈일(數日)을 도보(徒步)하야 괴산(槐山) 향뎨(鄕第)로 도라오니 장군(將軍)의 량친(兩親)이 셔로 반기며 손을 잇글고 드러가 “네가 집 써난 지 발셔 삼년(三年)이라 사생존망(死生存亡)을 아지 못하야 쥬소(晝宵) 애졀(哀切)하엿더니 지금 네가 이만치 장셩(長成)하야 집을 차져 도라오니 아지 못게라 어대로 갓다가 오나냐”

장군(將軍)이 부복(俯伏)하며

[장] "소자(小子)가 불초(不肖)하야 여러 해 량친(兩親)게 근심은 씻쳐사오니 죄사무셕(罪死無惜)이로이다"

하며 소경력(所經歷)을 일일(一一)히 품달(稟達)하니 장군(將軍)의 부친(父親)은 비록 말은 아니하나 심독회자부(心獨喜自負)하야 혼자 말하기를 "내 문호(門戶)를 빗낼 자(者)는 반다시 이 아해(兒孩)라" 하더라

장군(將軍)의 힘이 날로 용장(勇壯)하야 큰 쇼의 뿔을 잡어 싸홈을 졔지(制止)하기 고목(古木)을 뿌리째 뽑어 산하(山下)로 운반(運搬)하기 곰과 산져(山猪)를 모라 집으로 끌고 오기를 심상(尋常)히 하니 린리(鄰里)가 모다 두려워하야 언필칭(言必稱) 장군(將軍)이라 일홈하엿다

철종조(哲宗朝) 계해(癸亥)에 경셩(京城)셔 알셩과(謁聖科) 보인다는 말을 듯고 장군(將軍)은 량친(兩親)게 아래와 갓치 말을 하엿다

[장] "소자(小子)의 나히 이십(二十)이 넘엇사옵고 또한 근일(近日)에 경셩(京城)셔 과거(科擧)를 뵈인다 하오니 소자(小子)가 한번 응시(應試)하야 다행(多幸)이 급졔(及第)하오면 문호(門戶)에 영화(榮華)가 되겟삽고 만일(萬一) 락뎨(落第)되드라도 경셩(京城)에 두류(逗留)하야 긔회(機會)를 타셔 몸을 국가(國家)에 드리고져 하오니 비옵건대 아바님은 뒤를 짜라 뎐장(田莊)를 방매(放賣)하시고 경셩(京城)으로 반이(搬移)하샤 소자(小子)의 젼졍(前程)을 여러 주시옵소셔"

판셔(判書) 흔연(欣然)이 허락(許諾)하고 곳 인마(人馬)를 갓초어 장군(將軍)을 경셩(京城)으로 치송(治送)하얏다 괴산(槐山)셔 경셩(京城)이 삼백여리(三百餘里)라 장군(將軍)이 만일(萬一) 도보(徒

步)하얏스면 하로 동안에 능(能)히 득달(得達)하엿겟지마는 인마(人馬)를 ᄯᅡ러 행(行)함으로 보통(普通) 사람과 갓치 하로에 팔구십리(八九十里)식 가게 되엿다

슈일(數日) 후(後) 안셩(安城) ᄯᅡ에 이르러 슉소(宿所)하엿더니 이날 밤에 대젹(大賊) 슈십명(數十名)이 려관(旅館)에 침립(侵入)하야 여러 행객(行客)의 행리(行李)를 탈취(奪取)하고 상하 촌락(上下村落)에 드러가 부녀(婦女)를 겁박(劫迫)하며 우마(牛馬)를 ᄲᅢ아셔 탈취(奪取)한 물화(物貨)를 실고 대담(大膽)스럽게 대로(大路)로 나아간다 장군(將軍)은 이것을 보고 분긔(憤氣)가 충텬(衝天)하야 단신젹슈(單身赤手)로 문(門)에 ᄯᅱ여나와 대젹(大賊)을 추격(追擊)하얏다 이ᄯᅢ 대젹(大賊)들은 각기(各其) 장창대금(長槍大劍)을 들고 안하무인(眼下無人)으로 유린횡행(蹂躪橫行)하얏다 고함 일셩(高喊一聲)에 장군(將軍)은 도젹(盜賊)의 가는 압헤 나셔며 슌식간(瞬息間)에 대젹(大賊)의 무리를 잡어 각각(各各) 졔의 요대(腰帶)를 풀너 단단히 결박(結縛)하야 대로변(大路邊)에 두 줄기로 ᄭᅮ러안치고 젹괴(賊魁)를 대(對)하야 ᄭᅮ짓되

[장] "텬생증민(天生烝民)에 유물유칙(有物有則)이라 물건이 각각(各各) 주인(主人)이 잇고 나라에 상당(相當)한 법칙(法則)이 잇거늘 너의들은 불농불상(不農不商)하고 유의유식(遊衣遊食)하야 국법(國法)을 무시(無視)하고 폭행(暴行)을 자행(恣行)하니 죄상(罪狀)을 말할진대 살지무셕(殺之無惜)이건마는 내가 지금(只今) 응시(應試)하러 가는 길에 슈십인(數十人) 생명(生命)을 람살(濫殺)하는 것이 상셔(祥瑞)롭지 못하야 너의들의 잔명(殘命)을 보존(保存)케 하노니 이 자리에 개과회심(改過回心)하야

사농공상(士農工商)에 각기(各其) 직업(職業)을 직히고 악(惡)한 마음을 씨셔 바려 량슌(良順)한 국민(國民)이 되게 하라"

젹괴(賊魁) 돈슈부복(頓首俯伏)하며

[괴] "소인(小人)이 하방(遐方)에 생장(生長)하야 배흔 바이 젼(全)혀 업고 요마(幺麽)한 근력(筋力)을 밋어 도당(徒黨)을 소취(嘯聚)하야 여러 해 불의(不義)를 행(行)하얏사오니 죄사무셕(罪死無惜)이온 즁(中) 오날 다행(多幸)이 장군(將軍)을 만나뵈오니 어린아해(兒孩)가 부모(父母)를 대(對)함과 다름이 업슬 쁜더러 슈십인(數十人) 생명(生命)을 죽이지 안으시고 구활(救活)의 대은(大恩)을 입사오니 소인등(小人等)이 비록 간뇌(肝腦)가 도디(塗地)하야도 은덕(恩德)의 만일(萬一)을 갑기 어렵사오니 이로부터 무리를 헷쳐 각기(各其) 직업(職業)을 힘쓰게 하고 소인(小人)은 장군(將軍) 휘하(麾下)에 복시(服侍)하야 쵀칙을 잡고져 하오니 옛날 관공(關公)이 쥬창(周倉) 기르심을 생각하사 근본(根本)이 그름으로써 내치지 마르시기를 비나이다"

[장] "너의 소쳥(訴請)은 아즉 늣지 안커니와 너의 소속(所屬)은 즉각(卽刻)에 해산(解散)케 하라"

젹괴(賊魁) 텽령(聽令)하고 부하 일동(部下一同)에게 향(向)하야

[괴] "너의들은 다 량민(良民)이라 나의 유인(誘引)함을 입어 젼후(前後)에 악사(惡事)를 만히 하얏스니 이는 나의 죄(罪)로써 너의들에게까지 밋침이라 괴란(愧赧)함을 이긜 슈 업거니와 셩인(聖人) 말삼에 '인숙무과(人孰無過)리오마는 개지위귀(改之爲貴)라' 하셧스니 너의들은 오날부터 각기(各其) 고향(故鄕)으로 도

라가 농상간(農商間)에 힘을 다하야 우흐로 부모(父母)의 마음을 편안(便安)케 하고 아래로 쳐자(妻子)의 근심을 풀게 하되 만일(萬一) 악심(惡心)을 다시 발(發)하야 타인(他人)의 재물(財物)을 겁박(劫迫)하며 비리(非理)의 행사(行事)를 하다가는 낫낫치 타살(打殺)하야 유족(類族)도 남기지 아느리니 오날 이 한 말에 인(因)하야 귀농(歸農)할 자(者)는 우편(右便)으로 셔고 장사할 자(者)는 좌편(左便)으로 셔되 불농불상(不農不商)할 자(者)는 움작이지 말나 자고(自古)로 록림젹(綠林賊)은 무비농민(無非農民)이라"

젹괴(賊魁)의 령(令)이 한번 나리매 여러 젹한(賊漢)이 일제(一齊)히 우편(右便)으로 셔니 젹괴(賊魁) 낫낫치 효유(曉諭)하야 각쳐(各處)로 해산(解散)하얏다 장군(將軍)이 려관(旅館)에 도라와 젹괴(賊魁)를 시겨 쌔앗은 바 물품(物品)을 일일(一一)이 슈운(輸運)하야 피해자(被害者)에게 분급(分給)하고 잇흔날 경셩(京城)으로 향(向)할새 젹괴(賊魁) 중로(中路)에셔 등대(等待)하야 동행(同行)을 바라거늘 장군(將軍)이 조흔 말로 위로(慰勞)하야 후일(後日)로 긔약(期約)하고 홀로 말을 달녀 경셩(京城)으로 올나갓다

이때에 과일(科日)이 림박(臨迫)하야 팔도(八道) 과군(科軍)이 구름갓치 모혀드니 남대문 외(南大門外)에 문복(問卜)하는 집이 만히 느럿다 여러 과군(科軍)들이 각기(各其) 와 슈(數)를 문복(問卜)하니 장군(將軍)도 쏘한 복치(卜債)를 노고 문복(問卜)하얏다 복자(卜者)는 한참 뎜통(占桶)을 들고 고츅(告祝)하더니 괘(卦) 하나를 쌔여 들고 무슈(無數)히 치하(致賀)하엿다

[복] "이 사람은 눈이 업셔 보지는 못하나 사오십년(四五十年) 복술(卜

> 術)로 길흉화복(吉凶禍福)을 단언(斷言)하야 오든 길이라 오날 션배의 괘(卦)를 보니 평생(平生)에 쳐음 뽑은 괘(卦)라 귀인(貴人)·록마(祿馬)에 왕긔(旺氣)를 띄우고 관귀(官鬼) 부모(父母)가 셔로 붓들며 월건(月建)과 일진(日辰)이 상생상합(相生相合)하얏스니 장상(將相)할 징죠(徵兆)오 부귀(富貴)할 (占)뎜이라 부대 자중(自重)하시오"

하고 글 한 슈(首)를 외여 쥬니 「자화지토(自火至土)에 파구멸젹(破寇滅敵)이라 봉계이지(逢癸而止)하고 우도이면(遇島而眠)이라」 하엿다

장군(將軍)은 그 글을 긔록(記錄)하야 곳 품은 후(後) 복자(卜者)에게 사례(謝禮)하고 남촌(南村) 어느 친지(親知)의 집으로 드러가 안흘하얏다 과거(科擧) 젼일(前日)에 장군(將軍)은 꿈을 꾸니 시골집 후원(後園)에 황룡(黃龍)이 셔렷는데 압흐로 달녀드러 여의쥬(如意珠)를 빼아셧다 꿈을 깨여 생각하니 경사(慶事) 잇슬 대몽(大夢)이라 조반(早飯)을 맛촌 후(後)에 장즁(場中)에 드러가셔 글 한 장(張)을 더졋더니 일텬(一天)에 션장(先場)하야 장원급졔(壯元及第) 되엿셧다

잇흔날 장군(將軍)은 조복(朝服)을 갓초고 사은슉배(謝恩肅拜)한 연후(然後)에 어사화(御賜花)를 머리에 꼿고 궐문(闕門) 밧을 썩 나셔니 은패(銀牌) 쳥개(靑蓋)는 압흐로 인도(引導)하고 금의화동(錦衣花童)은 뒤흐로 느러셔셔 옥(玉)져를 희롱(戲弄)하며 장안대로(長安大路)로 나아가니 그 위의(威儀)의 찬란(燦爛)함을 사람마다 부러워하엿다 삼사일(三四日) 지낸 후(後)에 장군(將軍)은 졍부(政府)의 슈유(受由)를 바다 고향(故鄕)에 도라와 션영(先塋)에 소분(掃墳)하고 쌍친(雙親)을 모셔 경셩(京城)으로 반이(搬移)하얏다

슈월(數月)이 지날 후(後)에 국운(國運)이 불행(不幸)하야 철종(哲宗)이 승하(昇遐)하시고 고종 태황뎨(高宗太皇帝)긔셔 즉위(卽位)하셧다 이때 장군(將軍)은 통덕랑행봉상시봉사(通德郎行奉常寺奉事)로 잇셔 공무(公務) 여가(餘暇)에는 각(各) 귀족(貴族)과 권문(權門)을 심방(尋訪)하야 우익(羽翼)을 만히 어덧다 그중(中)에 졍의(情誼)를 상통(相通)하고 교분(交分)이 친밀(親密)하기는 판셔(判書) 민영익(閔泳翊)·윤웅렬(尹雄烈)·리범진(李範晉)·조희일(趙熙一) 등(等) 여러 대신(大臣)이엿다

일일(一日)은 민판셔영익(閔判書泳翊)이 장군(將軍)의 용력(勇力)을 시험(試驗)키 위(爲)하야 대연(大宴)을 배셜(排設)하고 장군(將軍)을 쳥(請)하얏다 만당(滿堂) 빈객(賓客)이 각기(各其) 음식상(飮食床)을 바들 때에 장군(將軍)의 식상(食床)은 특별(特別)히 크고 만헛다 백반(白飯) 한 밥소래 육갱(肉羹) 한 양푼 갈비찜 한 합(盒) 기타(其他) 여러 가지 찬슈(饌需)를 큰 교자(交子)에 갓득 실엇다 장군(將軍)은 놀나 민영익(閔泳翊)을 대(對)하야

[장] "사람은 일반(一般)이오 식량(食量)도 또한 갓거늘 내 상(床)은 좌중(座中)에 뎨일(第一) 크고 또 만흐니 이게 무삼 원인(原因)이오"

[민] "여러분이 장군(將軍)의 식량(食量)을 한번 보기 원(願)함이니 사양(辭讓)치 마르시오"

[장] "내가 소나 말이 아닌 이상(以上)에야 읏지 이것을 다 먹겟소"

[민] "장군(將軍)의 셩식(食性)은 모도 다 아는 바니 굿이 사양(辭讓) 마르시오"

장군(將軍)이 가만히 생각한즉 '이 음식(飮食)으로 말하면 슈십명(數

十名)이 먹어도 남을 것이라 내가 만일(萬一) 다 먹으면 쇠배라 하겟고 만일(萬一) 못다 먹으면 긔운(氣運)이 썩길 것이니 내 웃재든 먹어 보리라' 하고 두 소매를 부루 것고 슈져를 손에 들엇다 여러 빈객(賓客)들은 모다 놀나 자긔(自己)의 음식(飮食) 먹을 생각은 업셔지고 모든 눈이 일시(一時)에 장군(將軍) 식상(食床)으로만 쏘아본다 이삼십분(二三十分) 동안에 장군(將軍)은 밥 한 밥소래 국 한 양푼을 다 마시고 그만 상(床)을 물녓다

그러나 이때에 장군(將軍)은 몸을 조곰도 동작(動作)할 슈가 업셧다 장군(將軍)이 비시듬이 벽(壁)을 의지(依支)하야 담배 한 대를 피엿더니 그동안에 음식(飮食)은 발셔 소화(消化)하야 담소(談笑)를 자약(自若)히 하얏다 만당(滿堂) 빈객(賓客)들은 셔르 보고 놀나며 찬송(讚頌)하는 소래가 끈치지 아니하엿다 이 말이 차차(次次) 경셩(京城) 남북촌(南北村)에 젼파(傳播)되야 가동주졸(街童走卒)이라도 한장군(韓將軍)의 명셩(名聲)은 모다 모를 자(者)가 업셧다

을츅(乙丑) 츈(春)에 군기시찰관(軍器視察官)의 임무(任務)를 씌고 슈원(水原)에 출장(出場)케 되니 이때 슈원유슈(水原留守)는 리경하(李景夏)이고 그 아달 범진(範晉)도 슈원(水原)에 잇셧다 장군(將軍)은 친우(親友)가 슈원(水原)에 잇슴으로 일시(一時)라도 빨니 가셔 보고져 하야 한 필(匹) 백마(白馬)를 자견(自牽)하고 동작강(銅雀江)에 다다러 배를 재촉하야 강(江)을 건넌다

배가 즁류(中流)에 이르자 피변(彼邊)으로부터 건장(健壯)한 놈 여닯이 각기(各其) 머리를 황건(黃巾)으로 동이고 짜른 공방대를 입에 물고 션인(船人)을 손짓하야 배를 도로 회션(回船)하라 한다 션인(船人)들은 황공실색(惶恐失色)하야 배머리를 돌니려 하엿다 장군

(將軍)은 대노(大怒)하야 션인(船人)을 ᄭᅮ지졋다

[장] “이놈 너의들이 관행(官行)을 인도(引導)하야 반강(半江)이나 근넛다가 즁도(中道)에 홀연(忽然)이 회션(回船)코져 하니 이는 무삼 곡졀(曲折)이냐”

션인등(船人等)이 일졔(一齊)히 션즁(船中)에 업대여 엿자오되

[션] “소인등(小人等)이 웃지 감(敢)히 관행(官行)을 지톄(遲滯)코져 하오릿가마는 져 무리들은 소위(所謂) 마포팔장(麻浦八將)이라 긔운(氣運) 셰고 술 잘 먹고 사람 잘 치고 싸홈 잘하야 오강(五江)으로 도라다니며 행악(行惡)이 무쌍(無雙)호대 감(敢)히 입을 여러 항거(抗拒)할 재(者) 업삽고 ᄯᅩ 션인(船人)들이 져의 말을 좃지 아니하면 배를 드러 륙디(陸地)에 셰우거나 그러치 아니하면 배판을 ᄲᅢ여 노와 다시는 쓰지 못하게 하오니 사오명(四五名) 식구(食口)가 호구지책(糊口之策)이 업사와 일조(一朝)에 거산디경(擧散地境)에 이름으로 구복(口腹)이 원슈(怨讐)되야 할 일 업시 복종(服從)코져 함이오니 바라건대 령감(令監)은 빈민(貧民)을 불상히 보샤 잔명(殘命)을 구원(救援)하여 쥬옵소셔”

장군(將軍)은 션인등(船人等)의 말을 듯고 분통(憤痛)함을 이긔지 못하야

[장] “후환(後患)은 내가 담당(擔當)할 것이니 너의들은 마암을 놋코 배을 ᄲᅡᆯ니 져어라”

션부등(船夫等)이 감(敢)히 회션(回船)치 못하고 노(櫓)를 져어 건너가니 여닯 놈이 ᄯᅩ한 대노(大怒)하야 “이놈들아 너의들이 감(敢)히 우리 명(命)을 거사르고 배를 회션(回船)치 아니하니 너의들의 생명

(生命)은 오날뿐이다" 하며 또 장군(將軍)을 향(向)하야 무슈(無數) 후욕(詬辱)하더니 다른 배를 잡어타고 뒤를 좃차 건너왓다 장군(將軍)은 분긔츙텬(憤氣衝天)하야

[장] "여러 사람 즁(中)에 누가 나를 보고 욕(辱)을 하엿노"

여덟 놈이 일시(一時)에 달녀 드러 텰통(鐵桶)갓치 장군(將軍)을 에워쌋코 골통대의 담배불로 장군(將軍)을 겨느면셔 "나도 나도" 하엿다 이때를 당(當)하니 가위(可謂) 법(法)은 멀고 쥬먹은 갓가워 여러 눔에게 싸인 장군(將軍)은 속졀업시 봉변(逢變)을 당(當)할 디경(地境)이엿다 배머리에 션인(船人)들도 벌벌 떨고 안젓다 장군(將軍)은 호통 일셩(一聲)에 오구렷든 두 팔을 한번 활작 펴니 젹한(賊漢) 팔인(八人)은 골패짝 쓰러지듯 일시(一時)에 사장(沙場)에 업더져 조곰도 움작이지 못하얏다 장군(將軍)은 하나식 발목을 잡어 모래밧으로 팔매 치니 낫낫치 슈백보(數百步) 밧게 떠러져 불셩인사(不省人事)가 되얏다

그리한 후(後)에 장군(將軍)은 말게 올나 모래톱을 지나 새 술막에 이르러 뎜심(點心) 참을 하얏다 일시(一時)경쯤 되여 여러 사람이 반(半)쯤 죽은 시톄(屍體) 여덟을 들것에 메고 이 쥬막(酒幕)에 이르니 그놈들은 아까 장군(將軍)이 사장(沙場)으로 팔매 쳣든 장한(壯漢)들이다 이놈들이 눈결에 흘씻 장군(將軍)을 바라보고 황공젼률(惶恐戰慄)하야 일졔(一齊)이 긔여 업대여 돈슈사죄(頓首謝罪)하엿다 장군(將軍)은 크게 꾸짓되

[장] "너의 쥐 갓흔 무리가 감(敢)히 용력(勇力)을 자랑하고 연강(沿江)에셔 행악(行惡)하야 거민(居民)에게 무한(無限)한 해독(害毒)을 끼첫스니 맛당이 법(法)으로써 쳐치(處置)하야 후폐(後

弊)를 졔(除)할 것이로대 인생(人生)이 불상하야 아즉 목숨은 부쳐 쥬거니와 일후(日後)에 만약(萬若) 이와 갓흔 행위(行爲)를 하면 결단(決斷)코 타살(打殺)하야 용셔(容恕)치 아느리라"

장한(壯漢)들이 유유(悠悠)이 퇴(退)한 연후(然後)에 장군(將軍)은 다시 말게 올나 슈원(水原)으로 나려갓다 잇흔날 장군(將軍)은 부즁(府中)에 드러가 군긔(軍器)를 두루 시찰(視察)하고 객관(客館)에 나와 안졋더니 리범진(李範晉)이 차져 나와 늣도록 담화(談話)하다가

[리] "령감(令監)은 용력(勇力)이 졀륜(絶倫)하니 텬하(天下)에 무셔울 것이 업겟지오"

[장] "그러할 리(理)가 잇소 무셔운 것이 만치오 하날도 무셔웁고 사람도 무셔웁고 법률(法律)도 무셥소"

[리] "귀신(鬼神)은 무셥지 아느시오"

[장] "귀신(鬼神)은 내가 아즉 보지를 못하얏소"

[리] "그러면 귀신(鬼神)을 좀 보시겟소"

[장] "귀신(鬼神)이 어대 잇나요"

[리] "머지 아는 데 잇지오"

[장] "령감(令監)은 귀신(鬼神)을 보셧나오"

[리] "나는 장력(壯力)이 셰지 못하야 못 보앗소"

[장] "대관졀(大關節) 귀신(鬼神) 잇는 곳이 어댄가요"

[리] "우리 고을 객사(客舍)요"

[장] "객사(客舍)에 무슨 귀신(鬼神)이 잇단 말이오"

[리] "모르지오 사람마다 밤에는 혼자 못 드러가오"

[장] "큰 집이 오래 뷔게 드면 음습(陰濕)한 긔운(氣運)이 몰녀 린화(燐火)라는 것이 잇다 하지오"

[리] “린화(燐火) 갓흐면 무엇이 무셥겟소마는 사지륙톄(四肢六體)가 분명(分明)한 귀신(鬼神)이 덤빈다오”

[장] “누가더러 만나 보앗나요”

[리] “젼셜(傳說)에 슈백년젼(數百年前)에 장력(壯力) 셴 사람이 한번 드러갓다가 쬣겨 나왓다 하오”

[장] “그것은 다 허언(虛言)이지오 그럴 리(理)가 잇겟소”

[리] “그러면 령감(令監)과 나와 한번 내기하여 봅시다”

[장] “무슨 내기를 하자 하시오”

[리] “령감(令監)이 오날밤에 만일(萬一) 혼자 객사(客舍)에셔 자고 보면 래일(來日) 내가 큰턱을 내겟고 령감(令監)이 만일(萬一) 쬣겨 나오시면 내게 한턱을 내시겟소”

[장] “그것 조흔 말삼이오 그러면 내가 오날밤에 드러가 자 보갯소”

범진(範晉)이 크게 깃거하야 즉시 통인(通引) 불너 객사(客舍) 동헌(東軒)을 정쇄(淨刷)히 소졔(掃除)한 후 금구침셕(衾具枕席) 졔반긔구(諸般器具)를 미리 셜비(設備)하고 밤 되기를 기다렷다 조곰 잇다가 셕반(夕飯)을 맛친 후에 장군(將軍)은 흔연(欣然)이 니러나 범진(範晉)을 작별(作別)하고 타고 왓든 백마(白馬)를 끌고 홀로 객사(客舍)에 드러가 말은 대쳥(大廳) 아래 버드나무에 매고 자긔(自己)는 대답보(大踏步)로 칭계(層階)에 올나 동헌(東軒)에 좌뎡(坐定)하얏다

때는 맛참 삼월(三月)이라 동풍(東風)은 온화(溫和)하고 화음(花陰)은 젹젹(寂寂)한데 셔텬(西天)에 지는 명월(明月){*명월(明日)}[2]은

2) 명월(明月) : 문맥상 ‘명일(明日)’로 보인다.

산두(山頭)에 걸녀 잇고 슈행(數行) 북비(北飛) 나는 홍안(鴻雁) 운간(雲間)으로 간다 모연(暮煙)은 염염하고 류슈(流水)는 냉냉(冷冷)한데 장군(將軍)은 홀로 촉불을 도드고 고셔(古書)를 보다가 밤이 차차(次次) 깁흠으로 안셕(安席)에 의지(依支)하야 잠깐 잠이 드럿다 그러나 귀신(鬼神) 보기를 바라든 장군(將軍)이라 깁흔 잠은 오지 안는다 얼는 눈을 떠셔 보니 좌우(左右) 벽(壁) 사이에셔 쇼아(小兒)들의 짓거리는 소래가 들닌다 귀를 기우리고 자셰(仔細)히 드르면 아무소리도 업고 눈만 감으면 여젼(如前)히 또 들닌다 이와 갓흔 소리를 슈십차(數十次)나 드럿스되 형젹(形跡)은 도모지 볼 슈가 업셧다 그럭져럭 밤이 깁허 삼경(三更)이 지나자마자 하야 밧게 신발 소래가 들닌다 이졔는 아마 귀신(鬼神)이 오나 부다 하고 장군(將軍)은 이러 안졋다 홀연(忽然) 광풍(狂風)이 스르르 부드니 촉불이 꺼졋다가 다시 밝으며 소복(素服)한 미인(美人) 한 사람이 문(門)을 열고 드러와 안져 장군(將軍)끠 례(禮)를 한다 장군(將軍)은 온화(溫和)한 말로

[장] “부인(夫人)은 뉘시완데 심야(深夜) 삼경(三更) 남자 혼자 잇는 방(房)에 무단(無斷)이 드러오나뇨”

미인(美人)이 눈물을 흘니며 오열(嗚咽)한 목소래로

[미] “쳡(妾)은 사람이 아니오 귀신(鬼神)이라 병자호란(丙子胡亂)에 란리(亂離)를 피(避)하야 가다가 불칙(不測)한 도젹(盜賊)에게 겁간(劫姦)을 당(當)하고 살기가 붓그러와 객사(客舍) 후원(後園) 나무가지에 목을 매여 죽엇스나 유유(幽幽)한 깁흔 한(恨)이 골슈(骨髓)에 관철(貫徹)하야 원혼(冤魂)이 오히려 흣허지지 안음으로 호소(呼訴)코져 드러오면 사람마다 놀나 죽어 슈백여년

(數百餘年) 오날까지 셜원(雪冤)을 못하얏더니 지금 다행(多幸)이 장군(將軍)을 뵈옵게 되니 사망(死亡)한 부모(父母)를 다시 뵈온 듯 깃붐을 칭량(稱量)할 슈 업소이다"

[장] "그러면 부인(夫人)의 셩씨(姓氏)는 무엇이며 남편(男便)의 일홈은 누구이뇨"

[미] "쳡(妾)은 경쥬김씨(慶州金氏)옵고 남편(男便)은 본군(本郡) 부호(富豪)로 유명(有名)하든 리졍언이올시다"

[장] "그러면 내가 밝는 날에 유수(留守)에게 고(告)하야 사실(事實)을 나라에 장계(狀啓)하고 부인(夫人)의 셜원(雪冤)을 하야 드릴 것이니 너무 슯허하지 말고 도라가 기다리라"

미인(美人)이 이러나 무슈(無數) 치사(致謝)하고 문(門)을 열고 나아갓다 장군(將軍)은 여취여광(如醉如狂)하야 다시 촉불을 도드고 고셔(古書)를 졈검(點檢)하더니 홀연(忽然) 대쳥(大廳) 뒤로부터 창검(槍劍) 소래 들니며 한 장사(壯士) 텰의철갑(鐵衣鐵甲)에 용모(容貌)가 비범(非凡)한 자이 손에 장검(長劍)을 들고 엄연(儼然)히 방문(房門)을 열고 드러와 장읍불배(長揖不拜)하고 셧다 장군(將軍)은 이러 마즈며

[장] "장사(壯士)는 누구시완대 깁흔 밤의 사람 자는 침실(寢室)에 무단(無斷)이 침입(侵入)하나뇨"

그 장사(壯士) 공손(恭遜)이 대답(對答)하되

"소장(小將)은 임진시(壬辰時) 력사(力士)로 유명(有名)하든 김덕령(金德齡)이라 간신배(奸臣輩)의 참소(讒訴)를 입어 죄(罪) 업시 극형(極刑)을 당(當)하고 쳔고(千古)에 깁흔 한(恨)이 우쥬(宇宙)에 사못쳣스나 오히려 왕긔(王畿) 근쳐(近處)를 써날 수 업셔 요색(要塞) 되

는 수원(水原)에 주재(駐在)하얏더니 오날 본즉 장군(將軍)은 개세영웅(蓋世英雄)이라 능(能)히 이젹(夷狄)을 토멸(討滅)하고 국가(國家)에 대훈(大勳)을 셰우시겟기로 흠션(欽羡)함을 이기지 못하야 잠간(暫間) 존안(尊顔)에 배알(拜謁)코져 왓나이다”

말을 파(罷)하고 신장(神將)은 장탄일셩(長歎一聲)에 인홀불견(因忽不見)이 되엿다 거무하(居無何)에 원촌(遠村)에 닭의 소래 들니고 다시는 아무 괴사(怪事)가 업는 고(故)로 장군(將軍)은 비로소 벼개에 의지(依支)하야 동방(東方)에 날 밝는 줄을 깨닷지 못하엿다

잇흔날 범진(範晉)은 일즉이 이러나 장군(將軍)을 차져 객사(客舍)에 이르니 삼문(三門)이 굿이 닷쳣고 인젹(人跡)이 고요하얏다 범진(範晉)은 일의일구(一疑一懼)하야 혼자말로

[범] “셩인(聖人) 말삼에도 귀신지덕(鬼神之德)이 셩(盛)하다 하셧스니 사람이 아무리 용력(勇力)이 장(壯)하기로 귀신(鬼神)을 읏지 억졔(抑制)할 수가 잇나 내가 어졔 부당(不當)한 내기를 하야 국가(國家)의 즁요 인물(重要人物)을 위디(危地)에 너엇지마는 셜마 한모(韓某)가 죽기야 하얏슬가 그도 모르겟다 신지격사(神之格思)를 불가탁사(不可度思)라 하니 야반(夜半) 무인(無人)한데 무슨 괴변(怪變)이 낫슬지 알 수 잇나 그러치마는 한모(韓某)의 인후(仁厚)한 마음과 초륜(超倫)한 장력(壯力)으로 셜마 귀신(鬼神)에게 해(害)는 바들 리(理)가 업지”

이와 갓치 쳔사만탁(千思萬度)이 범진(範晉)의 두뇌(頭腦) 속에셔 일장(一場) 연극(演劇)을 쑤몃다 급(急)히 장근 문(門)을 열고 동헌(東軒)에 다다르니 이때 장군(將軍)도 긔침(起寢)을 하얏다 범진(範晉)은 희불자승(喜不自勝)하야 한다름에 쒸여드러 장군(將軍)의 손

을 잡고 반가히 뭇는다

[범] "야간(夜間)에 얼마나 놀나셧소"

[장] "놀날 일이 잇셔야 놀나지오"

[범] "령감(令監)은 소기시지 마시오 내가 두 번이나 혼이 나셔 다시는 못 드러갓소"

[장] "령감(令監)이 먼져 혼난 말삼을 하시오"

[범] "내가 인졔 말이지 첫 번에는 통인(通引)을 다리고 드러왓다가 반(半)밤을 못 지내고 쪼겨 나왓고 두 번재는 혼자 드러왓다가 하마하마 죽을 번하고 밤중(中)에 월장(越墻)하야 도망(逃亡)하얏소"

[장] "대관졀(大關節) 무엇 때문에 그러케 놀나셧소"

[범] "긔가 막켜 말할 수가 업소 쳣 번에는 사방(四方) 벽(壁) 틈에셔 소아(小兒)들의 짓거리는 소리가 요란(擾亂)하더니 나종에는 텬병만마(千兵萬馬)가 뒤쩌 드러오며 무슨 짐생인지 입을 벌니고 드러와 날카라온 발톱으로 의복(衣服)을 갈퀴는 바람에 문(門)을 차고 뛰여나와 결과(結果)를 못 보고 월장도츌(越墻逃出)하얏소"

장군(將軍)은 대소(大笑)하며 자긔(自己)의 소경사(所經事)를 또한 일일(一一)이 말하니 범진(範晉)이 대경대의(大驚大疑)하야 이로브터 더욱 장군(將軍)을 경앙(敬仰)하얏다

대뎌(大抵) 귀신(鬼神)의 용사(用事)는 참으로 사람의 억견(臆見)으로는 칙량(測量)할 수 업는 것이다 소셰(梳洗)를 맛초고 장군(將軍)은 뜰에 나려 살펴보니 어제밤 동헌(東軒) 압헤 매여 두엇든 백마(白馬)가 간 곳이 업다 토인(土人)을 시겨 사방(四方)으로 차져 보아도

종젹(蹤迹)이 묘연(杳然)하다 장군(將軍)은 괴상(怪常)이 녀겨 스사로 나셔셔 문호(門戶)·경조(鼎俎)와 랑각(廊閣)·창고(廊閣)까지 이국석 져 구셕 모조리 뒤져 보앗다 희한(稀罕)하고 맹낭(孟浪)한 일이다 문깐방(門間房) 벽장(壁欌) 속에 말이 드러가 꼼짝도 못하고 꼭끼워 잇다 장군(將軍)은 놀나워셔 혼자말로

[장] "이러한 변괴(變怪)도 잇나 져 큰 말이 웃지 이 작은 벽장(壁欌)에를 드러갓노 이는 필시(必是) 독갑이의 작란(作亂)이지 웃재든지 내가 끄내가 보갯다"

하고 손을 벽장문(壁欌門)으로 너어 말 목아지를 잡어당긔엿스나 벽장문(壁欌門)은 좁고 말은 커셔 아무리 하여도 끄러낼 수가 업셧다 장군(將軍)은 할 일 업셔 벽장문(壁欌門) 즁방(中枋)과 셜쥬(柱)를 뽑아내고 간신히 말을 빼여내엿다 이 광경을 본 범진(範晉) 이하 통인(通引)들도 모다 크게 놀나 그후(後)브터는 누구든지 낫에도 객사(客舍)에 드러가기를 무셔워하엿다

장군(將軍)은 말을 빼여낸 후에 무수(無數)히 차탄(嗟歎)하기를

[장] "나는 벽(壁)을 헐고 나셔 간신(艱辛)이 빼여낸 말을 독갑이는 문(門) 한 짝 상(傷)한 데 업시 곱게 집어너엇스니 독갑이 재조는 참 내가 못 당(當)하겟다"

하고 말을 끌러 관역(館驛)으로 나왓다 조반(早飯) 후(後)에 장군(將軍)은 부중(府中)에 드러가 유수(留守)를 보고 렬녀 김씨(烈女金氏)를 장계(狀啓)하야 관도(官道) 남편(南便)에 셕비(石碑)를 셰워 그 졍졀(貞節)을 포장(褒奬)케 하고 자긔(自己)는 스사로 화산(華山) 상봉(上峯)에 올나 정결(淨潔)한 곳을 갈히워 졔단(祭壇)을 모흐고 쥬과포혜(酒果脯醯)로써 김장군(金將軍) 셜위(設位) 하(下)에 괴좌(孤

坐)하야 분향(焚香) 재배(再拜)하고 고츅(告祝)하니 그 츅문(祝文)에 하엿스되

「유셰차(維歲次) 년월일(年月日)에 시찰관(視察官) 한셩근(韓聖根)은 시슈(時羞)의 뎐(奠)을 갓초어 고(故) 츙장공(忠壯公) 김모(金某)의 령젼(靈前)에 고(告)하나이다 복유(伏惟) 존령(尊靈)이 무예(武藝)는 만고(萬古)에 뛰여나고 문장(文章)은 당셰(當世)에 들날녀 집필(執筆) 셩장(成章)에 일좌(一座)가 양보(讓步)하고 등단(登壇) 호령(號令)에 삼군(三軍)이 진슉(振肅)하더니 츌사(出仕) 미구(未久)에 녕신(佞臣)의 참소(讒訴)를 입어 대공(大功)을 일우지 못하야 먼져 흉변(凶變)을 당(當)하니 텬디(天地)가 참담(慘憺)하고 일월(日月)이 무광(無光)이라 졍령(精靈)이 불민(不泯)하야 오히려 긔내(畿內)를 직히시니 장군(將軍)의 츙용(忠勇)은 관황(關皇)이 붓그럽지 안토다 삼백년후(三百年後) 후생(後生) 셩근(聖根)은 장군(將軍)의 력사(歷仕)를 볼 때에 비참최통(悲慘摧痛)하얏더니 작야(昨夜) 량신(良辰)에 다행(多幸)이 장군(將軍)을 뫼셔 과거(過去)의 경력(經歷)과 현재(現在)의 충언(忠言)을 자셰(仔細)히 듯사오니 간담(肝膽)이 찌여지고 심신(心身)이 산란(散亂)하야 통분(痛憤)함을 견대지 못하얏나이다 그러하오나 왕사(往事)는 이의(已矣)라 말삼할 것이 업사오니 바라건대 존령(尊靈)은 슉원(宿怨)을 푸르시고 스사로 관억(寬抑)하샤 국가(國家)를 음조(陰助)하시고 후생(後生)을 지도(指導)하소셔 오호(嗚呼) 애재(哀哉) 상향(尙饗)」

독츅(讀祝)하기를 맛치매 쳥텬백일(青天白日)에 홀연(忽然) 운무(雲霧)가 자옥하고 음풍(陰風)이 대작(大作)하더니 완연(宛然)이 신장(神將)이 제단(祭壇)에 림(臨)하야 흠향(歆饗)하는 듯하더라 장군

(將軍)은 극경극셩(克敬克誠)하야 졔사(祭事)를 파(罷)한 후(後) 산(山)에 나려 유슈(留守) 부자(父子)를 작별(作別)하고 잇흔날 경셩(京城)으로 회환(回還)하얏다

션시(先時) 슌조(純祖) 말브터 우리 조션(朝鮮)에 텬쥬교(天主敎)가 젼래(傳來)하엿더니 철종조(哲宗朝)에 이르러 교도(敎徒)가 졈졈(漸漸) 셩(盛)하고 황뎨(皇帝) 등극(登極) 당시(當時)에는 경향(京鄕)에 텬쥬교도(天主敎徒)가 슈만인(數萬人)에 달하얏다 또 궁즁(宮中)에셔는 유모 박씨(乳母朴氏)가 먼져 신도(信徒)가 되야 교회(敎會)에 출입(出入)하더니 차차(次次) 궁녀(宮女)들과 액졍 소속(掖庭所屬)에까지 만연(蔓延)하야 궁검(宮禁) 지쳑지디(咫尺之地)에 셩경(聖經) 소래가 들니고 신부(神父) 권사(勸士) 등(等)도 궁즁(宮中)에 출입(出入)하게 되얏다

이때 맛참 로국(露國) 슌양함(巡洋艦) 일 쳑(隻)이 원산(元山)에 드러와 우리나라와 통상(通商)하기를 요구(要求)하니 셔양(西洋) 군함(軍艦)이 조션(朝鮮)에 드러오기는 이때가 쳐음이다 이 긔회(機會)를 타셔 교도 즁(敎徒中) 승지(承旨) 남종삼(南鍾三)·홍봉쥬(洪鳳周)·리신규(李身逵) 등(等)이 유모 박씨(乳母朴氏)를 간연(間然)하야 밀계(密啓)를 드리니 때는 병인(丙寅) 이월(二月)이엇다

「지금 아라사(俄羅斯)가 포염사덕(浦鹽斯德)에 새로 개황(開港)하고 조션(朝鮮)을 병탄(倂呑)코져 하야 먼져 군함(軍艦)을 파견(派遣)하니 그 쯧이 심(甚)히 악(惡)한지라 우리나라의 군긔(軍器)와 젼션(戰船)이 져의만 갓지 못하야 자력(自力)으로는 능(能)히 방어(防禦)키 어려운즉 급(急)히 영(英)·불(佛)에 구원(救援)을 쳥(請)하야 함대(艦隊)를 조션(朝鮮)에 파견(派遣)케 한 후(後) 사졸(士卒)을 교련

(教鍊)하고 무비(武備)를 확장(擴張)하야 외구(外寇)를 방어(防禦)하소셔」

하니 대원왕(大院王)이 그 계책(計策)을 그짓 허락(許諾)하고 가마니 사람을 노아 션교사등(宣教師等)을 결련(結連)하야 불국칙(佛國側)의 내용(內容)을 정탐(偵探)하얏다 이때 불국(佛國)은 안남(安南)을 토벌(討伐)하야 령토(領土)를 확장(擴張)하고 다시 동양(東洋)을 엿보아 각쳐(各處) 션교사(宣教師)에게 소재국(所在國)의 강약(强弱) 허실(虛實)을 비밀(秘密)이 정탐(偵探)하든 중(中)이라

맛참 잇때에 아국(俄國) 슌양함(巡洋艦) 일 쳑(隻)이 원산(元山)에 드러옴을 긔회(機會)로 녀겨 션교사(宣教師) 장경일(張敬一) 등(等)이 교도(教徒)를 교사(教唆)하야 젼(前)과 갓흔 밀계(密啓)를 드리게 한 사실이 탄로(綻露)되얏다 대원왕(大院王)은 이 말을 듯고 크게 진노(震怒)하야 좌포장(左捕將) 리경하(李景夏)로 관군(官軍)을 지휘(指揮)하야 남종삼(南鍾三) 등(等) 이하(以下) 불국(佛國) 션교사(宣教師) 십사인(十四人)을 참살(斬殺)하고 쥬야(晝夜)로 교도(教徒)를 슈색(搜索)하야 삼일 내(三日內)에 텬쥬교도(天主教徒) 슈만인(數萬人)을 살해(殺害)하니 개즁(個中)에 원사자(冤死者)도 만헛다

이때 불인(佛人) 션교사(宣教師) 리대을 이하(以下) 삼인(三人)이 교묘(巧妙)히 피신(避身)하야 지나(支那) 텬진(天津)으로 도망(逃亡)하야 불국(佛國) 해군졔독(海軍提督) 로-졔에게 호원(呼冤)하얏다 로-졔는 크게 놀나 이 사실 젼말(事實顚末)을 불국 정부(佛國政府)에 보고(報告)하고 복수(復讐)하기를 고대(苦待)하얏다 대참살(大斬殺)을 행(行)한 대원왕(大院王)은 후환(後患)을 념녀(念慮)하야 요색디(要塞地)에 포대(砲臺)를 건셜(建設)하고 군긔(軍器)를 졔조(製造)하

며 마보슈군(馬步水軍)을 매일(每日) 훈련(訓鍊)하야 교젼(交戰) 쥰비(準備)를 완셩(完成)하얏다

병인(丙寅) 구월(九月)에 불국(佛國) 해군졔독(海軍提督) 로-졔는 불국 정부(佛國政府)의 회보(回報)를 드듸여 포함(砲艦) 삼척(三隻)을 통솔(統率)하고 경셩(京城) 부근(附近) 양화진(楊花津)에 뎡박(碇泊)하야 군사(軍士)를 하륙(下陸)하고 각쳐(各處)에 츙화(衝火)하니 화염(火焰)이 츙텬(衝天)하고 포셩(砲聲)이 굉렬(轟烈)하야 거민(居民)은 닷호어 피란(避亂)하고 만셩(滿城)에 인심(人心)이 흉흉(洶洶)하얏다

이때 장군(將軍)은 관군(官軍) 삼천(三千)을 거나리고 슌무사(巡撫使) 리경하(李景夏)와 협력(協力) 공격(攻擊)하야 하륙(下陸)한 뎍군(敵軍) 슈백인(數百人)을 구쥭(驅逐)하고 다시 좌우(左右)로 뎍함(敵艦)을 포격(砲擊)하니 로-졔 등(等)이 조션(朝鮮) 디리(地理)에 닉지 못하고 쏘한 관군(官軍)의 다소(多少)를 몰나 감(敢)히 대항(對抗)치 못하고 급(急)히 닷을 감고 도망(逃亡)하얏다 이때 장군(將軍)은 뎍함(敵艦)을 물니치고 개션(凱旋)하야 도라오니 조야(朝野)가 환희(歡喜)하고 인심(人心)이 안졍(安定)하야 외뎍(外敵)의 무능력(無能力)함을 업슈히녀기고 별반(別般) 쥰비(準備)함이 업셧더니

동년(同年) 십월(十月)에 로-졔 안남(安南)으로부터 다시 군함(軍艦) 칠쳑(七隻)에 슈륙군(水陸軍) 슈천(數千)을 난호어 실고 지나(支那) 연태(烟台)를 것쳐 즉졉(直接) 강화도(江華島)에 뎡박(碇泊)하야 초지(草芝)와 광셩(廣城)을 함락(陷落)하고 다시 륙군(陸軍) 륙백(六百)을 하륙(下陸)하야 통진(通津)을 습격(襲擊)하니 강화유슈(江華留守) 리인기(李寅夔)와 통진부사(通津府使) 리공렴(李公

濂)은 기셩도쥬(棄城逃走)하고 젼판셔(前判書) 리시원(李是遠)은 음약 자살(飮藥自殺)하며 슈진 장졸(守鎭將卒)은 다슈(多數) 피살(被殺)되고 백셩(百姓)은 각자도생(各自圖生)하야 림진강(臨津江) 이남(以南)에 피란민(避亂民)이 길을 덥허 올나오니 조야(朝野)가 대진(大震)하야 일변(一邊) 격셔(檄書)를 젼(傳)하야 팔도(八道)에 의용병(義勇兵)을 모집(募集)하고 일변(一邊) 관군(官軍)을 발(發)하야 대뎍(大敵)을 방비(防備)하얏다

당시(當時) 관군칙(官軍側) 우션봉(右先鋒)은 양헌슈(梁憲洙)요 좌션봉(左先鋒)은 어재연(魚在淵)이라 각각(各各) 관병(官兵) 이쳔(二千)을 인솔(引率)하고 헌슈(憲洙)는 젹(敵)의 륙군(陸軍)을 쏘차 통진(通津)으로 재연(在淵)은 젹(敵)의 슈군(水軍)을 쏘차 강화(江華)로 진발(進發)하얏다 재연(在淵)이 먼져 갑곶(甲串)에 이르러 젹함(敵艦)을 포격(砲擊)하니 이때 젹(敵)의 긔계(器械)는 모다 신식(新式)이오 관군(官軍)의 긔계(器械)는 구식(舊式)이라 지속(遲速)과 리둔(利鈍)이 셔로 갓지 못하야 관군(官軍)이 대패(大敗)하니 재연(在淵)이 패병(敗兵)을 거나리고 졍족산셩(鼎足山城)으로 귀둔(歸遁)하얏다

관군(官軍)의 패보(敗報)가 연(連)하야 조졍(朝廷)에 이르니 상(上)이 대경(大驚)하샤 문무졔신(文武諸臣)을 모흐시고 파젹(破敵)할 장사(將帥)를 택(擇)하셧다 만좌(滿座)가 묵연(默然)하야 셔로 쳔거(薦擧)치 못하엿다 장군(將軍)이 슌무영(巡撫營) 초관(哨官)으로 출젼(出戰)하기를 자원(自願)하니 상(上)이 대희(大喜)하사 즉일(卽日)에 장군(將軍)을 배(拜)하야 유격장군(遊擊將軍)을 삼으시고 남한산셩(南漢山城) 별패군(別牌軍) 이백(二百)과 곡산병(谷山兵) 일백(一

百)을 주사 먼져 젹(敵)의 륙군(陸軍)을 방어(防禦)케 하시니 장군(將軍)은 흔연(欣然)이 삼백군(三百軍)을 거나리고 통진(通津)으로 드러가 문슈산셩(文殊山城)을 직히게 되얏다

이때 젹의 륙션대(陸先隊)는 발셔 보도를 타고 문슈산셩(文殊山城) 셔문 하(西門下)에 모혀 상륙(上陸)코져 하얏다 장군(將軍)은 사졸(士卒)을 지휘(指揮)하야 셩상(城上)에 올나 일졔(一齊)히 사격(射擊)하야 젹션(敵船) 이쳑(二隻)을 침몰(沈沒)하고 다시 상륙(上陸)한 젹군(敵軍) 슈십인(數十人)을 사살(射殺)하얏다 포연(砲煙)이 몽롱(朦朧)한 가운대 젹션(敵船) 대대(大隊)는 교묘(巧妙)히 셩하(城下)로 하륙(下陸)하야 셩(城)박휘를 안고 돌아 개암이떼와 갓치 셔남(西南)으로 지쳐드러오며 포탄(砲彈)이 우박(雨雹)갓치 쏘다지니 관군(官軍) 삼백(三百)이 져젹(抵敵)치 못하야 일졔(一齊)히 물결갓치 헤여져 통진 대진(通津大陣)으로 도망(逃亡)하얏다 장군(將軍)은 패장(敗將) 사인(四人)을 다리고 젹병(敵兵)을 시살(廝殺)하게 되얏다 대뎌(大抵) 과불뎍중(寡不敵衆)은 고금(古今)이 일반(一般)이라 패장(敗將) 사인(四人)이 일시(一時)에 젹탄(敵彈)에 마져 토혈 즉사(吐血卽死)하얏다 슬프다 고셩락일(孤城落日)에 잠긴 장군(將軍)은 단독 일신(單獨一身)에 총(銃) 한 자루뿐이엿다

죠슈(潮水)갓치 미러드는 젹병(敵兵)을 웃지 단신(單身)으로 막으리오마는 장군(將軍)이 만일(萬一) 움작이면 산셩(山城)의 함락(陷落)은 일발(一髮) 사이에 달닌 고(故)로 장군(將軍)은 더욱 정신(精神)을 슈습(收拾)하고 몸을 셩문(城門) 뒤에 감초어 젹병(敵兵)이 드러오는 대로 주먹을 드러 한번식 친즉 젹군(敵軍)은 두골(頭骨)이 파쇄(破碎)하얏 낫낫치 즉사(卽死)하얏다 이와 갓치 젹병(敵兵) 슈백(數

百)을 타살(打殺)하니 젹(敵)의 시톄(屍體) 산(山)갓치 싸여 피가 흘너 강(江)물이 다 붉엇다 아무리 텬장(天將)이기로 이에 이르러셔는 기운(氣運)과 힘이 다하야 다시는 져젹(抵敵)할 용맹(勇猛)이 업셧다 장군(將軍)은 할 일 업셔 총(銃)을 엽헤 끼고 몸을 한번 솟겨 셩벽(城壁)을 뛰여넘어 놉흔 곳에 오르니 젹병(敵兵)들은 장군(將軍)을 바라보고 닷호어 사격(射擊)하얏다

이때 장군(將軍)은 젹탄(敵彈) 슈백발(數百發)을 마져 갑쥬(甲胄)에 탄환(彈丸) 구멍이 뷘 곳이 업고 더욱 놀나울 일은 망건 편자(網巾鞭子)에 탄환(彈丸)이 붓터 텰(鐵)투구를 쓴 것과 갓햇다 장군(將軍)이 기진(氣盡)하야 한동안 잔듸밧헤 누잇다 젹군(敵軍)은 장군(將軍)을 쏫고져 하얏스나 슈십장(數十丈) 졀벽(絶壁)에 발을 붓칠 곳도 업고 겸(兼)하야 대강(大江)이 그 아래로 둘녓슴으로 감(敢)히 추격(追擊)치 못하고 셩중(城中)으로 몰녀드럿다 장군(將軍)은 다시 몸을 이러 젹병(敵兵)을 향(向)하야 사오차(四五次) 발포(發砲)하다가 약탄(藥彈)이 또한 진(盡)하야 할 일 업시 셩(城)을 돌아 통진(通津)으로 드러와 양원슈(梁憲洙)를 보고 젼후시말(前後始末)을 말하니 양원슈(梁憲洙) 크게 놀나 장군(將軍)을 위로(危路)하고 이로부터 더욱 장군(將軍)을 신앙(信仰)하얏다

오반(午飯)을 맛춘 후(後) 장군(將軍)은 군사(軍士)를 졈고(點考)하니 삼백인 중(三百人中)에 일인(一人)도 사망(死亡)한 ᄌᆞ(者)가 업셧다 장군(將軍)은 대노(大怒)하야 군사(軍士)를 좌우(左右)로 갈나 세우고 츄상(秋霜)갓치 호령(號令)하얏다

[장] "양병쳔일(養兵千日)은 용재일시(用在一時)라 국가(國家)에셔 너의들을 기르기는 란시(亂時)를 당(當)하야 토젹(討賊)을 목

젹(目的)함이어늘 너의들은 젹병(敵兵)이 침입(侵入)함에 싸홈도 아니하고 포탄일셩(砲彈一聲)에 기셩도주(棄城逃走)하야 우흐로 국가(國家)의 존망(存亡)을 생각지 아니하고 아래로 장슈(將帥)의 사생(死生)은 도라보지 아니하니 너의등(等)은 맛당이 군법(軍法)으로 쳐형(處刑)하야 하나로써 백(百)을 징계(懲戒)할 것이로대 젹군(敵軍)을 미파(未破)에 ᄌᆞ군(自軍)을 살해(殺害)함은 상셔(祥瑞)롭지 못하야 아즉것 그 죄(罪)를 용서(容恕)하거니와 만일(萬一)에 다시 림진도주(臨陣逃走)하거나 대젹투생(對敵偸生)하는 ᄌᆞ(者) 잇스면 결단(決斷)코 쳐참회시(處斬回屍)하야 조곰도 용셔(容恕)치 안으리라"

령(令)을 나린 후(後)에 장군(將軍)은 다시 총(銃) 마진 갑쥬(甲胄)를 내여 사졸(士卒)에게 보이고 또 총(銃)열을 당기여 절반(折半)을 끈으니 일군(一軍)이 외복(畏服)하고 용기(勇氣)가 배승(倍勝)하얏다 장군(將軍)은 삼백군(三百軍)을 거나리고 당야(當夜)에 산셩(山城)으로 치입(馳入)하니 이때 젹병(敵兵)은 산셩(山城)에 불을 지르고 각쳐(各處)에 텬막(天幕)을 치고 주둔(駐屯)하얏다 호통일셩(號筒一聲)에 장군(將軍)은 사졸(士卒)을 지휘(指揮)하야 산조로써 야영(野營)을 습격(襲擊)케 하고 ᄌᆞ긔(自己)는 마상(馬上)에 올나 쌍슈(雙手)에 장검(長劍)을 들고 동치셔주(東馳西走)하니 금광(金光)을 따라 젹(敵)의 머리 츄풍락엽(秋風落葉)갓치 써러젓다 젹(敵)은 대패(大敗)하야 잔병(殘兵)을 잇글고 셔문(西門)으로 돌출(突出)하얏다 관병(官兵)이 뒤를 엄살(掩殺)하니 물에 빠져 죽은 ᄌᆞ(者)가 무슈(無數)하고 생환(生還)한 ᄌᆞ(者)는 슈십인(數十人)에 지나지 못하얏다

장군(將軍)은 급격물실(急擊勿失)이라 하고 다시 밤을 도와 양원슈

(梁憲洙) 대진(大陣)에 이르러 대군(大軍)과 결합(結合)하야 잇흔날 청신(淸晨)에 강화(江華)에 득달(得達)하야 젹함(敵艦)을 포격(砲擊)하니 어재연(魚在淵)이 완병(援兵) 이름을 보고 쏘한 군사(軍士)를 내여 량하(兩河)에셔 협공(挾攻)하니 로－제 창황망조(蒼黃罔措)하야 발진도쥬(發進逃走)하고 관병(官兵)이 대승(大勝)하엿다

관군(官軍)이 승젼고(勝戰鼓)를 울니고 개가(凱歌)를 부르며 회군(回軍)하니 어로 백셩(百姓)들은 단사호장(簞食壺漿)으로 닷호어 관군(官軍)을 맛고 문무관료(文武官僚)들은 희렬(喜悅)로써 왕사(王師)를 환영(歡迎)하얏다 상(上)이 크게 깃거하사 즉일(卽日)에 태평년(太平宴)을 궁중(宮中)에 베푸시고 출젼 장졸(出戰將卒)을 상사(賞賜)하신 후(後) 장군(將軍)의 총(銃) 마진 의갑(衣甲)을 보시고 탄식(歎息)하시며

[상] "옛날 항우(項羽)와 관공(關公)은 텬하무젹(天下無敵)이라 하얏스되 오히려 칼이 목에 드럿거든 지금 한셩근(韓聖根)은 총검(銃劍)이 몸에 침노(侵虜)치 못하니 이는 가위(可謂) 텬장(天將)이며 신장(神將)이라 짐(朕)이 이 갓흔 장사(壯士)가 잇셔 좌우(左右)를 보필(輔弼)하니 이졔는 근심이 업다"

하시고 장군(將軍)을 배(拜)하야 풍덕도호부사 겸 슈셩장(豐德都護府使兼守城將)을 삼으셧다

대져(大抵) 국가(國家)의 안위(安危)는 집정ᄌ(執政者)의 션불션(善不善)에 잇는 것이다 오백년래(五百年來) 도원락디(桃源樂地)에셔 시국(時局)에 암매(暗昧)하고 춘몽(春夢)에 취(醉)한 대원군(大院君)은 량차(兩次) 불군(佛軍)을 격퇴(擊退)한 후(後) 더욱 ᄌ만력(自滿力)이 증장(增長)하야 외국통상(外國通商)은 물론(勿論)이고 외

국(外國) 사람만 보아도 살륙(殺戮)을 감행(敢行)하얏다

무진춘(戊辰春)에 미국(美國) 탐험가(探險家) 최란헌(崔蘭軒) 등(等) 칠인(七人)이 평양(平壤)에 잠입(潛入)하얏더니 대원왕(大院王)은 감사(監司)를 시겨 일일(一一)이 포살(捕殺)하얏다 미국 졍부(美國政府)는 이를 분개(憤慨)하야 태평양함대(太平洋艦隊) 졔독(提督) 로졜스로 군함(軍艦) 오쳑(五隻)과 륙젼대(陸戰隊) 륙백여인(六百餘人)으로 조션(朝鮮)을 졍벌(征伐)케 하얏다 젹(敵)은 비률빈(比律賓)을 것쳐 황해(黃海)를 건너 강화(江華)에 졍박(碇泊)하고 각진(各鎭)을 포격(砲擊)하니 슌무즁군(巡撫中軍) 어재연(魚在淵)이 젹(敵)을 진격(進擊)하야 젹함(敵艦) 슈쳑(數隻)을 격침(擊沈)하고 대파(大破)한 후(後) 정족산셩(鼎足山城)에 드러 주둔(駐屯)하야더니 젹(敵)의 잔병(殘兵)은 후면(後面)으로 도라 상륙(上陸)하야 산셩(山城)을 쳐드러왓다

이 급보(急報)을 드른 장군(將軍)은 군사(軍士) 약간(若干)을 인솔(引率)하고 급(急)히 산셩(山城)에 도달한즉 슌무즁군(巡撫中軍) 어재연(魚在淵)은 발셔 젼사(戰死)하얏고 젹(敵)은 산셩(山城)에 밀집(密集)하얏다 장군(將軍)은 용분(勇奮)을 다하야 젹(敵)의 집단디(集團地)를 츙살(衝殺)하야 젹장(敵將) 슈인(數人)과 젹병(敵兵) 슈백(數百)을 참살(斬殺)하니 젹(敵)은 불의(不意)의 공격(攻擊)을 만나 밋쳐 손을 놀닐 사이가 업셔 사산분괴(四散奔潰)하얏다 관군(官軍)이 뒤를 짜라 크게 엄살(掩殺)하니 젹(敵)의 사상ᄌᆞ(死傷者)가 불계기슈(不計其數)라

이 싸홈에 젹(敵)의 생환ᄌᆞ(生還者)는 백여인(百餘人)에 지나지 못하야다 장군(將軍)은 다시 관병(官兵)을 통솔(統率)하고 젹함(敵艦)을

공격(攻擊)하니 로젤스 셰궁력진(勢窮力盡)하야 잔병(殘兵)을 실고 도주(逃走)하얏다 쳡셔(捷書)가 조정(朝廷)에 이르니 상(上)이 대렬(大悅)하시고 다시 장군(將軍)을 배(拜)하야 졍족슈셩장(鼎足守城將)을 삼으시니 이번이 장군(將軍)의 뎨삼 출젼(第三出戰)이엿셧다 동년(同年) 시월(十月)에 장군(將軍)은 동부승지 겸 경연참찬관 츈츄찬관(同副承旨兼經筵參贊官春秋贊官)이 되얏다가 그후(後)에 다시 풍덕부사(豐德府使)를 재임하고 임오(壬午)에 병조참판 겸 통리긔무아문참획관(兵曹參判統理機務衙門參劃官)이 되야 일본인(日本人) 굴본례조(堀本禮造) 등(等) 슈인(數人)과 한가지 훈련원(訓鍊院)에셔 별기군(別技軍)을 교련(敎鍊)하고 다시 총쥰(聰俊) 자졔(子弟) 일백팔인(一百八人)을 썝아 사관(士官)을 교습(敎習)하며 일본공사(日本公使) 화방의질(花房義質)과 자로 래왕(來往)하니 일(日)·한(韓)의 교졔(交際)가 비로소 친밀(親密)하얏다 그러나 항상(恒常) 양이(攘夷)를 쥬장(主張)하고 폐위(廢位)를 꾀하다가 셰력(勢力)이 썩겨 공덕리(孔德里)에 은와(隱窩)하얏든 대원왕(大院王)을 비롯하야 쵸야(草野)에 완고배(頑固輩)들은 모다 불평(不平)을 품엇셧다 장군(將軍)이 안으로 졍교(政敎)를 닥고 밧그로 일본(日本)을 친(親)하야 츙의(忠義)로써 인군(人君)을 셤기고 인후(仁厚)로써 사람을 대졉(待接)하니 문무 중관(文武衆官)으로부터 사셔인(士庶人)에게 이르기까지 장군(將軍)을 시긔(猜忌)하는 자(者)가 업되 션혜 당상(宣惠堂上) 민겸호(閔謙鎬)가 홀로 장군(將軍)을 외긔(畏忌)하야 해(害)할 마음을 품고 잇셧다

이때에 맛참 궁중(宮中)에 실화(失火)하야 대조뎐(大造殿)에 불이 당긔엿다 겸호(謙鎬)는 이것을 긔화(奇貨)로 여겨 장군(將軍)다려

진화(鎭火)하라 하고 무리(無理)한 군령장(軍令狀)을 두라 하얏다 장군(將軍)은 조곰도 굴(屈)치 아니하고

[장] "막중궁궐(莫重宮闕)에 불이 이러나거늘 대감(大監)은 병졸(兵卒)을 푸러 진화(鎭火)할 생각을 아니하시고 도로혀 불을 쓰라 하고 군령장(軍令狀)을 두라 하시니 이것이 무슨 법률(法律)이오"

겸호(謙鎬) 잠싼 말을 꿈여 대답(對答)하되

[겸] "옛날 관공(關公)은 쇼렬뎨(昭烈帝)의 아오로대 화용도(華容道)를 보낼 때에 공명(孔明)이 군령장(軍令狀)을 바든 것은 그 책임(責任)을 즁(重)케 함이오 결(決)코 해(害)코져 함은 아니라 지금 막즁궁뎐(莫重宮殿)에 불이 이러나니 만일(萬一) 소홀(疏忽)함이 잇셔 어젼(御殿)까지 연소(燃燒)하면 신자(臣子)의 불츙(不忠)이 이버덤 더함이 업기로 장군(將軍)께 책임(責任)을 즁(重)케 하기 위(爲)하야 문셔(文書)를 두게 함이니 조곰도 괴이(怪異)케 생각지 말고 쌀니 진화(鎭火)키를 바라노라"

장군(將軍)이 사양(辭讓)치 아니하고 흔연(欣然)이 군령장(軍令狀)을 둔 연후(然後)에 곳 참바 슈십(數十) 발을 취(取)하야 한손에 셔려쥐고 한다름에 달녀 돈화문(敦化門)에 이르니 겸호(謙鎬) 발셔 사람을 시겨 궐문(闕門)을 굿이 다닷다 장군(將軍)이 한번 몸을 소사 돈화문(敦化門)을 뛰어넘어 대조뎐(大造殿) 집우에 소사올나 가졋든 참바를 풀너 뎐각(殿閣) 한 모통이를 얽어 힘을 다하야 한번 당긔니 슈십간(數十間) 큰 뎐각(殿閣)이 삽시간(霎時間)에 풀뭉치갓치 쓰러졋다

장군(將軍)은 크게 소래 질너 물을 드리라 하니 이때 별기군(別技軍)이 일졔(一齊)히 모혀드러 닷호어 물을 길어 일시간(一時間)이

못다 되야 궁즁(宮中)의 불을 젼멸(全滅)하얏다 이것을 본 겸호(謙鎬)는 장군(將軍)의 용력(勇力)에 긔(氣)가 질녀 비록 화심(禍心)은 품엇스나 감(敢)히 거죽으로 발포(發布)치 못하고 가장 친졀(親切)한 긔식(氣息)을 지어 장군(將軍)의 손을 쥐고 위로(慰勞)하며 만고력사(萬古力士)오 텬하 명장(天下名將)이라고 칭션(稱善)하얏다

대져(大抵) 남녀귀쳔(男女貴賤)을 물론(勿論)하고 수구로은즉 션심(善心)이 나고 편안(便安)한즉 음심(淫心)이 남은 고금(古今)이 일반(一般)이라 여러 해 시화셰풍(時和歲豊)하고 국가(國家)가 무사(無事)함으로 궁중(宮中)에 유흥(遊興)이 일야(日夜)로 심(甚)하야 내탕금(內帑金)이 탕갈(蕩竭)되얏다 이것을 빙자(憑藉)한고 션혜(宣惠)당상(堂上) 민겸호(閔謙鎬)는 슈개월(數個月) 군료(軍料)를 병졸(兵卒)에게 쥬지 아니하얏다 항시(恒時) 불평불만(不平不滿)을 품고 잇든 구식군대(舊式軍隊)는 크게 격분(激憤)하야 륙월구일(六月九日)에 각 영문 군사(各營門軍士)가 일제(一齊)히 큰 소동을 일르켜 일대(一隊)는 민겸호(閔謙鎬)·김보현(金輔鉉) 등(等) 여러 대신(大臣)을 살해(殺害)하고 일대(一隊)는 훈련원(訓鍊院)과 일본공사관(日本公使館)을 습격(襲擊)하며 일대(一隊)는 각 대관(各大官)의 집에 충화(衝火)하니 경셩(京城) 각쳐(各處)에 화염(火焰)이 충텬(衝天)하야 상하 통홍(上下通紅)이 되얏다 장군(將軍)의 집과 가산 즙물(家産什物)도 모다 란군(亂軍)의 츙화(衝火)로 젼쇼(全燒)되얏다

이때 장군(將軍)은 맛참 경기 슈군(京畿水軍)에 시찰(視察)을 나아가 아즉것 회환(回還)치 못함으로 이 변란(變亂)을 경셩(京城)셔 당(當)치 아니하얏고 대원왕(大院王)이 폭동(暴動)을 진압(鎭壓)하얏다 동년(同年) 칠월(七月)에 장군(將軍)은 통진병마졀졔사(通津兵

馬節制使)가 되얏다가 갑신(甲申) 십이월(十二月)에 다시 승정원 우승지(承政院右承旨)로 가의대부동지즁추부사(嘉義大夫同知中樞府事)를 겸임(兼任)하고 병술(丙戌)에 풍덕도호부사(豐德都護府使)를 삼임(三任)하야 일년(一年)이 지난 후(後) 다시 황쥬진관 평산병마졀졔사 후영장 토포사 태백슈셩장(黃州鎭管平山兵馬節制使後營將討捕使太白守城將)이 되엿다가 뎡해(丁亥) 졍월(正月)에 뎡쥬병마쳠졀졔사 독진장 자헌대부 뎡쥬목사(定州兵馬僉節制使獨鎭將資憲大夫定州牧使)가 되얏다

장군(將軍)이 뎡쥬(定州)에 도임(到任)하야 슈삼삭(數三朔)을 지내니 때가 맛참 사월(四月)이라 백화(百花)는 이진(已盡)하고 록음(綠陰)이 농무(綠蕪)한데 동헌(東軒) 뎡남(正南)에 쳔여년(千餘年) 된 큰 괴목(槐木)이 잇셔 가지와 입새가 번영(繁榮)하야 동헌(東軒)에 그늘이 너무 가리우는 고(故)로 관속(官屬)을 명(命)하야 나무를 버히라 령(令)을 나리엿다 대뎌(大抵) 이 나무는 고려(高麗) 때부터 생장(生長)하야 아조(我朝)에 이르러셔는 임진(壬辰)·병자(丙子) 병란(兵亂)을 격고 또는 부중(府中)에 셧슴으로 관속배(官屬輩)들이 슈백년래(數百年來)로 하로 보름 치셩(致誠)을 드려 한번 치셩(致誠)에 다대(多大)한 금젼(金錢)이 들되 이것을 앗기지 아니하고 만일(萬一) 그 가지라도 썩는 자(者)면 반다시 악질(惡疾)에 걸녀 회생(回生)치 못한다 하야 뎡쥬부중(定州府中)에 관속(官屬)은 물론(勿論)이오 거민(居民)까지 숭배(崇拜)하는 고목(古木)이라 홀디(忽地)에 버히라 하는 령(令)을 듯고 륙방 관속(六房官屬)과 일반 백셩(一般百姓)이 일졔(一齊)히 동헌(東軒) 마당에 운집(雲集)하야 머리를 두다리며 간(諫)한다

"옛날 졔경공(齊景公)은 괴목(槐木)을 사랑하야 슈괴령(守槐令)을 나렷삽고 왕진공(王晉公)은 괴목(槐木)을 재배(栽培)하야 귀자손(貴子孫)을 두엇사오니 괴목(槐木)이 사람에게 대(對)하야 조곰도 부심(腐心)함이 업나이다 지금 사도(使道) 도임(到任)하신 지 오래지 아니하야 연고(緣故) 업시 년로(年老)한 괴목(槐木)을 버히라 령(令)하시니 인민등(人民等)은 그 곡졀(曲折)을 아지 못하겟나이다 쏘한 이 괴목(槐木)은 쳔여년(千餘年) 부즁(府中)에 생장(生長)하야 여러 번(番) 병란(兵亂)을 격글 쑨 아니라 괴신(槐神)이 나무에 웅거(雄據)하야 조곰만 정셩(精誠)이 부족(不足)하야도 재해(災害)가 병생(竝生)하오니 바라건대 사도(使道)는 옛날 조조(曹操)가 배나무를 버히고 염질(染疾)에 걸니든 고사(故事)를 참죠(參照)하샤 참괴령(斬槐令)을 다시 거두시옵소셔"

장군(將軍)이 웃으며 중인(衆人)에게 이르되

"사람은 만물(萬物)의 신령(神靈)이라 감각(感覺)이 잇는 동물(動物)도 능(能)히 잡어 식료(食料)에 공(供)하거든 하물며 감각(感覺)이 업는 수목(樹木)이랴 태고(太古) 홍황시대(洪荒時代)에는 인구(人口)가 번식(繁殖)치 못하야 셰계(世界)에 덥힌 것이 수목(樹木)이라 그 생장(生長)이 웃지 일이쳔년(一二千年)이오리마는 익(益)이 산택(山澤)을 사를 째에 대소(大小)를 혜아리지 아니하얏고 하우씨(夏禹氏)는 홍슈(洪水)를 다사릴 째에 산(山)을 짜러 나무를 버혓스니 지각(知覺)이 업는 슈목(樹木)이 웃지 사람의 화복(禍福)을 쥬며 쏘한 조조(曹操)로 말하면 관공(關公)의 목관(木棺)을 보고 놀나셔 병(病)이 든 것이어늘 후셰(後世)에 조언자(造言者)가 배나무 동틔라 칭(稱)함이니 이를 웃지 집미(執迷)하나뇨 대뎌(大抵) 책망(責望)은 원슈(元帥)

에게 잇나니 셜혹(設或) 화(禍)가 잇드라도 벌(罰)은 내가 혼자 바들 것이라 읏지 읍즁 부로(邑中父老)와 부하 관속(府下官屬)에게 밋치리요 내가 한번 령(令)을 나렷스니 어기지 말고 나무를 버히라"

중인(衆人)이 황공젼률(惶恐戰慄)하야 감(敢)히 독기를 들지 못하엿다 장군(將軍)은 다시 말하되

[장] "너의등(等)이 나무 한 쥬(柱)로 인(因)하야 매월(每月) 이차식(二次式) 금젼(金錢)을 허비(虛費)하니 이는 허무(虛無)한 랑비(浪費)라 내가 이곳에 업스면 할 일 업거니와 지금 내가 이것을 목도(目睹)하고 도로혀 찬셩(贊成)함은 미신(迷信)을 길너 민심(民心)을 현혹(眩惑)케 함이니 너의 총즁(叢中)에 감(敢)히 하슈(下手)할 자(者) 업스면 내가 먼져 부월(斧鉞)을 시험(試驗)하리라"

하고 뜰에 나려 젼시(戰時)에 쓰든 보검(寶劍)을 빼여 나무를 치니 관속배(官屬輩)가 더욱 황공(惶恐)하야 뒤를 이어 서로 찍어 삼일(三日)만에 이 큰 괴목(槐木)은 동헌(東軒) 압헤 쓰러졋다

이날 밤에 장군(將軍)은 평긔(平氣)로 취침(就寢)하더니 분인 김씨(夫人金氏) 본즉 동헌(東軒)에 화광(火光)이 충텬(衝天)하고 자졍(子正) 후(後)에 셰우(細雨)가 쑤리더니 건장(健壯)한 로한(老漢)이 머리 풀고 발 벗고 동헌(東軒)에 올나와 바을 것고 드려다보다가 크게 놀나 물너가며 "아이고 무서워라 신장(神將)이 계시다" 하고 뜰로 나려 다랏낫다 부인(婦人)은 대경(大驚)하야 장군(將軍)을 흔드러 깨워 그 본 바를 고(告)하니 장군(將軍)은 '사불범졍(邪不犯正)'이라 하고 더욱 마암이 태연(泰然)하엿다 그 해가 맛도록 부즁(府中)에 아무 병(病)도 업고 도로혀 년사(年事)가 풍등(豐登)하니 백셩(百姓)

들이 더욱 장군(將軍)을 경앙(敬仰)하얏다

일일(一日)은 뎡쥬(定州) 유림등(儒林等)이 장군(將軍)의 용력(勇力)을 보고져 하야 부중(府中) 남교(南郊)에 사연(射宴)을 배셜(排設)하고 장군(將軍)을 청(請)하야 사법(射法)을 비평(批評)하라 하니 장군(將軍)은 흔연(欣然)히 허락(許諾)하고 종일(終日)토록 사장(射場)에 나아가 활 쏘는 것을 구경하얏다 셕양(夕陽)에 이르러 갑을(甲乙)의 승부(勝負)가 판단(判斷)된 후(後) 여러 사람이 큰 활 하나를 슈레에 실고 드러와 장군(將軍) 압으로 운젼(運轉)하야 드리며 공슌(恭順)히 청(請)하되

"금일(今日) 량신(良辰)에 승부(勝負)가 판단(判斷)되오니 이는 사도(使道)의 지도(指導)하신 덕(德)이라 감사만만(感謝萬萬)이오나 지금 갑을(甲乙) 량방(兩方)이 각기(各其) 도라가는 마당에 여흥(餘興)이 업사오니 사도(使道)는 한번 활을 시험(試驗)하샤 즁인(衆人)의 갈채(喝采)를 일우게 하옵소서"

장군(將軍)이 활을 보니 강텰(鋼鐵)로 졔조(製造)하고 우심으로 거죽을 둘넛는데 무게가 쳔근(千斤)이오 또 오백보(五百步) 외(外)에 관혁(貫革)을 세윗더라 장군(將軍)이 가만히 생각하되

[장] "내가 이 활을 못 당기면 력사(力士)라 칭(稱)치 아늘 것이오 셜혹(設或) 당긴다 하드라도 오백보(五百步) 외(外)에 잇는 관혁(貫革)을 읏지 맛초리오 그러나 내가 긔위(旣爲) 이 자리에 림(臨)하얏스니 한번은 시험(試驗)하리라"

하고 활을 잡어 한번 당긔여 살을 노흐니 시위 소래를 따라 관혁(貫革)의 젹심(的心)이 마젓다 슈쳔(數千) 인사(人士)가 일졔(一齊) 박슈(拍手)하며 장군(將軍) 쳔셰(千歲)를 환호(歡呼)하얏다 이로브터

평북 일대(平北一帶)가 장군(將軍)의 용력(勇力)을 두려워하야 산(山)에 도젹(盜賊)이 업고 밤에 문(門)을 닷지 아니하니 변경(邊境)이 안도(安堵)하고 만셩(萬姓)이 환락(歡樂)하얏다 장군(將軍)이 뎡쥬(定州)에 부임한 지 사년(四年)에 추호(秋毫)도 백셩(百姓)에게 범(犯)치 아니하니 거리마다 션정비(善政碑)오 사람마다 숑덕(頌德)이엇다

신묘츈(辛卯春)에 혜당(惠堂) 민영쥰(閔泳駿)이 장군(將軍)에게 다액(多額)의 금품(金品)을 청구(請求)하거늘 장군(將軍)은 리치(理致)를 타서 응(應)치 아니하얏더니 영쥰(泳駿)이 이를 함혐(含嫌)하고 장군(將軍)을 참소(讒訴)하야 동년추(同年秋)에 강원도(江原道) 김화(金化)로 장군(將軍)을 뎡배(定配)하니 장군(將軍)은 무고(無辜)히 젹소(謫所)에셔 오륙개월(五六個月) 고초(苦楚)를 당(當)하얏다가 임진츈(壬辰春)에 해배(解配)되야 다시 자현대부 한셩판윤(資憲大夫漢城判尹)이 되엿다

이때 명셩황후(明成皇后)는 일야(日夜)로 궁즁(宮中)에셔 유흥(遊興)하시고 조졍(朝廷)은 관작(官爵)을 매매(賣買)하야 비록 창우하쳔(倡優下賤)이라도 금전(金錢)만 만히 밧치면 슈령(守令)·방백(方伯)을 졔슈(除授)하고 각(各) 귀호권문(貴戶權門)에도 뇌물(賂物)이 공행(公行)하며 신구 량당(新舊兩黨)이 셔로 자조 공격(攻擊)하야 권리(權利)를 닷호고 당파(黨派)를 셰우니 장군(將軍)은 국정(國政)이 날로 어즈럽고 시셰(時勢)가 쏘한 변쳔(變遷)함을 관식(慣識)하야 긔회(機會)를 타서 벼살을 하직(下直)하고 산명슈려(山明秀麗)한 곳을 갈히혀 긔디(基地)를 뎡(定)하고 자손(子孫)을 교육(敎育)고져 하더니

일일(一日)은 소년(少年) 상경시(上京時)에 복자(卜者)의 쥬든 글귀를 뎜검(點檢)하고 「우계이퇴(尤戒而退)」라 하는 말에 크게 깨다라 날을 갈히여 고구빈객(故舊賓客)을 쳥(請)하야 잔채를 배셜(排設)하고 날이 맛도록 질기다가 장군(將軍)은 아래와 갓치 말하얏다

“대뎌(大抵) 물건(物件)이 셩(盛)한즉 쇠(衰)하고 달도 차면 기우는 것이라 내가 포의(布衣)로 경셩(京城)에 올나와 위(位)는 아경(亞卿)에 이르렷고 공(功)은 쳥사(靑史)에 드리워 삼차 출젼(三次出戰)에 외구(外寇)를 토멸(討滅)하고 국운(國運)을 만회(挽回)코져 하얏더니 지금(只今) 궁중(宮中)·부즁(府中)에 유흥(遊興)이 날로 심(甚)하고 구당(舊黨)·신당(新黨)이 권리(權利)만 셔로 닷호니 이는 종사(宗社)를 위(爲)하야 깁히 통탄(痛嘆)한 일이라 이졔 사직(辭職)하지 안으면 후회(後悔)가 젹지 안으리로다 예날 장량(張良)은 한고조(漢高祖)를 도와 텬하(天下)를 통일(統一)하얏스되 졔(齊)나라 삼만호(三萬戶)를 갈히지 아니하고 류(留)짜에 봉(封)하기를 자원(自願)하얏다가 맛참내 젹송자(赤松子)를 짜랏스니 그 명텰보신(明哲保身)함이 족(足)히 후셰(後世)에 구감(龜鑑)이 되겟도다 쏘한 ‘놉흔 새가 다함애 어진 활이 감최고 젹국(敵國)이 멸(滅)함매 모신(謀臣)이 망(亡)함’은 고금(古今)이 일반(一般)이라 내가 오날 부귀(富貴)를 탐(貪)하야 그칠 바를 혜아리지 아느면 그 죽을 바를 아지 못하겟다”

하고 인(因)하야 상쇼(上疏)를 올녀 해골(骸骨)을 비니 상(上)이 허락(許諾)하시고 가자(加資)를 더하시며 인쳔(仁川)짜에 뎐장(田莊) 삼백셕(三百石)을 사패(賜牌)하시니 장군(將軍)은 가권(家券)을 인솔(引率)하고 뎐반면(田畔面) 검월리(儉於里)에 퇴와(退窩)하야 음풍영월(吟風詠月)과 어슈렵산(漁水獵山)으로 만년(晩年)의 행락(行

樂)을 부치게 되얏다

일일(一日)은 장군(將軍)이 염질(染疾)에 걸녀 날이 오래매 병셰(病勢)가 졈졈(漸漸) 침즁(沈重)하야 백약(百藥)이 무효(無效)하더니 홀연(忽然) 장군(將軍)의 침실(寢室)로브터 장한(壯漢) 일인(一人)이 머리에 평양립(平涼笠)을 쓰고 몸에 흑의(黑衣)를 입고 북벽(北壁)을 뚤코 드러와 남벽(南壁)으로 빠져나와 계하(階下)에 업드리며 문안(問安)을 고(告)한다 장군(將軍)은 긔괴(奇怪)히 녀겨

[장] "네가 누구완대 아무 파상(破傷) 업시 벽(壁)을 뚤고 임의(任意)로 출입(出入)하나냐"

장한(壯漢)이 엿자오대

"쇼인(小人)은 독잡이올시다"

장군(將軍)이 크게 깃거하야

[장] "내가 소시(少時)에 슈원(水原)을 가서 너의 재조를 한번 보고 항상(恒常) 네 모양(模樣)을 보고져 바랏더니 네가 먼져 나를 차져오니 참으로 긔우(奇遇)이다 그러나 네가 무삼 일로 이에 이르럿느냐"

독갑이 부복(俯伏)하고

[독] "소인(小人)이 오날 대감(大監) 환후(患候)가 위중(危重)하시다는 말삼을 듯삽고 혹(或) 부리실 일이 잇사올가 하야 대령(待令)하엿나이다"

[장] "내가 병중(病中)에 아무것도 못 먹다가 오날 아참부터는 홀연(忽然) 부어(鮒魚) 고음이 생각나니 너는 부어(鮒魚)를 좀 구(求)하여 오겟느냐"

[독] "어렵지 안사오니 곳 부어(鮒魚)를 잡어오리이다"

말을 파(罷)하고 독갑이는 충충 밧그로 나아갓다 이와 갓치 장군(將軍)은 독갑이와 수문수답(隨問隨答)하나 집사람들은 독강이의 말은 못 듯고 다만 장군(將軍)의 혼자 하는 말만 드럿다 상하로쇼(上下老少)들은 장군(將軍)이 병중(病中)에 셤어(譫語)를 하신다 하야 왼 집안에 곡셩(哭聲)이 랑자(狼藉)하얏다 장군(將軍)은 울음을 말니며

[장] "이졔는 내 병(病)이 나흘 것이니 아무 념녀(念慮) 말고 조곰 잇스면 부어(鮒魚)가 올 것이니 진하게 고아 가져 오라" 하얏다

이때는 하류월(夏六月)이라 장마비가 연일(連日) 나려 하쳔(河川)에 시위가 나고 교량(橋梁)이 파괴(破壞)되야 십리이십리간(十里二十里間)에도 교통(交通)이 두졀(杜絶)되엿스니 부어(鮒魚)가 어대서 오리오 집사람들은 더욱 황황(遑遑)하야 지쳑(咫尺)을 떠나지 아니하고 시탕(侍湯)하더니 한낫이 못다 되야 한강(漢江) 사는 '신바독'이라 하는 자(者)가 부어(鮒魚) 한짐을 지고 왓다 집사람들이 크게 놀나 부어(鮒魚) 가지고 온 연유(緣由)와 물마에 통행(通行)한 재조를 무럿다 신바독이 또한 놀나며

[신] "소인(小人)은 내수사(內需司) 찬부(饌夫)라 불시지슈(不時之需)를 때때로 진어(進御)하심으로 부어(鮒魚)를 만히 독 속에 기르옵더니 오날 아참 진시경(辰時頃)에 한셩부(漢城府) 관예(官隷)가 나와 '지금 대감(大監) 환후(患候)가 위즁(危重)하신데 부어(鮒魚)가 아니면 약(藥)이 업스니 빨니 한짐을 지고 나려가자' 하기에 '물마에 웃지 통행(通行)하느냐' 하얏드니 관예(官隷) 말이 '인쳔(仁川)은 아무 관계(關係) 업다' 하기로 관예(官隷)를 따러 이곳까지 동행(同行)하얏사온대 과연(果然) 즁로(中路)에 다리도 파괴(破壞)된 곳이 업삽고 혹(或) 큰 하쳔

(河川)이 잇사오면 관예(官隸)가 부어(鮒魚)를 지고 소인(小人)까지 월쳔(越川)을 시겨주어 아무 고생(苦生)도 아니하고 일즉이 도달(到達)하얏나이다"

집사람들이 더욱 의아(疑訝)하야

"그러면 갓치 온 한인(漢人)은 어대로 간느냐"

[신] "지금 소인(小人)과 갓치 댁(宅)으로 와서 소인(小人) 짐을 가진 고(故)로 바로 드러왓삽고 관예(官隸)는 슈텽방(守廳房)으로 드러갓나이다"

"그러면 그 관예(官隸)를 다리고 오겟느냐"

[신] "어려울 것이 업슴니다"

하고 신바둑은 밧그로 나아갓다 한시경(食頃)은 지나 신바둑은 다시 드러와

"세상(世上)에 이러한 괴변(怪變)도 잇슴닛가 금방(今方)에 온 사람이 부지거쳐(不知去處)가 되엿슴니다"

집사람들이 그졔야 독갑이의 인도(引導)인 줄 알고 장군(將軍)이 병중(病中)에 셤어(譫語)갓치 하시든 말을 자세(仔細)히 이르니 신바둑이 이 말을 듯고 크게 경악(驚愕)하야 혼불부신(魂不附身)이 되엿다 집사람들이 급(急)히 부어(鮒魚)를 다투어 고음을 만드러 장군(將軍)끠 나아가니 장군(將軍)은 슈차(數次) 련복(連服)하고 졈졈(漸漸) 병세(病勢)가 감퇴(減退)하야 사오일후(四五日後)에 완젼(完全)히 평복(平復)이 되얏다

일일(一日)은 심동텬긔(深冬天氣)라 산야(山野)는 젹셜(積雪)이 싸이고 강하(江河)는 결빙(結氷)을 일우어 장군(將軍)은 심(甚)히 무료(無聊)히 안젓더니 맛참 젼(前) 참군(前參軍) 윤홍셥(尹弘燮)이

북쳥(北靑) 소산(所産) 보라매 한 마리를 사 가지고 와서 장군(將軍)과 산엽(山獵)가기를 쳥(請)하얏다 장군(將軍)은 흔연(欣然)히 허락(許諾)하고 모리군 슈십인(數十人)을 인솔(引率)하고 안산(安山) 오자봉(五子峰)으로 드러갓다 원래(原來) 이 오자봉(五子峰)은 산맥(山脈)이 장원(長遠)하고 슈목(樹木)이 울창(鬱蒼)하야 맹슈(猛獸)가 때때로 출현(出現)하는 고(故)로 초동(樵童)·목슈(牧竪)는 고사(姑捨)하고 산양 포슈(砲手)들도 드러가기를 질기지 아니하얏다

이때 윤홍셥(尹弘燮)은 장군(將軍)을 모시고 오자봉(五子峰) 상봉(上峯)에 올나 매를 손에 놉히 밧고 모리군을 시겨 산하(山下)에서 꿩을 튀기게 하얏스나 공교(工巧)히 이 날은 꿩이 한 마리도 나는 것을 보지 못하얏다 홍셥(弘燮)이 매를 드러 장군(將軍)게 드리고 분연(奮然)이 이러나 산복(山腹)으로 드러가 꿩을 튀기더니 슈시간(數時間)이 지나도 도모지 나오지 안는다 장군(將軍)은 괴이(怪異)히 녀겨 홍셥(弘燮)의 가든 길로 조차 산즁복(山中腹)에 드러 일쳐(一處)에 다다르니 놀납고 괴이(怪異)하다 홍셥(弘燮)은 셜상(雪上)에 홀노 서서 의복(衣服)이 갈기갈기 찟겨지고 손등이 이곳져곳 글켜젓다 장군(將軍)은 대경(大驚)하야

[장] "참군(參軍)은 무삼 일로 꿩도 튀기지 아니하고 셜즁(雪中)에 홀로 서서 무엇을 보고 잇나뇨"

홍셥(弘燮)이 장군(將軍)을 보고 크게 반기며 헐덕이는 목소래로

[홍] "생(生)이 지금 호랑이와 격투(格鬪)하와 명(命)이 경각(頃刻)에 달녓사오니 장군(將軍)은 구완하야 주옵소서"

[장] "호랑이가 어대 잇나뇨"

홍셥(弘燮)이 한 편(便)을 가라치며

[홍] "져 바회 밋헤 납작 업드려 생(生)을 노리고 보는 것이 호랑이올시다"

장군(將軍)이 눈을 드러 살펴보니 과연(果然) 일대로호(一大老虎)가 암하(巖下)에 업대여 용을 쓰고 잇슴으로 젼신(全身)의 털이 엉클하야 바늘갓치 꼿꼿하고 두 눈의 영채(映彩)가 뚝뚝 흘너 뎐광(電光)이 셤셤(閃閃)하다 장군(將軍)은 다시 홍셥(弘燮)을 보고

[장] "참군(參軍)은 빨니 도라가오 내가 혼자 이 짐생을 잡어 가지고 가오리다"

홍셥(弘燮)이 읏지 호랑이에게 혼(魂)이 낫든지 장군(將軍)의 생사(生死)는 불고(不顧)하고 혼ᄌᆞ 오든 길로 셜넝셜넝 나아갓다 로호(老虎)는 홍셥(弘燮) 가는 것을 보고 어홍 한 소래를 크게 지르드니 벌덕 이러나서 주홍(朱紅) 갓흔 큰 입을 딱 버리고 강텰(鋼鐵) 갓흔 긴 발톱을 번쩍 들고 압흐로 와락 장군(將軍)에게 달녀드러 긴 ᄭᅩ리로 백셜(白雪)을 감어 얼골로 휘뿌리고 쌍코로 김을 내여 악취(惡臭)를 내풍기니 그 표한(剽悍)한 용맹(勇猛)은 사람에 당할 ᄌᆞ(者)가 업셧다

장군(將軍)은 졍신(情神)을 가다듬어 호랑의 허리를 한번 힘것 껴안으니 호랑은 용을 써서 몸을 불끈 솟기엿다 생호랑의 털인 고(故)로 밋그럽기 기름과 갓해 쑥 빠져 나아가며 두 발목말 결니엿다 장군(將軍)은 노치 안코 발목을 잡아 따우에 한번 쳣다 그러나 젹셜(積雪)이 싸인 곳이 되야 호랑은 셜중(雪中)에 뭇칠 ᄲᅮᆫ이오 쥭지는 아니한다 재차(再次) 삼차(三次) 덤뷔는 로호(老虎)를 장군(將軍)은 번번(番番)이 둘너쳣다 이때 만일(萬一) 장군(將軍)이 패도(佩刀)라도 가젓더면 한 손으로 범을 안ᄭᅩ 한 손으로 칼을 빼여 어렵지 안케 호랑이를 잡엇겟지마는 아모 쥰비(準備)도 업시 매를 밧고 잇든 장군(將軍)

이라 몸에는 촌텰(寸鐵)도 업셧다

장군(將軍)은 아무리 생각하야도 로호(老虎)를 타살(打殺)할 방법(方法)이 업서 다음에는 호랑이를 안어 암셕(巖石) 우에 부뷔여 보앗다 그러나 암셕(巖石)도 역시(亦是) 눈비에 져져 얼음이 류리와 갓치 얼엇다 호랑이는 몸을 굼틀거리는 대로 바회 더욱 밋그러워 도뎌히 부뷔여지지 안는다 이때 사람과 호랑이도 서로 긔운(氣運)이 파(罷)하얏다 장군(將軍)은 다시 산(山) 밧그로 나아가고져 하야 호랑이를 안고 압으로 거러가니 호랑이 사양(辭讓)치 아니하고 뒤발로 거름을 옴겨 보기 조케 따라온다 장군(將軍)은 이와 갓치 호랑이를 잇글고 산문(山門)으로 나오니 산하(山下)에 잇든 모리군과 근산(近山)에 잇든 나무군들은 호랑이를 한번 바라다보고 업더지며 잡바지며 모다 놀나 도망(逃亡)하얏다

이때 고개 좌편(左便)에 큰 로송(老松)이셧다 장군(將軍)은 한 계교(計巧)가 나서 또 한번 호랑이를 껴안으니 호랑이는 여젼(如前)이 몸을 빼여 나왓다 장군(將軍)은 뒤ㅅ발을 쥐고 로송(老松)나무에 한번 걸쳐 따리고 손을 떼엿다 호랑이는 허리가 부리져 다시는 일지 못하고 따에 누어 발만 허위고 잇다 이것을 본 장군(將軍)은 십배(十倍)나 용긔(勇氣)가 생(生)하야 호랑에게 와락 달녀드러 호랑의 복부(腹部)를 발길로 한번 지르니 발이 로호(老虎)의 배을 뚤고 등으로 나와 디심(地心) 반쳑(半尺)에 드러가 박혓다 장군(將軍)은 비로소 이마에 땀을 씻고 발을 쎕아 내니 신발은 물론(勿論)이오 쥬의(周衣)와 바지까지 피가 져져 홍상(紅裳)을 입은 거와 갓햇다 장군(將軍)은 다시 집으로 도라와 사람과 소를 보내여 호랑이를 실고 오니 기리가 팔쳑오촌(八尺五寸) 되는 일대백액호(一大白額虎)이엿다 장군(將軍)

은 탄식(歎息)하되

[장] "내가 륙십 평생(六十平生)에 사람에는 내 젹슈(敵手)를 보지 못하얏고 산져야슈(山猪野獸)를 만히 쫏차 잡엇스되 그다지 위맹(威猛)한 ᄌᆞ(者)는 못 보앗더니 오날 이 로호(老虎)의 용력(勇力)을 본즉 가위(可謂) 산즁영웅(山中英雄)이오 백슈(百獸)의 왕(王)이라 하겟다" 하더라

원래(原來) 장군(將軍)의 심복(心腹)은 윤홍셥(尹弘燮)·주일환·박일영·리귀·하룡홍·렴기셥·장일상 등(等) 칠인(七人)이니 모다 두 팔에 쳔근(千斤) 드는 힘이 잇다 그즁(中)에 리귀는 장군(將軍)이 안셩(安城) 려관(旅館)에서 만낫든 젹괴(賊魁)이다 젼일(前日)의 허물을 고치고 경셩(京城)으로 올나와 장군(將軍)의 지쳑(咫尺)을 주소(晝宵)로 떠나지 아니하니 장군(將軍)은 그 뜻을 가상(嘉尙)히 녀겨 맛참내 문하(門下)에 슈용(收用)하얏다 칠인(七人)이 항시(恒時) 장군(將軍)을 따라 별기군(別技軍) 교련시(敎鍊時)에 각기(各其) 참부교(參副校)가 되얏더니 그 후(後) 혹(或)은 군슈(郡守)·현감(縣監)도 되고 혹(或)은 참군(參軍)·별장(別將)도 되얏다 만년(晚年)에 장군(將軍)이 사직(辭職) 귀향(歸鄕)하야 한가히 잇슴으로 죵죵 서로 와서 장군(將軍)의 고젹(孤寂)함을 위로(慰勞)하더니 이날 윤홍셥(尹弘燮)이 맛참 와서 매산양을 나갓다가 대호(大虎)를 만나 서로 격투(格鬪)를 하든 차(次)에 다행(多幸)이 장군(將軍)의 구완함을 힘닙어 무사(無事)히 생환(生還)하얏다

류슈(流水) 갓흔 광음(光陰)이 어언간(於焉間) 팔구년(八九年)이 지나니 장군(將軍)의 년령(年齡)이 임의 칠순(七旬)이라 이때 상(上)이 기영사(耆英社)에 드시고 조관(朝官) 사품(四品) 이상(以上) 년

칠십(年七十)된 사람은 모다 기사(耆社)에 드리시니 장군(將軍)은 정이품 정헌대부(正二品正憲大夫)로 중추원(中樞院) 칙임의관(勅任議官)을 겸(兼)하야 기사당상(耆社堂上)이 되얏다 장군(將軍)은 다시 일이년간(一二年間) 경셩(京城) 매동(梅洞)에 주거(住居)하얏더니 맛참 뎨사ᄌᆞ(第四子) 영렬(永烈)이 안면도(安眠島) 파감이 됨으로 장군(將軍)은 복약하기 위(爲)하야 안면도(安眠島)로 드러갓다 구력(舊曆) 칠월(七月) 이십오일(二十五日)은 고종 태왕뎨(高宗太皇帝)의 탄신(誕辰)이라 상(上)이 장군(將軍)을 잔채에 부르시니 장군(將軍)은 슈십일젼(數十日前)에 안면도(安眠島)를 ᄯᅥ나 경셩(京城)으로 향(向)하얏다 ᄯᅢ는 맛참 하말추초(夏末秋初)라 장마비는 발서 것치고 맑은 바람은 솔솔 불어 려행(旅行)하기에 매우 조왓다 슌풍(順風)에 돗을 달고 만경창파(萬頃蒼波)로 나아가더니 션인등(船人等)의 부주의(不注意)로 배가 홀연(忽然) 암초(暗礁)에 걸니엿다 션인(船人) 이하(以下) 모든 션객(船客)들은 황황망조(遑遑罔措)하야 읏지할 바를 아지 못하얏다 장군(將軍)은 급(急)히 바다로 ᄯᅱ여드러 발로는 물을 헤고 손으로는 배머리를 당기엿스나 배는 용이(容易)하게 ᄯᅦ러지지 안는다 장군(將軍)은 용력(勇力)을 다하야 한번 다시 당기니 키다리가 부러지며 배는 암초(暗礁)에서 ᄯᅥ러젓다

이날에 맛참 동풍(東風)이 크게 부러 배는 바람을 ᄯᅡ라 압흐로 둥둥 ᄯᅥ나간다 밤이 차차(次次) 갓가오니 해상(海上)에 운무(雲霧)가 ᄌᆞ옥하고 세우(細雨)가 나리ᄲᅮ려 원근(遠近)을 분변(分辨)할 슈가 업는 중(中) 키 업는 배가 되야 방향(方向)을 지뎡(指定)치 못하고 배가는 대로만 맛겨 두니 목뎍디(目的地)로 도달(到達)하기는 기필(期必)치 못하얏다 이ᄯᅢ 홀연(忽然) 큰 홰불 ᄌᆞ로가 안개 속으로브터 빗

쵠다 거리(距離)는 불과(不過) 이십보(二十步)쯤 되여 뵌다 션인등(船人等)은 일졔(一齊)히 고함(高喊)하며 어대로 가는 배이냐 무럿다 아무리 고함(高喊)하야도 대답(對答)도 업고 밤새도록 그만히 써러젓다 팔미도(八尾島)를 지나 인쳔항(仁川港)에 갓가이 드니 동방(東方)이 차차(次次) 밝고 압헤는 아무 배도 아니간다 또 삽시간(霎時間)에 홰불도 업서젓다 션인(船人) 이하(以下) 모든 션객(船客)들은 크게 놀나

"대감(大監)은 참 텬인(天人)이올시다 암초(暗礁)에 걸닌 배를 바다에 드러 손으로 빼내시고 키 업는 배가 일야간(一夜間)에 목뎍디(目的地)를 도달(到達)하얏스며 다시 텬화(天火)가 압흘 인도(引導)하야 스사로 방향(方向)을 지시(指示)하오니 이는 다 대감(大監)의 홍복(洪福)으로 중인(衆人)의 죽을 목숨까지 구원(救援)하심이올시다" 하며 일반 승객(一般乘客)들이 닷호와 구활(救活)한 은혜를 감사하고 차탄(嗟歎)하기를 마지 아니하엿다

장군(將軍)은 배에 나려 다시 기차(汽車)에 올나 경셩(京城)에 이르러 매동 별뎌(梅洞別邸)에서 두류(逗留)하다가 진연(進宴)을 맛초고 팔월초(八月初)에 다시 안면도(安眠島)로 회환(回還)하게 되얏다 인쳔(仁川)서 배를 타고 팔미도(八尾島)를 지날 때에 은린옥쳑(銀鱗玉尺)이 해중(海中)에서 뛰노는 것을 보고 장군(將軍)은 회고(懷古)의 탄식(歎息)을 발(發)하얏다

"내가 옛날 산셩(山城) 싸홈에 단신(單身)으로 불군(佛軍)을 대적(對敵)타가 기진력쇠(氣盡力衰)하고 시장함을 못 니긔여 바다에 뛰여드러 져러한 고기 사오개(四五個)를 잡어 날로 먹은 후(後)에 정신(精神)을 차렷드니 츈풍(春風) 추우(秋雨) 그동안이 발서 사십셩상(四十

星霜)이라 그때의 장사(壯士)들은 지금(只今)에 모다 고인(故人)이 되얏고 부사졸(部士卒)들도 거의 다 사망(死亡)하얏스니 셕일(昔日)을 회상(回想)하면 강개(慷慨)한 눈물이 자연(自然)이 흐른다"

하고 쳐연(悽然)이 션두(船頭)에 올나 고기 노는 것을 구경하더니 홀연(忽然) 도미 슈십(數十) 마리가 배판으로 뛰여드럿다 장군(將軍)은 크게 깃거하야

[장] "이것은 하나님이 쥬신 것이니 오날 션중(船中)에서 조흔 음식(飮食)을 잘 먹겟다"

하고 곳 션인(船人)을 명(命)하야 회(膾)도 치고 국도 쓰려 일션중(一船中)이 포식(飽食)하얏다

예로브터 출젼 장사(出戰將士)로 안향부귀(安享富貴)하고 와셕종신(臥席終身)한 사람이 만치 안타 지나(支那) 『사긔(史記)』로 보드라도 회음후(淮陰侯) 한신(韓信)이는 젼필승(戰必勝) 공필취(攻必取)로 한(漢)나라 사백년(四百年) 긔업(基業)을 일우엇스되 려후(呂后)의게 참살(斬殺)을 당(當)하얏고 한슈뎡후(漢壽亭侯) 관운장(關雲長)은 오관(五關)에 참장(斬將)하고 단도(單刀)로 부회(赴會)하야 텬하(天下)에 무젹(無敵)이라 하다가 맥셩(麥城)에 량진(糧盡)하야 고국(故國)으로 도라가다가 려몽(呂蒙)의 계교(計巧)에 그릇 빠져 비명(非命)의 횡사(橫死)를 당(當)하얏고 우리나라로 말하드라도 고려(高麗) 때 최영(崔瑩)은 진츙보국(盡忠輔國)하야 기우러지는 나라를 붓들고져 하다가 도로혀 졔주도(濟州島)에 뎡배(定配)되여 통한(痛恨)을 먹음고 피살(被殺)이 되얏스며 리조(李朝)의 김덕령(金德齡)은 만부부당(萬夫不當)의 용맹(勇猛)으로 대젹(大賊)을 토평(討平)코져 하다가 간신(姦臣)의 참소(讒訴)를 입어 독형맹장하(毒刑猛杖下)에 억울(抑

鬱)한 생명(生命)을 끈엇스며 충무공(忠武公) 리슌신(李舜臣)은 구선(龜船)을 창작(創作)하야 슈젼(水戰)에 대공(大功)을 셰윗스되 비탄(飛彈)에 명중(命中)하야 진중(陣中)에서 졀명(絶命)하얏스니 이는 다 통셕불감(痛惜不堪)할 일이다

그러나 장군(將軍)은 쳔하명장(天下名將)으로 당시(當時)에 일홈을 날녀 삼차 출젼(三次出戰)에 한 번도 패(敗)함이 업고 만년(晩年)에 향곡(鄕曲)에 은거(隱居)하야도 귀신(鬼神)이 음조(陰助)하고 하날이 감동(感動)하시니 진실(眞實)로 명장(名將)이오 또 복장(福將)이다 이때 장군(將軍)이 비록 년로(年老)하나 오히려 고기 십근(十斤)과 밥 한 되를 먹으니 포호빙하(暴虎馮河)하든 용력(勇力)으로 읏지 울분(鬱憤)한 마음이 업스리오

일일(一日)은 셕반(夕飯)을 맛촌 후(後) 관아(官衙)로 나오다가 기동 우에 박힌 큰 나무못을 주먹으로 한번 치니 팔둑 갓흔 나무못이 기동 속으로 다 드러가고 끗만 솜털 픠듯 하얏다 다시 내당(內堂)으로 드러가 자녀(子女) 량인(兩人)을 좌우(左右) 엽헤 갈나 끼고 후원(後園)에서 한번 몸을 소사 관사(官舍)를 뛰여 외동헌(外東軒) 마당에 나려스니 두상(頭上)에 썻든 탕건(宕巾)이 바람에 날녀 따에 써러젓다 장군(將軍)은 길이 탄식(歎息)호대

[장] "내가 젼일(前日) 소시(少時)에는 남대문(南大門)과 동대문(東大門)을 뛰여도 옷고롬 하나가 움작이지 안엇는데 이제 요만한 관사(官舍) 하나를 뛰는데 탕건(宕巾)이 따에 써러지니 내 힘이 쇠(衰)한 것을 이로 밀우어 알겟다"

하고 외당(外堂)으로 드러오니 당중(堂中)에는 슈십인(數十人) 빈객(賓客)이 만좌(滿座)하얏다 여러 빈객(賓客)들은 장군(將軍)의 용력

(勇力)을 보기 쳥(請)하니 장군(將軍)은 흔연(欣然)히 허락(許諾)하고 돌을 집어 오라 명(命)하얏다 한 사람이 밧게 나와 동의와 갓흔 큰 차돌을 안고 드러왓다 장군(將軍)은 한손으로 그 돌을 밧들고 한손으로 나려치니 쳔백뎐광(千百天光)이 일시(一時)에 손 밋헤서 이러나며 큰 돌은 편편(片片) 파쇄(破碎)가 되고 방(房)바닥에는 돌가로가 두어 되나 싸혓다 이것을 보든 빈객(賓客)들은 모다 입을 버리고 경탄(驚歎)하얏다 장군(將軍)은 다시 탄환(彈丸) 한 줌을 입에 물고 대쳥(大廳)으로 향(向)하야 쑴으니 철환(鐵丸)은 총(銃)알 나가듯 륙간대쳥(六間大廳)을 나라 건너 월편(越便) 벽상(壁上)에 딱딱 맛는다 여러 빈객(賓客)들은 장군(將軍)의 위엄(威嚴)에 놀나 모다 아무말도 못하고 잇셧다 이 소문(所聞)이 도중(島中)에 젼파(傳播)하니 년년(年年)히 침입(侵入)하든 해젹(海賊)들이 감(敢)히 안면도(安眠島)에는 드러오지 못하얏다

광무 구년(光武九年)에 장군(將軍)은 로병(老病)으로 도즁(島中)에서 사망(死亡)하니 이날 밤에 말과 갓흔 큰 별이 안면도(安眠島)에 떠러지고 젼면(前面) 안산(案山)이 오일간(五日間)을 크게 울엇다 장군(將軍)의 흉보(凶報)가 궐내(闕內)에 이르니 상(上)이 크게 슯허하시며

[상] "이졔는 짐(朕)의 고굉(股肱)이 끈쳐젓다"

하시고 장비(葬費)를 후(厚)히 나리시고 디방관(地方官)을 명(命)하샤 치제(致祭)케 하시니 이것이 장군(將軍)의 말로(末路)이다 인하야 글 한 슈(首)를 부치노라

큰 별이 말갓치 함디에 떠러지니

닷새 동안 산이 울고 해소가 불더라

뜻을 세운 당년에 세상 길을 붓드럿고

군사를 내여 세 번 이긔매 때 위태함을 건젓더라

하날에 경한 훈업은 산하가 잇고

따에 드러간 셩충은 셩쥬가 아실너라

다시 란조를 만나면 누가 감히 계교할고

백성을 근심하고 나라를 근심하야 슯흠을 이길 슈 업더라

大星如斗落咸池 五日山鳴海嘯吹

立志當年扶世道 出師三捷濟時危

經天勳業山河在 入地誠忠聖主知

更値亂朝誰敢計 爲民爲國不勝悲

병인양요(丙寅洋擾) 끗

蔡萬植, 韓末史話『丙寅洋擾』

1.

지금으로부터 八十四年(팔십사년) 前(전) 西紀(서기) 一八六六年(일팔육육년) 高宗(고종) 三年(삼년) 丙寅(병인) 九月(구월) 二十二日(이십이일)—陰曆(음력)으로는 八月(팔월) 十日(십일)— 이른 아침이었다. 形體(형체)가 엄청나게[1] 크고도 이상하게 생기고, 큰 大砲(대포)와 함끼, 相貌(상모)와 眼色(안색)[2]이 괴상스런 兵丁(병정)을 실고, 靑紅白(청홍백) 三色(삼색)으로 된 旗(기)를 달고 한, 세 隻(척)의 시꺼먼 外國(외국) 兵船(병선)이, 느닫없이[3] 仁川灣(인천만)으로 조차 江華海峽(강화해협)으로 悠悠(유유)히 들어왔다.

일찌기 보지도 못한 이 外國(외국) 兵船(병선)의 느닫없는 來航(내항)은, 때의 朝鮮(조선)사람에게 적지 아니한 疑惑(의혹)과 恐怖(공포)와 아올러 好奇心(호기심)을 불러이르킨 것은 勿論(물론)이어서 가령 沿岸(연안)의 陸地(육지)에는 힌옷 입은 구경꾼이 무턱이로 모

---

1) 엄청나게 : 『群山新聞』에는 '굉장히'로 되어 있다.
2) 眼色(안색) : 『群山新聞』에는 '服色(복색)'으로 되어 있다.
3) 느닫없이 : 『群山新聞』에는 '卒然(졸연)'으로 되어 있다.

여서[4] 손꾸락질을 하며 수군덕거렸다라고 한다.

일변 朝廷(조정)에서도 '初不問情, 又不捍禦, 一任跳梁{*浪}[5].'이라고 한 記錄(기록)으로 미루어[6] 처음에는 영문도 몰랐거니와 어떻게 對處(대처)할 바의 態度(태도)를 {+처음에는}[7] 決定(결정)치 못한 모양이었던 것 같았다.

이 來歷(내력) 없는 外國(외국) 兵船(병선)이야말로 때의 執政(집정)인 大院君(대원군)에 依(의)하여 피비린내를 풍긴 天主教徒(천주교도) 虐殺(학살) 事件(사건)의 소위 '野蠻無禮(야만무례)하고 殘虐無道(잔학무도)한 高麗王(고려왕)'을 膺懲(응징)하기 위하여 「나폴레옹」 三世(삼세)의 治世中(치세중)인 佛蘭西(불란서)의 亞細亞艦隊(아세아함대) 提督(제독) 「로-스」 中將(중장)이 淸國(청국)[8] 天津(천진)에서 조그맣게 編成(편성)하여 가지고 나선 朝鮮(조선) 征伐(정벌)의 小艦隊(소함대)요 西歐(서구) 資本主義(자본주의) 列强(열강)의 亞細亞(아세아) 侵略(침략)의 武力(무력)이 이른바 隱士國(은사국) 朝鮮(조선)에서 맨 처음으로 艦砲(함포)를 터뜨린 저 丙寅洋擾(병인양요)의 前哨部隊(전초부대)이었던 것이다.

大院君(대원군)은 南鍾三(남종삼) 等(등)의 獻策(헌책)을 들어 한때는 天主教(천주교)의 自由(자유) 布教(포교)를 許(허)하므로써 天主教(천주교)의 背後勢力(배후세력)인 佛蘭西(불란서)의 힘을 빌어 北

---

4) 모여서 : 『群山新聞』에는 '모여서서'로 되어 있다.

5) 梁 : 『승정원일기(承政院日記)』를 참고하여 '浪'으로 바로잡음.

6) 미루어 : 『群山新聞』에는 '보아'로 되어 있다.

7) 『群山新聞』에는 이 부분이 더 있다.

8) 淸國(청국) : 『群山新聞』에는 '中國(중국)'으로 되어 있다.

(북)쪽으로부터 朝鮮(조선)을 밟고 南下(남하)하려고 하는 露西亞(노서아)를 牽制(견제)하는 所謂(소위) 以夷制夷(이이제이)의 政策(정책)을 생각치 아니한 것은 아니었었다. 그러나 차차로 露西亞(노서아)의 南下(남하) 勢力(세력)이라는 것이 그대지 怯(겁)낼 것이 아니믈 {+國內(국내)에서는 包攝(포섭)을}[9] 反對(반대)하는 소리가 높고 하여 마침내[10] 大院君(대원군) 本來(본래)의 斥外政策(척외정책)[11]으로 돌아앉고 만 것이었었다.

前後(전후)에 걸처 大院君(대원군)의 天主敎徒(천주교도) 大虐殺(대학살)은 近世(근세) 世界(세계) 刑獄史(형옥사) 上(상)에도 그 類例(유례)가 흔치는 못할 만첨 크고도 深刻(심각)한 것이었었다. 어떤 記錄(기록)에는 十萬名(십만명)의 天主敎徒(천주교도)가 虐殺(학살)이 되었다고도 하였다. 그러나 十萬(십만)이라는 數字(수자)는 오로지 根據(근거)가 없는 誇張(과장)이요 萬餘名(만여명)은 大略(대략) 的實(적실)한 것 같았다.

萬名(만명)이라고 하더래도 생사람 萬名(만명)을 손바닥만한 朝鮮(조선) 바닥[12]에서 {+겸하여 短時日(단시일) 동안에}[13] 잡어 죽였으니 피비린내가 코를 찔렀다고 하는 것도 노상히 지나친[14] 엄살은 아니었을는지 모른다.

---

9) 『群山新聞』에는 이 부분이 더 있다.

10) 마침내 : 『群山新聞』에는 '드디어'로 되어 있다.

11) 斥外政策(척외정책) : 『群山新聞』에는 '排外政策(배외정책)'으로 되어 있다.

12) 바닥 : 『群山新聞』에는 '疆內(강내)'로 되어 있다.

13) 『群山新聞』에는 이 부분이 더 있다.

14) 지나친 : 『群山新聞』에는 '甚(심)한'으로 되어 있다.

2.

大院君(대원군)이 態度(태도)를 突變(돌변)하여 天主教(천주교) 禁壓(금압)의 令(령)을 내리기는 一八六六年(일팔육육년) 二月(이월) 二十三日(이십삼일)이었다.

令(령)을 내림과 同時(동시)에 倉洞(창동)에 있는 洪鳳周(홍봉주)의 집을 掩襲(엄습)하여 佛人(불인)[15] 宣教師(선교사) 「베르노」를 비롯하여[16] 朝鮮人側(조선인측)의 巨物(거물) 南鍾三(남종삼) 夫妻(부처) 以下(이하) 많은 教人(교인)을 우선 서울에서 逮捕(체포)하였다. 一說(일설)에 依(의)하면 南鍾三(남종삼)의 妻(처)[17] 朴氏(박씨)의 勸(권)으로 大院君(대원군)의 夫人(부인)도 洗禮(세례)를 받을 準備(준비)를 하던 直前(직전)이었다고도 한다.

當時(당시) 朝鮮(조선)에서 布教(포교)에 從事(종사)하던 十二三人(십이삼인)의 佛人(불인)[18] 宣教師(선교사) 中(중) 大部分(대부분)은 前後(전후) 해서 붙잡혀 投獄(투옥) 或(혹)은 處刑(처형)을 당하였고, 「페롱」「카레-」「리델」의 세 사람만이 겨우 避(피)하여 南大門(남대문) 박 청패의 朝鮮(조선)사람 教人(교인)의 집에 몸을 숨기고, 旦夕(단석)이 期約(기약) 없는 목숨을 僅僅(근근)히 保全(보전)하고 있었다.

세 사람은 상의를 한 끝에 事實(사실)을 佛蘭西(불란서) 本國政府

---

15) 佛人(불인) : 『群山新聞』에는 '佛蘭西(불란서)'로 되어 있다.
16) 비롯하여 : 『群山新聞』에는 '筆頭(필두)로'로 되어 있다.
17) 妻(처) : 『群山新聞』에는 '夫人(부인)'으로 되어 있다.
18) 佛人(불인) : 『群山新聞』에는 '佛蘭西人(불란서인)'으로 되어 있다.

(본국정부)에 報告(보고)하고 對策(대책)과 保護(보호)를 請(청)하기 위하여, 三人(삼인) 中(중) 나이 가장 젊고, 朝鮮(조선)말이 능난[19]하고, 아울러 膽力(담력)도 있고 한 「리델」이 自進(자진) 그 所任(소임)을 맡기로 하고, 그해[20] 四月(사월) 十七日(십칠일), 隱密(은밀)히 서울을[21] 떠나, 黃海道(황해도)의 延安(연안) 海州(해주)를 걷쳐, 長淵(장연)을 지나, 夢金浦(몽금포)에 이르러, 거기서 배를 얻어 타고, 淸國(청국) 天津(천진)에 다은[22] 것이, 떠난 지 四十餘日(사십여일)만인 五月(오월) 七日(칠일)이었다. {+文字(문자) 그대로의}[23] 몇 번 죽을 고배를 넘긴, 그야말로 九死一生(구사일생)의 脫出行(탈출행)[24]이었다.

天津(천진)에는 때마침 佛蘭西(불란서) 亞細亞艦隊(아세아함대)가 全部(전부) 結集(결집)되어 있었다.

「리델」은 天津(천진)에 이르는 길로[25] 「로-스」 提督(제독)을 만나, 大院君(대원군)의 禁敎(금교) 事實(사실)을 비롯하여, 十餘人(십여인)의 佛人(불인)[26] 宣敎師(선교사)와, 많은[27] 朝鮮人(조선인) 敎徒(교도)가 虐殺(학살)을 당한 것과, 그리고 그 政治的(정치적) 關係(관

19) 능난 : 『群山新聞』에는 ‘能通(능통)’으로 되어 있다.
20) 그해 : 『群山新聞』에는 ‘同年(동년)’으로 되어 있다.
21) 서울을 : 『群山新聞』에는 ‘길을’로 되어 있다.
22) 다은 : 『群山新聞』에는 ‘到着(도착)한’으로 되어 있다.
23) 『群山新聞』에는 이 부분이 더 있다.
24) 脫出行(탈출행) : 『群山新聞』에는 ‘冒險(모험)이었음은 勿論(물론)’으로 되어 있다.
25) 이르는 길로 : 『群山新聞』에는 ‘到着(도착)하는 바로’로 되어 있다.
26) 佛人(불인) : 『群山新聞』에는 ‘佛蘭西人(불란서인)’으로 되어 있다.
27) 많은 : 『群山新聞』에는 ‘多數(다수)한’으로 되어 있다.

계)로는[28) {+朝鮮(조선)에 宗主權(종주권)을 가젓다는}[29) 淸國(청국)[30)의 李鴻章(이홍장)의 背後(배후) 操縱(조종)과[31) 露西亞(노서아)의 謀略的(모략적) 煽動(선동)이 숨어있다는 것으로[32) 指摘(지적), 報告(보고)하였다. 「리델」은 다시 北京(북경)으로 가{+서}[33), 「베로네」 佛蘭西(불란서) 公使(공사)에게도 같은 事實(사실)로 報告(보고)를 하였다.

이때, 淸國(청국)에 있어서는, 英國(영국)과 佛蘭西(불란서)가 共同(공동)으로 淸廷(청정)의 亦是(역시) 禁敎(금교) 事件(사건)을 威壓的(위압적)으로 處決(처결)하여, 意氣揚揚(의기양양)하던 참이었다. 그런데다 佛蘭西(불란서) 本國(본국)으로 말하면, 나폴레옹 三世(삼세)가 帝位(제위)에 올라, 事實(사실)인즉은 와락 그대지 實力(실력)도 없으면서 –머지않어, 「몰트케」의 푸로사軍(군)의 一擊之下(일격지하)에, 계란 껍질같이 바사저 벌릴 허망한 것이었으면서– 그러나 아직껏은 그 外叔(외숙){+이었던}[34) 나표레옹 一世(일세)의 餘威(여위)를 빌어, 氣力(기력) 甚(심)히 騰騰(등등), 眼下(안하)에 사람이 없을 무렵이었다.

「베로내」「로–스」들은 크게 怒(노)하였다. 四百餘州(사백여주)를 號令(호령)하는 大帝國(대제국){+인}[35) 淸國(청국) {+朝廷(조정)}[36)이

28) 關係(관계)로는 : 『群山新聞』에는 '原因(원인)으로는'으로 되어 있다.

29) 『群山新聞』에는 이 부분이 더 있다.

30) 淸國(청국) : 『群山新聞』에는 '中國(중국)'으로 되어 있다.

31) 操縱(조종)과 : 『群山新聞』에는 '指揮(지휘)와'로 되어 있다.

32) 숨어있다는 것으로 : 『群山新聞』에는 '있었으물'로 되어 있다.

33) 『群山新聞』에는 이 부분이 더 있다.

34) 『群山新聞』에는 이 부분이 더 있다.

감히 우리들 업수이여기지 못하거든 하물며 淸國(청국)의 一介(일개) 屬邦(속방)이요 죠그만한 高麗王(고려왕)으로 앉어, 福音(복음)의 使徒(사도)인 우리 佛蘭西(불란서) 國民(국민)을 無辜(무고)히 虐殺(학살)하며, 佛蘭西(불란서)의 國敎(국교)에 ■依(–의)하는 人民(인민)을 殺戮(살육)하는 等(등), 우리 大佛蘭西帝國(대불란서제국)과 우리의 皇帝陛下(황제폐하)에 대하여 焉敢(언감)히 그와 같은 無禮(무례)를 行(행)할까 보냐…라는 것이었었다.

「베로네」 公使(공사)는 즉시, 淸國(청국)[37] 朝廷(조정)에 대하여, 朝鮮國(조선국)의[38] 不法(불법)을 膺懲(응징)하는 軍事行動(군사행동)을 이르킬 것을 通告(통고)하는 同時(동시)에 「로–스」 提督(제독)은 巡洋艦(순양함) 「르 · 푸리모게」{+號(호)}[39] 報知艦(보지함) 「르·데르레트」{+號(호)}[40] 砲艦(포함) 「르 · 다르디프」{+號(호)}[41]의 세 隻(척)으로 된 小艦隊(소함대)를 編成(편성)하여 「로–스」 提督(제독) 直接(직접) 指揮(지휘)로, 天津(천진)을 떠나 가지고, 九月(구월) 二十一日(이십일일) 仁川灣(인천만)을 거쳐, 二十二日(이십이일)에 그와 같이 江華海峽(강화해협)으로 悠悠(유유)히 들어온 것이었었다.

이 艦隊(함대)에는 例(례)의 「리델」이, 通譯(통역) 겸 情報(정보)의 擔任者(담임자)로써, 便乘(편승)하였었다.

---

35) 『群山新聞』에는 이 부분이 더 있다.
36) 『群山新聞』에는 이 부분이 더 있다.
37) 淸國(청국) : 『群山新聞』에는 '中國(중국)'으로 되어 있다.
38) 朝鮮國(조선국)의 : 『群山新聞』에는 '朝鮮政府(조선정부)의'로 되어 있다.
39) 『群山新聞』에는 이 부분이 더 있다.
40) 『群山新聞』에는 이 부분이 더 있다.
41) 『群山新聞』에는 이 부분이 더 있다.

3.

江華海峽(강화해협)으로 들어온 佛蘭西(불란서) 小艦隊(소함대)는 旗艦(기함) 「르・푸리모게」가 손돌목에서 坐礁(좌초)하여 움지기지 못하고 報知艦(보지함) 「르・데르레트」와 砲艦(포함) 「르·다르디프」만이 京江水路(경강수로)를 楊花津(양화진) 가차이까지 거슬러 올라갔다. 올라가면서 마침 文殊山城(문수산성)이 城壁(성벽)과 砲壘(포루)로 잘 要塞化(요새화)되어 있는 것을 보고는 약간 砲擊(포격)을 試驗(시험)하였으나 이렇다 할 戰果(전과)는 거둔 것이 없었다.

佛蘭西(불란서) 艦隊(함대)가 그와 같이 京江水路(경강수로)를 거슬러 올라가면서 要塞(요새)를 砲擊(포격)도 하여 보고 일변 情況(정황)도 偵察(정찰)하고 한 것으로써 얻은바 結論(결론)은 朝鮮側(조선측)의 防備(방비)와 天險(천험)의 堅固(견고)한 품이 약간 세 隻(척)쯤의 小艦隊(소함대)의 兵力(병력)을 가지고서는 到底(도저)히 所期(소기)의 目的(목적)을 이룰 可望(가망)이 없으리라는 것이었었다.

「로-스」 提督(제독)은 세 隻(척)의 小艦隊(소함대)를 거느리고 와 몇 방의 艦砲(함포)를 터뜨리므로써 能(능)히 그 '野蠻無禮(야만무례)하고 殘虐無道(잔학무도)한 高麗王(고려왕)'을 降服(항복)시키려니 하였던 自身(자신)의 無謀(무모)와 輕率(경솔)을 뉘우치고 인하여 앞에 간 兩艦(양함)을 불러 내려 총총히 天津(천진)의 基地(기지)로 一(일)단 退却(퇴각)을 하였다. 그것이 九月(구월) 二十七日(이십칠일)이었다.

北京(북경)의 淸廷(청정)으로부터 通告(통고)가 있기도 하였거니와 大院君(대원군)은 佛蘭西(불란서) 艦隊(함대)가 반드시 再次(재차)

로 大擧(대거)하여 來襲(내습)을 할 것으로 짐작을 하고 大大的(대대적)으로 防備(방비)를 急(급)히 하였다.

文殊山城(문수산성), 通津(통진), 江華府中(강화부중), 甲串(갑곶), 廣城津(광성진), 鼎足山城(정족산성), 德津(덕진), 草芝(초지) 等(등)의 城塞(성새)와 砲壘(포루)를 修理(수리) 補强(보강)[42]하고 優勢(우세)한 兵力(병력)을 配置(배치)하였다.

그밖에 仁川(인천), 富平(부평), 楊花津(양화진), 西江(서강), 幸州(행주), 礪峴(여현), 臨津(임진), 坡州(파주), 長湍(장단), 延安(연안) 等(등) 首都(수도) 서울[43]에 대한 外郭地帶(외곽지대)에도 相當(상당)한 防備(방비)를 베풀었다. 이때에 動員(동원)된 兵力(병력)이 都合(도합) 三萬(삼만) {+以上(이상)}[44]이라고 하였다.

大院君(대원군)은 그러는 한편으로 各地(각지)의 負商(부상)패를 불러올려 食糧(식량) 等(등) 軍用品(군용품)을 저 나르게 하고 白丁(백정)과 屠漢(도한)을 뽑아 國內(국내)의 天主敎徒(천주교도)를 團束(단속)케 하였다.

第一次(제일차)의 佛蘭西(불란서) 艦隊(함대)가 나라왔을 때 國內(국내)의 天主敎徒(천주교도)가 佛蘭西(불란서) 艦隊(함대)에 食糧(식량)과 情報(정보)를 提供(제공)하였다는 說(설)이 있었다. 그것을 大院君(대원군)은 더욱 괘씸히 여겨 天主敎徒(천주교도)에 대한 彈壓(탄압)은 極度(극도)로 苛烈(가열)하였다고 하였다.

天主敎徒(천주교도)의 佛蘭西(불란서) 艦隊(함대)에 대한 內應(내

---

42) 修理(수리) 補强(보강) : 『群山新聞』에는 '修築(수축)'으로 되어 있다.

43) 首都(수도) 서울 : 『群山新聞』에는 '漢城(한성)'으로 되어 있다.

44) 『群山新聞』에는 이 부분이 더 있다.

응)에 대하여는 말이 여러 가지로 區區(구구)하였다. 原因(원인)의 如何(여하)를 莫論(막론)하고 佛蘭西(불란서) 艦隊(함대)의 來侵(내침)은 朝鮮(조선)과 佛蘭西(불란서)의 兩國(양국)이 交戰(교전) 狀態(상태)에 들어가 있음을 말하는 것이요 따라서 佛蘭西(불란서) 艦隊(함대)는 朝鮮(조선) 國民(국민)에게 대하여 儼然(엄연)히 敵軍(적군)이었던 것이다. 그러므로 天主敎徒(천주교도)가 佛蘭西(불란서) 艦隊(함대)에 食糧(식량)과 情報(정보)를 提供(제공)한 것은 버젓한 利敵行爲(이적행위)요 곧 賣國行爲(매국행위)를 저즈른 것이라고 볼 수가 있는 것이다.

戀愛(연애)와 信仰(신앙)은 國境(국경)을 超越(초월)하느니라고 한다. 戀愛(연애)나 信仰(신앙)을 살리기 爲(위)하여는 나라를 저바릴 경우도 있기는 할 것이다. 그렇지만 그것은 戀愛(연애)나 信仰(신앙)을 살리기 위하여 敵(적)에게 나라를 팔아도 상관이 없다는 것은 아니다.

一部(일부) 敎徒(교도)의 個人的(개인적)이요 偶發的(우발적)인 無分別(무분별)한 行動(행동)이었다면 모르거니와 不幸(불행)히 그것이 '敎會的(교회적)인…' 意思(의사)에 依(의)한 것이었다고 한다면 크게 史家(사가)의 筆誅(필주)를 받기를 免(면)키 어려운 擧措(거조)였다고 할 것이다.

이러한 貶(폄)에 대하여 한편에서는 전혀 反對(반대)할 말을 가졌다. 天主敎徒(천주교도)가 佛蘭西(불란서) 艦隊(함대)에 內應(내응)을 하였다는 것은 오로지 事實(사실)이 없고 大院君(대원군)이 天主敎徒(천주교도)를 虐殺(학살)함에 있어 國民(국민)의 支持(지지)를 받기 위한 한 개의 謀略(모략)에 不過(불과)하였다.

그러나 가사 事實(사실)이었다고 하더래도 그것을 가지고 지금에 와서 叫彈(규탄)을 받을 머리는 없는 것이다.

信仰(신앙)은 民族意識(민족의식)이나 國民意識(국민의식)보다 훨씬 군셀 수가 많은 것은 東西(동서)의 歷史(역사)에서 흔히 보는 것이다.

大院君(대원군)의 禁教(금교)와 教徒(교도)의 大量(대량) 虐殺(학살)은 不當(부당)하기 다시 없는 暴政(폭정)이었다. 당하는 사람으로 앉어서 볼 때에 그런 억울할 데가 있을 리 없었다. 怨恨(원한)과 復讎(복수)의 念(념)이 골돌하였을 것이요, 게재에 佛蘭西(불란서) 艦隊(함대)가 처들어온 것인즉 그 힘으로 원수를 갚고 나아가서는 信教(신교)의 自由(자유)를 얻게 될 줄로 크게 기대하면서 저便(편)을 歡迎(환영)하는 뜻으로나 도읍고저 하는 뜻으로나 食糧(식량)이니 情報(정보)니를 提供(제공)하고 싶었을 것은 차라리 떳떳한 人情(인정)일 것이다.

況且(황차) 政府(정부)와 國家(국가)는 다르다. 當時(당시)의 天主教徒(천주교도)들이 佛蘭西(불란서) 艦隊(함대)에게 食糧(식량)과 情報(정보)를 提供(제공)한 것은 虐政(학정)을 하는 現政府(현정부)에 대한 反政府的(반정부적)인 行動(행동)은 될지언정 그것이 곧 反國家的(반국가적)이기까지 한 것은 아니다.

이러한 主張(주장)도 成立(성립)이 되자면 노상히 못 될 것은 아닐른지 모른다.

4.

十月(십월) 十三日(십삼일)–陰曆(음력)으로는 九月(구월)五日(오일)– 豫期(예기)하였던 바와 같이 佛蘭西(불란서) 艦隊(함대)는 大艦隊(대함대)로써 다시금 江華海峽(강화해협)에 나타났다.

전함「르·그리엘」{+號(호)}[45]를 旗艦(기함)으로「로–스」提督(제독)이 이에 搭乘(탑승)하고 巡洋艦(순양함)「르·푸리스」와「르·프리모게」報知艦(보지함)「르·킨상」과「르·테르레트」, 砲艦(포함)「르·뿌두동」과「르·다르디프」이렇게 일곱 隻(척)으로 編成(편성)된 朝鮮(조선) 遠征(원정) 艦隊(함대)는 當時(당시) 亞細亞(아세아) 水域(수역)에 있어서 第一(제일) 가는 大艦隊(대함대)였다고 하였다. 거기에다 日本(일본) 橫濱(횡빈)에 와 있던 六百名(육백명)의 陸戰隊(육전대)를 실은 두 隻(척)의 輸送艦(수송함)이 또한 딸았으니 대단히[46] 强力(강력)한 軍勢(군세)[47]라고 할 수가 있었다.

艦隊(함대)에는 이번에도「리델」이 {+通譯(통역) 兼(겸) 情報(정보) 擔任者(담임자)로}[48] 便乘(편승)하고 있었다. {+그는 먼점의 第一次(제일차) 出動(출동)에도 같은 所任(소임)으로 便乘(편승)을 하였었다.}[49]

戰鬪(전투)는 시작되었다. 草芝砲臺(초지포대)를 비롯하여 德津(덕

45) 『群山新聞』에는 이 부분이 더 있다.
46) 대단히 : 『群山新聞』에는 '자못'으로 되어 있다.
47) 軍勢(군세) : 『群山新聞』에는 '編成(편성)'으로 되어 있다.
48) 『群山新聞』에는 이 부분이 더 있다.
49) 『群山新聞』에는 이 부분이 더 있다.

진), 廣城津(광성진), 甲串(갑곶), 文殊山城(문수산성) 等(등) 兩岸(양안)의 要塞(요새)가 차례차례로 佛艦(불함)[50]{+로부터의 正確(정확)하고도 破壞力(파괴력) 큰 艦砲(함포)}[51] 射擊(사격) 앞에 하잘것없이[52] 破壞(파괴) 沈默(침묵)이 되었다.

當時(당시) 朝鮮側(조선측)의 火力(화력) 弱(약)한 備砲(비포)와 軟弱(연약)한 砲壘(포루)로는 敵(적)의 猛烈(맹렬)한 {+艦隊(함대)의}[53] 攻擊(공격)을 바워낼 길이 없었던 것이다. 艦砲(함포)로써의 攻擊戰(공격전)에서는 그리하여 佛軍側(불군측)이 우선[54] 制勝(제승)을 한 심이었다. 그러나 艦砲(함포)에 依(의)한 攻擊(공격)의 成功(성공)만으로 싸움을 最後(최후)의 決定(결정)이 나는 것이 아니었다.

漢江(한강)은 水深(수심)이 얕기 때문에 戰艦(전함)과 두 隻(척)의 巡洋艦(순양함)은 江華海峽(강화해협)에서 以上(이상) 더 行動(행동)의 自由(자유)를 가질 수가 없었다. 또 두 隻(척)의 報知艦(보지함)과 두 隻(척)의 砲艦(포함)은 먼점번과 같이 楊花津(양화진) 가차이까지 거슬러 올라갈 수가 있었으나 朝鮮側(조선측)에서 水路(수로)를 메워 놓았기 때문에 亦是(역시) 그 以上(이상)은 나아가지를 못하였다.

佛蘭西(불란서) 艦隊(함대)의 取(취)할 길이라고는 인제는 陸戰隊(육전대)를 풀어 陸路(육로)로 조차 首都(수도) 서울[55]을 무찌르는

50) 佛艦(불함) : 『群山新聞』에는 '佛蘭西(불란서) 艦隊(함대)'로 되어 있다.
51) 『群山新聞』에는 이 부분이 더 있다.
52) 하잘것없이 : 『群山新聞』에는 '餘地(여지)없이'로 되어 있다.
53) 『群山新聞』에는 이 부분이 더 있다.
54) 우선 : 『群山新聞』에는 '完全(완전)히'로 되어 있다.
55) 서울 : 『群山新聞』에는 '漢陽(한양)'으로 되어 있다.

수밖에 없었다. 그러나 그것은 決(결)코 수얼한 일이 아니었다.

5.

韓聖根(한성근)이 지키는 文殊山城(문수산성)을 艦砲(함포) 射擊(사격)으로 {+破壞(파괴)}[56] 沈默(침묵)시킨 後(후) 「로-스」 提督(제독)은 陸戰隊(육전대) 三百五十名(삼백오십명)을 上陸(상륙)시켜, 通津(통진) 金浦(김포)로 조차 首都(수도)로 進擊(진격)하는 試驗(시험)을 하였다.[57]
그러나 通津(통진) 金浦(김포) 間(간)의 地點(지점)에는 미리부터 大部隊(대부대)가 配置(배치)되어 있었을 뿐만 아니라 文殊山城(문수산성)에서 退却(퇴각)한 韓聖根(한성근)이 이를 지키다가 文殊山城(문수산성)에서 한 敗戰(패전)의 분풀이를 보기 좋게 해치웠다. 佛蘭西軍(불란서군)은 暫時(잠시)의 激戰(격전) 끝에 屍體(시체) 二十(이십){+餘(여)}[58]을 내버리고 退却(퇴각)을 하였다. 佛蘭西軍(불란서군)이 비록 火器(화기)가 精銳(정예)하고 戰鬪(전투) 訓鍊(훈련)이 투철한[59] 것은 事實(사실)이었다고 하지만 地理(지리)에 익숙하고[60] 수효가 絶對(절대) 優勢(우세)하고[61] 겸해서 射擊(사격)이

56) 『群山新聞』에는 이 부분이 더 있다.

57) 首都(수도)로 進擊(진격)하는 試驗(시험)을 하였다 : 『群山新聞』에는 '漢陽(한양)을 무지르게 하였다'로 되어 있다.

58) 『群山新聞』에는 이 부분이 더 있다.

59) 戰鬪訓鍊(전투훈련)이 투철한 : 『群山新聞』에는 '隊伍(대오)가 整然(정연)한'으로 되어 있다.

正確(정확)한 朝鮮側(조선측)의 狙擊部隊(저격부대) 앞에서는 오금을 쓰지 못하였던 것이었었다.

首都(수도)[62] 進擊(진격)에 失敗(실패)한「로-스」提督(제독)은 江華城(강화성)을 占領(점령)하였다. 江華城(강화성)은 李章濂(이장렴)이 一千五百(일천오백)의 兵(병)으로 지키고 있었는데 不過(불과) 四五百(사오백)의 佛蘭西軍(불란서군)에게 변변히 抵抗(저항)도 함이 없이 城(성)을 버리고 退却(퇴각)하였다.

江華城(강화성)을 占領(점령)한 것이 十月(십월) 十六日(십육일)인데「로-스」提督(제독)은 天主教徒(천주교도) 虐殺(학살)의 報復(보복)과, 朝鮮側(조선측)에 대한 恐喝(공갈)을 目的(목적)하였음인지, 江華城內(강화성내)에 불을 질러, 全市街(전시가)를[63] 불태워 버리는 擧措(거조)를 내었다.[64] 放火(방화)하기 前(전)에 江華(강화) 占領(점령)의 戰利品(전리품)으로 大砲(대포) 八十四門(팔십사문), 火繩銃(화승총) 一萬挺(일만정), 多量(다량)의 火藥(화약)과 {+多量(다량)의}[65] 米鹽(미염), 馬蹄銀(마제은) 四十九萬七千(사십구만칠천)「프랑」, {+民家(민가)에서 뺏은 비단}[66] 多數(다수)의 美術品(미술품) 陶磁器(도자기), {+그리고}[67] 朝鮮(조선)의 國寶(국보)인 史書(사서)

---

60) 익숙하고 : 『群山新聞』에는 '밝고'로 되어 있다.
61) 優勢(우세)하고 : 『群山新聞』에는 '多數(다수)요'로 되어 있다.
62) 首都(수도) : 『群山新聞』에는 '漢陽(한양)'으로 되어 있다.
63) 全市街(전시가)를 : 『群山新聞』에는 '全府中(전부중)을'로 되어 있다.
64) 내었다 : 『群山新聞』에는 '取(취)하였다'로 되어 있다.
65) 『群山新聞』에는 이 부분이 더 있다.
66) 『群山新聞』에는 이 부분이 더 있다.
67) 『群山新聞』에는 이 부분이 더 있다.

六千卷(육천권)과 珍書(진서) 三千卷(삼천권), 아홉 개의 玉璽(옥새) 인경 等(등)을 掠奪(약탈)하기를 잊어버리지 아니하였다.

江華城(강화성)을 그와 같이 마음껏 掠奪(약탈)하고 불태우고 하고 나서 「로-스」 提督(제독)은 「리델」을 시켜, 大院君(대원군)에 降服(항복) 勸告(권고)의 使者(사자)를 보냈다. '우리가 江華城(강화성)을 占領(점령)하고서 取(취)한 行動(행동)을 보면 {+大院君(대원군)도}[68] 肝膽(간담)이 서늘하겠지[69]' 이런 생각이었던 모양이다.

降服(항복)의 條件(조건)은,

一, 佛人(불인) 宣教師(선교사)를 殺害(살해)한 犯人(범인)을 嚴刑(엄형)할 것. 그 賠償金(배상금)을 물 것.

一, 責任(책임) 있는 政府(정부) 高官(고관)을 보내어 謝罪(사죄)를 할 것.

一, 佛蘭西(불란서)와 修好通商條約(수호통상조약)을 매질[70] 것.

따위였었다. 이 修好通商條約(수호통상조약)이야말로, 그들의 은근히 주장된 要求(요구)[71]인 것은 勿論(물론)이었다.

韓國(한국)[72] 朝廷(조정)에서는 미상불 江華城(강화성)의 慘狀(참상)을 듣고, 和平(화평)의 論議(논의)가 한 구석에서 일기는 일었었다. 그러나 全權(전권)을 쥔 大院君(대원군)은 應(응)치 아니하였다. 대원군은 頑固(완고)하고 大勢(대세)에 어두웠기 망정이지, 녹녹한

68) 『群山新聞』에는 이 부분이 더 있다.

69) 肝膽(간담)이 서늘하겠지 : 『群山新聞』에는 '怯(겁)이 나서 降服(항복)을 하겠거니'로 되어 있다.

70) 매질 : 『群山新聞』에는 '締結(체결)할'로 되어 있다.

71) 要求(요구) : 『群山新聞』에는 '目的(목적)'으로 되어 있다.

72) 韓國(한국) : 『群山新聞』에는 '朝鮮(조선)'으로 되어 있다.

위인은 아니었다. 가령 外兵(외병)이 다섯만 처들어와도 덜덜 떨면서 天國(천국)–淸國(청국)–에 援兵(원병)을 請(청)하고, 兵丁(병정)이 세 놈만 兵亂(병란)을 꾸며도–壬午軍亂(임오군란) 같은– 덜덜 떨면서 淸兵(청병)을 불러들이고 하던 韓末(한말) 朝廷(조정)의 부랄 半(반)쪽밖에 없는 용렬한 金(금)관자 玉(옥)관자들과는 담뽀가 우선 달랐다. 大院君(대원군) 그는 淸國(청국)에 援兵(원병)을 請(청)할 생각 같은 것은 애초에 생각지도 아니하였었다. 和平(화평)이라니 당치도 않은 수작이었다.

大院君(대원군)은 佛軍(불군)의 使者(사자)를 불러 세우고, 한바탕 꾸짖었다. "함부로 남의 나라에 들어와, 國禁(국금)을 犯(범)하여 가며 {+風俗(풍속)을 害(해)치고 敎化(교화)를 깨}[73]트리고, 特(특)히 先塋(선영) 奉祭(봉제)를 廢(폐)하게 하는 邪道(사도)를 퍼뜨리는 오랑캐의 무리는 죽이는 것이 當然(당연)하다. 앞으로도 內外國人(내외국인)을 勿論(물론)하고, 摘發(적발)되는 대로 하나도 容恕(용서)함이 없이 極刑(극형)에 處(처)할 것이다. 오랑캐의 무리와 修好(수호)가 무엇이며, 通商(통상)이 어데 당한 것이냐. 너이 힘이 있거던 漢陽(한양)까지 처들어와 보아라"{+고 堂堂(당당)히 使者(사자)에게 反駁(반박)을 하였다.}[74]

이리하여 「로–스」 提督(제독)의 企待(기대)는 그만 어그러지고 마랐다.

---

73) 『群山新聞』에는 이 부분이 더 있다.
74) 『群山新聞』에는 이 부분이 더 있다.

6.

「로-스」 提督(제독)은 心中(심중)이 暗澹(암담)하였다. 보아하니, 不過(불과) 二千(이천)의 兵力(병력)으로 首都(수도) 서울[75]을 무찔러 그 '野蠻無禮(야만무례)하고 殘虐無道(잔학무도)한 高麗王(고려왕)'의 城下盟(성하맹)을 받을 勝算(승산)은 到底(도저)히 없었다. 그런데다 日氣(일기)는 차차로 추어 오고, 軍糧(군량)과 彈藥(탄약)은 달리고, 軍(군)의 士氣(사기)는 沈滯(침체)하여 가고 하였다.

남의 속도 모르고 중 「리델」은 옆에서 연방 이 機會(기회)에 精銳(정예)를 뽑아 首都(수도)를 進擊(진격)하도록 조르는 것이었으나 無謀(무모)한 諸葛亮(제갈량)[76]으로밖에는 보이지 않았다. 「로-스」 提督(제독)은 차라리 江華城(강화성)의 攻落(공락)과 및 그 戰利品(전리품)을 실고 엔간히 돌아가 어물어물 勝戰(승전)의 報告(보고)를 本國(본국)에 아뢰기만 못한 노릇이었다.

마침 鼎足山城(정족산성)에 朝鮮軍(조선군) 結集(결집)하였다는 報告(보고)가 들어왔다. 「로-스」 提督(제독)은 그러면 이것이나 뚜드려 잡어 戰勝報告(전승보고)의 材料(재료)에 補充(보충)을 삼으려니 하고 各(각) 艦(함)으로부터 날래다는 兵丁(병정)으로 一百六十名(일백육십명)을 뽑아[77] 二十日(이십일) 아침 甲串(갑곶)으로 조차 鼎足山城(정족산성)으로 進擊(진격)을 하였다. 土人兵(토인병)이 그대지 대단하랴 싶퍼 佛蘭西軍(불란서군)은 마치 遠足(원족)[78]이나 가는 것처

---

75) 서울 : 『群山新聞』에는 '漢陽(한양)'으로 되어 있다.

76) 諸葛亮(제갈량) : 『群山新聞』에는 '헌책(獻策)'으로 되어 있다.

77) 뽑아 : 『群山新聞』에는 '特選(특선)하여'로 되어 있다.

럼 雜談(잡담)을 지껴리고 코노래로「라·마르세이유-」{+佛蘭西(불란서) 國歌(국가)}[79]를 부르면서 甲串(갑곶)에서 南(남)쪽으로 七哩(칠리) 상지에 있는 鼎足山城(정족산성)을 바라고 나아갔다. 百發百中(백발백중)의 火繩銃(화승총)을 쏘는 狙擊兵(저격병) 平壤(평양) 兵丁(병정) 三百名(삼백명)이 城門(성문) 안의 第一線(제일선)에 잔뜩 配置(배치)된 줄은 勿論(물론) 알 길이 없었던 것이다.

城門(성문) 百米突(백미돌) 地點(지점)까지 佛蘭西軍(불란서군)이 接近(접근)하였을 때였다. 벼란간 城門(성문) 左右(좌우)의 城壁(성벽) 안으로부터 正確(정확)하기 다시 없는 一齊(일제) 射擊(사격)의 銃彈(총탄)이 쏟아졌다. 담박에 三十餘名(삼십여명)의 佛軍(불군)이 꺼꾸러지고 인하여 隊伍(대오)가 어지럽더니 그만 지탕을 못하고 退却(퇴각)을 하였다.

「로-스」提督(제독)은 이튿날인 十月(십월) 二十一日(이십일일) 全艦隊(전함대)를 거느리고 本據(본거)인 淸國(청국)의 芝罘(지부)로 물러가 버렸다. 이것이 이른바 丙寅洋擾(병인양요)라는 것의 大綱(대강) 經過(경과)였다.

勝負(승부)가 어느 便(편)에 있는지 모르는 싸움이었으나 大院君(대원군)은 朝鮮(조선)의 勝利(승리)로 判定(판정)을 하였다. 따라서 그의 排外熱(배외열)은 한段(단) 더 높았고 有名(유명)한 '洋夷侵犯, 非戰則和, 主和賣國. 戒我萬年子孫'의 斥和碑(척화비)가 서울

78) 遠足(원족) :『群山新聞』에는 '遊山(유산)'으로 되어 있다.

79)『群山新聞』에는 이 부분이 더 있다.

을 비롯하여 各地(각지)에 서게 된 것이었다.

어떤 史家(사가)는 丙寅年(병인년)의 佛蘭西(불란서) 艦隊(함대)의 來攻(내공)을 敗退(패퇴)시킨 것은, 朝鮮(조선)의 榮譽(영예)라기보다는, 들어오는 西歐(서구)의 文明(문명)을 구태어 막어버린, 차라리 不幸(불행)이었다고 말하는 이도 있다. 一理(일리) 있는 主張(주장)일 것이다.

그러나 西歐(서구)의 文明(문명) 그것을 받아드리자면 弱小民族(약소민족) 朝鮮(조선)은 한편으로는 그들의 植民地(식민지) 또는 商品(상품) 植民地化(식민지화)의 커다란 代價(대가)를 치루지 아니치 못할 危險(위험)이 多分(다분)히 있었음을 생각할 때에 丙寅洋擾(병인양요)의 勝利(승리)(?)는 結局(결국) 得失(득실)이 半半(반반)이 아니었을는지. 勿論(물론) 그 뒤 十年(십년)이 겨우 지나 對日(대일) 江華條約(강화조약)에서 朝鮮(조선)은 필경 强大國(강대국)의 植民地化(식민지화)의 첫거름을 내어 딛고 마랐은즉 이러니저러니 할 것도 없기는 한 것이지만.

-丙寅洋擾(병인양요) 完(완)-

제3부

원전 영인

丙寅日記

丙寅九月初三日自濟州牧蒙 恩除同副承旨遞來納
符到家聞於八月旣望洋賊二船直入西江一宿而去都城
內外俱動無不挈眷避走在途中果見內行接續行事甚
不便
六日洋船復入犯沁都急報至
七日廟堂擬設巡撫營是日舟橋堂上申觀浩議將沉船塞鹽
倉項稟于 雲峴宮以余爲舟橋都廳之意牢定
八日訓局右部千摠 啓下是日設巡撫營于禁衛營大將李
景夏中軍李容熙余則巡撫千摠劃下又舟橋都廳 啓下
九日子時巡撫中軍千摠以先鋒領軍出去步軍五哨馬兵一哨巳時
到楊花津中火沁都失守急報至時 大院位駕臨親犒軍坐
於鎭衙余入稟告曰倉卒動軍器械未備奈何曰卽當備送勿慮
也又稟曰軍中以和同爲主令各營恐有葛藤之慮請使歸一
共濟大事曰當依稟矣又稟曰今伏聞楊根李掌令以同副承
旨承 召云此卽小人之先生也當此有事之時恐當膺 命
登 筵矣山林宿德之士豈有目前奇策卽地破賊者乎其
所奏達恐不出於治本二字伏乞毋歸迂遠優禮容受焉曰當
依稟也卽退發行宿陽川自在路中嚴束軍兵無得侵掠民
物
十日曉發午到金浦有民傳通津失守吏民空舍逃散云卽令
二校先行一以探賊虛實一以募諭吏民使之卽速還集安意
收穫切勿妄動申時到陽陵橋通津府使李公濂身齎印信而
來待蓋以昨午賊猝入本府吏民驚散府使暫避村舍今才來待
云戌時行軍到通津昨日賊徒百餘掠貨而去云乃結方陣于官門

前路自入通津初境至此四十里之間村落邑府未見一民一吏荒凉蕭
瑟愁慘驚心每或得遇一人輒執手而諭之使之傳告還集安意
收穫毋或失時吏民稍稍來歸 ○ 是日下馬後中軍使余構
檄夜令刑曹吏吳義植書之
十一日早使別武士池弘寬揭檄往甲串津搖手招賊賊刺小艇而
來受檄并載池弘寬而去饋以酒有一賊持檄用小船飛往仁川
前洋碇留大船申時量受回檄而來傳戍時量還到夜以檄
草與回檄報于巡撫營 ○ 早飯後率前排登後麓望賊勢
蓋距甲津爲五里許也賊船二大隻碇留甲串前洋三大船留
孫石項外仁川前洋二大船留月串前洋六七大舶也其外小艇
不知其數或黑或白惟意往來其疾如飛汎都城內外行如
玄蟻者彌亘四處若見我軍之黑衣者現于遠處則輒自

船中發大碗口一二放或三四放其丸或小或大或長可一尺或六七
寸大或三手圍小或兩手圍遠或過二十里近不下十里五里蓋其
遠近以其發機之任意低昂也凡留陣應賊必先防守要害可
備不虞而客地初到未諳形便探得邑居士人李晩奎出帖白
衣從事邀與同周旋仍與共行傍近詳察地形有一民舍只
有一嫗使旗手招之其嫗畏怯避之邑民車再俊適見之曰此
我國兩班也勿畏而來待云民情之驚怯可知也 ○ 水踰峴左
右發一哨軍埋伏使車再俊往村間買蓋草李晩奎自伐其
墓木造軍鋪幕軍中無斧钁等物使李晩奎每日以五錢出
貰于民家則凡係鐵物被賊掠去又民各携持而逃不得已代
用刀槍苟艱極矣 (钁廣伊也)
十二日前水使趙羲復時帶訓局左別將率馬兵二哨以繼

援陣下來結陣于邑府五里亭
十三日白李晩奎薦以石井里士人李重允出帖白衣從事
十四日使哨官閔尚鉉率巡牢洪連孫微服自月串津潛渡
往探賊情經二夜而還
十五日使大旗手李三吉率砲手二十名往伏于浦內村 (賊船至近處水踰峴越邊)
十六日發廿四名往伏于新德浦村舍以俟賊船來往奉常奉
事韓聖根 (文臣系下槐山人) 承 雲宮分付率廣州別破陣五十名
下來往伏于文殊山城內
十七日以微服率一二人徒步往文殊山城詳察形便 (距賊一里許) 勞
問砲手而還
十八日賊乘小艇直泊于文殊南門外韓聖根先放二丸殪賊

數名賊大至衆寡不敵砲手死者四名餘皆逃走韓亦逃免
賊遂燒南門樓及城內民家二十九戶殺民一名砲手一名被擄而
去急報至大陣 (相距十里) 卽發前哨往救余亦被甲上馬拔劍而
行未及中途韓已敗還余到水踰峴賊已退去韓與砲手等之
敗走也亂竄山谷賊追之忽有大霧圍繞山腰咫尺不辨賊皆
退去此乃 王靈所暨也
十九日賊燒訓鍊都監火藥庫聲動天地自此每日自濟物鎭
以至廣省鎭官舍與軍器庫無不被燒
廿日關東畿邑山砲手三百七十名來到賊自初到凡我沿浦
上下公私船隻無不燒毀我軍雖欲冒礙渡涉末由也自舟橋
所指揮京江船十六隻來待於祖江而無以運致于甲串津矣月
串碇留船賊以小艇乘潮而上礮破一船格卒夜逃只有空船

丙已使廣州別破陣四十五名京鐵砲手五十名往伏于康寧
浦以備賊來白衣別軍官安命鎬往留康寧浦造筏將以
火攻余謂李重允曰出征將士來此已十許日而未得前進一
步地日見賊勢跳踉我軍氣縮吾輩徒糜國穀軍粮難
繼國計罔涯食不下咽其將疽發背而死矣毋論大小有船
然後可以有爲君其周旋探得私船之藏在沿浦者使之曳
藏于德浦內港賊所不見處以待之也曰謹當如戒矣後數日果
得五小船藏之云
廿一日余曰大軍之來今已一旬賊尚未知今夜則當挺身現形于
水踰峴一以耀武一以誑賊使其虛費砲丸也衆皆挽止亦多譏
笑乃於夜半只率前排燈籠一雙旗燈三竿松炬數十柄潛往
倏登於水踰峴列立以耀之賊船上亦列燈照爍少焉皆滅余

與軍卒依岸以避身果霹靂撤東凡七次丸聲如鵰而過吾頭
上者光芒奪目如赤箭飛射落于過吾身五六十步許落後更
躍而去者三四箇余乃還陣一軍莫不危之
廿七日聞德浦邊距邑二十里賊船往來之地有可以埋伏處使
別軍官李鉉奎李秉淑先往詳審余則與李豊川基祖偕
往康寧浦勞問防守砲手擧千里鏡視右隅破留賊船賊皆
白衣而坐蓋沁民衣服也安命鎬造筏未成矣夕還大陣兩軍
官還報形便果可云
廿八日與李豊川趙水使二李軍官朴鼎和偕往德浦鎭審
察埋砲形便則果然甚好李豊川意欲主張設計故任其所
爲余則獨與鎭卒一名陪隸二名徒步馳到呧俗所稱孫石塚
邊拱手立語曰使孫果尚有靈則忠憤亘古乞覆過此之

賊船如文殊山城發霧護師也又自矢心曰倘仗王靈致身於江
華一步地則死無餘憾如狂如譫悄坐塚傍偶海注目惟在江華
忽見一小山城半天突兀氣色和吉如平生親友邂逅喜笑握手相
招即欲躍飛而不可得問于鎭卒知爲鼎足山城又問知有傳燈
寺不大不小又有史庫蓋四面險阻只有東南兩線路眞萬夫莫
開之地也還到埋砲處指示二李則日昨已見之矣余曰此可爲趙奢
之北山也若得粮道不絶砲手五百名潛渡入據則賊在吾掌握矣
吾輩爲復沁都而來尚未窺一步地雖十年留此將安用之終
何以歸面吾 君乎將還陣圖之與之同入何如二人樂從曰可
勝道哉可勝道哉彼於沁都爲生方聞沁中士民數萬咸聚於此
城以南如魚喁將涸之水今若決意入據則數萬生靈從此得活
矣吾儕輩敢不左右之乎即與同還日已曛矣詳陳此意於中軍

中軍大悅乃抄鄕砲手三百六十七名京哨軍百廿一名標下軍三
十八名夜造綿布袋二百五十各盛兩人二日粮使之各貼背後
又造粘餠 引切餠 各持數片李鉉奎曰此行令監爲主張上馬日
時不可不審也令日午時爲吉云即廿九晦日也
廿九日午時上馬只率標下軍先行蓋抄軍與器械未備使兩軍
官準備無遺領軍追到余則先到德津日已申矣先審向日李
重允藏港船隻則五隻中二隻破不堪用三隻中一可容七十名二
各可容二三十名而水時已過遲待夜子乃可一渡不可再渡於天
明前矣是日自早至夜大風幾至拔木以此以彼不可得渡急招李
重允使之更探幾隻船以待且大軍將至不可不備待夕飯而村民
只有廿三殘戶無以借貸升米探問傍近里有前座首招而問計
李座首爲稱者曰此三里許鴈門洞李先達濟鉉者稍饒可

邀而圖之意令招問則曰穀皆在田無以猝辦余曰君家當有
數旬粮君之族黨鄕里皆當有幾日粮没探而來則可當矣
李竭蹶備來者四石米兩日俱開分給鎭民造飯兩軍官領軍
而至而風勢至夜尤猛設有船隻之備待者無以得渡矣到鎭初
招鎭卒十餘名使之補塡缺船隻適有自家中備來錢餘在只
有二兩出給使之療飢夜送李晩奎李重允于大陣細陳今夜未
渡之狀且請粮道毋或缺乏矣及晩忽以還軍之意答來
十月一日天明大陣送令箭使卽回軍莫知其故而旣見令箭
則不可違矣蓋中軍以孤軍深入計非萬全且聞自喬松兩府有
將發兵西渡之報欲待此而同渡以爲夾攻之計也不得已將回來
及大陣十里許令箭又來使還德浦故余卽回馬首以旗麾之使
後右哨作前左哨前左哨作後右哨軍兵則步緩力疲擧皆呑

然余於馬上顧謂諸軍曰昨夜寒甚風猛而汝輩露處我心如
傷今又冒風北行旋使回身當益寒慄矣然爲國臣民何可辭勞
乎必須催步隨我及到德津日已晡矣汲汲催飯令三船艤待于
浮來島二船于赤巖浦以從形便余出浮來自日入時點兵來船
擧皆退步蓋三百年不知兵之餘京軍不知師律况鄕砲手烏合
都不識旗鼓節制與有進無退之義而猝然將入死地不可徒施威
令余拔劍督之曰汝輩怯於上船乎怯兵雖十萬無用矣自此皆去
吾將獨渡也士卒始乃稍稍登船此是潛渡也故不用炬燭只持
捕賊燈十箇分於兩處三船所載百七十餘名發船行數十步忽
自後麓有人大呼曰回泊軍船回首視之夜黑無見此乃何許軍
卒欲以疑亂軍心來昏虛驚萬一不得渡也余佯若明見大聲曰
彼漢卽捉以來船若還泊手劍盡斬之謂德浦僉使曰吾當

-7-

仍坐此岸以待彼船還渡而乘船也曰不可得矣今涉則潮
漲也次涉則潮減也乘船之地漲減各殊次涉之地當在孫
石項外距此幾爲十里也余曰然則當然矣還入軍幕坐待夜
時扶杖徒行出孫石項外少焉船果回泊先渡者卽前左哨而
泊于廣省鎭使船頭別將金聲弼前導指路直入鼎足山余則
載兵百六十餘名追渡泊于德津鎭使軍卒先下則衆曰彼岸林
藪中恐有賊兵余先下踏地而立脚輕心快如久客歸家揮杖
於岸藪曰無他物矣衆兵始皆下使鎭卒前行余則扶杖促
步入鼎足山城可寅時量矣赤巖浦所待二船其一船格卒皆
持船逃走矣德津下船後嚴束船卒使之速渡往待于赤巖浦
戒飭畢渡渡軍而自初次點兵時左右當視則棄銃棄鐙而逃
者至於十有八名矣及入鼎足僧徒十三名迎接曰昨日一郎日初

賊徒六十二名不由門路攀崖越城而入先破寺中器皿詳視四面
皆曰好哉好哉自持酒肉盡醉而去意欲更來矣我兵先渡者
皆頹頓熟睡余則坐待後軍慮無不到髮欲盡白矣至於開東
而後軍始入南門點入畢天亦明矣○昨日午時自大軍上馬後
中軍以千摠領軍渡海之意上書于　雲峴宮翌日送令箭使
余回軍之後　雲宮以事機甚妙卽速入送下答故有更回德浦
之令箭云又於其夕點兵乘船之際中軍致書後使回軍余答
曰軍已乘船不可中止若復回軍從此以往無以用兵矣○余自
家門上馬之後不寄一字家書矣點兵將渡之際從姪桂石來在
家中付送冬衣書責絶信余答書曰上馬忘有家出城
忘有身所以日有使而無書也今將渡海誓不生還相洞察
山吾有置標身後事都付於令弁諒爲之也遂抛棄衣襟

-8-

于民舍而去
二日天明執戟而巡城果天設之險也李鉉奎李秉淑指揮周
旋結成鼎足陣把守埋伏各得其宜附近洞大小民爭持牛酒
米柴連續來納以供軍需又輸蓋草以資各處鋪幕須臾而
成使沙谷居李元根梁英孫掌柴糧之任別設鄉導廳使洪
晋燮鄭象默主之自早至暮民爭來賀曰洋賊之來非今則
明民命死在朝夕矣乃今俱活矣當日犒牛十有二首有一黑
牡夜即宰之構文祭山神山形如鼎足之峙昔檀君三子各築一
城故亦名三郎城
三日辰時量有賊報登城見之賊將一名騎馬而來賊兵幾百
分入東南二門蓋不知有我軍也哨官金沂明率砲手百六
十一名埋伏于南門李濂率百五十埋伏于東門李大興率
京軍百一鄉軍五十六分守西北二門以待之城中靜寂殆無
鳥聲賊入港口三賊登東南門間麓將以登城也東門砲手
李完甫先放殪一賊砲聲一發東南齊發聲震山岳賊之
死於東門者二南門者四賊之猝聞砲聲也宜其驚動而
少無退意見其死則左手攬其尸右手放其丸其節制之嚴
如此我銃不過百餘步賊丸能及五百步且不用火繩而能
放放且神速一場鏖戰至未時初我軍曰藥丸俱盡矣一軍
失色余亦投刀而坐精神昏沮衆皆罔措之際賊亦止放
而退走棄其輜重我軍將士以下各以弓刀追逐或百許步而止
或數百步而止氣息喘喘未能更進是役也我軍死者一名楊
根砲手尹春吉也余撫股而哭之用白綿布斂而殯之中丸者
四人中二人無傷一則余吮其血一則調藥救之即船頭別將金

聲朔洪川砲手李邦元也諸軍以賊之輜重馬驢硯納銃刀叱
四衣服飲食酒壺衾褥火藥封不可勝數中有江華府還簿
冊一卷并成冊送于大陣○酉時量附近洞士民咸至曰吾
輩各登東南門外相望至近處山麓細觀接戰始末賊之始
到東門外猝見城上有旗始有疑慮傍有一居民卑京直問
曰或有京軍來乎曰不知也賊頸刃以脅之而終不動一賊呼曰可
與戰矣 及其接戰之初一賊乘騾曰吾當請援于城中也
未及五里騾忽大躍以墮之數次賊被傷不能動急甚放丸于
騾而不中又火藥馱馬聞砲聲而驚走遠逸及其敗也一賊呼
曰不可勝矣 賊皆旋踵而走至五里而死者十餘十里而死
二十里而死者假量爲六七十而其中一賊之死也衆皆哀哭友
入城而辱欵云後聞沁府民言則辱欵者即賊之謀主羅姓云
急炊餉軍訖適行勞問則咸曰賊必明日復來而我軍甚寡
請加兵云而一軍驚怯萬無更戰之氣矣余曰兵不在多雖
一人不怯爲上汝輩以死爲心見賊勿退則寡能勝衆矣
三更量平壤遊擊將崔慶善及趙奎煥洪錫斗率關西砲
手八十八名自德浦渡來余立南門內俟其頭哨入城點入蓋
皆健卒也軍情大悅火藥一樻又到○抱川義士李奎漢等
九人又到○夜與李鉉奎李秉淑議曰今日之戰賊雖敗退
倉卒應賊未及設計不能使片甲不還甚用憤恨明日則賊
必大至當熟講以待之且曰喬松兩府則雖自大陣日日馳閱
以爲徵兵夾攻之計而尚此無動靜此不可恃矣今聞江界與
北道砲軍來到京營云若請得此兵潛渡德浦以到此則當
分爲兩隊約以某日昏夜潛由井浦鐵串等路迂回馳入于

沁都西北兩門我則整隊進壓于南門前路又使南面諸
民便宜潛伏於南門外林木中擧火鼓噪則賊必驚亂由
東門遁我躡其後則蔑不濟矣李曰諾
四日早登北城望沁都城中火焰衝天余曰賊必遁矣急令
李三吉車一弁俊微服往探及夜始回報曰賊火及於　兩
殿行宮三衙門凡諸公廨與民舍數百户申時量空城而
出者七八百名盡入于甲串船而月串上流碇留一舶亦下來
合聚云
五日天明登北城望見賊船已發少焉出孫石項外乃促飯訖
留三哨軍守鼎足城領三哨發行入沁都相距四十里也自鼎
足東門外流血狼藉連續於道路有如屠牛餘痕者又以洋
紙拭血而棄者殆無空處每過村閭居民始自山幕各還其

家見大軍爭首跪拜於馬前曰今始得活矣且笑且泣無不
然或持南草一負或持紅柿一櫃相續遞給於軍軍行疲於應
接及入沁都南門則左右民舍蕩火尙熾冒突而入則　宮
殿廨舍鬱攸未息心寒膽裂衣無以自持而虛城無人晩乃有
吏民三五來集相持而哭余下馬慰諭之使別軍官李鉉奎
李秉淑指揮三哨軍把守東南二門仍爲領率余則只率
前排三更量還向鼎足城蓋爲距賊船退留處十餘里
也才到東門外大陣令箭使之急還沁都毋或留一卒於鼎
足且賞送漢城右尹　除授傳旨不得已便宜留二哨守鼎
足率一哨四更量還向沁都夜寒甚天明始入城留相李章
濂自豊德地渡海曉才入城云大興中軍尹暐率砲手百四
十名而至喬桐中軍李祉秀亦到握手相叙

- 11 -

七日賊縱小艇入德浦前洋尺水大陣急送令箭使之回軍注
應之乃率諸軍離發到甲串津哨官尹興大自鼎足城單騎
急走而來告曰賊之小艇一隻入草芝前洋尺水此是鼎足咫
尺也鼎足留軍甚少乞加三哨乃於馬上麾旗分送三哨余則只
率前哨渡海還于通津大陣大陣別軍官等疑余遲到請
于中軍曰千摠顧戀沁都不肯還渡矣願賜一劍即當往斬其
頭來中軍大責而退之
八日瞭望所報賊船退出外洋○蒙　恩諒以在外遞右尹
賊既遠遁行將班師徒征諸壯士不可不逐名臚列各爲成冊進
納于巡撫營矣中軍請除以別軍官朴鼎和編於鼎足袪余
曰是役也若謂之功歇乎則入於鼎足未必爲多於通津且此
人本既不偕於鼎足之行而今若列之於此中則是欺君也不敢

奉施固請竟不從
九日營造都監堂上差下
　凡六堂申觀浩李景夏李景純李章濂鄭圭應梁
十日瞭望回報賊船退出水原楓島前洋
十四日鼎足留防軍五哨還于大陣
十五日瞭望回報賊船遠遁不見形影
十八日班師自通津府離發金浦中火陽川宿
十九日未時到楊花渡左先鋒鄭志鉉右先鋒金善弼遊擊
將申孝哲各自信地來到合陣巡撫使率訓局七哨迎勞來
待于楊花津廨○鼎足戰所獲賊物成冊上送者還送于楊
花津使揭于旗槍列立于千摠陣前以之入城三更量入禁衛
營留宿

- 12 -

廿日領率諸軍入叅春塘臺 親臨犒饋 上命巡撫使與
中軍別將千摠左右先鋒遊擊將進前勞問賜饌
廿一日左尹宋擬蒙 點
廿三日總戎中軍 啓下
廿六日副摠管首擬蒙 點

傳檄洋船都主 九月十一日

夫逆天理者必亡違國法者必誅天降民人理以順之國分封疆法以守之所順者何仁之而不害所守者何犯之則罔赦是所以逆則必亡違則必誅者也然交鄰柔遠自古有道而在於我國尤用寬仁凡不知國名不知道里者每有漂泊我境則命守土之臣迎接問情如修舊好飢則賜食寒則與衣告病則調藥以救之告歸則資粮而送之此我國世守之規而至今行之故天下之稱我者莫不曰禮義之國也若寅緣我人潛入我境擾我衣服學我言語囙我民國亂我禮俗則國有常法隨現必誅此通萬國畫一之規也我行常法汝何怒焉易地行之我當無問而今汝之執此爲言已極遠理日前汝船之入我京江也船不過二人不滿千則苟欲屠戮何患無術而旣與潛入差別則其在懷遠之義不忍加兵相害故過境牛雞隨請輒饋扁舟往來以言相問則受其饋而不受其問者汝自負我我何負汝猶且不足去益行悖今此犯我城府殺我民人掠貨攘畜罔有紀極逆天違理未有甚於此也天旣厭之人得誅之且聞汝輩欲以行教於我國云此則尤爲大不可矣車書不同各有所尙正邪曲直尙矣勿論我崇我學汝行汝學猶若人人之各祖其祖而曷敢教人以捨其祖而祖人祖乎此若免誅

可謂無天我之待汝殷湯之於葛伯也汝之暴我玁狁之於周宣也雖以我之至仁至德不當任他泯默故十萬大兵今玆臨海要伸奉天行討之義先馳詰旦相見之約師曲師直勝敗決矣汝勿退避俯首聽命

朝鮮國巡撫營 押印

檄

討洋舶都主檄

夫逆天理者必亡。違國法者必誅。天降民人。理以順
之。國分封疆。法以守之。所順者何。仁之而不害。所守
者何。犯之則罔赦。是所以逆則必亡。犯則必誅者也。
然交隣柔遠。自古有道。而在於我國。尤用寬仁。凡不

知國名。不知道里者。每有漂泊我境。則命守土之臣。
迎接問情。如修舊好。飢則賜食。寒則與衣。告病則調
藥以救之。告歸則齎粮而送之。此我國世守之規。而
至今行之。故天下之稱我者。莫不曰禮義之國也。若
或夤緣我人。潛入我境。披我衣服。學我言語。罔我民
國亂我禮俗。則國有常法。隨現必誅。此通萬國畫一
之規也。我行常法。汝何怒焉。易地行之。我當無問。而
今汝之執此為言。已極違理。日前汝艇之入我京江
也。艇不過二。人不滿千。則苟欲屠戮。何患無術。而旣
與潛入差別。則其在懷遠之義。不忍加兵相害。故過

境牛雞。遣請輒饋。扁舟往來。以言相問。則受其饋而
不受其問者。汝自負我。我何負汝。猶且不足。去益行
悖。今此犯我城府。殺我民人。掠貨擾畜。罔有紀極。逆
天違理。未有甚於此也。天旣厭之。人得誅之。且聞汝
輩欲以行教於我國云。此則尤為大不可矣。東書不
同。各有所尚。正邪曲直尚矣。勿論。我崇我學。汝行汝
學。殆若人人之各祖其祖。而曷敢教人以捨其祖而
祖人祖乎。此若免誅。可謂無天。我之待汝。殷湯之於
葛伯也。汝之暴我。玁狁之於周宣也。雖以我之至仁
至德。不當任他泯黙。故十萬大兵。今益臨海。要伸奉

天行討之義。先馳誥朝相見之約。師曲師直。勝敗決
矣。汝勿退避。俯首聽命。

附出戰日記

丙寅九月三日。自濟州牧。以同副承旨蒙　恩遞
來納符。蓋濟牧自新除日。不可不費六旬而到任。
舊牧則自交龜後。亦費六旬。始可到家。而今番則
新牧前承旨李德善。六月廿八日得除。忽有大國
咨通。洋賊侵犯之奇。上京守令及新除守令。不日
內催送。新牧未及治行。即發趲到梨津。即又得風
利發。八月七日交龜。即出來。止浦十日夕。東風大

作。余以歸心如矢。勒令發船。晩泊椒子島。十七日
得西風夜泊磔津。自朱止浦同發之漁任馬船。不
得已還泊後廿餘日更發云。
十九日前發。九月三日納符到家。聞於八月旣望。
洋賊二船。直入西江。一宿而去。都城內外俱動。無
不挈眷避走。在途中忽見內行。接續余家弟婦與
子婦先爲治送于砥平博川家 三從侄星 越房云。
六日洋船八犯江華急報至。
七日廟堂議設巡撫營。是日摠戎使兼舟橋堂上
申觀浩議將沈船以塞鹽倉項。稟于 雲峴宮。以

荷居集卷一 出戰日記 十八

余爲舟橋都廳定。
八日訓局左別將 啓下。擬差右部千摠。是日設
巡撫營于禁衛營。大將李景夏。中軍李容熙。余則
以巡撫千摠劃下。又舟橋都廳 啓下。
九日 乙丑子時 巡撫中軍千摠以先鋒領軍出去。步軍
五哨。馬兵一哨。巳時到楊花津中火。沁都失守急
報至。時 大院位駕臨親摠軍。坐於鎭衛。余入稟
告曰。倉卒動軍。器械未備奈何。曰卽當備送。勿慮
焉。又稟曰軍中以和同爲主。今各營恐有葛藤之
慮。請使歸一。共濟大事。曰當依稟矣。又稟曰今伏

聞楊根李掌令 華西 以同副承旨承 召云。此卽
小人之先生也。當此有事之時。恐當齊 命登
進矣。山林宿德之士。豈有目前奇策。卽地破賊者
乎。其所奏達。恐不出於治本二字。伏乞毋歸迂遠。
優禮容之焉。曰當依稟也。卽退發行宿陽川。自在
路中。嚴束軍兵。無得侵掠民物。
十日曉發。午到金浦。有民傳通津失守。吏民空舍
逃散云。卽令二枝先行。一以探賊虛實。一以募諭
吏民。使之卽速還集。安意收穫。切勿妄動。申時到
陽陵橋。通津府使李公濂身齎印信而來待。蓋以

荷居集卷一 出戰日記 十九

昨今賊猝入本府。吏民驚散。府使暫避村舍。今才
來待云。戌時行軍到通津。昨日賊徒百餘掠貨而
去云。乃結方陣于官門前路。自入通津初境至此
四十里之間。村落邑府。未見一民一吏。荒凉蕭瑟。
悽憐驚心。每或得遇一人。輒執手而諭之。使之傳
告還集安意收穫。毋或失時。吏民稍稍來歸。是日
下馬後。中軍使余搆檄。夜令刑曹吏吳義植書之。
十一日早。使別武士池弘寬揭檄於甲串津。招手
招賊。賊刺小艇而來。受檄幷載池弘寬而去。饋以
酒肴。一賊持檄用小艇飛往仁川前洋碇留大艇。

申時量受回檄而來傳。戌時量還到。夜以檄草與回檄報于巡撫營。早飯後率前排。登後麓望賊勢。盖距甲津爲五里許也。賊船二大隻。碇留甲串前洋。三大船留孫石項外仁川前洋。二大船留月串前洋。共七大舶也。其外小艇不知其數。或黑或白。惟意往來。其疾如飛。沁都城內外。行如玄蟻者。殆亘四處。若見我軍之黑衣者。現于遠處則輒自船中發大砲一二放或三四放。其丸或小或大。或長可一又或六七寸。大或三手圍。小或兩手圍。遠或過二十里。近不下十五里。盖其遠近。以其發機之

任意低昂也。凡留陣應賊。必先防守要害。可備不虞。而客地初到。未諳形便。探得邑居士人李晚奎(後改名爲贇晚)出帖白衣從事。邀與同周旋。仍與共行傍近。詳察地形。有一民舍。只有一嫗。使旗手招之。其嫗畏怯避之。邑民東再從適見之曰。此我國兩班也。勿畏而來待云。民情之驚怯可知也。水踰峴左右。發一哨單埋伏。使東再從往村閭買盖草。李晚奎自伐其墓木。造軍鋪幕。軍中無斧鍤等物。使李晚奎每日以五錢出貰于民家。則凡係鐵物。被賊掠去。又民各携持而逋。不得已代用刀槍。苟艱極

- 5 -

矣。(鐵廣耳)

十二日。前水使趙義復時帶訓局左別將。率馬兵二哨以繼援陣下來。結陣于邑府五里亭。

十三日。因李晚奎薦以石井里士人李重允出帖白衣從事。

十四日。使哨官閔尙鉉率巡牙洪達孫。微服白月串津潛渡往探賊情。經二夜而還。

十五日。使大旗手李三吉率砲手二十名。往伏于浦內村。(卽賊船至近處水踰峴越邊)

十六日。發二十四名。往伏于新德浦村舍。以候賊

艇來往。奉常奉事韓聖根(文系下槐山人)承 雲宮(雲峴)分付。率廣州別破陣五十名下來。往伏于文殊城內。

十七日。以微服率一二人。徒步往文殊山城。詳察形便。距賊一里許。勞問砲手而還。

十八日。賊乘小艇。直泊于文殊南門外。韓聖根先放二丸。殪賊數名。賊大至。衆寡不敵。砲手死者四名。餘皆逃走。韓亦逃免。賊遂燒南門樓及城內民家二十九戶。殺民一名。砲手一名被擄而去。急報至大陣。相距十里。卽發前哨往救。余亦被甲上馬。振劒而行。未及中途。韓已敗還。余到水踰峴。賊已

- 6 -

退去。韓與砲手等之敗走也。亂竄山谷。賊追之忽有大霧圍之山腰。咫尺不辨。賊皆退去。此乃 王靈所暨也。

十九日賊燒訓鍊都監火藥庫。聲動天地。自此每日自濟物鎭。以至廣城鎭。官舍與軍器庫無不被燒。

廿日聞東義邑山砲手三百七十名來到。賊自初到。凡我沿浦上下。公私船隻。無不燒燬。我軍雖欲冒險渡涉。末由也。自舟橋所指揮京江船十六隻。來待于祖江。而無以運致于甲串津矣。月串砲留船賊。以小艇乘潮而上。砲破一艇。格卒夜遁。只有空船而已。使廣州別破陣四十五名。京畿砲手五十名。往伏于廣寧浦。以備賊來。白衣別軍官安命鎬。往留廣寧浦。造殘將以火攻。余謂李重允曰。出征將士來此已十許日。而未得前進一步地。日見賊勢跳踉。我軍氣縮。吾輩徒靡國穀。軍粮難繼。圖計罔涯。會不下咽。其將直犯背而死矣。毋論大小。有船然後可以有爲。君其周旋搜得私船之藏在沿浦者。徒之隱藏于德浦內港賊所不見處。以待之也。曰謹當如戒矣。

綺居集卷一 出戰日記 二十二

廿一日余曰。大軍之來今已一旬。賊尙未覺。今夜則當挺身現形于水踰峴。一以耀武。一以誑賊。使之虛費砲丸。然衆皆挽止。亦多譏笑。乃於夜半。只率前排。持燈籠一雙。擧燈三竿。松炬數十柄。潛往候登於水踰峴。列立以耀之。賊船上亦列燈照耀。少焉皆滅。余與軍卒依岸以避身。已而果霹靂掀轟。凡七次。丸聲如雕而過吾頭上者。光芒奪目。如赤箭飛射。落于過吾身五六十步許。落後更躍而去者三四箇。余乃還陣。一軍莫不危之。

廿二日使前排覓昨夜賊礮彈之跳躍者。拾二丸而來。其長其大。果如上所云長大者。

廿三日在本陣上。點閱軍兵器械。

廿四日白衣別軍官李重允果得民間小艇五隻而來。故仍藏置于德浦內港。以備及時之用。

廿五日在本陣上。試閱義砲手之能否。

廿六日巡于各哨。而勞之。嚴其師律。以收其懈惰之心。

廿七日聞德浦適距邑二十里。賊艇往來之地。有可以埋伏處。使別軍官李鉉奎。李秉淑先往詳審。余則與李豐川基祖偕往廣寧浦。勞問防守軍卒。

綺居集卷一 出戰日記 二十三

千里鏡規石隅碇留賊船。賊皆白衣。而蓋是奪於
沁民者也。歷安命鎬遣伐。尚未既矣。夕還大陣。兩
軍官還報形便。亟可云。
廿八日與李豐川趙水使二李軍官朴弼和偕往
德浦鎮。審察埋砲形便。則果然甚可。李豐川意欲
主張設計。故任其所爲。余則獨與鎮卒一名。陪隸
二名。徒步到于俚俗所稱孫石塚邊。拱手立語曰。
神果有靈。忠憤亘古。乞覆賊艇。必如文殊山城之
蔽翳護師也。又自矢心曰。倘使王靈。致身於江華
一步地。則死無餘憾。如狂如癡。情生塚傍。臨海注

目。惟在江華。忽見一小山城。半天突兀。氣色和吉。
如平生親友。邂逅喜笑。搖手相招。卽欲躍就。而不
可得。問于鎮卒。知爲鼎足山城。又聞知有傳燈寺。
不大不小。又有史庫。蓋四面險阻。只有東南兩線
路。眞萬夫莫開之地也。還到埋砲處。指示二李。則
皆曰昨已見之矣。余曰此可爲趙奢之北山也。若
得糧道不絶。砲手五百名。潛渡入據。則賊在吾掌
握中矣。吾輩爲復沁都而來。尚未窺一步地。雖十
年留此。將安用之。終何以歸面吾 君乎。將還陣
圖之。與之同入何如。二人樂諾曰可勝道哉。可勝

道哉。彼於沁都爲生方。聞沁中士民數萬。咸聚於
此城以南。如魚喁將涸之水。今監決意入據。則數
萬生靈。從此得活矣。吾輩敢不左右之乎。卽與同
還。日已曛矣。詳陳此意於中軍。中軍大悅。乃抄鄉
砲手三百六十七名。京哨軍一百二十一名。標下
軍三十八名。夜造綿布帒二百五十箇。各盛兩人
二日糧。使之半軍各貼背上。又造黏餅。餠餌切各持
數片而行矣。至數里許。以徒行半軍輪次替負。以
便涉險之行師。而以此下令軍中耳。伊時李鉉奎
曰。此行令監爲主將。上馬日時。不可不審也。明日

午時爲吉云。而明日卽廿九爲晦之日也。
廿九日午時上馬。只率標下軍先行。盡技軍器
械未備。使兩軍官準備無遺。領軍追到。余則先到
德浦。日已申矣。先審向日李重允藏港艇隻。則五
隻中二隻破不堪用。三隻中一可容七十名。二各
可容二三十名。而水時已過。留待夜子。乃可一渡。
不可再渡於天明前矣。是日自早至夜。大風幾至
拔木。以此以彼。不可得渡。急招李重允。使之更探
幾隻艇以待。且大軍將至。不可不備待夕餘。而村
民只有廿三殘戶。無以借貸升米。探問傍近里有

前虞首招而問計李虞首為稱者曰此三里許馬門洞李先達濟鉉者稍饒可邀而圖之急令招問則曰穀皆在田無以猝辦余曰君家當有數旬粮君之族黨鄰里皆當有幾日粮沒探而來則可當矣李碣蹶備來者四石米兩日俱閙分給鎭民盡餘兩軍官領軍而至而風勢至夜尤猛設有船隻之備待者無以得渡矣到鎭初招鎭卒十餘名使之補塡缺船隻適有自家中備來錢餘在只有二兩盡給使之療飢夜送李晚奎李重允于大陣細陳今夜未渡之由且請報道毋或缺乏矣及曉忽

荷居集卷一 出戰日記 二十六

以還軍之意答來

十月一日丙戌天明大陣送令騎使即回軍莫知其故而既見令箭則不可違矣蓋中軍以孤軍深入計非萬全且聞自喬松兩府有將發兵西渡之報欲待此而同渡以為夾攻之計也不得已將回來及大陣十里許令箭又來使還德浦故余即回馬首以旗麾之使後右哨作前左哨前左哨作後右哨軍兵則步纔力疲舉皆苶然余在馬上顧謂諸軍曰昨夜寒甚風猛而汝輩露處我心如傷今又冒風北行旋使回身當益寒噤矣然為國臣民

何可辭勞乎必須催步隨我及到德浦日已晡矣汲汲催飭令三船艤待于浮來島二船于赤巖浦以從形便余出浮來日八時點兵乘船舉皆退走蓋三百年不知兵之餘京軍昧師律况鄉砲手烏合都不識旗鼓節制與有進無退之義而猝於將入死地不可徒施威令余援劒督之曰汝輩臨於上船者斬兵雖十萬無用矣自此皆去吾將獨渡也士卒始乃稍稍登船此是潜渡也故不用炬燭只將捕賊燈十箇分於兩處三船所載一百七十餘名發船行數十步忽自後麓有人大呼曰回泊

荷居集卷一 出戰日記 二十七

軍船回首視之夜黑無見此乃何許軍卒欲以疑亂軍心乘昏虛驚冀不得渡也余佯若明見大聲曰彼漢即艇以來船若還泊手劒盡斬之謂德浦僉使曰吾當仍坐此岸以待彼船還渡而乘船也曰不可得矣今殘則潮漲也次殘則潮減也乘船之地漲減各殊次殘之地當在孫石項外距此幾為十里也余曰恐當然矣還入軍幕坐待亥時挾杖徒行出孫石項外少焉船果回泊先渡者即前左哨而泊于廣省鎭使船頭別將金聲翊前導指路直入弗足山余則載兵一百六十餘追渡泊于

德津鎭使軍卒先下則衆曰彼岸林藪中恐有賊
兵余先下蹐地而立脚輕心快如久客歸家揮杖
於岸藪曰無他物矣衆兵始皆下使鎭卒前行余
則扶杖徒步入鼎足山城可寅時量矣赤巖浦所
待二艇其一艇格軍昏時艇逃走矣德津下艇後
巖東艇卒使之速渡往待于赤巖浦武鬪畢渡後
軍而自初次點兵時左右審視則棄銃棄鐘而逃
者至於十有八名矣及入鼎足僧徒十三名迎接
曰昨日午吻賊徒六十二名不由門路攀匡越城
而入先破寺中器皿詳視四面皆曰好哉好哉自

持酒肉盡醉而去意欲更來矣我兵先渡者皆頹
頓熟睡余則坐待後軍慮無不到髮欲盡白矣至
於開東而後軍始入南門點入畢天亦明矣日晚
聞大陣之奇昨午余上馬之後中軍以千摠領軍
渡海之意上書于　雲峴宮翌日送令箭使余回
軍之後　雲峴宮以事機甚妙卽速入送下答故
有更回德浦之令箭云又於其夕點兵乘船之際
中軍致書復使回軍余答書曰軍已乘船不可中
止若復回軍從此以往無以用兵矣點兵將渡之
際從侄極石在家中付送冬衣書責余出戰之後

點墨不及於家眷與親知是豈人情也云故余倉
黃中答書曰上馬忘有家出城忘有身所以日有
便而無書也今將渡海誓不生還栢洞案山吾有
置標身後事都付於令弟諒爲之也遂拋棄衣裕
于民舍而去
二日天明執戟而巡城界天設之險也李鉉奎李
象淑指揮周旋結成鼎足陣把守埋伏各得其宜
附近洞大小民爭持牛酒來崇連續來納以供軍
需又輸蓋草以資各處鋪幕頃吏而成使沙谷居
李元根梁英孫掌粮之任別設鄕導廳使洪瑨

燮鄭象默主之自早至暮民爭來賀曰洋賊之來
非令則明民命死在朝夕矣乃今則俱活也當日
犒牛十有二首而中有一黑牲故夜郞寧之禳文
祭山神山形如鼎足之峙昔檀君三子各築一城
故亦名三郞城 祝文見文秩
三日辰時量有賊報登城見之賊將一名騎馬而
來賊兵數百分入東南二門蓋不知有我軍也哨
官金沂明率砲手一百六十一名埋伏于南門李
濂率一百五十名埋伏于東門李大興李京軍百
一鄕軍五十六分守西北二門以待之城中靜寂

殆無隻聲。賊八港口。三賊登東南門閣麓。將以登
城也。東門砲手李完甫先放殪一賊。砲聲一發。東
南齊發。聲振山岳。賊之死於東門者二。南門者四。
賊之猝聞砲聲也。宜其驚動。而少無退意。見其死
則左手拽其尸。右手放其丸。其節制之嚴如此。我
銃不過百餘步。賊丸能及五百步。且不用火繩而
能放。放且神速。一場鏖戰。至夜時初。我軍曰藥丸
俱盡矣。一軍失色。余亦投刀而坐。精神沮喪。皆
罔措之際。賊亦止放而退走。棄其輜重。我軍將士
以下。各以弓刀追逐。或百許步而止。或數百步而

荷居集卷一 出戰日記 三十

止。氣息喘喘。未能更進。是役也。我軍死者一名。楊
根砲手尹春吉也。余撫屍而哭之。用白綿布斂而
殯之。中丸者四人中二人無傷。一則余吮其血。一
則調藥救之。卽經頭別將金聲汾。洪川砲手李邦
元也。諸軍以賊之輜重馬驢現納。銃刀器皿衣服
飲食酒壺衾褥火藥封。不可勝數。中有江華府還
穡冊一卷。并既冊。送于大陣。酉時量。附近洞士民
咸至曰。吾輩各登東南門外相望。至近處山麓。細
觀接戰始末。賊之始到東門外。猝見城上有旗。始
有疑慮。傍有一居民車京直。問曰。或有京軍來乎。

- 15 -

曰不知也。賊頸刃而脅之。終不言實。一賊呼曰可
與戰矣。及其接戰之初。一賊乘驟曰。吾當請援于
城中也。未及五里。驟忽大躍。以墮地數次。賊被傷
不能動。忿甚放丸于驟而不中。又火藥駄馬聞砲
聲而驚走遠逸。及其敗也。一賊呼曰不可勝矣。賊
皆旋踵而走。或至五里而死者十餘。十里而死二
十里而死者。假量爲百二三十。而其中一賊之死
也。衆皆哀哭。及八城而厚斂云。後聞沁府民言。則
厚斂者卽謀主羅姓賊云。急收餉軍殺。遍行夢問。
則咸曰。賊必明日復來。而我軍甚寡。請加兵云。而

荷居集卷一 出戰日記 三十一

一軍驚怯。萬無更戰之氣矣。余曰。兵不在多。雖一
人不怯爲上。汝輩以死爲心。見賊勿退。則寡能勝
衆矣。三更量。平壤遊擊將崔慶善。趙奎煥。洪錫斗
率關西砲手八十八名。自德浦渡來。余立南門內。
候其頭局八城點八。蓋皆健卒也。軍精火烷。火藥
一積又到。抱川義士李奎漢等九人亦到。夜與李
鉉奎。李秉淑相議曰。今日之戰。賊雖敗退。倉卒應
賊。未及設計。不能使片甲不還。甚用痛恨。明日則
賊必大至。當熟講以待之。且曰喬桐兩府則雖自
大陣日日馳聞。以爲徵兵來攻之計。而尙此無動

- 16 -

靜。此不可時矣。今聞江界與北道砲手來到京營
云。若請得此兵。潛渡德浦以到此。則當分爲兩隊。
約以某日昏夜。潛由井浦鐵串等路。透回馳入于
沁都西北兩門。我則整隊進壓于南門前路。又使
南面諸民。使宜潛伏於南門外林木中。擧火鼓噪。
則賊必驚亂。由東門遁。我追其後則蔑不濟矣。二
李曰諾。
四日早登北城。望沁都。城中火焰衝天。余曰。賊必
遁矣。急令李三吉。東再俊爭脈往探。及夜始回報
曰。賊火及於　兩殿行宮三衙門凡諸公廨與民

荷居集卷一　出戰日記　三十二

舍數百戶。申時量。空城而出者七八百名。盡入于
甲串船。而月串上流。碇留一舶。亦下來合聚云。
五日天明。登北城。望見賊船已發。火焉出孫石項
外。乃促飯訖。留三哨軍守鼎足城。領三哨發行入
沁都。相距四十里也。自鼎足東門外。流血狼藉。連
續於道路。有如屠牛餘殘者。又以洋紙拭血而棄
者。殆無空處。每過村閭。居民始自山幕。各還其家。
見大軍。爭皆路拜於馬前曰。今始得活矣。且笑且
泣。無人不然。或持南草一負。或持紅柿一櫃。相續
進給於軍。軍行遲於應接。及入沁都南門。則左右

民舍。蔓火尚熾。冒矣而入。則　宮殿廨舍。蕩破未
息。心寒膽裂。無以自持。而虛城無人。晚乃有吏民
來集。相持而哭。余下馬慰諭之。使別軍官李鉉奎。
李秉璥指揮三哨軍。把守東南二門。仍爲領率。余
則只率前排。三更量。還向鼎足城。蓋爲距賊舶退
留處千餘里也。才到東門外。大陣令箭。使之急還
沁都。毋或留一卒於鼎足。且齎送漢城右尹　除
撥傳旨。不得已使宜留二哨守鼎足。率一哨。四更
量。還向沁都。夜寒甚。天明始入城。留相李章濂自
豐德地渡海。晚才入城云。大興中軍尹暐李稅手

荷居集卷一　出戰日記　三十三

一百四十名而至。喬桐中軍李祉秀亦到。握手相
叙。伊夕得見今月初四日之　朝報而拜讀之。
傳曰。先據北山勝籌攸在。而今此鼎足山城之先
復。即以見激勵士氣。有進無退之義。嘉尚之極。功
亦不可無。忠撫千摠梁憲洙漢城右尹　除授。同
日並有嘉善加資　下批。讀畢歎曰。嗚乎塵埃之
功。寵荷華袞之褒。誠不知報答之策。然軍門獻賀
士氣百倍。可喜者蒂見來頭不戰之勝耳。
六日與留相李章濂巡視全城。按檢　宮殿之燒
燼。閭閻之毀破。招來垂髫戴白。先慰既往之搶掠。

又諭將來之妄頓莫不相扶濟拯而渾忘朝野之
別只有患難之同則人情所在孰不如是哉還營
後大犒各着砲軍與本陣兵隊
七日賊縱小艇八艘浦前洋尺水大陣急送令箭
使之回軍往應之乃率諸軍離發到甲串津哨官
尹興大自鼎足城單騎急走而來告曰賊之小艇
一隻入草芝前洋尺水此是鼎足咫尺也鼎足留
兵甚少乞加三哨乃於馬上麾旗分送三哨余則
只率前哨渡海還于通津大陣大陣別軍官等延
余遲到請于中軍曰千摠顧戀沁都不肯還渡矣

荷居集卷一 出戰日記 三十四

顧賜一劒卽當往斬其頭來中軍大責而退之還
陣以後察其軍情頗有彼此之別我則決如也鼎
足行軍執事黃鍾浩有識見者也夜書口不言乎
吳五字密納于余余應之曰吾已默會矣
八日瞭望所報賊艇退出外洋 蒙 恩諭以
在外遊左尹
九日營遣都監堂上差下 凡六堂中觀浩李景
夏李景純李章濂鄭主應柳憲洙
十日瞭望所報賊船退出水原楓島前洋
十一日在本陣點兵閱械

- 19 -

十二日送軍官審視鼎足山城而還
十三日送軍官審視沁都而還
十四日鼎足留防軍五哨還于大陣
十五日瞭望所回報賊船遠遁不見形影
十六日整齊隊伍修補器械若臨敵之時
十七日分送軍官於諸要害探聽賊情遠出外洋
十八日班師自通津府離發金浦中火陽川宿
十九日未時渡楊花渡左先鋒鄭志鉉右先鋒金
善弼遊擊將申孝哲各自信地來到合陣巡撫使
李訓局七哨迎勞來待于楊花鎭頭鼎足戰所獲

荷居集卷一 出戰日記 三十五

賊物成冊上送者還送于楊花津使揭于旗槍列
立于千摠陣前以之入城三更量入禁衛營留宿
卄日領率諸軍入參春塘臺 親臨犒饋
上命巡撫使與中軍別將千摠左右先鋒遊擊將
進前勞問賜饌
卄一日左尹末擬蒙 點
卄三日摠戎中軍 落下
卄六日副摠管首擬蒙 點
附禦戎方畧
洋醜之逼境窺伺亦已踰月矣廣城一着在彼固

- 20 -

非失利而猶且狐疑狼顧不敢生意再舉者要之詭遇交鋒未獲全勝而益知我軍之不可輕敵我地之不可深入故也且彼非南產不能耐暑而見今炎令日促雨溼流行舟居尤苦兵力難支則其廻棹遠遁可以指日而待然彼既一日不去則不可一日無備矣竊念 昇平日久民不知兵而近年以來 廟算密勿戎備綢繆內而龍驤虎賁外而州郡鎮堡無不蓄銃俟蒐思效一日之用以若威武可以撻秦楚之堅甲利兵何患乎洋酋小醜之敢行稱亂乎但我師短於水戰未能勇往直前

荷居集卷一 壬戌方畧 三十六

此所以不得不深溝高壘以逸待勞而已顧今備禦措劃靡不用極而倘或一毫疎虞則恐有欠於百勝萬全之策故敢陳管見以備 裁擇焉

一據險設備要當表裏鎮密而沁津仁富也之人家則門庭藩屛也隔以長江一帶猶屬外地而至若高陽交河等邑譬之堂陛也戶牖也地則莽蒼路亦坦夷無可憑恃尤係要害矣况今潦雨伊始江漲在即彼艇之姑且卻顧者以其淺流隘港曾不容舠之故而倘值泛溢寬濶帆檣無礙之時乘潮泝流排門闖而窺堂戶則兩岸之强弓勁弩不免

有望洋之歎雖欲躡其後而亦不可得矣此不能不先事過慮為今之計就祖江並岸海門對岬之地及幸州以下諸處依山樹柵屯兵設砲亦於沿岸隈僻隱現處多設疑兵恐為萬全之計矣

一兵不在多貴在精鍊蓋勇怯混淆則易致虛驚而潰亂矣見今京鄉士卒孰非精銳而關西風氣勇敢居多素嫻弓馬近又習於砲放最於他省使此精鍊之卒恐不必全屬於門廷藩屛之備惟在較量緊歇分排 處分矣

一兵器之遠近兼摠軍制即然而挽近我兵專習火

荷居集卷一 壬戌方畧 三十七

砲不嫺刀鎗若値短兵相薄之塲恐無藉手之物而時値雨溼不可專靠於火砲亟令刀鎗務從犀利弓箭亦多措備以為遠近兼濟之資恐好而臨急則耘夫樵子亦可以充伍然手無尺鐵便屬無用此亦不可無預算沿野諸郡農器中別有長柄大鎌本為芟刈蘆葦殆乎遂戶皆有不煩新造預先知委於沿郡從便準備以待不時之用恐合事宜矣

一烽燧報警法意嚴重而今番之賊入廣城不可但以近境犯境言之雖在於午未時前後而塘報始

到於第二日。如是而豈可曰設置烽燧乎。夜則擧
火。晝以爇烟。自是規例。亟令申明操飭。俾無疎虞
之歎。恐好矣。

- 1 -

병인양요 丙寅洋擾 一名韓將軍傳

사람은산쳔긔후풍토를따라 각々그품부가다르다 그즁에 특이한지략파 우월한용력은 백만에하나이나 쳔만에하나밧게는업다 다시말하면 오백년에하나이나 쳔년에하나쯤된다 우리조션으로말하면 고구려의 을지문덕 합소문파 신라의김유신파 고려의강감찬파 리조의김덕령 리슌신몟々사람이다 이러한인물은 다만 산쳔긔후풍토의 졍긔를타고 나왓슬뿐만아니라 하날이명하샤 국운을만회하고 생령을구원코져 보내신텬사이다 대더문장파 명필파 각항예슐은 배호면 될슈잇지마는 용력파지략은 텬생이라 배와셔 될슈업는것이다 리죠헌종계사년에 조션오백년래 하나로 굴지할만한 큰장사가츌현하얏다 이장사는 년로한사람이면 누구든지 보기도하얏겟고 또알기도하엿겟다 탄환도몸에침노치못하고 창금도 살에드러가지아니하엿다 동셔양력사를보아도 이갓흔장사는하나도업다 일쳔근되는철궁을당긔여 오백보외의관혁을맛초고 한주먹렬환을 입으로생어륙간대령을 쏘아뚜르며 백액호를따려잡고 돈화문을뛰여넘으니 력발산긔개세라하든 항우인들 이에셔더할소냐 셩상이총애하샤 일홈이조야에진동하고 슈복이쌍젼하야 만인이모다흠앙하니 진실로 국가의간셩이오 만고의 복장이라 탄환이 비와갓치나리는중에 단신으로 젹병을 시살하야 한쥬먹으로

슈백명젹병을타살하고 삼차출전에 국광을사해에빗내고 대군을통솔하야 승젼고를울니며도라와 우흐로주상의근심을쓸고 아래로백셩의놀남을 위로하니 셩총이날로더하고 명망이때로놉하 사람마다 흠경치안으리업셧다 또는텬셩이관후하야 충효로써 근본을삼고 인의로써 일을쳐단함으로 놉흔지위에쳐하되 시긔하는자가업셧고 또는지족지긔함으로 만년까지부귀를누렷스니 한나라 장자방파 제갈량에비하야도 조곰도 과언이아니겟다

국가의흥망은텬운이라 옛날제갈량은 륙출긔산하얏스되 중원을못니긔고 병졸군즁하얏스며 강유는구벌즁원하얏스되 셩공을못할뿐더러 비명의 횡사를당하얏스니 이는다쳔고의유한이다 그러나장군생시에는 국운을만회하엿고 국치를당치아니하엿다 병인년이래로 대원군이졍권을쥐고 쓸데업는 쇄국주의를쓰다가 임오년류월지변파 갑신년시월지변이이러나 유신당은모다 해외도망명하고 졍계는 점々혹암동즁에 츈몽을일우니 이때부터 장군은향리로 퇴은할생각을두어 갑오년이후에는 벼살을하직하고 셰상에나지아니하엿다 이일번소셜은 장군의일평생행젹을 하나도유루업시 사실대로 존발함이니 누구든지한번보면 우리동방에 이와갓흔 큰인물이 출현함을경탄하겟다

장군의셩은한이오 관은청쥬며 일홈은셩근이오 자는원집이니 중판서쳘호의아달이오 양이공셔구의십칠세손이라 대대장영거족으로 쳥쥬따에 주거하엿더

니 장군의조부때부터 고향인 청쥬를떠나 피산따에 이거하얏다 모부인동래정
씨장군을쳐음밸때 이상한꿈을꾸엇다 그꿈은동해바다가마르며 황룡이뛰여 하
날로오름이다 꿈꾼후에잉태하야 십삭만에장군을탄생하니 이날에 셔운이집을
두루고 이향이방에가득하엿다 유아를살펴보니 룡안호목이오 표두환골이라범
인이아닌줄을짐작하고 장군의량친은 크게 깃거하엿다 삼칠일을 지나 백일을
바라보니 방즁에셔 능히긔여다니며 삼셰에이르러 한동의물을 것침 업시들엇
고 오륙셰에이르러셔는 감히져당할자가업셧다 칠세부터 입학하니 텬재가 영
민하야 문일지십이오 일람텹긔라 그러나 용력이출즁하야 션생의교훈을 잘밧
지아니하고 항상 말하기를 남자가셰상에나셔 글만일고 셰월을보내면 어느때
에 국가대사를쳐리하야 인민을구완하리오하고 글공부는열심치아니하고 말달
니기 허엽하기 활소기 창쓰기만조와하얏다 일일은 홀연집을떠나 방향업시나
아갓다 년소한아해로셔 로비한푼 행구하나업시 향방업시 길을가니 갈바이어
대리요마는 원래 립지한마암이 범인파달나 명산대쳔을 차자다닌다 대소백산
을것쳐 속리산 지리산을구경하고 구월산 묘향산을본연후에 강원도로드러 금
강산을구경하엿다 근력이장사인고로배곱흐면 산에올나 산도야지 노루등속을
잡어 인가에살고와셔 분식도하고 그러치아니하면 사원에드러 승려에게 긔식
하얏다 하로는 금강산상봉인비도봉우에올나 원근을굽어보고 위연이탄식하되

내가셰상에난지 십여셰에 져즁지와가되야 텬디의생긴것이 웃지된줄몰낫더
니 오날보니 파연 조화옹의지묘하것파 우쥬의광대함을깨닷겟다 하고 쾌활한
긔상으로 다시 산을나려 긔암괴셕파 대소폭포를구경하며 마하연곤쳐로 지나
더니 홀연등뒤에셔 하로이이부른다 (로)동자는어대로가느냐 (장)소동은졍쳐
업시 유람다니오 로인이 우스며셔 (로)네가졍쳐업시 다닌다하니 그뜻이무
엇이냐 (장)인생이셰상에나셔 텬디의광활함과 인정풍속을모름으로 잠간사해
를쥬류하야 현상을시찰코져함이올시다 (로)네말을듯고보니 뜻이크고 긔상도
조흐나 대뎌쳐세하는법이 학문이아니면 능치못한것이라 내가너의장한뜻을긔
특이너기노니 나를따라 이산뒤 나잇는곳으로 가겟느냐 (장)어룬이 가자하시
는데 웃지당돌이 사양한리치가잇스릿가 로인이흔연이 장군의손을잇글고한곳
에당도하니 산명슈려하고 긔화리초가욱어진속에 일좌모옥이잇다 로인이문에
드니한동자 차를다리다가 나와맛는다로인이동자다려 이르되 (로)내가오날데
자하나를어더왓스니 너는나와마조라 동자 스승의명을드듸여 장군을마져초당
으로 드러가니 소쇄한방옥에 셔젹이가득하고 심슈한동학에셔긔가자욱한데뜰
압로송에 백학이 깃을드리고 문전셕경에 인적이고요하니 진실로션경이오 인
셰는아닌것갓다 조곰잇다가 음식이나오는데 산파초다오 별반먹을것이업다장
군이시장하든차 사양치아니하고로인이쥬는다파를먹고나니 심신이쇄락하고청

향이 입에가득하야 배곱혼생각이 업는지라 인하야 꾸러안저 로인게치사하되
(장)소동은 일시유람하든아해라 외람히 사부의총애를입사와 이곳에이르럿삽
고 또한션파션다를 배불니먹엇사오니 불승감사이올시다 로인이우스며대답하
되 (로)이도 또한젼연이오 슉연이니 치사할것이업다 하고 책한권을내여쥬며
(로)네가이것을보겟느냐 장군이책을바다 압헤노코 책장을열고보니 인간에셔
는 도모지보지못하든글자이다 장군이 황공부복하야 (장)소동이 슈년간 글을
읽엇사오나 이러한글자는 하나도보지못하엿나이다 로인이우스며대답하되
(로)이글은둔갑텬셔라 창힐의조작한 인간문자와는 갓지안치마는 차차텬디의
리긔를배호면 해득하기용이하리라 말을맛초고 자획을따라 가라치니불파수월
에 한권글자를거의다알게되얏다 로인은다시글뜻을해셔하야현묘한리치를교슈
하니장군의총명으로 하나를배호면열을알어 슈년동안에 텬디음양슌환지리와
인생화복흥회지사를무불통디하얏다 로인은다시문에나와 돌을모와진셰를포열
하고 나무칼을만드러 금술을시험하야 매일한가지식 또오륙사을교슈하니이에
이르러 장군은문무가쌍젼되얏다 일일은 로인이장군을불너 겻헤안치고
(로)나는봉래산신이라 옥데의명을봉승하고 너를슈년간 교슈하얏더니 지금은
네가문무에졍통하야 다시는배홀것이업슴으로 오날너와손을난호게되엿스니너
는섭々히아지말고 인간에나려출장입상하되충의로써 근본을삼고욕심을멀니하

야 만년에스사로 안락을누리게하라 말이맛초매로인은간곳업고일좌셕굴에 장
군혼자안젓다 크게놀나좌우를살펴보니 면산에새소배는 셕양을재촉하고 깁흔
골의물소래는 슯일을자랑할뿐이엿다 장군은급히이러나 하날을우러러 사례하
고 다시암셕을향하야 산신게 여러해교훈한은혜를 감사한후길을차저하산하니
그동안장군의 나히십구세라 스사로생각하되 (장)내가부모의슬하를떠난지 발
셔삼년이라 외려지망이 간졀하실것이니 이졔먼져집으로도라가 어버이에게근
친하고 다시우리나라슈부되는 경셩으로올나가 내배혼바를시험하겟다 하고슈
일을도보하야 피산향데로 도라오니 장군의량친이 셔로반기며 손을잇글고 드
러가 네가집떠난지 발셔삼년이라 사생존망을아지못하야 쥬소애졀하엿더니지
금네가 이만치장셩하야 집을차저도라오니 아지못게라 어대로갓다가오나냐
장군이부복하며 (장)소자가불초하야 여러해량친게 근심을셋쳐사오니 죄사무
셕이로이다 하며 소경력을일일히품달하니 장군의부친은 비록말은아니하나심
독회자부하야 혼자말하기를 『내문호를 빗낼자는 반다시이아해라하더라』장군
의힘이날로용장하야 큰쇼의뿔을잡어 싸홈을졔지하기 고목을뽀리때뽑어 산하
로운반하기곰파산져를모라 집으로살고오기를심상히하니린리가 모다두려워하
야 언필칭장군이라 일홈하엿다 철종조계해에 경셩셔알셩파보인다는말을듯고
장군은량친게 아래와갓치말을하엿다 (장)소자의나히 이십이넘엇사옵고 또한

군일에 경셩셔파거를 뵈인다하오니 소자가한번응시하야 다행이급제하오면문호에 영화가되겟삽고 만일락매되드라도 경셩에두류하야 긔회를타셔몸을국가에 드리고져하오니비옵건대아바님은 뒤를따라면장을방매하시고 경셩으로반이하샤 소자의젼졍을여러주시옵소셔 판셔흔연이 허락하고 곳인마를갓초어장군을경셩으로치송하얏다 괴산셔경셩이 삼백여리라 장군이만일 도보하얏스면하로동안에 능히 득달하엿겟지마는 인마를따러행함으로 보통사람파갓치하로에팔구십리식가게되엿다 슈일후안셩따에이르러 슉소하엿더니이날밤에대적슈십명이 려관에 침입하야 여러행객의행리를 탈취하고 상하촌락에드러가 부녀를겁박하며 우마를빼아셔탈취한물화를실고 대담스럽게 대로로나아간다 장군은이것을보고분긔가 충텬하야단신젹슈로 문에뛰여나와 대적을추격하얏다 이때 대적들은 각기장창대금을들고 안하무인으로유린횡행하얏다 고함일셩에장군은도적의가는압헤나 셔며순식간에대적의무리를 잡어각각재의요대를풀너단々히결박하야대로변에 두줄기로꾸러안치고 적괴를대하야 꾸짓되 (장)텬생증민에유물유칙이라 물건이각々주인이잇고 나라에상당한 법칙이잇거늘 너의들은불농불상하고유의유식하야 국법을무시하고 폭행을자행하니죄상을말할진대살지무셕이건마는 내가지금 응시하러가는길에 슈십인생명을탑살하는것이 상셔롭지못하야 너의들의잔명을 보존케하노니 이자리에개과회심하야 사농공상

에 각기직업을직히고 악한마음을써셔바려 량순한국민이되게하라적괴 돈슈부복하며(괴)소인이 하방에생장하야 배혼바이젼혀업고요마한근력을밋어도당을소취하야 여러해 불의를행하얏사오니 죄사무셕이온중 오날다행이 장군을 만나뵈오니 어린아해가 부모를대함과 다름이업슬뿐더러 슈십인생명을죽이지안으시고 구활의대은을입사오니 소인등이 비록간뇌가도디하야도 은덕의만일을갑기어렵사오니 이로부터무리를헷쳐 각기직업을힘쓰게하고 소인은 장군휘하에복시하야 채칙을잡고져하오니 엣날관공이쥬창기르심을생각하사 근본이 그름으로써 내치지마르시기를비나이다 (장)너의소청은 아죠눗지안커니와 너의소속은즉각에해산케하라 적괴텽령하고 부하일동에게 향하야 (괴)너의들은다량민이라나의유인함을입어 젼후에악사를만히하얏스니 이는나의죄로써너의들에게까지밋침이라 괴란함을이길슈업거니와 셩인말삼에 인숙무과리오마는 개지위귀라하셧스니 너의들은오날부터 각기고향으로도라가농상간에힘을다하야우흐로부모의마음을편안케하고 아래로쳐자의근심을풀게하되 만일악심을다시발하야 타인의재물을겁박하며 비리의행사를하다가는 낫々치타살하야 유죡도남기지아느리니 오날이한말에인하야 귀농할자는우편으로셔고 장사할자는 좌편으로셔되 불농불상할자는움작이지말나 자고로독립적은 무비농민이라 적괴의령이한번나리매 여러적한이일졔히우편으로셔니 적괴낫々치 효유하야 각쳐

로해산하얏다 장군이려관에도라와 적괴를시켜빼앗은바물품을일일이슈운하야피해자에게분급하고 잇흔날경셩으로향할새 적괴중로에셔등대하야동행을바라거늘 장군이조흔말로위로하야 후일로긔약하고 홀로말을달녀 경셩으로올나갓다 이때에파일이림박하야 팔도파군이 구름갓치모혀드니 남대문외에문복하는집이만히느럿다 여러파군들이각기와슈를문복하니 장군도또한복채를노고문복하얏다 복자는한첨뎜동을들고 고축하더니 괘하나를빼여들고 무슈히치하하엿다 (복)이사람은 눈이업셔보지는못하나 사오십년복술로 길흉화복을단언하야오든길이라 오날션배의괘를보니평생에처음생온괘라 귀언록마에왕긔를띄우고관귀부모가셔로붓들며 월건파일진이상생상합하얏스니장상할징죠오 부귀할뎜이라 부대자즁하시오 하고글한슈를외여쥬니

자화지토에 파구멸적이라 自火至土에 破寇滅敵이라
봉계이지하고 우도이면이라 逢癸而止하고 遇島而眠이라

하엿다 장군은그글을긔록하야 곳 풍은후복자에게사례하고 남촌어느천지의집으로드러가안흘하얏다 파거전일에 장군은삼을쑤니 시골집후원에황룡이 셔렷는데 압흐로달녀드러 여의쥬를빼아셧다 삼을대여생각하니 경사잇슬대몽이라조반을맛촌후에 장즁에드러가셔 글한장을더졋더니 일쳔에션장하야 장원급제되엿셧다 잇흔날장군은조복을갓초고 사은숙배한연후에 어사화를 머리에쏫고

권문밧을썩나셔니 온때청개는압흐로인도하고 금의화동은뒤흐로느러셔셔옥저를희롱하며 장안대로로나아가니 그위의의찬란함을 사람마다부러워하엿다 삼사일지낸후에 장군은정부의슈유를바다 고향에도라와 션영에소분하고 쌍친을모셔경셩으로반이하얏다 슈월이지난후에국운이불행하야 철종이승하하시고고종태황데긔셔 즉위하셧다 이때장군은 동덕랑행봉상시봉사로잇셔 공무여가에는각귀족파권문을심방하야우의을만히어덧다 그중에정의를상통하고 교분이친밀하기는 판셔민영의 윤웅렬 리범진 조희일등여러대신이엿다 일일은 민판셔영익이장군의용력을시험키위하야 대연을배셜하고 장군을청하얏다만당빈객이각기음식상을바들때에 장군의식상은특별히크고만혓다 백반한밥소래육갱한양푼갈비찜한합 기타여러가지찬슈를큰교자에갓득실엇다 장군은놀나민영의을대하야 (장)사람은일반이오 식량도 또한갓거늘내상은좌중에제일크고 또만흐니이게무삼원인이오 (민)여러분이장군의식량을한번보기원함이니 사양치마르시오 (장)내가소나말이아닌이상에야 엇지이것을다먹겟소 (민)장군의셩식은 모드다아는바니 굿이사양마르시오 장군이가만히생각한즉 이음식으로말하면 슈십명이먹어도남을것이라 내가만일다먹으면 쇠배라하겟고 만일못다먹으면 긔운이써길것이니 내웃재든먹어보리라 하고 두소매를부루것고 슈저를손에들엇다 여러빈객들은모다놀나 자긔의음식먹을생각은업셔지고 모든눈이 일시에장

군식상으로만쏘아본다 이삼십분동안에장군은밥한밥소래 국한양푼을다마시고
그만상을물넛다 그러나이때에장군은몸을조곰도동작할슈가업셧다 장군이비시
듬이벽을의지하야 담배한대를피엿더니 그동안에음식은발셔 소화하야 됨소를
자약히하얏다 만당빈객들은 서로보고놀나며 찬송하는소래가 끈치지아니하엿
다 이말이차々경셩남북촌에 젼파되야 가동주졸이라도한장군의명셩은 모다모
를자가업셧다 을축춘에 군기시찰관의업무를띄고 슈원에출장케되니 이때슈원
유슈는 리경하이고 그아달법진도슈원에잇셧다 장군은친우가 슈원에잇슴으로
일시라도빨니가셔보고져하야 한필백마를자권하고동작강에다다러 배를재촉하
야강을건넌다 배가중류에이르자 피변으로부터건장한놈여닯이각기머리를황건
으로동이고 짜른공방대를입에물고 션인을손짓하야 배를도로회션하라한다 션
인들은황공실색하야배머리를돌니려하엿다 장군은대노하야션인을꾸지젓다
(장)이놈너의들이관행을인도하야 반강이나건넛다가 중도에홀연이회션코져하
니 이는무삼곡졀이냐 션인등이일제히션중에업대여 엿자오되 (션)소인등이엇
지감히관행을지체코져하오릿가마는 저무리들은소위마포팔장이라 긔운세고술
잘먹고 사람잘치고싸홈잘하야 오강으로도라다니며 행악이무쌍호대 감히입을
여러항거할재업삽고 또션인들이저의말을좃지아니하면 배를드러륙디에쎄우거
나 그러치아니하면배판을깨여노와다시는쓰지못하게하오니 사오명식구가호구

지책이업사와 일조에거산디경에이름으로 구복이 원슈되야할일업시 복종코져
함이오니 바라건대령감은 빈민을불상히보샤 잔명을구원하여쥬옵소서 장군은
션인등의말을듯고 분통함을이긔지못하야 (장)후환은내가 담당할것이니 너의
들은마암을놋코 배을빨니저어라 션부등이 감히회션치못하고 노를저어건너가
니여닯놈이또한대노하야 이놈들아 너의들이 감히우리명을거사르고 배를회션
치아니하니 너의들의생명은오날뿐이다 하며 또장군을향하야 무슈후욕하더니
다른배를잡어타고뒤를좃차건너왓다 장군은분긔충텬하야 (장)여러사람중에누
가나를보고욕을하엿노 여닯놈이일시에달녀드러 텰퇴갓치장군을에워싸고골통
대의담배불로 장군을져느면셔「나도나도」하엿다 이때를당하니가위법은멀고쥬
먹은갓가워 여러놈에게싸인장군은속졀업시봉변을당할디경이엿다 배머리에션
인들도벌々썰고안젓다 장군은호동일셩에 오구렷든두팔을 한번활작펴니 져한
팔인은갈패짝쓰러지듯 일시에사장에업더져 조곰도 움작이지못하얏다 장군은
하나식 발목을잡어모래밧으로팔매치니 낫々치 슈뻐보밧게떠러져 불셩인사가
되얏다 그리한후에장군은말게올나 모래톱을지나 재숭막에이르러 뎜심참을하
얏다 일시경쯤되여 여러사람이반쯤죽은시톄여닯을들것에메고 이쥬막에 이르
니 그놈들은아까장군이사장으로 팔매쳣든장한들이다 이놈들이눈결에 흘깃장
군을바라보고 황공젼률하야 일졔이긔여업대여 돈슈사죄하엿다 장군은크게꾸

무한한해독을세쳣스니 맛당이법으로써쳐치하야 후폐를 제할것이로대 인생이
불상하야 아죽목숨은부쳐쥬거니와일후에만약이와갓흔행위를하면 결단코라살
하야 용서치아느리라 장한들이유유이회한연후에 장군은다시 말게올나슈원으
로나려갓다 잇혼날장군은부즁에드러가 군긔를두루시찰하고 객관에나와 안젓
더니 리법진이차져나와 늦도록담화하다가 (리)령감은용력이졀륜하니 텬하에
무셔울것이업겟지오 (장)그러할리가잇소무서운것이만치오 하날도무셔웁고사
람도무셔웁고 법률도무셥소 (리)귀신은무셔지아느시오 (장)귀신은내가 아쥭
보지를못하얏소 (리)그러면귀신을좀보시겟소 (장)귀신이 어대잇나요 (리)머
지아는데잇지오 (장)령감은귀신을보셧나오 (리)나는장력이세지못하야못보앗
소 (장)대관졀 귀신잇는곳이어던가요 (리)우리고을객사요 (장)객사에무슨귀
신이잇단말이오 (리)모르지오 사람마다밤에는혼자못드러가오 (장)큰집이 오
래뷔게드면 음습한긔운이몰녀 린화라는것이잇다하지오 (리)린화갓흐면 무엇
이무셥겟소마는 사지륙톄가 분명한귀신이덤빈다오 (장)누가더러만나 보앗나
요 (리)젼셜에슈백년젼에 장력센사람이한번드러갓다가 쫏겨나왓다하오 (장)
그것은다허언이지오 그럴리가잇겟소 (리)그러면령감과나와한번내기하여봅시
다 (장)무슨내기를하자하시오 (리)령감이오날밤에 만일혼자객사에셔 자고보

면래임내가큰턱을내겟고 령감이만일쫏겨나오시면내게하턱을내시겟소 (장)그
것조흔말삼이오 그러면내가오날밤에드러가자보겟소 법진이크게깃거하야즉시
통인불너 객사동헌을젹쇄히소제하후 금구침셕재반긔구를 미리셜비하고 밤되
기를기다렷다 조곰잇다가셕반을맛친후에 장군은혼연이니러나법진을작별하고
타고왓든백마를끌고 홀로객사에드러가맘은대쳥아래버드나무에매고 자긔는대
답보로칭계에올나동헌에좌뎡하얏다 때는맛참삼월이라 동풍은온화하고화음은
젹々하데 서텬에지는명월은 산두에걸녀잇고 슈핵북비나는총안 운간으로간다
모연운연々하고 류슈는냉냉한데장군은홀로촉불을도드고 고셔를보다가밤이차
차깁흠으로안셕에의지하야 잠깐잠이드럿다 그러나귀신보기를바라든장군이라
깁혼잠은오지안는다얼는눈을떠셔보니좌우벽사이에셔 쇼아들의 짓거리는소래
가들닌다 귀를기우리고자셰히드르면 아무소리도업고눈만감으면여젼히또들닌
다 이와갓흔소리를슈십차나드럿스되 형젹은도모지볼슈가업섯다 그럭저럭 밤
이깁허삼경이지나자 마자하야 밧게신발소래가들닌다 이재는아마귀신이 오
나부다하고 장군은이러안젓다 홀연광풍이스르르부드니 촉불이써졋다가 다시
밝으며소복한미인한사람이문을열고드러와안저 장군께례를한다 장군은온화한
말로 (장)부인은뉘시완데 심야삼경남자혼자잇는방에 무단이드러오나뇨 미인
이눈물을흘니며 오열한목소래로 (미)첩은사람이아니오 귀신이라 병자호란에

란리를피하야가다가 불칙한도젹에게 겁간을당하고 살기가붓그러와 객사후원나무가지에목을매여죽엇스나 유유한깁흔한이골슈에관쳘하야 원혼이오히려흣허지々안음으로 호소코져드러오면 사람마다놀나죽어 슈백여년 오날까지셜원을못하얏더니 지금다행이장군을뵈옵게되니 사망한부모를다시뵈온듯깃붐을칭량할슈업소이다(장)그러면부인의셩씨는무엇이며남편의일홈은누구이뇨(미)쳡은경쥬김씨옵고 남편은본군부호로유명하든리졍언이올시다 (장)그러면내가밝는날에유수에게고하야 사실을나라에장계하고 부인의셜원을하야드릴것이니너무 슯허하지말고도라가기다리라 미인이 이러나무슈치사하고 문을열고나아갓다 장군은녀취여광하야 다시촉불을도드고 고셔를점검하더니 홀연대청뒤로부터창검소래들니며 한장사렵의철갑에용모가비범한자이 손에장검을들고엄연히방문을열고드러와장읍불배하고셧다 장군은이러마즈며(장)장사는 누구시완대깁흔밤의사람 자는침실에무단이 침입하나뇨 그장사공손이대답하되 소장은임진시력사로유명하든김덕령이라 간신배의참소를입어 죄업시극형을당하고쳔고에깁흔한이 우쥬에사못쳣스나 오히려왕긔군쳐를떠날수업셔 요색되는 수원에주재하얏더니 오날본쥬장군은 개세영웅이라 능히이젹을도멸하고 국가에대훈을세우시겟기로 흠션함을이기지못하야 잠간존안에 배알코져왓나이다 말을파하고신장은 장탄일셩에인홀불견이되엿다 거무하에원촌에 닭의소래들니고 다

시는아무피사가업는고로 장군은비로소범개에의지하야 동방에날밝는줄을깨닷지못하엿다 잇흔날범진은일즉이이러나 장군을차저 객사에이르니 삼문이굿이닷쳣고 인적이고요하얏다 범진은의의심구하야 혼자말로(범)셕인말삼에도귀신지덕이셩하다하셧스니 사람이아무리용력이장하기로 귀신을읏지어재할수가잇나 내가어제부당하내기를하야 국가의중요인물을 쉬디에너엇지마는 셜마한모가죽기야하얏슬가 그도모르겟다 신지격사를 불가탁사라하니 야반무인하데무순괴변이낫슬지알수잇나 그러치마는한모의인후한마음과 초륜하장력으로셜마귀신에게 해는바들리가업지 이와갓치쳔사만락이 범진의두뇌속에셔 일장연극을싸멋다 급히장군문을열고 동헌에다다르니 이때장군도긔침을하얏다 범진은회불자승하야한 다름에뛰여드러장군의손을잡고반가히뭇는다 (범)야간에얼마나놀나셧소(장)놀날일이잇셔야놀나지오 (범)령감은 소기시지마시오 내가두번이나혼이나서다시는못드러갓소 (장)령감이먼져혼난말삼을하시오 (범)내가인제말이지 첫번에는통인을다리고 드러왓다가반밤을못지내고쏫겨나왓고두번재는혼자드러왓다가하마〱죽을번하고 밤중에월장하야도망하얏소 (장)대관졀무엇때문에 그러케놀나셧소 (범)긔가막켜말할수가업소 첫번에는 사방벽틈에서 소아들의짓거리는소리가요란하더니 나종에는련병만마가뒤써드러오며무순짐생인지입을벌니고드러와 날카라온발톱으로의복을갈퀴는바람에 문을차

고뛰여나와 결과를못보고 월장도츌하얏소 장군은대소하며 자긔의소경사를또한일일이말하니 범진이대경대의하야 이로브터더욱 장군을경앙하얏다 대뎌귀신의용사는참으로 사람의억견으로는 칙량할수업는것이다 소세를맛초고 장군은뜰에나려살펴보니 어재밤 동헌압헤 매여두엇든백마가 간곳이업다로인을시겨사방으로차저보아도 종적이묘연하다 장군은괴상이너겨 스사로나서서 문호정조와랑각창고까지 이국석져구석모조리뒤져보앗다 희한하고맹낭한일이다문간방벽장속에 말이드러가깡짝도못하고색세워잇다 장군은놀나워셔혼자말로(장)이러한변괴도잇나 져큰말이엇지이작은벽장에를드러갓노 이는필시독갑이의작란이지 엇재든지 내가끄내가보갯다하고 손을벽장문으로너어 말목아지를잡어당긔엿스나 벽장문은좁고 말은커셔아무리하여도 끄러낼수가업셧다 장군은할일업셔 벽장문중방파 셜쥬를빼아내고 간신히말을빼여내엿다 이광경을본범진이하동인들도 모다크게놀나그후브터는 누구든지낫에도객사에 드러가기를무서워하엿다 장군은말을빼여낸후에 무수히차란하기를 (장)나는 벽을헐고나셔간신이빼여낸말을 독갑이는 문한짝상한데업시 곱게집어너엇스니 독갑이재조는참내가못당하겟다 하고말을끌러관역으로나왓다 조반후에장군은부중에드러가유수를보고 렬녀김씨를장계하야 판도남편에 석비를세워 그정졀을포장케하고 자긔는스사로화산상봉에올나 졍결한곳을 갈히워재단을모흐고 쥬과포혜

로써김장군셜위하에 괴좌하야분향재배하고 고츅하니그츅문에하엿스되유셰차년월일에시찰판한셩군은시슈의면을갓초어고충장공김모의령젼에고하나이다 복유존령이무예는만고에뛰여나고 문장은당셰에들날녀집필셩장에일좌가양보하고등단호령에 삼군이진츅하더니 츌사미구에녕신의참소를입어대공을일우지못하야먼저흉변을당하니 텬디가참담하고일월이무광이라 졍령이불민하야오히려긔내를직히시니 장군의츙용은관황이붓그럽지안토다 삼백년후후생셩근은장군의력사를볼때에비참최통하얏더니 작야량신에다행이장군을뫼셔 파거의경력과현재의충언을자셰히듯사오니 간담이찌여지고 심신이산란하야충분함을견대지못하얏나이다 그러하오나왕사는이의라 말삼할것이업사오니바라건대존령은슈원을푸르시고 스사로관억하샤국가를음조하시고 후생을지도하소셔오호애재상향독츅하기를맛치매 청텬백일에홀연운무가자옥하고 음풍이대작하더니 완연이신장이재단에림하야 흠향하는듯하더라 장군은극경극셩하야 제사를파한후산에나려유슈부자를작별하고 잇흔날경셩으로회환하얏다 셜시슈조말브터우리조션에텬쥬교가 젼래하엿더니철종조에이르러교도가점々셩하고 황뎨동극당시에는경향에텬쥬교도가슈만인에달하얏다 또궁중에셔는유모박씨가 먼저신도가되야 교회에출입하더니 차차궁녀들과액 정소속에까지만연하야 궁검지척지디에셩경소래가들니고 신부권사등도궁중에출입하게되얏다 이때맛참로국

슌양함일쳑이원산에드러와 우리나라와통상하기를요구하니 셔양군함이조션에 드러오기는 이때가쳐음이다 이긔회를타셔교도즁승지남종삼홍봉쥬리신규등이 유모박씨를간연하야 밀계를드리니 때는병인이월이엇다 지금아라사가 포염사덕에새로개황하고 조션을병탄코져하야먼져군함을파견하니 그뜻이심히악한지라 우리나라의군긔와 젼션이져의만갓지못하야 자력으로는능히 방어키어려운즉 급히영불에구원을청하야 함대를조션에파견케한후 사졸을교련하고 무비를확장하야 외구를방어하소셔하니 대원왕이그계책을 그짓허락하고 가마니사람을노아션교사등을결련하야 불국칙의내용을정탐하얏다 이때불국은안남을토벌하야 령토를확장하고다시동양을엿보아 각쳐션교사에게소재국의강약허실을비밀이정탐하든중이라 맛참잇때에아국슌양함일쳑이 원산에드러옴을긔회로녀겨 션교사장경일등이교도를교사하야 젼과갓흔밀계를드리게한사실이탄로되얏다 대원왕은이말을듯고 크게진노하야좌포장리경하로 관군을지휘하야남종삼등이하불국션교사십사인을참살하고 쥬야로교도를슈색하야삼일내에 련쥬교도슈만인을살해하니 개중에원사자도만헛다 이때불인션교사리대을이하삼인이피묘히피신하야 지나텬진으로도망하야 불국해군졔독로ㅣ졔에게 호원하얏다 로ㅣ졔는크게놀나 이사실젼말을불국정부에보고하고 복수하기를 교대하얏다 대참살을행한대원왕은 후환을념녀하야 요색디에포대를건셜하고 군긔를졔조하며 마

보슈군을매일훈련하야교젼쥰비를완성하얏다 병인구월에 불국해군졔독로ㅣ졔는불국정부의회보를드되여 포함삼쳑을통솔하고 경셩부근양화진에뎡박하야군사를하륙하고각쳐에총화하니 화염이츙텬하고 포셩이굉렬하야거민은닥호어피란하고 만셩에인심이흉々하얏다 이때장군은관군삼천을거나리고 슌무사 리경하와협력공격하야 하륙한뎍군슈백인을구축하고 다시좌우로뎍함을포격하니로ㅣ졔등이조션디리에닉지못하고 또한관군의다소를몰나 감히대항치못하고급히닷을감고도망하얏다 이때장군은뎍함을몰니치고 개션하야도라오니 조야가 환희하고인심이안졍하야 외뎍의무능력함을업슈히녀기고 별반쥰비함이업셧더니 동년십월에로ㅣ졔안남으로부터 다시군함칠쳑에슈륙군슈천을난호어싣고 지나연래를것쳐 쥭접강화도에뎡박하야 초지와광셩을함락하고 다시륙군륙백을 하륙하야통진을습격하니 강화유슈리인기와 통진부사리공렴은 기셩도쥬하고 젼판셔리시원은음약자살하며 슈진장졸은다슈피살되고 백셩은각자도생하야림진강이남에피란민이길을덥허올나오니 조야가대진하야일변격셔를전하야 팔도에의용병을모집하고 일변관군을발하야대뎍을방비하얏다 당시관군칙우션봉은양헌슈요좌션봉은어재연이라 각각관병이천을인솔하고 헌슈는젹의륙군을또차통진으로재연은젹의슈군을쪼차 강화로진발하얏다 재연이먼져갑곶에이르러젹함을포격하니 이때적의긔계는모다신식이오 관군의긔계는구식이라 지속과 리둔

이셔로갓지못하야관군이대패하니 재연이때병을거나리고 정족산셩으로귀둔하얏다 관군의패보가연하야 조셩에이르니상이대경하샤 문무제신을모호시고 파젹할장사를택하셧다 만좌가묵연하야셔로천거치못하엿다 장군이슌무영초판으로출젼하기를자원하니상이대회하사 즉일에장군을배하야 유격장군을삼으시고 남한산셩별패군이백과 곡산병일백을주사 먼져젹의륙군을방어케하시니장군은흔연이삼백군을거나리고 통진으로드러가문슈산셩을직히게되얏다 이때젹의륙션대는 발셔보도를타고 문슈산셩셔문하에모혀 상륙코져하얏다 장군은사졸을지휘하야 셩상에올나일제히사격하야 적션이책을침몰하고 다시상륙한 젹군슈십인을사살하얏다 포연이몽롱한가운대 적션대대는교묘히 셩하로하륙하야 셩박휘를안고돌아개암이떼와갓치 셔남으로지쳐드러오며 포탄이우박갓치쏘다지니관군삼백이져적치못하야 일제히물결갓치헤여져 통진대진으로도망하얏다장군은패장사인을다리고적병을시살하게되얏다대더파불며중은고금이일반이라패장사인이일시에적탄에마져로혈육사하얏다 슬프다고셩락일에잠긴장군은 단독일신에총한자루뿐이엿다 죠슈갓치미러드는적병을 옷지단신으로막으리오마는 장군이만일움작이면 산셩의함락은일발사이에달닌고로 장군은더욱정신을슈습하고몸을셩문뒤에감초어젹병이드러오는대로주먹을드러한번식치즉적군은두골이파쇄하얏낫낫치즉사하얏다 이와갓치적병슈백을타살하니 적의시례산갓치싸

여피가흘너강물이다붉엇다 아무리련장이기로 이에이르러셔는기운과힘이다하야다시는저적할용맹이업셧다 장군은할일업셔총을업헤세고 몸을한번솟거셩벽을뛰여넘어놉흔곳에오르니 적병들은장군을비라보고닥호어사격하얏다 이때장군은적탄슈백발을마져 갑쥬에탄환구멍이 빈곳이업고 더욱놀나올일은 망건편자에탄환이붓터렬두구를쓴것과갓햇다장군이기진하야한동안잔듸밧헤누잇다적군은장군을쪼고저하얏스나슈십장졀벽에발을붓칠곳도업고겁하야대강이그아래로둘넛슴으로 감히추격치못하고셩중으로몰녀드럿다 장군은다시몸을이러젹병을향하야사오차발포하다가 약탄이또한진하야 할일업시셩을놉아통진으로드러와양원슈를보고 젼후시말을말하니양원슈크게놀나 장군을위로하고이로부터더욱장군을신앙하얏다 오반을맛촌후장군은군사를졈고하니 삼백인중에일인도사망한자가업셧다 장군은대노하야 군사를좌우로갈나세우고츄상갓치호령하얏다 (장)양병천일은용재일시라 국가에셔너의들을기르기는 란시를당하야로적을목적함이어늘 너의들은적병이침입함에 싸홈도아니하고포탄일셩에기셩도주하야 우호로국가의존망을생각지아니하고 아래로장슈의사생은도라보지아니하니 너의등은맛당이군법으로처형하야 하나로써백을징계할것이로대 적군을미파에조군을살해함은상셔롭지못하야 아족것그죄를용서하거니와 만일에다시림진도주하거나대적투생하는즈잇스면 결단코져참회시사야 조곰도 용셔치안으리라 령

울나린후에 장군은다시총마진갑쥬를내여 사졸에게보이고 또총열을당기여 절반을산으니 일군이외복하고 용기가배승하얏다 장군은삼백군을거나리고 당야예산성으로치입하니 이때적병은산성에 불을지르고 각쳐에련막을치고 주둔하얏다 호중일셩에장군은사졸을지휘하야산조로써 야영을습격케하고ᄌ긔는마상에올나쌍슈에장검을들고 동치셔주하니 금광을싸라젹의머리츄풍락엽갓치떠러젓다 젹은대패하야잔병을잇글고 셔문으로돌출하얏다 관병이뒤를엄살하니 물에빠져죽은ᄌ가무슈하고 생환한ᄌ는슈십인에지나지못하얏다 장군은「급격물실이라하고 다시밤을도와 양원슈대진에이르러 대군과결합하야 잇흔날청신에강화에득달하야 적함을포격하니 어재연이완벽이름을보고 또한군사를내여 량하에셔협공하니 로ㅣ제창황망조하야 발진도쥬하고 관병이대승하였다 관군이승젼고를울니고 개가를부르며회군하니 어로백셩들은 단사호장으로닷호어 관군을맛고 문무관료들은회렬로써 왕사를환영하얏다 상이크게깃거하사 쥭일에태평년을궁중에베푸시고 출젼장졸을상사하신후 장군의총마진의갑을보시고탄식하시며 (상)옛날항우와관공은텬하무적이라하얏스되 오히려칼이목에드렀거든 지금한셩근은총검이몸에침노치못하니 이는가위텬장이며신장이라짐이이갓흔장사가잇셔 좌우를보필하니 이제는근심이업다 하시고 장군을배하야풍덕도호부사겸슈셩장을삼으셧다 대져국가의안위는 집정ᄌ의션불션에잇는것이다오

백년래 도원각디에셔시국에암매하고 츈몽에취한대원군은량차불군을격퇴한후더욱ᄌ만력이증장하야외국통상은물론이고 외국사람만보아도 살륙을감행하얏다무진츈에미국탐험가최란헌등칠인이평양에잠입하얏더니대원왕은감사를시겨일일이포살하얏다미국정부는이를분개하야태평양함대제독로젤스로군함오척과륙전대륙백여인으로조선을정벌케하얏다 적은비를빈울거쳐황해를건너 강화에정박하고각진을포격하니 츈무중군어재연이적을진격하야 적함슈척을격침하고대파한후정족산셩에드러주둔하야더니 적의잔병은후면으로도라 상륙하야산셩을쳐드러왓다 이급보을드른장군은군사약간을인솔하고 급히산셩에도달한즉순무중군어재연은발셔전사하얏고적은산셩에밀집하얏다장군은용분을다하야적의집단디를충살하야적장슈인과적병슈백을참살하니적은불외의공격을만나밋쳐손을놀닐사이가업셔 사산분괴하얏나 관군이뒤를싸라크게 엄살하니 적의사상ᄌ가불계기슈라 이싸홈에적의생환ᄌ는 백여인에지나지못하야다 장군은다시 관병을통솔하고적함을공격하니 로젤스세궁력진하야 잔병을실고 도주하얏다 졍셔가조졍에이르니 상이대열하시고 다시장군을배하야 정족슈셩장을 삼으시니이번이장군의데삼출전이엿셧다 동년시월에장군은동부승지겸 경연참찬관츈츄찬관이되얏다가 그후에다시풍덕부사를재임하고 임오에병조참판겸통리긔무아문참획관이되야 일본인군본례조동슈인과한가지 훈련원에셔별기군을교련하고

다시총쥰자제일백팔인을쎕아 사판을교습하며 일본공사화방의질파자로래왕하니 일한의교제가비로소친밀하얏다 그러나항상양이를쥬장하고폐위를셰하다가세력이써거공덕리에은와하얏든 대원왕을비롯하야 쵸야에완고배들은모다불평을품엇셧다 장군이안으로정교를닥고밧그로일본을친하야츙의로써 인군을셤기고 인후로써사람을대접하니 문무중관으로부터 사셔인에게이르기ᄭᅡ지 장군을시긔하는자가업되 션혜당상민겸호가 홀로장군을 외긔하야 해할마음을품고잇셧다 이때에맛참궁중에실화하야 대조면에불이당긔엿다 겸호는이것을 긔화로여겨장군다려 진화하라하고 무리한군령장을두라하얏다 장군은 조곰도굴치아니하고 (장)막중궁궐에불이이러나거늘 대감은병졸을푸러 진화할생각을 아니하시고 도로혀불을ᄭᅳ라하고 군령장을두라하시니 이것이무슨법률이오 겸호잠잔말을닮여대답하되 (겸)옛날관공은쇼렬데의아오로대 화용도를보낼때에공명이군령장을바든것은그책임을즁케함이오 결코해코져함은아니라 지금막중궁면에불이이러나니 만일소홀함이잇셔 어전ᄭᅡ지연소하면신자의불츙이 이버덤 더함이업기로 장군에책임을즁케하기위하야 문서를두게함이니조곰도괴이케생각지말고빨니진화키를바라노라 장군이사양치아니하고 혼연이군령장을둔연후에곳창바슈십발을취하야 한손에셔려쥐고한다름에달녀돈화문에이르니 겸호발셔사람을시겨궐문을굿이다닷다 장군이한번몸을소사돈화문을뛰어넘어 대조면집

우에소사올나가졋든참바를풀너 면각한모롱이를얽어험을다하야 한번당긔니슈십간큰면각이삽시간에풍풍치갓치쓰러젓다 장군은크게소래질너 물을드리라하니 이때별기군이일재히모혀드러 닷호어물을길어일시간이못다되야궁중의불을전멸하얏다 이것을본겸호는장군의용력에긔가질녀 비록화심은품엇스나감히거죽으로발포치못하고 가장친절한긔식을지어 장군의손을쥐고 위로하며 만고력사오 텬하명장이라고칭션하얏다 대져남녀귀천을물론하고 수구로은즉 선심이나고 편안한즉음심이남온 고금이일반이라 여러해시화세풍하고 국가가무사함으로궁중에유흥이 일야로심하야 내탕금이탕갈되얏다 이것을빙자한고 션혜당상민겸호는슈개월군료를 병졸에게쥬지아니하얏다 항시불평불단을품고잇든구식군대는 크게격분하야육월구일에 각영문군사가 일제히큰소동을일르켜 일대는민겸호김보현등여러대신을살해하고 일대는훈련원과일본공사관을 습격하며일대는각대관의집에충화하니 경성각쳐에화염이충텬하야 상하홍홍이되얏다장군의집파가산즙물도 모다란군의충화로전쇼되얏다 이때장군은맛참경기슈군에시찰을나아가 아쥭것회환치못함으로 이변란을경성셔 당치아니하얏고 대원왕이쪽동을진압하얏다 동년칠월에장군은동진병마절제사가되얏다가 갑신십이월에다시승정원우승지로 가의대부동지중츄부사를겸임하고 병술에풍덕도호부사를삼임하야 일년이지난후 다시황쥬진관평산병마절제사후영장토포사태백슈셩

장이되엿다가 뎡해졍월에뎡쥬병마쳡졀제사독진장자헌 대부뎡쥬목사가되얏다
장군이뎡쥬에도임하야슈삼삭을지내니 때가맛참사월이라 백화는이진하고록음
이농무한데 동헌뎡남에쳔여년된큰괴목이잇셔 가지와입새가번영하야동헌에그
늘이너무가리우는고로 관속을명하야나무를버히라령을나리엿다 대뎌이나무는
고려때부터생장하야 아조에이르러셔는임진병자병란을격고 또는부중에셔슴으
로 관속배들이슈백년래로 하로보름치셩을드려 한번치셩에다대한 금젼이들되
이것을앗기지아니하고 만일 그가지라도쎡는자면 반다시악질에걸녀 회생치못
한다하야 뎡쥬부중에관속은물론이오 거민싸지숭배하는고목이라 훌디에 버히
라하는령을듯고 륙방관속과 일반백셩이 일제히동헌마당에운집하야 머리를두
다리며간한다 옛날제경공은괴목을사랑하야 슈괴령을나렷삽고 왕진공은 괴목
을재배하야 귀자손을두엇사오니 괴목이사람에게대하야 조금도부심함이 업나
이다 지금사도도임하신지 오래지아니하야 연고업시년로한괴목을 버히라령하
시니 인민등은 그곡졀을아지못하겟나이다 또한이괴목은쳔여년부중에 생장하
야여러번병란을격글뿐아니라 괴신이나무에웅거하야 조곰만정셩이부족하야도
재해가병생하오니 바라건대사도는옛날조조가 배나무를버히고염질에걸니든고
사를참죠하샤 참괴령을다시거두시옵소셔장군이웃으며중인에게 이르되사람
은만물의신령이라 감각이잇는동물도 능히잡어식료에 공하거든하물며 감각이

업는수목이랴태고홍황시대에는 인구가번식치못하야 세계에덥힌것이수목이라
그생장이웃지일이쳔년이오리마는 익이산택을사룰때에 대소를혜아리지아니하
얏고 하우씨는홍슈를다사릴때에 산을따러나무를버혓스니 지각이업는 슈목이
웃지사람의화복을쥬며 또한조조로말하면 관공의목관을보고놀나셔 병이든것
이어늘후세에조언자가 배나무동희라칭함이니 이를웃지집미하나뇨대뎌책명은
원슈에게잇나니 셜혹화가잇드라도벌은 내가혼자 바들것이라 웃지읍즁부로와
부하관속에게밋치리요 내가한번령을나렷스니 어기지말고 나무를버히라 중인
이황공젼률하야 감히독기를들지못하엿다 장군은다시말하되 (장)너의등이 나
무한쥬로인하야 매월이차식금젼을허비하니 이는허무한랑비라 내가이곳에 업
스면할일업거니와 지금내가이것을복도하고 도로혀찬셩함은 미신을걸녀 민심
을현혹케함이니 너의총즁에감히하슈할자업스면 내가먼져부월을시험하리라하
고뜰에나려 전시에쓰든보검을빼여나무를치니관속배가더욱황공하야뒤를 이어
서로찍어삼일만에 이큰괴목은동헌압헤쓰러젓다 이날밤에장군은평귀로취침하
더니 부인김씨본쥬동헌에화광이충텬하고 자졍후에셰우가뿌리더니 건장한 로
한이머리풀고 발벗고동헌에올나와바울것고드려다보다가 크게놀나물너가며
「아이고무서워라 신장이계시다」하고 뜰로나려다랏낫다 부인은대경하야 장군
을흔드러깨워 그본바를고하니 장군은사불범졍이라하고 더욱마암이 태연하엿

다 그해가맛도록부중에아무병도업고 도로혀변사가풍등하니 백셩들이 더욱장
군을경앙하얏다 일일은뎡쥬유림등이장군의용력을보고저하야 부중남교에사연
을배셜하고 장군을쳥하야사법을비평하라하니 장군은흔연히 허락하고 중인토
록사장에나아가 활쏘는것을구경하얏다 석양에이르러갑을의승부가판단된후여
러사람이큰활하나를슈레에실코드러와 장군압으로운젼하야드리며 공슌히청하
되 금일량신에승부가판단되오니 이는사도의 지도하신덕이라 감사만々이오나
지금갑을량방이각기도라가는마당에여흥이업사오니 사도는한번 활을시험하샤
중인의갈채를 일우게하옵소서 장군이활을보니 강렬로재조하고 우심으로거죽
을둘넛는데 무게가쳔근이오 또오백보외에관혁을세웟더라 장군이 가만히생각
하되 (장)내가이활을못당기면 력사라칭치아늘것이오 셜혹당긴다하드라도 오
백보외에잇는관혁을 웃지맛쵸리오 그러나내가괴위 이자리에림하얏스니 한번
은시험하리라 하고활을잡어 한번당긔여살을노흐니 시위소래를따라관혁의 적
심이마젓다 슈쳔인사가일재박슈하며 장군쳔셰를환호하얏다 이로브터 평북일
대가장군의용력을두려워하야 산에도적이업고 밤에문을 닷지아니하니 변경에
안도하고 만셩이환락하얏다 장군이뎡쥬에부임한지 사년에추호도 백셩에게범
치아니하니 거리마다션졍비오 사람마다송덕이엇다 신묘춘에 해당민영휘이장
군에게 다 액의금품을청구하거늘 장군은리치를타서 응치아니하얏더니 영휘

이이를합협하고 장군을참소하야 동년추에강원도 김화로장군을뎡배하니 장군
은무고히젹소에셔 오륙개월고초를당하얏다가 임진춘에해배되야다시자헌대부
한셩판윤이되엿다 이때명셩황후는일야로궁중에셔유흥하시고 조졍은관작을매
매하야 비록창우하천이라도 금젼만만히밧치면슈령방백을 제슈하고 각기호권
문에도 뇌물이공행하며 신구량당이셔로자조공격하야 권리를닷호고 당파를세
우니 장군은국졍이날로어즈럽고 시셰가또한번쳔함을관식하야 귀회를타서 벼
살을하직하고 산명슈려한곳을갈히혀 괴디를당하고 자손을교육고저하더니 일
일은소년상경시에 복자의쥬든글귀를덤검하고 「우계이되」라 하는말에 크게깨
다라날을갈히여 고구년객을청하야 잔채를배셜하고 날이맛도록질기다가 장군
은아래와갓치말하얏다 대뎌물건이셩한즉쇠하고 달도차면 기우는것이라 내가
포의로경셩에올나와 위는아경에이르럿고 공은청사에드리워 삼차출젼에 외구
를토멸하고 국운을만회코저하얏더니 지금궁중부중에 유흥이날로심하고 구당
신당이권리만셔로닷호니 이는종사를위하야 깁히통탄한일이라 이제 사직하지
안으면후회가젹지안으리로다 예날장량은한고조를도와 텬하를통일하얏스되제
나라사만호를갈히지아니하고 류싸에봉하기를 자원하얏다가 맛참내 젹송자를
싸랏스니 그명렬보신함이 족히추세에구감이되겟도다 또한놉흔새가다함애 어
진활이감최고 적국이멸함매 모신이망합은고금이일반이라 내가오날부귀를 탐

하야그칠바를헤아리지아니면 그죽을바를아지못하겟다 하고인하야상쇼를올녀 해골을비니 상이허락하시고 가자를더하시며 인쳔짜에면장삼배석을 사패하시니장군은가권을인솔하고 면반면검월리에퇴와하야 음풍영월파어슈렵산으로만년의행락을부치게되앗다 일일은장군이염질에걸녀 날이오래매병세가졈々침즁하야 백약이무효하더니 홀연장군의침실로브터 장한일인이머리에 평양립을쓰고몸에흑의를입고 북벽을뚤코드러와 남벽으로빠져나와 계하에업드리며 문안을고한다 장군은괴피히녀겨 (장)네가누구완대 아무파상업시벽을뚤고 입의로출입하나냐 장한이엿자오대 쇼인은독잡이올시다 장군이크게깃거하야 (상)내가소시에슈원을가서너의재조를한번보고 항상네모양을보고져바랏더니 네가면져나를차져오니참으로괴우이다 그러나네가무삼일로이에이르럿느냐 독갑이부복하고 (독)소인이오날대감환후가위중하시다는말삼을듯삽고 혹부리실일이잇사올가하야대령하엿나이다 (장)내가병중에아무것도못먹다가 오날아참부터는홀연부어고음이생각나니 너는부어를좀구하여 오겟느냐 (독)어렵지안사오니곳부어를잡어오리이다 말을파하고독갑이는총々밧그로나아갓다 이와갓치장군은독갑이와수문수답하나 집사람들은독강이의말은못듯고 다만장군의혼자차는말만드럿다 상하로쇼들은장군이병중에셤어를하신다하야 원집안에곡셩이랑자하얏다 장군은울음을말니며 (장)이제는내병이나흘것이니 아무념녀말고 조곰잇

스면부어가올것이니 진하게고아가져오라하얏다 이때는하류월이라장마비가연일나려하천에시위가나고 교량이파괴되야십리이십리간에도 교통이두절되엿스니부어가어대서오리오 집사람들은더욱황々하야 지책을떠나지아니하고시탕하더니한낫이못다되야한강사는신바둑이라하는자가 부어한짐을지고왓다 집사람들이크게놀나부어가지고온연유와 물마에룡행한재조를무럿다 신바둑이또한놀나며 (신)소인은내수사찬부라 불시지슈를 때々로진어하심으로 부어를만히독속에기르옵더니 오날아참진시경에 한셩부관예가나와 지금대감환후가 위중하신데 부어가아니면약이업스니 빨니한짐을지고나려가자하기에물마에옷지룡행하느냐하얏드니 관예말이인쳔은아무관계업다하기로관예를따러 이곳싸지동행하얏사온대 파연중로에다리도파괴된곳이업삽고 혹큰하천이잇사오면관예가부어들지고 소인싸지월천을시겨주어아무고생도아니하고일즉이 도달하얏나이다 집사람들이더욱의아하야 그러면갓치온한인은어대로간느냐 (신)지금소인과갓치댁으로와서 소인짐을가진고로바로드러왓삽고 관예는슈텽방으로드러갓나이다 그러면 그관예를다리고오겟느냐 (신)어려울것이업습니다하고신바둑은밧그로나아갓다 한시경은지나신바둑은다시드러와 세상에이러한괴변도엇슴넛가금방에온사람이부지거쳐가되엿슴니다 집사람들이 그제야독갑이의인도인줄알고 장군이병중에셤어갓치하시든 말을자세히이르니 신바둑이이말을듯고크게경악

하야혼불부신이되엿다 집사람들이급히부어를다루어 고음을만드러장군께나아가니 장군은슈차런복하고 졈々병세가감퇴하야 사오일후에 완전히평복이되얏다 일일은심동련괴라 산야는젹셜이싸이고 강하는결빙을일우어 장군은심히무료히안젓더니 맛참젼참군윤홍셥이 북청소산보라매 한마리를사가지고와서 장군파산엽가기를청하얏다 장군은흔연히허락하고 모리군슈십인을연솔하고안산오자봉으로드러갓다 원래이오자봉은산맥이장원하고 슈목이울창하야맹슈가때々로출현하는고로 초동목슈는고사하고산양포슈들도드러가기를 질기지아니하얏다 이때윤홍셥은장군을모시고 오자봉상봉에올나 매를손에놉히밧고 모리군을시겨 산하에서꿩을튀기게하얏스나 공교히이날은 꿩이한마리도 나는것을보지못하얏다 홍셥이매를드러장군게드리고 분연이이러나 산복으로드러가 꿩을튀기더니슈시간이지나도 도모지나오지안는다 장군은괴이히녀겨홍셥의가든길로조차산중복에드러일쳐에다다르니 놀납고괴이하다 홍셥은셜상에홀노서서의복이갈기々々찟겨지고 손등이 이곳져곳긁켜젓다 장군은대경하야 (장)참군은무삼일로꿩도튀기지아니하고 셜상에홀로서서 무엇을보고잇나뇨 홍셥이 장군을보고크게반기며 혈떡이는목소래로 (홍)생이지금호랑이와 격투하와 명이경각에달녓사오니 장군은구완하야주옵소서 (장)호랑이가 어대잇나뇨 홍셥이한편을가라치며 (홍)져바회밋헤 납작업드려 생을노리고보는것이 호랑이올시다

장군이눈을드러살펴보니 파연일대로호가암하에업대여 용을쓰고잇슴으로젼신의털이엉클하야 바늘갓치꿋々하고 두눈의영채가뚝々흘너 면광이셤々하다 장군은다시홍셥을보고 (장)참군은빨니도라가오 내가혼자이짐생을잡어가지고가오리다 홍셥이웃지호랑이에게혼이낫든지 장군의생사는불고하고 혼쟈오든 길로설녕々々나아갓다 로호는홍셥가는것을보고 어흥한소래를크게지르드니벌덕이러나서 주홍간흔큰입을딱버리고 강렬갓흔긴발톱을번썩들고 압흐로 와락장군에게달녀드러 긴꼬리로백셜을감어얼골로휘뿌리고 쌍코로김을내여악취를내풍기니 그표한한용맹은사람에당할쟈가업셧다 장군은졍신을가다듬어호랑의허리를한번힘것채엿으니 호랑은용을써서몸을불쑥솟기엿다 생호랑의혈인고로밋그럽기기름파갓해쑥빠져나아가며 두발목만결니엿다 장군은노치안코발목을잡아싸우에한번쳣다 그러나젹셜이싸인곳이되야 호랑은셜중에뭇칠뿐이오죽지는아니한다 재차삼차덤뷔는로호를장군은번々이둘너쳣다 이때만일장군이패도라도가젓더면 한손으로법을안꼬한손으로칼을빼여 어렵지안케호랑이를잡엇겟지마는 아모쥰비도업시매를밧고잇든장궁이라 몸에는촌털도업셧다 장군은 아무리생각하야도 로호를타살할방법이업서 다음에는호랑이를안어 암셕우에 부뷔여보앗다 그러나암셕도역시눈비에져々얼음이류리와갓치얼엇다 호랑이는몸을굼틀거리는대로바회더욱밋그러워 도더히부뷔여지지안는다 이때사람파호랑

이도서로괴운이파하얏다 장군은다시산밧그로나아가고져하야 호랑이를안고압으로거러가니호랑이사양치아니하고뒤발로거룸을 옴겨보기조케따라온다 장군은이와갓치호랑이를잇글고 산문으로나오니 산하에잇든모리군파군산에잇든나무군들은호랑이를한번바라다보고 업더지며잡바지며모다놀나도망하얏다 이때고개좌편에큰로송이셧다 장군은한계교가나서 또한번호랑이를 새안으니 호랑이는여전이몸을빼여나왓다 장군은뒤ㅅ발을쥐고 로송나무에한번멋쳐따리고손을떼엿다 호랑이는허리가부리져 다시눈일지못하고 따에누어 발만허위고잇다 이것을본장군은 십배나용긔가생하야 호랑에게와락달녀드러 호랑의복부를 발길로한번지르니 발이로호의배을뚤고등으로나와 더심반쳑에드러가박혓다장군은비로소이마에땀을씻고 발을뽑아내니 신발은물론이오 쥬의와바지세지 피가져져홍상을입은거와갓햇다 장군은다시집으로도라와 사람파소를보내여호랑이를실고오니기리가팔쳑오촌되는인대백액호이엿다 장군은한식하되 (장)내가륙십평생에사람에는내적슈를보지못하얏고 산져야슈를만히쫏차잡엇스되 그다지위맹한즘는못보앗더니 오날이로호의용력을본즉가위산중영웅이오 백슈의왕이라하겟다 하더라 원래장군의심복은 윤홍섭、주업환、박일영、리귀、하룡홍、렴기섭、장일상등칠인이니 모다두팔에천근드는힘이잇다 그중에리귀는 장군이안셩려관에서만낫든적괴이다 져일의허물을고치고경성으로올나와 장군의지책을주

소로떠나지아니하니 장군은그뜻을가상히녀겨 맛참내문하에슈용하얏다칠인이항시장군을따라 별기군교련시에 각기참부교가되얏더니 그후혹은 군슈현감도되고 혹은참군별장도되얏다 만년에장군이사직귀향하야 한가히잇슴으로 죵々서로와서장군의고적함을위로하더니 이날윤홍섭이맛참와서 매산양을나갓다가대호를만나서로격투를하든차에 다행이장군의구완함을헙닙어 무사히생환하얏다 류슈갓흔광음이어언간팔구년이지나니 장군의년령이임의칠슌이라 이때 상이기영사에드시고 조관사품이상년칠십된사람은모다기사에드리시니 장군은졍이품젹헌대부로중추원칙임의관을겸하야 기사당상이되얏다 장군은다시일이년간경셩매동에주거하얏더니 맛참매사조영렬이안면도파감이됨으로 장군은북약하기위하야 안면도로드러갓다 구력칠월이십오일은고종태왕뎨의 탄신이라 상이장군을잔채에부르시니 장군은슈십일전에 안면도를떠나경셩으로향하얏다때는맛참하말추초라 장마비는발서것치고 맑은바람은솔々불어려행하기에매우조왓다 슌풍에돗을달고만경창파로나아가더니 션인등의부주의로배가홀연암초에걸니엿다 션인이하모든션객들은 황々망조하야웃지할바를아지못하얏다장군은급히바다로뛰여드러발로는물을헤고 손으로는배머리를당기엿스나 배는용이하게떼러지지안는다 장군은용력을다하야한번다시당기니 키다리가부러지며배는암초에서떼러젓다 이날에맛참동풍이크게부러 배는바람을싸라압흐로둥々떠나

간다 밤이차々갓가오니 해상에운무가자옥하고 세우가나리ㅅ부려 원근을분변할슈가업는중 키업는배가되야방향을지뎡치못하고 배가는대로만맛겨두니목뎍디로도달하기는기필치못하얏다 이때홀연큰쇄불ㅈ로가안개속으로브터빗최다 거리는불파이십보쯤되여뵌다 션인등은일제히고함하며 어대로가는배이냐무럿다아무리고함하야도대답도업고밤새도록그만히떠러젓다팔미도를지나인쳔항에갓가이드니 동방이차々밝고 압헤는아무배도아니간다 또삽시간에 쇄불도업서젓다 션인이하모든션객들은크게놀나대감은참텬인이올시다 압초에걸닌배를바다에드러손으로빼내시고 키업는배가일야간에목뎍디를도달하얏스며 다시뎐화가압홀인도하야 스사로방향을지시하오니 이는다대감의홍복으로 중인의 죽을목숨새지구원하심이올시다 하며 일반승객들이닷호와 구활한은혜를감사하고 차탄하기를마지아니하엿다 장군은배에나려 다시기차에올나 경셩에이르러 매동별뎌에서두류하다가 진연을맛초고 팔월초에다시안면도로회환하게되얏다인쳔서배를타고 팔미도를지날때에 은린옥쳑이해중에서 뛰노는것을보고 장군은회고의탄식을발하얏다 내가옛날산셩싸홈에 단신으로불군을 대적타가 기진력쇠하고시장함을못니긔여바다에뛰여드러 져러한고기사오개를잡어 날로먹은후에정신을차렷드니 춘풍추우그동안이발서사십셩상이라 그때의장사들은지금에모다 고인이되얏고부사졸들도거의다사망하얏스니 셕일을회상하면감개한눈물이

자연이흐른다 하고쳐연이션두에올나고기노는것을구경하더니 홀연도미슈십마리가배판으로뛰여드럿다 장군은크게깃거하야 (장)이것은하나님이쥬신것이녀오날션중에서조흔음식을잘먹겟다 하고곳션인을명하야회도치고국도끄려 일션중이포식하얏다 예로브터출젼장사로안향부귀하고 와셕종신한사람이만치안타지나사긔로브드라도 회음후한신이는젼필승공필취로 한나라사백년긔업을일우엇스되려후의게 참살을당하얏고 한슈뎡후관운장은 오판에참장하고 단도로부회하야텬하에무젹이라하다가 맥셩에량진하야 고국으로 도라가다가 려몽의게묘에그룻빠져비명의횡사를당하얏고 우리나라로말하드라도 고려때최영은진충보국하야 기우러지는나라를붓들고져하다가 도로혀제주도에뎡배되여 통한을먹늠고 피살이되얏스며 리조의김덕령은 만부부당의용맹으로 대젹을로평코져하다가 간신의참소를입어 독형맹장하에억울한 생명을닐엇스며 충무공리슌신은구선을창작하야 슈젼에대공을세웟스되 비탄에명중하야 진중에서 졀명하얏스니 이는다통셕불감할일이다 그러나장군은쳔하명장으로 당시에일홈을날니여 삼차출젼에한번도패함이업고 만년에향곡에 은거하야도 귀신이음조하고 하날이감동하시니 진실로명장이오 또복장이다 이때장군이비록년로하나 오히려고기십근과 밥한되를먹으니 포호빙하하든용력으로 웃지울분한마음이업스리오 일일은셕반을맛촌후 관아로나오다가 기동우에박힌큰나무못을주먹으로한번치니

팔뚝갓흔나무못이 기동속으로 다드러가고 끗만솜털피듯하얏다 다시내당으로 드러가자네량인을 좌우엽헤갈나세고 후원에서한번몸을소사 관사를뛰여 외동헌마당에나려스니 두상에썻든탕건이바람에날녀 짜에떠러젓다 장군은길이 탄식호대 (장)내가젼일소시에는 남대문파동대문을뛰여도옷고롬하나가움자이지 안엇는데 이제요만한 관사하나를뛰는데 탕건이짜에떠러지니 내힘이쇠한것을 이로밀우어알겟다하고 외당으로드러오니 당중에는슈십인빈객이만좌하얏다여러빈객들은장군의용력을보기청하니 장군은흔연히허락하고 돌을집어오라명하얏다 한사람이밧게나와동의와갓흔큰차돌을안고드러왓다 장군은한손으로그돌을밧들고한손으로나려치니 쳔백면광이일시에손밋헤서이러나며 큰돌은편々파쇄가되고 방바닥에는돌가로가두어되나싸혓다 이것을보든빈객들은모다입을버리고경탄하얏다 장군은다시탄환한줌을입에물고대청으로향하야생으니 철환은총알나가둣륙간대청을나라건너월편벽상에짝짝맛는다 여러빈객들은 장군의위엄에놀나모다아무말도못하고잇셧다 이소문이도중에젼파하니 년々히침입하든해적들이감히안민도에는드러오지못하얏다 광무구년에장군은로병으로 도즁에서사망하니 이날밤에말파갓흔큰별이안면도에떠러지고 젼면안산이오일간을크게울엇다 장군의흉보가궐내에이르니 상이크게슬허하시며 (상)이제는 짐의고굉이끈쳐젓다하시고 장비를후히나리시고 디방관을명하샤 치제케하시니 이것

이장군의말로이다 인하야글한슈를부치노라

큰별이 말갓치함디에떠러지니
닷새동안 산이울고 해소가불더라
뜻을세운당년에 세상길을붓드럿고
군사를내여세번이긔매 때위태함을건젓더라
하날에경한훈업은 산하가잇고
짜에드러간성충은 셩쥬가아실너라
다시 란조를만나면 누가감히계교할고
백성을근심하고 나라를근심하야 슯흠을이길슈업더라

大星如斗落咸池。五日山鳴海嘯吹。立志當年扶世道。出師三捷濟時危。經天勳業山河在。入地誠忠聖主知。更値亂朝誰敢計。爲民爲國不勝悲。

병 인 양 요 끗

韓末史話

丙寅洋擾 (上)

蔡萬植

蔡萬植, 韓末史話 『丙寅洋擾』(새한민보) (1)

韓末史話

丙寅洋擾 (下)

蔡萬植

蔡萬植, 韓末史話 『丙寅洋擾』(새한민보) (2)

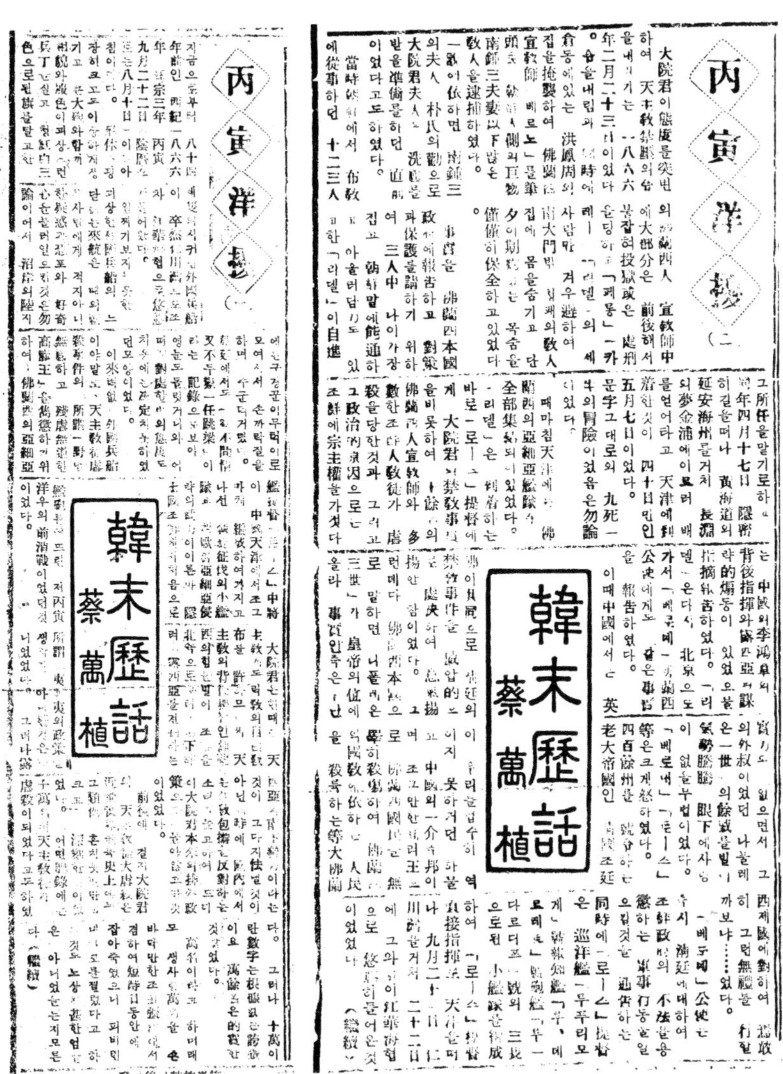

丙寅洋擾 (一)

韓末歷話

蔡萬植

丙寅洋擾 (二)

韓末歷話

蔡萬植

蔡萬植, 韓末史話 『丙寅洋擾』(群山新聞) (1)

丙寅洋擾 (四)

韓末史話 蔡萬植

丙寅洋擾 (五)

韓末史話 蔡萬植

蔡萬植, 韓末史話 『丙寅洋擾』(群山新聞) (2)

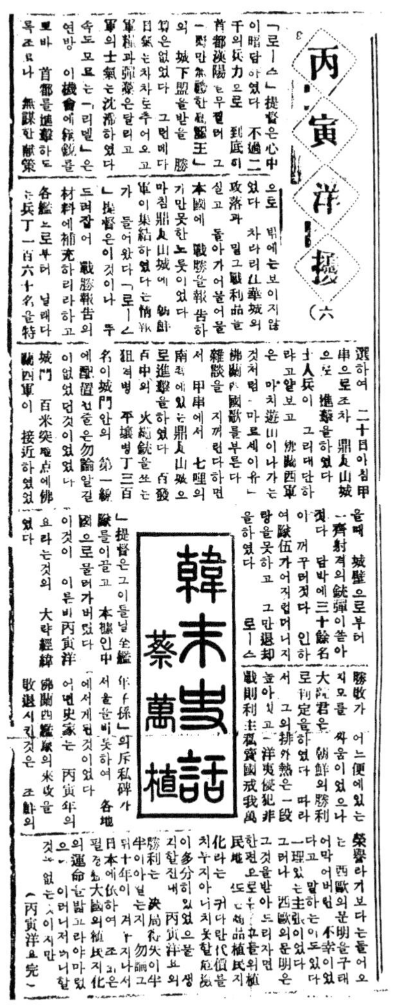

丙寅洋擾 (六)

韓末史話 蔡萬植

「로―스」提督은心中이暗담하였다 不過二千의兵力으로 到底히首都漢陽은무찔러 그一對만無能한君監王」의 城下盟을받을 勝算은없었다 그런데다日氣는차차도추어오고軍糧과彈藥은달리고軍의士氣는沈滯하였다속도모르는「리델」은연방 이機會에[illegible]를또바 首都를進擊하도록조르나 無謀한獻策으로 밖에는보이지않었다 차라리江華城의攻落과 밀그戰利品을실고 돌아가어불어불本國에 戰勝을報告하기만못한노릇이었다마침鼎足山城에 朝鮮軍이集結하였다는情報가 들어왔다「로―스」提督은이것이나 좋드려잡어 戰勝報告의材料에補充하리라하고各艦으로부터 날래다는兵丁一百六十名을特選하여 二十日아침甲串으로조차 鼎足山城으로 進擊을하였다土人兵이 그리대단하라고알보고 佛蘭西軍은 마치遊山이나가는것처럼 「마르세이유」佛蘭西國歌를부른다雜談을 지꺼리다하면서 甲串에서 七哩의南쪽에있는鼎足山城으로進擊을하였다 百發百中의 火繩銃을쏘는狙격병 平壤병丁三百名이城門안의 第一線에配置된줄은勿論알길이없었던것이었었나城門 百米突地点에佛蘭西軍이 接近하였었을때 城壁으로부터一齊射격의銃彈이쏟아졌다 담박에三十餘名이 꺼꾸러졌다 인하여隊伍가어지럽더니지탕을못하고 그만退却을하였다 「로―스」提督은그이틀날全艦隊를이끌고 本據인中國으로물러가버렸다이것이 이른바丙寅洋요라는것의 大략經緯였다

勝敗가 어느便에있는지모를 싸움이었으나大院君은 朝鮮의勝利로 判定을하였다 따라서 그의排外熱은一段높아지고「洋夷侵犯非戰則和主和賣國戒我萬年子孫」의斥私碑가서울을비롯하여 各地에서게된것이었다어떤史家는 丙寅年의佛蘭西艦隊의來攻을敗退시킨것은 조鮮의榮譽라기보다는들어오는 西歐의문明을구태어막어버린不幸이었다고말하는이도있다一理있는主張이었다그러나 西歐의문明은그것을받아드리자면한편으로우[illegible]위植民地또는商品植民지化라는커다란代價를치우지아니치못할危險이多分히있었으나생각할진대 丙寅洋擾의勝利는 決局得失이半半이아닐는지 勿論그뒤十年이겨우지나서日本에依하여 조선은필경도大國의植民지化의運命을밟고야말았으니 이러니저러니할것은없는것이지만

(丙寅洋擾完)

蔡萬植, 韓末史話 『丙寅洋擾』(群山新聞) (3)

찾아보기

조지형(趙志衡)

태동고전연구소[芝谷書堂], 한국고전번역원, 국사편찬위원회에서 한문 고전 및 고문서를 공부했다. 고려대학교 국어국문학과 대학원에서 한국고전문학 전공으로 박사학위를 받고, 현재 전남대학교 사범대학 국어교육과 교수로 재직하고 있다. 저역서로 『황중윤 한문소설』, 『조선의 숨은 고수들』, 『한국고전여성열전』 등이 있다.

인천학자료총서 38

병인양요와 강화의 산문문학

2025년 2월 20일 초판 1쇄 펴냄

기 획 인천대학교 인천학연구원
옮긴이 조지형
펴낸이 김흥국
펴낸곳 보고사

등록 1990년 12월 13일 제6-0429호
주소 경기도 파주시 회동길 337-15
전화 031-955-9797(대표)
팩스 02-922-6990
메일 bogosabooks@naver.com
http://www.bogosabooks.co.kr

ISBN 979-11-6587-786-6 94300
979-11-5516-520-1 (세트)

정가 30,000원